T0289577

Crónica del
ROCK
Nuevos hitos

EZIO GUAITAMACCHI

Crónica del
ROCK
Nuevos hitos

Traducción de Josep Maria Pinto

© 2014, Ulrico Hoepli Editore, S.p.A, bajo licencia de Ulrico Hoepli Editore, Milán

© 2019, Redbook Ediciones, s. l., Barcelona

Diseño de cubierta e interior: Regina Richling

ISBN: 978-84-120048-9-2

Depósito legal: B-20.121-2019

Impreso por Sagrafic, Passatge Carsi 6, 08025 Barcelona

Impreso en España - *Printed in Spain*

«El rock ha cambiado la vida de muchas personas: y la ha cambiado para mejor.»

NICK CAVE

«¿Los políticos? Gente que no escucha rock.»

BOB DYLAN

«No hay motivo por el que el rock no pueda equipararse al arte de Mozart, Beethoven o Duke Ellington.»

PETE TOWNSHEND (The Who)

«En el rock, un acorde es perfecto. Con dos estás exagerando. Con tres, estás tocando jazz.»

LOU REED

«¿Los dos ingredientes principales del rock? Misterio y malicia.»

BONO

«El rock'n'roll es compromiso, pasión, espíritu.»

MICK FLEETWOOD (Fleetwood Mac)

«El rock es divertido, lleno de risas, indecente.»

TINA TURNER

ÍNDICE

olgado de un cable, el cantante vuela en círculos sobre el escenario con el micrófono en la mano. Debajo de él, los músicos, sentados en cómodos taburetes, tocan una suite de 23 minutos de duración. El texto intenta ilustrar la esencia del subconsciente inglés, la música atraviesa atmósferas y métricas, variando continuamente su naturaleza.

Un momento: ¿el rock no debería ser comunicación inmediata? ¿Música para mover las caderas? ¿Una descarga de adrenalina de tres minutos de duración?

Entre finales de la década de 1960 y mediados de la de 1970, el rock británico adoptó una dirección inesperada. Aprovechando las lecciones de la psicodelia, de la que se pulieron los elementos más perturbadores y que se recondujo a una sintaxis musical de matriz euroculta, un nutrido batallón de músicos reescribió las reglas del rock: las canciones se alargaban, el equipo instrumental se ampliaba, la es-

critura devino más refinada, el imaginario alcanzó los mitos literarios, las interpretaciones cada vez eran más complejas, hasta acariciar los territorios de la música clásica. Los conciertos se transformaron en espectáculos grandiosos y las carátulas de los álbumes en pequeñas obras de arte. La música encerraba en sí misma una idea de progreso: debía ser ambiciosa, cambiar de forma, superar todos los límites en un impulso que llevó, desde los primeros intentos tímidos, a emanciparse del formato de canción, para desembocar en elaboradas obras conceptuales. Ya no había cancioncillas: lo que se daba era un arte burgués. Este fue el triunfo del rock progresivo, que más que un género musical con reglas codificadas era una definición–paraguas que reunía a bandas de repertorio variado, pero de filosofía similar: llevar la música hasta más allá, no en un viaje psicodélico, sino en un esfuerzo lúcido de culturizar el rock.

> «El rock progresivo fue el primer intento para que el rock se considerara una forma de arte. Y lo conseguimos.»
> IAN ANDERSON
> (Jethro Tull)

AQUALUNG

ROCK PROGRESIVO Y GLAM

La evolución del
rock instrumental y el
descubrimiento de la
teatralidad

(por Claudio Todesco)

> «Siempre
> pensé que el rock
> progresivo era el
> sinónimo de ruptura de los
> esquemas musicales. Pero
> para romper un esquema
> tienes que conocerlo
> bien.»
>
> RICK WAKEMAN – YES

DEL GÉNESIS A LA REVELACIÓN

El rock evolucionaba y progresaba. Se contaminó con otros géneros (clásica, folk y jazz) y desarrolló nuevas formas más complejas que la del formato canción. La afirmación de los LP y el nacimiento de los álbumes conceptuales.

Las señales estaban en el aire desde 1967. En junio aparecía *Sgt. Pepper's Lonely Hearts Club Band*, de los Beatles, el LP que junto con *Pet Sounds*, de los californianos Beach Boys (mayo de 1966) lanzó un desafío: utilizar el estudio de grabación como un instrumento, inventar nuevos sonidos, mezclar lenguajes, unir las canciones entre sí como si se tratara de una única y larga composición. Era una mutación profunda. El proceso de grabación ya no consistía en intentar capturar una interpretación tal como se escucharía en directo, limitándose a limar los errores y a mejorar la calidad de sonido. Al contrario, la sala de grabación se convertía en un laboratorio en el que experimentar soluciones sonoras que, en muchos casos, no eran replicables en una sala de concierto. Los Beatles eran el grupo de rock más popular en el mundo (más que Jesús, afirmaba John Lennon), y Sgt. Pepper se convirtió en un ejemplo a seguir. Liberaba nuevas energías, sugería que un LP podía ser algo más que una simple recopilación de sencillos, demostró que la aportación de músicos con un *background* culto (en el caso de los Beatles, el productor George Martin) podía llevar a ampliar los horizontes artísticos. Lennon y McCartney nunca estuvieron más lejos de los «yeah, yeah» despreocupados de sus inicios: una generación de músicos británicos que había crecido emulando al blues norteamericano tomaba nota de aquel hecho. Vista con perspectiva, esta revolución tendría un efecto en el cuidado del sonido de los álbumes: la limpieza sonora sería un objetivo a alcanzar a toda costa, permitiendo a los ingenieros de sonido como Alan Parsons convertirse en auténticas estrellas de la sala de grabación. «Tienes que escucharlo con cascos», era la frase con la que los aficionados al rock progresivo se intercambiaban sus álbumes más preciados. En diciembre de 1967 le tocó el turno a *Days of Future Passed*, un ciclo de canciones grabado por los Moody Blues, hasta aquel momento un grupo sustancialmente rhythm'n'blues. La casa discográfica les pidió entonces que realizaran una adaptación de la *Sinfonía del Nuevo Mundo*, del compositor checo del siglo XIX Antonín Dvořak: querían un disco de muestra para poner de relieve las cualidades de los nuevos sistemas estereofónicos. Los Moody Blues prefirieron abordar una serie de composiciones nuevas. Las partes orquestales y las canciones se alternaban hasta más que fundirse, en un continuo ir y venir entre clásico y pop, pero en cualquier caso fue un paso decisivo hacia el nacimiento del rock sinfónico. Es más: la obra profundizaba en la idea del álbum como contenedor conceptual. *Days of Future Passed* contaba de hecho el devenir de una jornada, desde las primeras luces del alba hasta que caía la noche. La exigencia de dar valor al formato álbum unía a muchos músicos ingleses del período. Pocos días después de *Days of Future Passed* salió *The Who Sell Out*, el álbum de los Who que imitaba la transmisión de una radio comercial, con las canciones intercaladas por anuncios y falsos spots publicitarios. Los propios Who expandirían la idea de concepto hasta realizar, por iniciativa del guitarrista y autor Pete Townshend, auténticas óperas rock cuyas canciones contaban una trama: *Tommy* (1969), *Quadrophenia* (1973) y la incompleta *Lifehouse*. Los Pretty Things se adelantaron a Townshend por unos pocos meses, publicando, en diciembre de 1968, *S.F. Sorrow*, que sugería, más que contar, la existencia de un hombre desde el nacimiento hasta la vejez. Las vicisitudes de Sebastian F. Sorrow, entre el trauma de una guerra, la búsqueda de sí mismo y la desilusión, parecían reflejar el recorrido vital de toda una generación que había sobrevivido a la Segunda Guerra Mundial. Pero el grupo inglés más activo en el frente de los álbumes conceptuales entre finales de los años sesenta y mediados de los setenta fue el de los Kinks. En *Arthur (Or the Decline and Fall of the British Empire*, 1969), el cantante Ray Davies contaba la parábola de un hombre simple y patriótico abandonado por el sistema: su vida se desvanece en la nada, reflejo del declive del Imperio británico. Ecos de music hall y estampas paródicas aproximaban la obra de los Kinks a una especie de musical rock, en una nueva encarnación del álbum conceptual.

A finales de la década de 1960, el LP estaba más que asentado: inventado como soporte capaz de reunir varios temas, el álbum había adquirido una dignidad artística y lo usaba toda una generación de músicos para contar historias complejas. Esta transformación se acompañaba con un cambio

EL ÚNICO VERSO DE ROBERT FRIPP

La música era su elemento natural, y la guitarra el instrumento que le permitió dar forma a sus visiones, incluso a las más complejas y ambiciosas. En cambio, la letra se la dejó a otros. Cabe pensar que, en el curso de la larga y multiforme aventura artística de los King Crimson, el amo y señor de la banda, Robert Fripp, escribió un solo verso: "Cigarettes, Ice Cream, Figurines of the Virgin Mary". Se trataba de una idea que el guitarrista se había apuntado en 1973 durante una visita al Vaticano, y que originó el texto de «The Great Deceiver», firmado por Richard Palmer–James.

Robert Fripp

▶ **1 DE JUNIO DE 1967**

Los Beatles publican *Sgt. Pepper's Lonely Hearts Club Band*. Junto a los Beach Boys, que el 15 de mayo de 1966 dieron vida a *Pet Sounds*, los Fab Four lanzaron un desafío a todos los músicos: transformar el estudio de grabación en un potente instrumento al servicio de la creatividad.

▶ **7 DE MARZO DE 1969**

Decca publica *From Genesis to Revelation*, álbum de debut de Genesis, producido por Jonathan King.

▶ **7 DE JULIO DE 1969**

Después de debutar en vivo el día anterior como teloneros de los Rolling Stones en el histórico concierto de Hyde Park, los King Crimson de Robert Fripp presentan su álbum de debut, *In the Court of the Crimson King*, con un fulgurante concierto en el Marquee de Londres.

▶ **24 DE SEPTIEMBRE DE 1969**

Los Deep Purple tocan en el Royal Albert Hall de Londres acompañados por la Royal Philharmonic Orchestra dirigida por Malcolm Arnold. Un paso importante hacia el denominado rock sinfónico.

▶ **14 DE MARZO DE 1970**

Jethro Tull, Nice, Santana y Ray Charles entre los músicos que participan en *Switched-On Symphony*, el show de la cadena de televisión estadounidense NBC, que funde pop y música clásica. Dirige la Los Angeles Philharmonic Orchestra nada menos que Zubin Mehta.

▶ **27–28 DE JUNIO DE 1970**

En la localidad de Shepton Mallet, en Somerset, se celebra el Bath Festival of Blues and Progressive Music, con la participación de algunas de las mejores bandas británicas y de la Costa Oeste norteamericana: Pink Floyd, Moody Blues, Pentangle, Fairport Convention, Frank Zappa & The Mothers of Invention, Jefferson Airplane, Byrds, Santana, Led Zeppelin y muchos más.

▶ **29 DE AGOSTO DE 1970**

Los Emerson Lake & Palmer debutan oficialmente en directo en la isla de Wight. De esta actuación surgirá el álbum en directo *Live at the Isle of White Festival*, que no se publicó hasta 1997, a cargo de Manticore Records.

artístico. La metamorfosis de los Moody Blues fue ejemplar: formaciones nacidas imitando el blues y el rhythm'n'blues del otro lado del océano estaban refinando su propia música, que se hacía más articulada, más bien interpretada, más compleja, en definitiva, más europea. Nacía la consciencia de que el rock podía crecer entrando en relación con otros lenguajes. Con esta surgía la pregunta que impulsó a decenas de artistas a crear obras cada vez más complejas: ¿el rock podía tener una dignidad artística equivalente a la de la música clásica? Lo que en una época había sido una música para adolescentes se apresuraba a entrar en la edad adulta. Los británicos King Crimson fueron de los primeros en empujarla hacia aquella dirección. La publicación de su debut *In the Court of the Crimson King* (octubre de 1969) se hace coincidir convencionalmente con el nacimiento del rock progresivo. Comandados por el guitarrista Robert Fripp, un pensador poco interesado en los aspectos exteriores del rock, los Crimson sintetizaron con gran personalidad las experiencias musicales de los últimos años, alcanzando la definición de una música que trascendía el rock psicodélico y el rock-blues. «La finalidad principal de los King Crimson —escribía el guitarrista al presentar su álbum de debut— es organizar la anarquía y utilizar la fuerza latente del caos.» Desde los siete minutos y medio del inicial «21st Century Schizoid Man», el disco reescribía las coordenadas del rock: el riff potente evolucionaba de manera inesperada, la voz de Greg Lake se filtraba hasta convertirla en un aullido paroxístico, los cambios rítmicos desorientaban al oyente, las tramas instrumentales presentaban la libertad típica del jazz, dando origen a disonancias y picos ruidosos. El conjunto instrumental era preponderante respecto a las partes cantadas, en un marco sonoro de tonalidades oscuras y angustiosas. La influencia de las formas clásicas sugería el abandono de la narración característica de la canción. «Evitábamos cuidadosamente todo lo que podía sonar popular», recordó el letrista del grupo, Pete Sinfield.

El álbum de King Crimson subió el listón. Con el paso de los años, el virtuosismo se convertiría en una de las características peculiares de los músicos progresivos. Acompañar la melodía con una secuencia elemental de acordes quedaba excluido. Limitarse a usar guitarra, bajo y batería, también. Era un aspecto fundamental, y no sólo para el rock progresivo. Gran parte de los músicos que se convertirían en protagonistas de la época progresiva comenzaron a tocar en la década de 1960, cuando el rock estaba dando sus primeros pasos y las excelencias desde el punto de vista técnico eran pocas. Los músicos estaban apenas empezando, algunos hacía poco que habían adoptado un instrumento, y en la sala de grabación no acababan de dar el tono, por lo que los productores acababan confiando en los músicos de sesión. El dominio de los instrumentos y de las técnicas de grabación iba creciendo mientras que los sesenta iban dejando su lugar a los setenta. El rock progresivo fue uno de los estilos que se benefició más de esta evolución, potenciando la capacidad de los instrumentistas para lucirse en papeles complejos. El talento de guitarristas como Steve Howe (Yes), Robert Fripp (King Crimson), Jan Akkerman (Focus), de teclistas como Keith Emerson (ELP) y Rick Wakeman (Yes), de bajistas como Chris Squire (Yes), de baterías como Bill Bruford y Carl Palmer (ELP) representaba un decidido paso hacia adelante respecto a las capacidades de los que los habían precedido. Los instrumentistas progresivos revitalizaron la tradición del músico virtuoso, pero en muchos casos su talento no se correspondía con una potencia icónica equivalente. La mayor parte de los héroes de la guitarra rock eran personajes extremos, los instrumentistas del rock progresivo raramente tenían una personalidad efervescente en el escenario. Pero en concierto cada vez ocupaban más espacio, hasta lucirse con solos interminables.

Gracias a ellos, las grabaciones y las ejecuciones en vivo transmitían un excitante sentido de desafío que se trasladaba a la

EL POETA DEL ROCK PROGRESIVO

A su padre apenas lo conoció. Su madre era una activista bohemia bisexual y, hasta los ocho años, fue educado en gran parte por una institutriz alemana ex equilibrista, perteneciente a la familia circense The Flying Wallendas. No es la trama de una novela, sino la historia de Peter John Sinfield, nacido el 27 de diciembre de 1943 en el distrito londinense de Fulham. Poeta, cantautor, *roadie*, mago de las palabras, Pete supo traducir en versos las visiones musicales de Robert Fripp y de sus compañeros. Suyos fueron los textos de *In the Court of the Crimson King* (1969), y suya la idea de bautizar a la banda con un sinónimo de Belcebú que significa también «el hombre con un objetivo». Su vínculo con los King Crimson se interrumpió el 1 de enero de 1972. Entre otras cosas, produjo el debut de los Roxy Music y escribió textos para Premiata Forneria Marconi y para muchos otros artistas.

propia estructura de las composiciones. La canción popular suele estar organizada mediante la alternancia de estrofas y estribillos, eventualmente unidos por un puente, es decir, una sección de carácter contrastante respecto al resto del tema, un breve momento de interlocución que prepara el retorno tranquilizador de la estrofa o del estribillo. Los autores del rock progresivo traicionaban este tipo de estructura. Inspirándose en la complejidad típica de la música clásica y en la libertad de ejecución del jazz, concibieron a menudo las canciones como pequeñas suites en las que a la exposición de un tema les suceden largas digresiones instrumentales. Los treinta minutos de «Karn Evil 9», del trío Emerson Lake & Palmer (1973) ofrecían una indescifrable alternancia entre introducciones instrumentales, episodios organizados en diferentes estructuras, interludios, solos, co-

das, todo ello dividido en tres movimientos que calcaban la subdivisión del concierto clásico: rápido, lento, rápido. La longitud de los temas, que a menudo ocupaban toda una cara de un álbum, era un reflejo del carácter narrativo de la música que evolucionaba en el interior de la composición: la propia música también era relato, con un desarrollo que, en los instrumentales, prescindía de la palabra. Respeto a los otros subestilos rock de la época, el rock progresivo brillaba por la variedad en los arreglos y por la continua dinámica entre paisajes suaves, a menudo tocados con instrumentos acústicos, y arranques eléctricos, con efectos conscientemente dramáticos.

A los cantantes también se les exigía un esfuerzo suplementario: notas mantenidas mucho tiempo, partes en un registro alto, flexibilidad expresiva, capacidad de articulación rítmica eran elementos presentes

UNA CARÁTULA (IN)MORTAL

En 1969, los King Crimson estaban grabando su primer disco. Después de algunos intentos en varios estudios, se convencieron de que lo mejor era hacerlo todo ellos solos, incluso la carátula. Sinfield tenía un amigo, Barry Godber, aficionado a dibujar, aunque era programador. Lo invitó al estudio y, al día siguiente, mientras estaban grabando «21st Century Schizoid Man», el tímido y taciturno Barry comenzó a garabatear. Al cabo de pocos minutos mostró el fruto de su trabajo: una cara deforme que infundía temor pero que a primera vista fascinaba. Todos estuvieron de acuerdo: aquella imagen representaba a la perfección a aquel hombre esquizoide que los Crimson estaban describiendo. Por desgracia, la historia tuvo un epílogo trágico: tres días más tarde, mientras caminaba por la calle, Barry (24 años) sufrió un infarto. Pero su carátula pasaría a la historia.

a menudo en las interpretaciones. En cambio solía estar ausente el carácter rudamente masculino de otros vocalistas de la época, que en aquel período estaban transformando el lamento del blues en el gruñido paroxístico del hard rock. También estaba ausente el guiño sexual que el rhythm'n'blues había transmitido al rock'n'roll y que había escandalizado a generaciones de oyentes: los cantantes parecían asexuados, eran más ángeles que demonios. Finalmente, aunque no era uno de los rasgos característicos del rock progresivo, abundaban armonías vocales ricas. El nuevo nivel de complejidad impuesto por el rock progresivo también afectaba a la métrica de las canciones. El rock solía seguir una métrica en 4/4, es decir, los compases se organizaban en grupos de cuatro tiempos, con el acento situado en el primer y el tercer cuarto, o bien en el segundo y el cuarto (el denominado *backbeat*). Era la métrica más común, hasta el punto de que una simple variación –como el puente de «We Can Work It Out» de los Beatles, donde el 4/4 pasa a ser 3/4– creaba un pequeño sobresalto. Se trataba de una convención demasiado conservadora para los músicos progresivos. Muchos de ellos se habían formado estudiando música clásica, y habían experimentado la amplia variedad métrica usada por los maestros, incluso en el interior de una misma composición. El (momentáneo) ocaso de los ritmos más simples como el 4/4 o el ¾ típico del vals se vio favorecido por el hecho de que el rock ya no era una música para bailar, sino para escuchar, y en consecuencia no necesitaba acentos rítmicos elementales y estables. Como escribían los ingleses Egg en las notas de carátula de principios de 1970, «esto no es música de baile, sino para escuchar. Armónica y rítmicamente es más compleja, pensada para ser lo más original posible en los límites de la instrumentación usada. Por ello requiere mucha atención por parte del oyente».

Aparecieron entonces, cada vez más a menudo, métricas nada convencionales: los Jethro Tull escribieron «Living in the Past» en cinco y no cuatro tiempos por compás; los Pink Floyd ganarían millones de libras esterlinas con los 7/8 del single «Money» (1973); los Van Der Graaf Generator escribieron en 11/8, los Caravan en 15/8; los National Health llegaron a pasajes en 25/16. Emerson Lake & Palmer causaron vértigo con las métricas de *Tarkus* (1971): los cambios en el interior de una misma composición contribuyeron a la sensación de escuchar música muy variable y audaz.

La esencia de esta carrera hacia la complejidad se vio encarnada por la relación entre el rock progresivo y la música clásica. En los Estados Unidos, los nuevos santones del rock psicodélico se lanzaron a efectuar solos interminables, en sintonía con la idea de expansión de la consciencia. Lo hicieron integrando en el rock la idea de improvisación típica del jazz, pero permaneciendo fieles a una idea de música simple y popular. Los músicos progresivos ingleses miraban con mayor interés hacia la tradición clásica europea y, en particular a la forma sinfónica del siglo XIX. Se trataba de una cuestión cultural, pero también personal: muchos de ellos habían recibido una educación musical formal y, por ello, encontraban más familiar y provechoso organizar la música de manera racional antes que abrazar la idea de ralentización de las reglas inherente al rock psicodélico. De la música culta adoptaron la ambición, el sentido de grandeza, el sentimiento romántico, la idea de composición programática (es decir, construida para describir una historia o un contexto preexistente), el sentido de desarrollo narrativo de la sinfonía, la yuxtaposición de movimientos de la suite. Fue el paso definitivo para trascender la forma canción, aunque la mayor parte de estas bandas alternarían álbumes «programáticos» o conceptuales con recopilaciones más canónicas de canciones, o bien discos compuestos por una larga suite y algunas composiciones breves.

«Si queréis acercaros a la música progresiva, Tarkus es lo ideal. Es un álbum lleno de inspiraciones y os resultará muy útil para mejorar vuestra técnica.»

KEITH EMERSON

La influencia de la música clásica no sólo se expresaba en la adopción de formas compositivas como la suite (entendida en sentido amplio como la concatenación de varios momentos musicales), en la multiplicación de las métricas, en el gusto melódico, en la idea de virtuosismo, en la ampliación del orgánico de instrumentos y en la adopción del concepto de variación, sino también en la interacción con la orquesta. El experimento de los Moody Blues no fue un caso aislado. En septiembre de 1969 los Deep Purple unieron sus fuerzas con la Royal Philharmonic Orchestra dirigida por Malcom Arnold, para grabar en el Royal Albert Hall un concierto clásico compuesto por el teclista Jon Lord, un as del órgano Hammond con estudios de piano clásico a sus espaldas. Publicado tres meses más tarde, *Concerto for Group and Orchestra* estaba dividido en tres movimientos, el tercero de los cuales mostraba una fusión convincente entre banda y orquesta. Lord no abandonó la pasión por la clásica, que despuntaba en varios momentos en los discos de los Deep Purple y sobre todo en la «Gemini Suite» (1970) que le había encargado la BBC, para orquesta y solistas rock. Los Nice de Keith Emerson mezclaron instrumentación rock y clásica en *Five Bridges* (1970), combinando a Dylan y a Bach; los Pink Floyd escribieron y arreglaron para orquesta *Atom Heart Mother* (1970) con el compositor Ron Geesin; los Procol Harum ganaron un disco de oro con el *Live in Concert with the Edmonton Symphony Orchestra* (1972); el teclista Rick Wakeman usó la London Symphony Orchestra y el English Chamber Choir para interpretar *Journey to the Centre of the Earth* (1974). En *Pictures at an Exhibition*, álbum en directo de 1971, Emerson Lake & Palmer llegaron a versionar los «Cuadros de una exposición» (1874) del compositor ruso Modest Mussorgsky, adaptándola, reescribiéndola e incluso añadiendo una pieza original de Lake. En el otro lado del océano, Frank Zappa manejaba ya desde 1967 elementos de música clásica, utilizando los álbumes como contenedores conceptuales en los que lo «alto» y lo «bajo» se mezclaban hasta definir una especie de música «total», que por sus referencias y ambiciones no era tan lejana del progresivo británico. Con una diferencia sustancial: Zappa prefería autores cultos del siglo xx. Las referencias de los rockeros ya no eran tan sólo Muddy Waters, Little Richard o Chuck Berry. En las entrevistas (y en parte del repertorio) aparecían los nombres de Igor Stravinsky, Jean Sibelius, Béla Bartók, Gustav Holst, Vaughan Williams, Nikolai Rimsky–Korsakov, Edward Elgar o Aaron Copland. La aproximación a la música culta, afirmaba el teclista Rick Wakeman, era un movimiento consciente y meditado. «Miraba la música clásica y el rock y pensaba: ¿por qué tienen que permanecer separados? Tienen muchas cosas en común. Quería que el mundo de la clásica dejara de de mirar al rock desde arriba.»

LA CASA DEL MAGO

En el 2401 de Laurel Canyon Blvd., en Los Ángeles, hay un refugio de madera. Construido en 1916 y conocido como Laurel Tavern (en el sótano había una bolera), fue adquirido por la estrella del western mudo Tom Mix. En 1968, Frank Zappa lo alquiló y se estableció allí con su mujer Gail y su primogénita Moon Unit.

La antigua bolera se convirtió en la sala de ensayos de los Mothers of Invention. Aquí nacieron muchas de sus célebres composiciones, en las que Frank mezclaba (en un rock progresivo *avant la lettre*) elementos de música clásica, folk, jazz, rock y vanguardia para dar vida a una mezcla única y original. También aquí, FZ constituyó las GTO's, banda de rock femenina formada por sus amigas *groupies*, como la reina de todas ellas, Pamela Des Barres.

Zappa dejó el refugio en 1970. Se dice que había un pasadizo secreto que la comunicaba con la villa del famoso mago ilusionista Houdini, situada al otro lado de la calle.

GIGANTES GENTILES

El fenómeno artístico del rock progresivo (de fines de los sesenta a principios de los setenta) se desarrolló sin referencias geográficas concretas, presentaba un póker de ases imbatible: Genesis, King Crimson, Yes y ELP hicieron saltar la banca del rock.

No había epicentro alguno del rock progresivo. Contrariamente a otros fenómenos musicales anteriores y posteriores, no estaba arraigado en ningún lugar geográfico específico, no era el fruto de la evolución de una escena local, vivía de la aportación de músicos repartidos por toda Inglaterra e incluso más allá. Las historias individuales fueron más elocuentes que las colectivas, y por algún motivo discurrían todas ellas hacia la definición de una música rock culta a su manera y característicamente europea.

Con millones de álbumes vendidos en todo el mundo, Genesis se encuentra entre los grupos más exitosos en ventas de todos los tiempos.

Se trata de un recorrido inscrito en las biografías de los miembros de Genesis que, en su primera encarnación con Peter Gabriel como cantante, fueron quizás uno de los grupos progresivos más populares fuera de Inglaterra. Paradójicamente, obtendrían el éxito una vez abrazada una forma más canónica de pop–rock, hasta vender en total más de 150 millones de discos. La formación nació en el contexto de la alta burguesía de la Charterhouse School de Godalming, en Surrey, donde entre los siglos XVII y XX se formaron generaciones enteras de obispos, pensadores, políticos. Hijos de banqueros, militares de carrera, profesores, comerciantes, los miembros de Genesis huyeron de la atmósfera severa del college consagrándose a los instrumentos. Los cinco aspirantes a músicos –el cantante Peter Gabriel, el teclista Tony Banks, el guitarrista Anthony Phillips, el bajista Mike Rutherford y el batería John Silver– elaboraron a su manera los fermentos de la Inglaterra psicodélica y contracultural en un concepto basado en la génesis (justamente) del mundo. Pero el productor Jonathan King los empujó hacia el pop y ellos eran demasiado jóvenes e inexpertos para grabar una obra importante, de modo que el debut *From Genesis to Revelation* (1968) fue modesto y no dejaba presagiar lo que sucedería. Tras recalar en Charisma, uno de los sellos discográficos protagonistas de la época progresiva, en un par de años los Genesis construyeron un mundo musical y poético originalísimo en el que convergían partes instrumentales sofisticadas, con una inteligente alternancia de motivos acústicos y eléctricos, y un imaginario complejo, sólidamente enraizado en la historia, la literatura, los mitos, la cultura británicos. Con la entrada en la formación del batería y cantante Phil Collins y del guitarrista Steve Hackett, la formación alcanzó su su estructura clásica y firmó las obras maestras *Foxtrot* (1972), *Selling England by the Pound* (1973) y el doble *The Lamb Lies Down On Broadway* (1974). Paralelamente se iba desarrollando una gran personalidad en concierto basada en el carisma, el maquillaje y los disfraces de Gabriel. Una vez el cantante salió de la escena y se lanzó en una brillante carrera solista, en unos pocos años los Genesis se convirtieron en un trío (Collins, Banks, Rutherford) y dejaron emerger un alma pop que los llevó a la cima de las clasificaciones mundiales.

Los Genesis no eran virtuosos, aunque con el paso de los años fueron perfeccionando sus cualidades como instrumentistas, pero lograron extraer el máximo efecto de la elección de los timbres y de la conexión entre las diferentes partes, dando a las secciones instrumentales un carácter narrativo muy fascinante. El virtuosismo sí era un rasgo característico de los Yes, especialmente en la formación que comprendía al cantante Jon Anderson, el guitarrista Steve Howe, el bajista Chris Squire, el teclista Rick Wakeman y el batería Bill Bruford. Las largas composiciones, la complejidad de las partes, el imaginario místico, las fascinan-

CHARTERHOUSE SCHOOL

La Charterhouse School de Godalming, en Surrey, era un *college* exclusivo frecuentado por jóvenes de la alta burguesía. En las mismas aulas en las que, entre los siglos XVII y XX, se habían formado generaciones enteras de obispos, pensadores y políticos, entre septiembre de 1963 y abril de 1965 coincidieron cinco hijos de banqueros, militares de carrera, profesores y comerciantes. Sus nombres eran Peter Gabriel, Tony Banks, Anthony Phillips, Mike Rutherford y John Silver, y formaron una banda que se dio a conocer en todo el mundo con el nombre de Genesis.

tes carátulas del ilustrador Roger Dean, los conciertos espectaculares hicieron de Yes uno de los grupos más significativos de la época del rock progresivo. El tríptico de álbumes que comprende *The Yes Album* (1971), *Fragile* (1971) y *Close to the Edge* (1972) los retrataba en la cima de su expresividad. En 1981, la formación, en la que entretanto se alternaron diez músicos diferentes, se disgregó, dando origen a numerosos proyectos solistas. El álbum del retorno, *90125*, de 1983, contaba con novedades, como la entrada del guitarrista Trevor Rabin y la aportación del productor Trevor Horn. Desde entonces nunca dejaron de grabar y de actuar, aparte de un período de silencio después de 2004, con continuas variaciones en la formación.

Este es un destino que comparten con King Crimson, cuya única constante es la presencia del volcánico guitarrista Robert Fripp. Si los primeros Genesis apuntaban ya a la intensidad expresiva y los Yes a la espectacularidad, los Crimson era el grupo de la renovación constante. Siempre orientados a mejorar, nunca secundaron los gustos del público y produjeron obras complejas, rozando los territorios del jazz, de la música clásica y de la vanguardia. Después de su debut en julio de 1969 delante del público de los Rolling Stones en Hyde Park y la publicación de *In the Court of the Crimson King*, a Fripp le costaba mantener junta a la banda. El vaivén de músicos era incesante, los hallazgos artísticos de gran pureza: el álbum *In the Wake of Poseidon* (1970) se basaba en la suite de Gustav Holst «Los planetas»; en *Lizard* (1970) se acentuaron las influencias jazz; en *Islands* (1971), el grupo se alejó todavía más de las formas rock más «fáciles», optando por una idea de abstracción sonora común a la música culta y al jazz. El ansia de experimentación de Fripp impidió al grupo alcanzar el éxito comercial de otras formaciones de la época, pero al mismo tiempo les permite tener una vida artística longeva, con la presencia de álbumes excelentes en la década de 1970 (*Larks' Tongues in Aspic*, de 1973, *Red*, de 1974), en la de 1980 (*Discipline*, de 1981) y de 1990 (*Thrak*, de 1995). Fripp encadenaba un nú-

ROBERT WYATT
El fin de la adolescencia

Londres, Ciudad de Westminster, 1 de junio de 1973. Son tan sólo las diez de la noche, pero Robert Wyatt, ex batería y miembro fundador de los Soft Machine, ya está muy pasado de vueltas. Lo han invitado a la fiesta para los cuarenta años de la cantante de los Gong, Gilli Smyth, en la que abundan músicos y celebridades, pero también alcohol y drogas de varios tipos. Esta noche, Wyatt, que últimamente está grabando el tercer disco de su nueva banda, los Matching Mole, ha decidido divertirse. Pero quizás ha exagerado... Se siente algo trastornado, por lo que decide asomarse a una de las ventanas del salón: lo que necesita es una buena bocanada de aire fresco. Un instante más tarde, el batería, de veintiocho años, está tendido en la acera, varios metros más abajo. Seguramente se ha asomado en exceso y ha perdido el equilibrio. Aquel vuelo terrorífico de tres pisos lo dejará paralizado de cintura para abajo, trazando una «línea neta de demarcación» entre la adolescencia y el resto de mi vida».

mero asombroso de colaboraciones, convirtiendo a los Crimson en una especie de laboratorio en el que cobran vida experimentaciones de todo tipo. Una de las encarnaciones
de la banda, durante los años noventa, por ejemplo, preveía la ejecución de la música por
parte de un doble trío formado por dos guitarristas, dos bajistas y dos baterías.

Caracterizado por una mezcla entre rock y música clásica el trío Emerson, Lake & Palmer se convirtió en uno de
los nombres más significativos de finales de los años sesenta.

Después de abandonar a los King Crimson, el compañero de escuela de Fripp, Greg
Lake, se unió al teclista de los Nice, Keith Emerson, y al batería de los Crazy World of
Arthur Brown, Carl Palmer, para formar el primer supergrupo en la historia del rock
progresivo: Emerson Lake & Palmer. Muchas formaciones afines nunca llegaron más allá
del estatus de «cult». En cambio, ellos expandieron eficazmente su público, obteniendo
éxito hasta en los Estados Unidos, algo que no siempre es fácil para una banda británica.
Ello se debía a la propuesta espectacular tanto musical como concertística, a las suites
influidas por el sinfonismo clásico, a las baladas interpretadas por Lake. Llevaban apenas una semana juntos cuando, en agosto de 1970, actuaron en el festival de la isla de
Wight: «Al día siguiente éramos famosos en todo el mundo», dijo Lake. Con el público
tan entusiasmado por los nuevos prodigios del rock, resultó fácil obtener un contrato
discográfico. Paradójicamente, lo que trajo fortuna al trío en un primer tiempo no fueron las referencias clásicas tan queridas por Emerson, que en su debut homónimo de
1970 hizo arreglos de obras de Bartók y Janáček, ni los solos de batería de Palmer, sino
una simple balada titulada «Lucky Man», que Lake había escrito a los 12 años de edad.
Los cuatro álbumes siguientes, *Tarkus* (1971), *Pictures at an Exhibition* (1971), *Trilogy*

(1972) y *Brain Salad Surgery* (1973), así como sus espectaculares actuaciones, hicieron de este trío uno de los grandes fenómenos de la década de 1970. Nada parecía detenerlos: fundaron el sello discográfico Manticore, publicaron un triple álbum en vivo, convirtieron sus conciertos en experiencias visuales, y no sólo musicales. Los trabajos sucesivos no parecían esfuerzos de grupo, sino ensamblajes de materiales solistas. El trío se disolvió en 1979, aunque volvió a unirse en varias ocasiones. En cierto modo como los Van Der Graaf Generator, pero con una diferencia sustancial: el grupo de Keith Emerson estimula la fantasía de nostálgicos y amantes del revival, mientras que la banda de Peter Hammill siguió con sus investigaciones hasta el siglo XXI, contentándose con un séquito de culto. La historia de los Van Der Graaf comenzó en 1967 en Manchester y prosiguió en Londres, irresistible polo de atracción para los músicos. Originales hasta en su orgánico instrumental, donde destacaban el órgano y el saxo, concentraron sus energías en el sonido de conjunto, a menudo oscuro y amenazante, más que en los momentos solistas.

Su obra transmitía un profundo sentimiento de inquietud, llegando a dibujar una refinada poética del dolor. Grabaron al menos tres álbumes importantes, *The Least We Can Do Is Wave To Each Other* (1970), *H To He, Who Am the Only One* (1970) y *Pawn Hearts* (1971), y permanecieron inactivos entre 1977 y 2005, mientras Hammill llevaba a cabo una prolífica carrera solista. Cuando volvieron a los escenarios había estallado el revival del rock progresivo, y recogieron sus frutos. En cambio, la discografía de los Gentle Giant se circunscribe prácticamente del todo en la década de 1970. Aunque no es tan conocida como Genesis, Yes o ELP, la formación de los hermanos Shulman encarnó en muchos aspectos la quintaesencia del grupo progresivo debido a su tendencia a absorber formas típicas de la música clásica, los cambios de métrica, la variedad y la complejidad de los arreglos, la habilidad a la hora de mezclar rock y clásica con el jazz y el folk. Originarios de Glasgow, en Escocia, Derek, Ray y Phil Shulman crecieron en una familia en la que la música tenía un gran protagonismo («Desde pequeños tocábamos al menos una hora al día»), mientras que el co–autor Kerry Minnear se había licenciado en composición en la Royal Academy of Music de Londres. El gusto por el arreglo se extendía también a las partes vocales, como demuestra «Knots», una especie de madrigal moderno. Pero hacia fines de la década, los Gentle Giant abandonaron esquemas y sonidos progresivos para perseguir el éxito en vano.

Nacidos en Leicester antes del boom del rock progresivo, los Family del inconfundible cantante Roger Chapman –su voz se definió como «el sonido de una cabra eléctrica»–se asemejan a los anteriores por los arreglos complejos y el uso de Mellotron y órgano Hammond; formaban parte de la banda Ric Grech, John Wetton, Jim Cregan y Rob Townsend, que harían carrera como músicos de sesión. Cuando se disolvieron, en 1973, el rock progresivo estaba en su punto más álgido: la época de oro de este estilo se produjo entre 1972 y 1975, años de un panorama particularmente rico. Algún ejemplo más. Originarios de Surrey, los Camel del cantante, guitarrista y flautista Andrew Latimer lograron atraer la atención con un álbum enteramente instrumental titulado *Snow Goose* (1975); nacidos de la iniciativa de dos miembros de los Yardbirds (Keith Relf y Jim McCarty), que pronto dejaron la formación, los Renaissance introdujeron influencias derivadas del folk (el álbum de su revelación fue *Ashes Are Burning*, 1973); formados en Yorkshire, los Barclay James Harvest desarrollaron un estilo basado en las armonías vocales y en baladas lentas y animadas, que podían emparentarse a las de los Pink Floyd. Nacidos por iniciativa del

teclista Vincent Crane y del batería Carl Palmer tras el fin de los Crazy World of Arthur Brown, los Atomic Rooster se recuerdan por la producción de principios de los años setenta, sobre todo por *Death Walks Behind You* (1971), disco de influencia hard y decididamente oscuro.

La única ciudad que podía jactarse de poseer una auténtica escena local era Canterbury, donde el rock progresivo arraiga, dando vida a una ramificación totalmente original, afín al jazz–rock y en ciertos aspectos a la vanguardia. El guitarrista Hugh Hopper describió la ciudad como «un lugar no particularmente propicio para los músicos»; para el bajista Richard Sinclair «era un lugar conservador: en realidad la banda obtuvo su éxito en otras partes». Y sin embargo, los músicos locales tocaron en diferentes formaciones conectadas entre sí, creando una red de colaboraciones y de relaciones artísticas. Si bien no existe un solo Canterbury sound, sí es posible aislar algunas inclinaciones comunes a los grupos, sobre todo el uso de la improvisación jazzística en el ámbito rock, el peso preponderante de la parte musical sobre el texto, el enfoque intelectual y el gusto por el surrealismo.

La banda que dio inicio a todo nunca obtuvo éxito. Se limitó a alguna grabación que se publicaría treinta años después de su disolución. Se llamaba Wilde Flowers, nació en

1964 y por ella transitaron muchos protagonistas de la escena: Robert Wyatt, Mike Rat-ledge, Kevin Ayers, Pye Hastings, Richard Coughlan, los primos Dave y Richard Sinclair y los hermanos Hugh y Brian Hopper. A partir de esta formación nacieron los Soft Machine y los Caravan. Los primeros, que tomaron su nombre del libro homónimo de William Bu-rroughs, fueron el epítome del grupo *underground* seguido por un público reducido, pero fiel. La primera formación, que cambió varias veces en el curso de los años, comprendía a Wyatt, Ratledge, Ayers y el guitarrista australiano David Allen. Se movieron inicialmente en la escena *underground* londinense de la que emergieron los Pink Floyd, para luego obtener un cierto éxito en Francia. Su obra maestra fue, probablemente, el doble *Third* (1970), cuatro largas composiciones en las que, prescindiendo de las partes vocales en tres cuartas partes de la obra, se encontrarían el espíritu de improvisación del jazz, el gusto por la repetición del minimalismo y las rarezas del rock psicodélico. *Fourth* (1971) cerró la época de oro. La banda se dedicó a la fusión después del abandono de Wyatt, destinado a una apreciada carrera solista que comenzó con un dramático accidente que cerró su historia de batería y marcó su existencia: en 1973, durante una fiesta, se cayó del cuarto piso de un palacete y permaneció durante el resto de su vida en una silla de ruedas.

Unos años antes, de regreso de Francia, David Allen no logró volver a entrar en la Gran Bretaña: era australiano y su visado había caducado. Por este motivo se quedó en Francia, y allí dio vida a los Gong, con su compañera Gilli Smyth y, a continuación, el guitarrista Steve Hillage, el saxofonista Didier Malherbe y el teclista Tim Blake. Su música, de rasgos esotéricos, se construía como un *collage* sonoro alucinado, mientras que los textos basados en el viaje del cosmonauta Zero The Hero hacia el planeta Gong creaban una especie de mitología cósmica descabellada. A partir de los Wilde Flowers también nacieron los Caravan, en los que confluyeron Dave y Richard Sinclair con Pye Hastings y Richard Coughlan. Su estilo lucía al máximo en el álbum *In the Land of Grey and Pink* (1971). Respecto a los otros grupos de Canterbury, los Caravan construyeron sus álbumes de modo más canó-nico, mezclando rock, jazz y folk sin coqueteos con la experimentación. Richard Sinclair fundaría los Hatfield and the North con el teclista Dave Stewart, que había formado parte de los Egg con Steve Hillage (luego en los Gong) y a su vez daría vida a los National Health. Stewart, que no debe confundirse con el homónimo miembro de los Eurythmics, terminó por obtener éxito en los años ochenta en pareja con su mujer Barbara Gaskin. Pero en aquel punto los teclados que caracterizaron el rock progresivo –el Hammond, el Moog y el Mellotron– ya habían pasado de moda, sustituidos por los nuevos sintetizadores. Esta historia había comenzado a mediados de la década de 1960, en una ciudad del sur de Inglaterra.

EL «CARISMA» DE TONY STRATTON–SMITH

La vida es extraña. Durante los años cincuenta eres uno de los redactores deportivos más jóvenes de Londres, y a finales de los sesenta resulta que acabas de fundar un sello discográfico. Esto es lo que le sucedió al brillante Tony Stratton–Smith. Se cuenta que «Strat», como lo llamaban los amigos, había descubierto su interés por el negocio de la música durante los mundiales de fútbol de Chile (1962), tras un encuentro con el compositor brasileño Antonio Carlos Jobim. Pero también los Beatles desempeñaron un papel clave en su metamorfosis, en particular gracias al encuentro y la colaboración con su mánager, Brian Epstein. En noviembre de 1969 Stratton–Smith decidió fundar Charisma Records, un sello basado en la fe, el respeto y el trabajo duro, una realidad concebida como «la suma de todos sus artistas». Se convertiría en uno de los sellos independientes londinenses más influyentes, que acogió a Van Der Graaf Generator, Genesis, Nice, Lindisfarne y muchos otros, entre los cuales los desacralizadores Monty Python.

LOS MAGOS DE LOS TECLADOS

Órganos electrónicos, sintetizadores, mellotron y pianos sustituyeron a la guitarra en el imaginario colectivo de los rockeros. Los nuevos héroes se llamaban Keith Emerson y Rick Wakeman.

Portsmouth, 1964. Un chaval de diecinueve años llamado Keith Emerson se hallaba buscando un teclado. Tenía 200 libras esterlinas en el bolsillo y unas ganas enormes de disfrutar de su pasión por la música. Le habían ofrecido un puesto en la culta y prestigiosa Royal Academy of Music, pero lo había rechazado para tocar con conjuntos de rock y de jazz. Ahora estaba buscando su «voz». La encontró en el Organ Center.

«Entré y ahí estaba, con aquella caoba resplandeciente en toda su belleza: un órgano electrónico Hammond L 100. Pues bien, ¡cómo sonaba! Era justo lo que buscaba.» Doscientas libras no bastaban para comprar el instrumento. «Lo tienes que adquirir a toda costa», le dijo su padre, que añadió la diferencia: poseer un órgano propio significaba tener un puesto estable en un grupo; tener un puesto estable en un grupo significaba tener una oportunidad de transformar la pasión por la música en una profesión. Emerson haría mucho más: transformaría el teclado en el nuevo fetiche rock.

El encuentro entre el futuro «Jimi Hendrix del teclado» y el órgano Hammond no fue tan sólo la historia de una iluminación personal: era la primera señal de una revolución copernicana. Antes del advenimiento del rock progresivo, la formación clásica del rock preveía uno o dos guitarristas, un bajista y un batería. Aparte de pocas y loables excepciones, como los Doors, la presencia del teclista era marginal. Cuando aparecieron en escena los primeros *guitar heroes*, de Jimi Hendrix a Eric Clapton pasando por Jimmy Page y Pete Townshend, el sonido de la guitarra eléctrica se convirtió en la característica más destacada del rock. Los modelos de Fender y de Gibson pasaron a ser objetos de culto. El Hammond era la ganzúa gracias a la cual el rock progresivo echó por tierra este estado de cosas.

«Intentaba aprovechar el 100% del instrumento,
mientras que hoy en día a menudo no se usa más del 1%.»

TONY BANKS (Genesis)

Ideado por el ingeniero y relojero estadounidense Laurens Hammond tras desmontar un viejo piano, el Hammond fue comercializado a partir de 1935 como alternativa relativamente práctica y económica a los grandes órganos de iglesia. Un motor eléctrico accionaba ruedas dentadas que a su vez se conectaban con *pick ups* que transformaban el movimiento en frecuencias y, en consecuencia, en notas (a partir de mediados de los años setenta se utilizarían osciladores electrónicos; en el siglo XXI, tras adquirir la marca Hammond, Suzuki reproduciría el sonido del órgano con la tecnología digital). La variedad de la circunferencia de las ruedas y del número de dientes, combinados con la velocidad de rotación, permitían producir una gama sonora de cinco octavas. Las 61 teclas distribuidas en dos teclados servían de interruptores que accionaban e interrumpían la señal sonora que luego se amplificaba; nueve tiradores (*drawbars*) modificaban la emisión del sonido actuando sobre los armónicos de las notas; la presencia del pedalero y de otros efectos ampliaba la gama sonora del instrumento. El éxito fue inmediato: en unos pocos años se produjeron 200 ejemplares cada mes. La afirmación definitiva se produjo con la combinación del órgano con los amplificadores giratorios Leslie y con la adopción del instrumento por parte de los músicos de jazz, en particular de los modelos B−3 y C−3, producidos hasta 1974.

> «El Moog era un monstruo, un bellísimo monstruo.»
>
> RICK WAKEMAN (Yes)

Si el músico de jazz Jimmy Smith contribuyó de manera determinante a popularizar el Hammond, músicos como Keith Emerson le dieron carácter espectacular. Dos años después de haber adquirido el modelo L−100 (de dimensiones más reducidas y características sonoras más modestas que los «hermanos mayores»), Emerson estaba de gira en Francia con un grupo de rhythm'n'blues llamado los V.I.P.'s. De repente estalló una pelea entre el público. Los músicos estaban a punto de interrumpir el concierto cuando se dieron cuenta de los ruidos fragorosos que Emerson estaba sacando del Hammond. Silbidos agudos y sonidos atronadores atrajeron la atención del público. La pelea se aplacó y todo el mundo se dirigió hacia el teclista que estaba produciendo sonidos infernales a partir de un teclado construido para acompañar las funciones religiosas.

Los puñales de
KEITH EMERSON

«Quería ser el Jimi Hendrix del órgano», declaró Keith Emerson al Guardian. «Jimi tocaba con los dientes, o sujetando el instrumento a su espalda... Yo comencé a cabalgar el teclado como un potro salvaje.» Y si Hendrix hacía trizas su Fender Stratocaster, Emerson «acuchillaba» su Hammond L100 con puñales que se remontaban a la época del Tercer Reich. «Fue una idea de Lemmy Kilmister –dijo–. En aquella época era *roadie* de Nice, y me dijo: "Si tienes intención de usar cuchillos, al menos que sean de verdad". Él coleccionaba recuerdos de época e incluso algunos efectos personales de Hitler. Me regaló dos puñales de las Juventudes Hitlerianas, y desde entonces siempre los he usado.»

Había llegado el momento para que se produjera un cambio cultura. El héroe rebelde de guitarra eléctrica desplegada como un arma o como un símbolo fálico se vio acompañado por la imagen más burguesa del músico sentado en el teclado. En junio de 1967, justo una semana antes de que Jimi Hendrix prendiera fuego a su Fender Stratocaster en el festival de Monterey, el primer puesto de la clasificación británica lo conquistaba «A Whiter Shade of Pale», de los británicos Procol Harum. La columna vertebral de la pieza no estaba constituida por un audaz riff de guitarra, sino por una suave frase de órgano Hammond tocado por Matthew Fisher. Se inspiraba en algunas composiciones de Bach, como la célebre *Aria para la cuerda de sol*, en aquel período popular como banda sonora de un anuncio de televisión de los cigarrillos Hamlet. Era una primera y elocuente señal. Al cabo de pocos años, la centralidad de los teclados sería la norma. Emerson, que antes de unirse con Greg Lake y Carl Palmer, tocaba con los Nice, inspiró a Tony Banks de los Genesis (el título originario de su «The Knife» era «The Nice»). En 1971 se unió a los Yes otro prodigio del teclado, Rick Wakeman. En los Pink Floyd, el talento de compositor e intérprete de Richard Wright todavía no había sido eclipsado por el del guitarrista David Gilmour y el bajista Roger Waters. Jon Lord era el gigante de Deep Purple.

La innovación tecnológica creó un surco todavía más profundo entre el rock clásico y el rock progresivo. Mientras que un vasto batallón de músicos que operaban en ambas orillas del océano miraba a la tradición como a una fuente inagotable de inspiración, elevando la esencialidad de las actuaciones hasta la categoría de arte, los instrumentistas progresivos buscaban maneras cada vez nuevas para tocar de manera audaz, compleja, inaudita. El propio Emerson, tras unirse a Lake y Palmer, aparecía en el escenario con un Hammond y el nuevo sintetizador Moog: la maraña de cables era un espectáculo de por sí, los sonidos que surgían de los amplificadores eran asombrosos. Emerson, primer músico de rock que realizó giras con un Moog, comprado gracias al dinero ingresado con el primer contrato discográfico del trío, descubrió el instrumento escuchando en una tienda de discos *Switched–On Bach*, el álbum de 1968 en el que Walter (Wendy) Carlos versionaba con el sintetizador algunas composiciones del gran músico alemán, y entre estas el *Aria para la cuerda de sol*. «¿Qué diablos es este instrumento?», preguntó Emerson al vendedor. El instrumento lo había inventado el ingeniero estadounidense Robert Moog (1934–2005), y se había presentado en primicia en el festival de Monterey. Por primera vez, un sintetizador modular con teclado unía una gran variedad tímbrica, una relativa «portabilidad» y un precio que no era inaccesible. «Era un monstruo. Un bellísimo monstruo», dijo Rick Wakeman. La electrónica salía de los círculos de los compositores cultos y llegaba hasta los ases de los escenarios. Los productores de Hollywood, en busca de bandas sonoras con efectos para sus filmes, se dieron cuenta de ello, así como los grupos de rock. También se dio cuenta Emerson, que lo tocó cuando todavía formaba parte de los Nice, cuando se lo prestó Mike Vickers, de los Manfred Mann. Una de las primeras cosas que tocó fue «Also Sprach Zarathustra», de Richard Strauss, en el Festival Hall de Londres.

«La gente estaba desconcertada. No creía siquiera que el sonido proviniera de aquel instrumento, imaginaba que lo producía una cinta magnetofónica. Fue grandioso: decidí que tenía que poseer uno.»

El sonido del sintetizador no se adecuaba tan sólo a la voluntad experimentadora de una nueva generación de músicos, sino que surgió un gran efecto tras oírlo en la FM de la radio, que se estaba convirtiendo en uno de los canales privilegiados para escuchar música. Sin embargo, los osciladores que permitían su funcionamiento eran sensibles a los cambios de temperatura, y de esta manera, Emerson entregaba su Moog a su *roadie* para que se lo ajustara antes de cada concierto. «Aunque luego podía retocarlo todo de arriba abajo: la gente entraba a la sala, la temperatura subía, el instrumento se desajustaba.» El teclista se convirtió en un cruce entre el pianista virtuoso y el científico loco. El «monstruo» que llevaba consigo a los conciertos era alto como dos personas y pesaba 250 kilogramos. El Minimoog era una versión más compacta que Rick Wright usaría en «Shine On You Crazy Diamond», de los Pink Floyd. Rick Wakeman, de los Yes, sabría dominarlo de manera envidiable: «Por primera vez podía subir al escenario y hacer comer el polvo al guitarrista. Cambió la cara de la música».

Keith Emerson comenzó su carrera integrando el grupo The Nice antes de la creación de Emerson, Lake & Palmer.

«La gente estaba desconcertada. No creía siquiera que el sonido proviniera de aquel instrumento.»

KEITH EMERSON

Wakeman se lo compró al actor Jack Wild, que pensaba que estaba roto porque sólo sonaba una nota a la vez. No es que fuera defectuoso: el Moog era un sintetizador monofónico, a diferencia del Mellotron, teclado polifónico que contaría también con una gran aceptación entre los músicos progresivos. Comercializado en Gran Bretaña por primera vez en 1963 y basado en el estadounidense Chamberlin, el Mellotron era una especie de antecesor del sampler: la presión de una tecla accionaba un segmento de cinta que contenía el sonido pregrabado. Algunos modelos permitían la carga de varios cartuchos, ampliando la gama de sonidos reproducibles con el teclado. A pesar de los límites del instrumento, sensible a los cambios de temperatura, a la humedad y al deterioro de las cintas, el Mellotron se usó entre finales de la década de 1960 y principios de la de 1970 como instrumento sucedáneo de la orquesta. Los Beatles lo utilizaron en algunas de sus creaciones, como por ejemplo «Strawberry Fields Forever», Ian McDonald lo transformó en uno de los instrumentos clave del primer álbum de los King Crimson, los maestros del pop electrónico alemán Tangerine Dream lo emplearon a

menudo, Tony Banks de Genesis le confió la introducción de «Watcher of the Skies». Los nuevos instrumentos de teclado abrieron posibilidades inexploradas. Banks: «Filtraba a través de distorsión y pedales el órgano Hammond, del que utilizaba el primer tirador de las barras armónicas, o bien sólo los sonidos de percusión. En definitiva, intentaba aprovechar el 100% del instrumento, mientras que en la actualidad a menudo se limitan a usar el 1%. Un montón de gente simplemente enciende los instrumentos y utiliza los sonidos preprogramados. El Mellotron era fantástico por aquellos sonidos fascinantes de cuerdas y de voces, pero no podías tocar nada que fuera rápido. Los sintetizadores revolucionaron el mundo de los teclados».

En 1970 llegó al mercado el sintetizador analógico modular ARP–2500 creado por el estadounidense Alan Robert Pearlman. A primera vista era espectacular: los dos teclados estaban coronados por tres paneles llenos de interruptores y jacks. Más fiable que el Moog, pero decididamente menos afortunado desde el punto de vista comercial, fue el primero de una serie de sintetizadores ARP que utilizarían George

EL MOOG SE VA DE GIRA

Keith Emerson fue el primer músico de rock que se fue de gira con un Moog, el sintetizador modular con teclado inventado por el ingeniero estadounidense Robert Moog (1934–2005). Emerson descubrió este nuevo instrumento mágico en una tienda de discos escuchando *Switched–On Bach*, el álbum de 1968 en el que Walter (Wendy) Carlos versionaba con el sintetizador temas extraídos del repertorio del gran compositor alemán. Después de haberlo tomado prestado de Mike Vickers, de los Manfred Mann, el teclista se enamoró de este instrumento al instante y decidió que debía tener uno. Lo compró con el dinero ingresado gracias al primer contrato discográfico de los Emerson, Lake & Palmer.

Duke (de la banda de Frank Zappa), Brian Eno, Jean–Michel Jarre, Steve Hillage (Gong), Klaus Schulze (Tangerine Dream), Dave Sinclair (Caravan) o Tony Banks. «El ARP Pro Solist –dijo este último– tenía una gama pequeña pero muy hermosa de timbres, y no era necesario programarlo porque tenía sonidos preestablecidos. Resultó ser un complemento interesante para mi armamento: disponer de algo alternativo para tocar las partes solistas me abrió nuevas posibilidades.»

Órganos y sintetizadores no fueron los únicos instrumentos ennoblecidos por el rock progresivo. La paleta se amplió gracias al uso de flautas, saxofones y violines. La fantasía y el talento incitaban a la absoluta libertad en la elección de los colores sonoros. Durante un tiempo, el conjunto de rock formado por bajo–guitarra–batería parecería una fórmula envejecida precozmente, una ruina del pasado. El imaginario del rock aparecía patas arriba.

MÚSICA CREATIVA

El rock no sólo era protesta, consciencia social o contracultura. El mundo del rock progresivo intentó elevar la nueva música a forma de arte. Y para ello recurrió al poder de la imaginación.

U n texto cuenta cómo los dioses unen a Hermafrodita con la ninfa Sálmacis en un abrazo eterno. Otro intenta interpretar los fundamentos de la filosofía védica. Uno describe la corte de un rey: un flautista toca el pífano para el soberano, mientras un coro entona nanas en una incomprensible lengua arcaica. En una canción, el mundo vegetal entabla una guerra contra la humanidad: inmune a los herbicidas, el perejil gigante se subleva contra los elegantes señoritingos del campo que lo han plantado en su jardín. En otra, un hombre se duerme sobre un autocar de Greyhound y sueña con precipitarse a bordo de un avión. También está la del astronauta que abandona la Tierra y se encuentra perdido en el espacio profundo...

No eran los argumentos típicos de canciones rock. Y sin embargo, temas similares abundaban en los discos de principios de la década de 1970. Fue una de las revoluciones operadas por el rock progresivo: el imaginario rock ensanchó las fronteras tomando su inspiración en la literatura, la mitología, la historia, junto a los temas más tradicionales del amor, de la liberación personal, de la política. Los textos perdían su carácter contundente, casi de eslogan, heredado de la concisión típica del blues, para volverse más enigmáticos y, en algunos casos, casi ampulosos.

Fue un proceso que comenzó con el rock psicodélico, al que los músicos británicos añadieron un gusto particular por la literatura, la poesía, los ensayos, las buenas lecturas que los brillantes muchachos del rock progresivo habían hecho en la escuela. Fue el caso de los Genesis de Peter Gabriel: «The Cinema Show» se relacionaba con *La tierra baldía*, de T.S. Eliot, los protagonistas de «White Mountain» provenían de *Colmillo blanco*, de Jack London. Jon Anderson, de los Yes, citó la novela de Hermann Hesse *Siddharta* entre las fuentes de inspiración de «Close to the Edge» y *Guerra y paz* de Leon Tolstoi para la suite *The Gates of Delirium*. Emerson Lake & Palmer adaptaron a William Blake, los Gentle Giant se inspiraron en Rabelais y en Camus. El cantante ya no contaba su propia experiencia o una historia de alguien a quien conociera, desencadenando un proceso de identificación. Más bien usaba la fantasía para inventar historias partiendo de su propio bagaje cultural.

«¿Un recuerdo de *The Lamb Lies Down On Broadway* ? Mike, Steve, Tony y yo en una habitación improvisando y grabando; Peter en la otra escribiendo los textos.»

PHIL COLLINS

La palabra clave era "imaginación". Aun sin ser eruditos como los de los cantautores que en aquel mismo período estaban escribiendo algunas de las mejores páginas de la canción de autor, los textos de los grupos progresivos se veían ennoblecidos por impulsos de fantasía y referencias cultas. No los legitimaban reclamos a la cultura callejera o a la contracultura, y habitualmente prescindían de expresiones procedentes de la jerga popular. Y sin embargo, todavía estaba presente, a menudo infravalorada por los observadores, una tendencia política progresista. No se trataba de músicos desvinculados de la realidad. En el repertorio de Genesis, Yes, Emerson Lake & Palmer y otros grupos afines están presentes canciones de tema bélico, aunque en Gran Bretaña, obviamente, se sintió menos el problema del conflicto del Vietnam, que estaba moviendo con fuerza a la sociedad estadounidense. En general, los comentarios sociales directos, los eslóganes de barricada, las máximas revolucionarias, se veían sustituidos por metáforas espirituales, experiencias simbólicas, relatos de la lucha eterna entre el Bien y el Mal o entre el individuo y una sociedad de rasgos inhumanos. Los observadores confundieron los impulsos de idealismo por ejercicios escapistas, representaciones mitológicas y distópicas sugerían el deseo de una sociedad más justa donde también tenían cabida las exigencias espirituales.

«Existen otras maneras, además de gritar en medio de la multitud», cantaba Peter Hammill en «Lemmings», de Van Der Graaf Generator. Estos autores no invocaban la revolución, más bien auspiciaban una renovación espiritual. Abundaron textos vinculados al imaginario «cósmico» y, por otra parte, se vivía de lleno la rivalidad entre los Estados Unidos y la Unión Soviética por el predominio del espacio, que llevó al primer hombre a la Luna en julio de 1969. Al mismo tiempo, quizás como reacción a las ansias nacidas en una sociedad cada vez más tecnológica, abundaban imágenes relativas a la naturaleza.

En cambio, faltaban la distancia irónica,

UN CORDERO ENTRE RATAS Y FANTASMAS

The Lamb Lies Down On Broadway narra la historia de un inmigrante portorriqueño que vive en los márgenes de la sociedad. Es «una peregrinación espiritual por las calles de Nueva York», explicó Peter Gabriel, autor de la práctica totalidad de los textos. El proyecto tomó forma en Headley Grange, un antiguo orfanato en East Hampshire, que había acogido ya a Led Zeppelin, Bad Company y Pretty Things. Un lugar fascinante, infestado de ratones, y de algo más... «Los fantasmas me mantenían despierto por la noche –recordaba Steve Hackett, que casi perdió la vida–. El último día, mientras me lavaba las manos, di un paso atrás y el suelo cedió. Un segundo antes y probablemente estaría muerto.»

el guiño jactancioso y la ligereza que siempre habían caracterizado al rock. Los textos de los Rolling Stones o de los primeros Beatles no presentaban ninguna pretensión literaria, como máximo intentaban expresar un concepto simple y directo. Por el contrario, los textos del rock progresivo supuestamente se tenían que tomar en serio. Abundaban imágenes surrealistas o, en cualquier caso, lo bastante vagas como para resultar ambiguas: exigían de los fans una interpretación, si no, directamente, una decodificación. Como dijo Jon Anderson, de los Yes: «A veces uso palabras de sonido cautivador, a veces expreso conceptos más profundos. Recibo cartas y cartas de personas que me explican su interpretación de mis textos. ¿Quién sabe? Quizás tienen razón ellos...».

Las nuevas temáticas encontraban un marco perfecto en el formato del álbum conceptual que, en Gran Bretaña, se fue consolidando a finales de los años sesenta. En tan sólo los dos años que separaban *Sgt. Pepper's* de *Tommy*, la propia idea del álbum conceptual se había ido afinando. Para los Beatles era una recopilación de canciones de inspiración variada, unidas por un mezclado que eliminaba las pausas, por la presencia de una *reprise* de la canción que daba título al álbum, de una carátula visual y conceptualmente fuerte. Para los Who era ya una ópera rock, una historia coherente y ambiciosa contada a través de las canciones. El rock progresivo se movía entre estos dos polos, dando origen a una vasta gama de conceptos, a veces, como se ha visto, por afinidad con las composiciones clásicas programáticas.

Tales from Topographic Oceans fue el sexto álbum de estudio de la banda inglesa de rock progresivo Yes.

Un ejemplo clamoroso fue el doble *Tales from Topographic Oceans*, publicado por Yes en uno de los años de oro del rock progresivo, 1973. Inspiradas en una clasificación referida en la *Autobiografía de un yogui*, de Paramahansa Yogananda, las cuatro caras se modelaban según los géneros de las escrituras sacras hindúes: shruti, smriti, purana y tantra. El teclista del grupo, Rick Wakeman, abrazó con entusiasmo el formato del álbum conceptual inspirándose en temas de historia, literatura, mitología: a cada una de las mujeres de Enrique VIII le dedicó una composición de *The Six Wives of Henry VIII* (1973), en *Journey to the Centre of the Earth* (1974) hacía una relectura de *Viaje al centro de la Tierra*, de Jules Verne, con una formación rock, la London Symphony Orchestra y el English Chamber Choir; o bien contaba el mito del rey Arturo en *The Myths and Legends of King Arthur and the Knights of the Round Table* (1975).

Los Gentle Giant llegaron al álbum conceptual en 1972: *Three Friends* narraba la historia de tres amigos de infancia separados por el destino y por sus estilos de vida. Seguirían *In a Glass House* (1973), de concepto más bien vago, *The Power and the Glory* (1974) e *Interview* (1976) que, estructurado como una entrevista, lanzaba una ojeada desencantada e irónica al mundo de la música. Genesis no formularon hasta el tardío 1974 un álbum conceptual convincente, después de haber propuesto temas largos y articulados. Ideado por Peter Gabriel, *The Lamb Lies Down On Broadway* estaba centrado en la vida de un gamberro marginado en Nueva York, inspirado por la visión de la película de Alejandro Jodorowski *El topo*. El proyecto de transformarlo en un guión cinematográfico fracasó, pero resultaba significativo de las ambiciones de Gabriel.

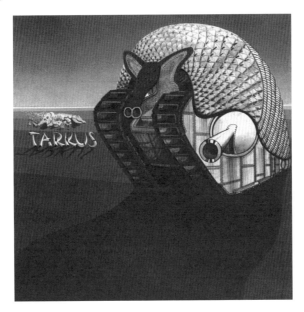

A menudo el concepto se refería tan sólo a una parte del álbum, que por su importancia y fuerza expresiva terminaba por caracterizar toda la obra atrayendo la atención hasta ella. Era el caso de *Close to the Edge* (1972), de los Yes o de *Tarkus* (1971), composición en siete partes que ocupaba toda la primera cara del álbum homónimo de los Emerson Lake & Palmer. Se convertiría en uno de los mayores éxitos de los espectaculares conciertos del trío.

LAS SEIS ESPOSAS DE ENRIQUE VIII

A principios de 1972, Rick Wakeman estaba de gira por los Estados Unidos con los Yes. En el aeropuerto adquirió algunos libros, entre ellos uno titulado «La vida privada de Enrique VIII», que leyó mientras iba volando hacia Chicago. Impresionado por la trágica historia de Ana Bolena, Wakeman comenzó a «oír» en su cabeza una melodía que le pareció la banda sonora perfecta para aquel drama tan demente. En 38 años, de 1509 a 1547, Enrique VIII se casó seis veces: dos matrimonios (con Catalina de Aragón y Ana de Cleves) fueron anulados, una de las mujeres (Jane Seymour) murió de parto, otras dos (Ana Bolena y Catherine Howard) fueron decapitadas, y la última, Catherine Sparr, sobrevivió a su real marido. Wakeman encontró un tema para cada una de las mujeres y creó un concepto fenomenal dominado por sus teclados. El álbum tuvo un éxito notable, pero todavía más lo registró el «medley condensado» que Rick presentaba en el interior de los conciertos de los Yes (como se documenta en la película/triple álbum *Yessongs*): un momento solista altamente sugestivo que se convirtió en un clásico al mismo nivel que los «greatest hits» del grupo de Squire, Howe y Anderson.

HÉROES SIN ROSTRO

Los divos del rock progresivo eran antidivos. No suscitaban el culto a la personalidad de los colegas que los precedieron o que los seguirían. Y si Peter Gabriel se ponía máscaras, los demás se «escondían» detrás del grafismo de las carátulas de los discos y de las escenografías en directo.

Una música sin rostro que jugaba con la imaginación y rehuía el divismo. Esta era la impresión transmitida por los álbumes progresivos publicados de 1969 a 1976. Las carátulas de los álbumes de la época no eran simple decoración, representaban el modo que el rock progresivo tenía de presentarse a sí mismo, a las ideas que subyace, a los contenidos que vehiculaba. En dirección opuesta a lo que se había visto hasta aquel momento: desde siempre, los discos de rock, en su mayor parte, habían mostrado el rostro del solista o del grupo a quien se debía el trabajo. Elvis en blanco y negro, Elvis en colores, Elvis en concierto, Elvis a bordo de un automóvil, Elvis soldado, Elvis niño: es difícil encontrar un álbum de Presley que no lleve una foto del cantante en la carátula. Y no era una excepción, sino la regla. En las décadas de 1950 y 1960, el grafismo vehiculaba un único mensaje. Y ese mensaje era el artista. Las cosas cambiaron a final de la década. Los músicos fueron conociendo cada vez más las estrategias comunicativas y pretendían controlar su propio trabajo. Concebían los discos como pequeñas obras de arte y avanzaban demandas precisas no sólo sobre cómo tenían que sonar, sino también sobre cómo se presentarían. Algunos fundaron sus propios sellos discográficos y decidieron, en total autonomía, cuál debía ser el equivalente visual de la música. El mensaje pasaba también a través de los ojos. En 1968, los Beatles publicaban el doble álbum homónimo con la carátula completamente blanca, mientras que los Rolling Stones ilustran su *Beggar's Banquet* con la foto de un baño, con su váter, la cadena, papel higiénico y grafitis en la pared. Las casas discográficas contrataban a creativos para llenar la paleta de 30 x 30 cm que constituía la carátula de un LP; cada vez se recurría más a bolsas impresas y a carátulas que se abrían y que ampliaban todavía más las posibilidades gráficas; el rock comenzó a dialogar con el mundo del arte figurativo. Y de este modo, las carátulas de los LP se convirtieron en instrumentos de marketing, afirmación programática y, en los mejores casos, objeto artístico complementario a la música.

«La pintura de Barry Godber encarnaba a la perfección al Hombre esquizoide del siglo XXI. Cuando nos lo mostró acabábamos de terminar de grabar aquella canción... fue mágico.»

GREG LAKE

Era un contexto ideal para la música progresiva, que había elegido el álbum como instrumento expresivo principal, tenía pretensiones artísticas y vehiculaba mensajes complejos. El ejemplo a seguir todavía era el *Sgt. Pepper's* de los Beatles, con el famoso collage de Peter Blake: la imagen que reflejaba los contenidos de la obra debía ser imaginativa y representativa, a ser posible desconcertante o, al menos, enigmática. Debía ser una pieza en el gran puzzle en que se había convertido el álbum rock. Si en el disco de

1967, John Lennon, Paul McCartney, George Harrison y Ringo Starr aparecían en la carátula, aunque camuflados por miembros de la Banda de los Corazones Solitarios y, a parte del citado *Álbum blanco*, seguirían haciéndolo hasta el final de su carrera, las estrellas del rock progresivo no sentían la necesidad de aparecer. Incluso los rostros de Keith Emerson, Greg Lake y Carl Palmer, un trío que basaba en parte su popularidad en el culto a la personalidad, aparecen dibujados en uno solo de los discos históricos del grupo. Los artistas progresivos preferían acordar una parte de su imaginario a artistas, fotógrafos, pintores e ilustradores, a los que pedían el cometido de traducir en imágenes los contenidos de los álbumes. También en este campo, *In the Court of the Crimson King* marcó la historia. El sentimiento de angustia expresado por la música se reflejaba de manera ejemplar en la carátula pintada por Barry Godber, un amigo de Peter Sinfield. En sus manos, *El grito* de Edvard Munch se convertía en el grito del *schizoid man*, el hombre esquizoide protagonista de la canción más significativa del álbum. El interior de la carátula, que se abría, además de los textos de las canciones, contenía una representación del Rey Carmesí. Fue la única carátula firmada por

EL GENIO GRÁFICO DE LOS PINK FLOYD

El fotógrafo, grafista y director Storm Thorgerson, fallecido el 18 de abril de 2013 a los 69 años de edad, se hizo célebre sobre todo por su trabajo desarrollado con los Pink Floyd de forma casi ininterrumpida desde 1968: dado que pertenecía a la facción de David Gilmour, no se ocupó de *The Wall,* ni de *The Final Cut.* «Era mi amigo, mi consciencia, mi terapeuta, mi consultor artístico», dijo el guitarrista. Pero sobre todo, Thorgerson era el hombre capaz de transformar un evento en imágenes, el genio loco que, sin pensárselo dos veces, hacía empaquetar 700 camas de hospital y las mandaba a una playa de Devon para dar vida al río de acero, sábanas y mantas que señorea en la carátula de *A Momentary Lapse of Reason* (1987). Y a quien le preguntaba por qué no aprovechaba los atajos que le ofrecía la tecnología digital, respondía: «Bah, no sería lo mismo».

Godber, programador de ordenadores y pintor aficionado que murió de un infarto en 1970 con tan sólo 24 años.

En otros casos, la relación entre grupo y grafista era tan estrecha y duradera que configuró una auténtica poética. A partir de su segundo álbum, *Trespass* (1970), los Genesis trabajaron junto a Paul Whitehead, pintor, artista gráfico y director artístico de *Time Out*, que acababa de efectuar una provechosa colaboración con el sello para el cual grababa la banda, la Charisma de Tony Stratton–Smith. «Estaba allí cuando ensayaban las canciones. Por este motivo escuchaba los textos, me hacía una idea. Luego, cenando o almorzando compartíamos las ideas». Es más, cuando el grupo añadió una canción en el álbum *Trespass* (1970), llamada «The Knife», que rompía de manera brusca la atmósfera romántica del trabajo, él cortó la tela con un cuchillo, en un gesto que recordaba a Lucio Fontana. En *Nursery Cryme* (1971) representó una especie de fábula cruel y diseminó por la pintura referencias a las canciones incluidas en el álbum, una opción que se repitió en *Foxtrot* (1972), que al grupo ya no le gustó tanto. Y de esta manera, después

de que el artista se estableciera en los Estados Unidos, los Genesis eligieron una pintura de Betty Swanwick y la reprodujeron en la carátula de *Selling England By The Pound* (1973). Al mismo tiempo, Whitehead concreta una provechosa relación de trabajo con Peter Hammill y Van Der Graaf Generator y colaboró con Lindisfarne, Renaissance, If, Hight Tide, Mott The Hoople o con los italianos Aldo Tagliapietra y Le Orme.

La marca que dejó Roger Dean en las carátulas de los Yes fue todavía más fuerte. Dibujó el logotipo del quinteto, imaginó los paisajes fantásticos que luego se representaban en las carátulas y se reproducían en el escenario. Respecto de Whitehead, presentaban un gusto común por lo surreal. Pero si aquel introducía detalles extravagantes en un contexto casi realista, Dean se inventaba contextos extravagantes compuestos por elementos realistas. Uno prefería la dimensión fantástica, el otro la ciencia ficción. Esta última estaba presente en una de las carátulas más conocidas de la era del rock progresivo, *Brain Salad Surgery* (1973) con una imagen que el artista suizo H.R. Giger prestó a Emerson Lake & Palmer, la visión

YES vs. AVATAR

En 2013, el artista y diseñador Roger Dean reclamó una indemnización de cincuenta millones de dólares al director James Cameron. Lo acusaba de haber plagiado algunos de sus paisajes inolvidables que distinguieron las carátulas de los Yes para crear el mundo extraterrestre de Pandora en la película, récord de recaudación, *Avatar* (2009). Dean exigió también a la Twentieth Century Fox que la película no se proyectara nunca más en su versión original. Según la revista estadounidense *Entertainment Weekly*, en 2010 se preguntó a Cameron si se había inspirado en las carátulas de los Yes. El director, al parecer, respondió: «Podría haber sucedido, en los días en que fumaba hierba».

perturbadora de una calavera introducida en una maquinaria diabólica. Otros autores usaron el imaginario medieval y simbologías no occidentales. En muchos casos, la intervención gráfica del artista no se limitaba a la carátula. La imagen proseguía en el dorso y encontraba un complemento gráfico en el interior de los álbumes, que se podían abrir.

El proceso de ennoblecimiento del grafismo de los álbumes en Gran Bretaña no sería el mismo sin la sociedad londinense Hipgnosis, de Storm Thorgerson y Aubrey Powell, que firmó carátulas para Yes, Led Zeppelin, Peter Gabriel, Alan Parsons Project y sobre todo Pink Floyd. Si Whitehead y Dean se inclinaron por la pintura, Thorgerson y Powell usaron la fotografía y el collage para crear imágenes que contenían elementos surreales. El estilo, que en algunos casos remitía a las creaciones de Magritte y a las geometrías de De Chirico, se fue afinando hasta crear una auténtica poética del extraña-miento: de las «cascadas de experiencia» de *A Saucerful of Secrets* (1968), primera carátula realizada para los Pink Floyd, hasta el diseño de los Cd de Muse y Audioslave, Thorgerson transformó la foto de carátula en un pequeño acontecimiento, convencido de que «la dimensión física implícita en la organización de los eventos, en el hecho de hacer las cosas de verdad,

tiene un efecto positivo en la fotografía». Por extrañas o surreales que parecieran, las imágenes representadas en la carátula eran genuinas: lo era el fuego que envolvía a dos hombres (dos especialistas) de *Wish You Were Here* (1975), lo era el cerdo volante de *Animals* (1977) o el río de camas en la playa de *A Momentary Lapse of Reason* (1977), imágenes todas ellas dictadas por una canción o por el concepto del álbum.

El arte gráfico no era el único campo en el que el rock progresivo se convertía en música para ver, además de para escuchar. Mientras que la década de 1970 sucedía a la de 1960, el concierto se convertía en una experiencia más larga y satisfactoria gracias a nuevos y poderosos sistemas de amplificación, efectos de iluminación, láser, máquinas de humo... Lo que no había funcionado con los Beatles, que en 1966 cerraban su experiencia concertística frustrados por la imposibilidad de oír la música sobre los gritos ensordecedores de los fans, sí funcionó con los monstruos del rock progresivo. En muchos casos se iba más allá de la simple proposición de las canciones grabadas en el disco: las exhibiciones se enriquecían con pequeños y grandes hallazgos escenográficos. Los Yes se exhibían en medio de los paisajes surrealistas diseñados por los hermanos Roger y Martyn Dean, que cambiaban de aspecto según las luces (en 2013, Dean reclamó 50 millones de dólares de indemnización al director James Cameron por haber plagiado algunos de estos paisajes para crear el mundo extraterrestre de Pandora en el film, récord de recaudación, *Avatar*). Keith Emerson hacía ondear espantosamente el Hammond, lo cabalgaba, lo acuchillaba. En gira con ELP, su Moog explotaba, por así decir, en medio del show, mientras que la batería de Carl Palmer giraba 360 grados. Pero uno de los mayores responsables del proceso de teatralización de la actuación fue Peter Gabriel. En un primer momento, improvisaba historias entre una y otra canción para llenar las molestas pausas que se creaban mientras los guitarristas afinaban los instrumentos. Luego, quizás inspirado por Lino Vairetti, de los Osanna, a los que vio actuar en Italia en 1972, comenzó a maquillarse la cara y a presentarse con disfraces cada vez más elaborados relacionados con los personajes sobre los que cantaba. Cambiaba de disfraz varias veces en el curso del concierto, atrayendo las miradas incrédulas de los fans y (finalmente) la atención de la prensa inglesa. Un proceso que culminó en la gira de *The Lamb Lies Down On Broadway*, entre 1974 y 1975, cuando estrechó al máximo la frontera entre concierto y teatro musical.

La teatralización de los conciertos respondía a la exigencia de «llenar» las salas cada vez más amplias en las que actuaban las bandas, dando algo que ver incluso a los espectadores sentados en los lugares más alejados. O también a los más cercanos, dada el relativo carácter estático de los virtuosos del rock progresivo: luces y humo reemplazaban la fisicidad de la actuación, que había sido predominante en las actuaciones televisivas de Elvis Presley. La mirada debía ahora abrazar el conjunto, no detenerse en el cuerpo del intérprete. Los impulsos teatrales, en fin, también fueron el intento noble de traducir la música en imágenes, sonidos, sugestiones visuales, hasta delinear la idea de experiencia multimedia que demostraría ser muy fecunda en el ámbito del rock y el pop. Ni siquiera la música bastaba para satisfacer la ambición del rock progresivo. Como dijo Roger Dean, «pensar que la gente viene a ver un concierto sólo para escuchar música significa tener una idea reduccionista de lo que es una gran actuación». Los grandes «heréticos» del rock progresivo, los Pink Floyd, estarían de acuerdo

CLARE TORRY
y el lado oscuro de la Luna

La voz inmortalizada en *The Great Gig in the Sky* es la de Clare Torry, una corista y cantautora de veinticinco años de los estudios de Abbey Road. Y pensar que cuando el técnico de sonido Alan Parsons le había pedido que colaborara con los Pink Floyd había contestado: «No puedo, tengo entradas para el concierto de Chuck Berry en el Hammersmith Odeon». Sin embargo, al final la sesión se retrasó, y un domingo por la noche, en tan sólo tres tomas, Clare contribuyó a escribir un tema histórico. Al no recibir directivas precisas de Gilmour y sus socios, se limitó a improvisar, «fingiendo que yo misma era un instrumento». La compensación económica no fue ciertamente memorable, tan sólo 30 libras esterlinas (que hoy equivaldrían a unas 340), pero en 2004, Torry ganó la causa contra EMI y Pink Floyd reivindicando sus derechos como co–autora de la pieza.

LOS HERÉTICOS DEL ROCK PROGRESIVO

La leyenda de los Pink Floyd, desde sus orígenes psicodélicos hasta The Wall, «el concepto de los conceptos». Y Jethro Tull, Mike Oldfield, hasta el art rock del primer David Bowie y de los Queen.

Álbumes conceptuales, conciertos espectaculares, textos imaginativos, extensas partes instrumentales, contaminaciones estilísticas. Entre finales de la década de 1960 y la de 1970, muchos grupos se adhirieron a estos imperativos estéticos, aun no pudiendo clasificarlos dentro del género progresivo. El caso más llamativo es el de los Pink Floyd. Nacidos en Cambridge y afiliados muy pronto a la naciente escena psicodélica londinense, inicialmente fueron liderados por el cantante y guitarrista Syd Barrett, acompañado por el bajista Roger Waters, el teclista Richard Wright y el batería Nick Mason. Autor de fantasía desenfrenada, Barrett transformó las canciones del cuarteto en fábulas morbosas y alucinadas, en una mezcla de infantilismo y carácter visionario que no tenía precedentes en la historia del rock. Se trataba de una música psicodélica que, en el disco, renunciaba a las largas digresiones instrumentales. En concierto, al no poder disponer de un repertorio vasto, el cuarteto se veía en la necesidad de expandir las canciones para llenar el tiempo de que disponían. A los acordes y a las estructuras rock–blues se añadieron partes repetitivas, sonidos estridentes, secciones instrumentales ausentes de los originales, mientras que un rudimentario light show coloreaba la escena, a imagen de lo que estaba sucediendo al otro lado del océano, en San Francisco. Atentos desde sus inicios a la calidad del sonido, los Pink Floyd idearon un innovador sistema de difusión con cuatro vías. Sin embargo, el uso importante de drogas minó la lucidez y la fiabilidad de Barrett, que fue apartado del grupo al año siguiente de la publicación del debut con *The Piper at the Gates of Dawn* (1967), y sustituido por David Gilmour. En los cuatro años siguientes, el cuarteto se alejó de la psicodelia y de los experimentalismos acercándose a formas conceptuales. La primera cara de *Atom Heart Mother* (1970) la ocupaba enteramente una suite de 24 minutos con los arreglos orquestales del compositor escocés Ron Geesin y un coro de dieciséis miembros. La pieza fuerte de *Meddle* (1971) era la larga «Echoes», que por sus hallazgos sonoros, su musicalidad, sus métricas y su estructura marcaba un acercamiento con el rock progresivo. Era tan sólo el aperitivo de *The Dark Side of the Moon* (1973), el álbum que transformó a los ingleses en estrellas y les condujo a una época de álbumes conceptuales. Es uno de los discos más vendidos de la historia, y su longevidad todavía resulta más sorprendente: totalizó más de 800 semanas no consecutivas de permanencia en las clasificaciones estadounidenses. *The Dark Side of the Moon* marcó un punto de no retorno.

El siguiente *Wish You Were Here* (1975) se adhería aparentemente todavía más a los cánones estéticos del rock progresivo, enmarcado por las dos secciones de la suite «Shine On Yo Crazy Diamond», dedicada a Syd Barrett. Pero a decir verdad, el tempo moderado, la economía sonora y el carácter de ciertos pasajes (la composición ha entrado en la memoria colectiva gracias a cuatro simples notas de guitarra) se alejaban de los virtuosismos de la experiencia progresiva. La fase clásica de la banda, caracterizada por el diálogo entre las visiones artísticas de Gilmour y Waters, se cerró con *Animals* (1977), álbum de sonoridades más ásperas. No era más que un anticipo de *The Wall* (1979), la ópera rock más importante desde la época de *Tommy*, de los Who: un álbum temático en el que se narraba el desgarrador panorama interior de una estrella del rock llamada Pink, un film dirigido por Alan Parker y un concierto sin precedentes. En directo, los Pink Floyd habían pasado de los light shows psicodélicos de sus debuts a la pantalla redonda del período intermedio y, finalmente a los hallazgos escenográficos cada vez más elaborados que culminaron

11 DE JULIO DE 1969 ◄

Bienvenidos a la era especial. Pocos días antes del histórico paseo de Neil Armstrong por la Luna (20 de julio), se publica «Space Oddity», sencillo extraído del segundo álbum homónimo en estudio de David Bowie. El mellotron lo toca Rick Wakeman.

9 DE AGOSTO DE 1969 ◄

El segundo álbum de los Jethro Tull, *Stand Up*, que contiene el éxito «Bourrée», alcanza el número uno de la clasificación británica y permanece bien posicionado durante cerca de veinte semanas.

30 DE AGOSTO DE 1970 ◄

Los Jethro Tull tocan en el festival de la isla de Wight. A partir de esta actuación histórica se extraerán el álbum y el DVD *Nothing Is Easy: Live at the Isle of Wight* 1970. El mismo día, Phil Collins debuta en vivo con los Genesis en el Marquee, el club londinense en el que hasta hace poco se encargaba de guardar las sillas y de la limpieza.

23 DE OCTUBRE DE 1970 ◄

Se publica *Trespass* para Charisma Records, el segundo álbum de los Genesis, con John Mayhew a la batería, inicio de la colaboración con el pintor Paul Whitehead, que realizó tres carátulas para la banda.

14 DE AGOSTO DE 1971 ◄

Sale «Hymn 43», único sencillo extraído del cuarto álbum de los Jethro Tull, *Aqualung*, así como primer tema publicado por la banda en los Estados Unidos. Alcanza el 91º puesto de la clasificación Billboard Hot 100. El álbum llegará a la séptima posición.

4 DE OCTUBRE DE 1971 ◄

Comienzan las tomas de la película documental *Pink Floyd Live at Pompeii*. Hechizado por la visión del anfiteatro romano a la luz del crepúsculo, el director Adrian Maben decide que aquella es la localización perfecta para inmortalizar la música de la banda.

23 DE AGOSTO DE 1972 ◄

Los Genesis concluyen la gira de *Nursery Crime* en la Locanda del Lupo de Rimini, con una larga jam session en compañía de la banda italiana Osanna, que en escena luce sayos y un vistoso maquillaje, lo cual no pasa desapercibido para Peter Gabriel.

▶ 1 DE MARZO DE 1973

Sale *The Dark Side of the Moon*. En Gran Bretaña se queda en el segundo puesto de la clasificación. En los Estados Unidos es primero una sola semana, pese a que venderá más de 50 millones de copias.

▶ 25 DE MAYO DE 1973

Para publicar *Tubular Bells,* debut del joven Mike Oldfield, Richard Branson funda Virgin Records. Ese mismo día sale *Flying Teapot* de los Gong.

▶ 3 DE JULIO DE 1973

«Muere» en escena Ziggy Stardust. David Bowie anuncia su fin desde el escenario del Hammersmith Odeon de Londres. Fans destrozados, fin de una era.

▶ 13 DE JULIO DE 1973

Los Queen debutan con una mezcla de hard rock y glam. No faltan ecos progresivos. «No se ha tocado ningún sintetizador», según anuncian las notas de la carátula.

▶ 28 DE SEPTIEMBRE DE 1974

Robert Fripp declara a *Melody Maker* que los King Crimson se han disuelto. Es el fin de la primera etapa del recorrido artístico de la banda, que se volverá a formar con nuevos integrantes en 1981.

▶ 5 DE JUNIO DE 1975

Mientras están mezclando *Wish You Were Here* en los estudios de Abbey Road, los Pink Floyd reciben una visita sorpresa de un irreconocible Syd Barrett.

▶ 18 DE AGOSTO DE 1975

Poco después del final de la gira de *The Lamb Lies Down on Broadway*, llega el anuncio oficial: Peter Gabriel abandona los Genesis. Después de más de 400 pruebas, el papel de cantante recae en el batería Phil Collins.

▶ 24 DE AGOSTO DE 1975

En el Rockfield Studio 1, cerca de la ciudad de Monmouth, en Gales, comienzan las sesiones de grabación de «Bohemian Rhapsody». Concluirán tres semanas más tarde, tras emplear cuatro salas de grabación y centenares de sobregrabaciones.

con los espectáculos de *The Wall* del bienio 1980–1981, cuando el concierto era tan dependiente de la representación escénica que se transformaba en teatro musical; en un cierto punto, exactamente como sucedía en los musicales, los instrumentistas estaban ocultos al público (no en el foso, sino detrás de la pared).

La fascinación de los Jethro Tull se basaba en buena parte en el carácter histriónico del cantante y flautista Ian Anderson. Nacidos como formación de rock y blues, se fueron alejando cada vez más del formato llegando a concebir una especie de fusión entre rock–blues, hard rock, folk y rock progresivo, en la que no faltaban citas clásicas, como la reelaboración de una bourrée de Bach incluida en el álbum *Stand Up* (1969). La naturaleza conceptual de álbumes como el *best seller Aqualung* (1971) y, sobre todo, de *Thick as a Brick* (1972) los acercaron en mayor medida a los grupos progresivos, con los que compartían la búsqueda estilística y el carácter literario de los textos.

El guitarrista y multiinstrumentista Mike Oldfield, en cambio, no precisaba de textos para impactar a la imaginación. Su álbum de debut, *Tubular Bells* (1973) era un instrumental que ocupaba enteramente las dos caras del disco. Tocado casi íntegramente por Oldfield y construido a base de sucesivas sobregrabaciones, el tema escapaba de toda clasificación. Presentaba la fantasía del rock progresiva, recordaba las tramas del minimalismo culto norteamericano, en ciertos pasajes anticipaba incluso al new age. Su música impresionó al magnate Richard Branson, que acogió a Oldfield para que grabara en su estudio personal y quiso que este álbum fuera la primera publicación del recién nacido sello discográfico Virgin (la quinta publicación del sello, también de 1973, sería *Le-*

gend, de los Henry Cow, formación a caballo entre rock y vanguardia, emparentada con la escena de Canterbury). *Tubular Bells* fascinó también al director de cine William Friedkin, que utilizó un fragmento en la banda sonora de la película *El exorcista* (1973), contribuyendo a la popularidad de la obra. La variedad métrica, el amplio despliegue instrumental que comprendía instrumentos inusuales en el rock, como glockenspiel y campanas tubulares, las llamadas a la música psicodélica interpretadas con gran rigor convirtieron a *Tubular Bells* en una pieza única y, al mismo tiempo, en una referencia absoluta para los amantes del rock progresivo. El mismo Oldfield no logró separarse nunca del todo de esta composición. Le dio una continuación, la rehízo en versiones instrumentales y electrónicas, la ejecutó en concierto varias veces. Aun cuando publicaba trabajos pop, no renunció a situar suites de carácter mayormente instrumental junto a canciones canónicas.

Estas últimas eran lo que daba fuerza a los Supertramp, banda comandada por los cantantes y autores Roger Hodgson y Rick Davies. Cercanos al rock progresivo por sus elecciones tímbricas, por el amplio espectro sonoro y por el carácter ambicioso de los primeros álbumes, obtuvieron un éxito clamoroso con las irresistibles melodías y los arreglos para teclado Wurlitzer de *Breakfast in America* (1979), del que se vendieron 20 millones de ejemplares.

Entre los heréticos del rock progresivo merece un lugar el ingeniero de sonido de *The Dark Side of the Moon* (y de *Abbey Road* de los Beatles), Alan Parsons. Sus discos a caballo entre las décadas de 1970 y 1980 combinaban contexto conceptual y búsqueda sonora. Desprovistos de todo espíritu vanguardista, Parsons y su partenaire artístico Eric Woolfson intentaban confeccionar discos de sonido cuidado, redondo, agradable. Producidos usando las últimas tecnologías disponibles en la sala de grabación, los álbumes de Parsons contenían a menudo trazas instrumentales, pero no renunciaban al formato canción. Parecían replicar hasta el infinito los pasajes más suaves y enigmáticos de los Pink Floyd de mediados de la década de 1970. Parsons renunció raramente a una huella temática. De este modo, su debut con *Tales of Mystery and Imagination*

ZIGGY
Y LA NARANJA MECÁNICA

13 de enero de 1972. En Londres se celebraba el estreno de la nueva película de Stanley Kubrick, *La naranja mecánica*. Entre los espectadores se encontraba un joven David Bowie que, fulminado por el mono blanco de Alex y de su banda, decidió reelaborarlo con la complicidad de su amigo diseñador Burretti, utilizando un tejido acolchado y estampado. Al cabo de un par de meses se tiñó el pelo de color rojo fuego, consumando la transformación en el extraterrestre Ziggy Stardust. La influencia exquisitamente japonesa derivada del maquillaje utilizado en el teatro kabuki y de la relación con el diseñador Kansai Yamamoto haría el resto, acentuando todavía más su aspecto andrógino.

(1976) se basaba en la obra de Edgar Allan Poe, *I Robot* (1977) en los escritos de Isaac Asimov, *The Turn of a Friendly Card* (1980) se inspiraba en los juegos de azar. Woolfson llevó esta pasión al teatro musical, llegando a escribir musicales sobre Freud, Gaudí, Poe.

Aparte de Ian Anderson, cuya vistosa personalidad escénica se convirtió en un símbolo por sí mismo de los Jethro Tull, y cuya pose con la flauta sobre una sola pierna es una de las imágenes icónicas del rock, los músicos citados compartían con los monstruos del rock progresivo un cierto anonimato. No había estrellas, no tenían «caras» reconocibles, no presentaban actitudes extremas. Los definía su obra, no su aspecto. Exactamente al contrario que otro puñado de artistas ingleses, a menudo emparentados con el rock progresivo a causa del transformismo y de la teatralidad llevada hasta las últimas consecuencias. Más que de rock progresivo, en su caso de habla de art pop. Capaces de elaborar obras conceptuales, pero también de atravesar innumerable estilos, entre ellos el pop, artistas como los Queen y David Bowie representaron el lado glamuroso del rock. Si los monstruos sagrados del rock progresivo negaban las poses rudamente masculinas refugiándose en un imaginario asexuado, los campeones del glam llevaron el rock a los territorios de la ambigüedad. Para el joven Bowie, el impulso a ampliar los confines del rock provenía del arte y de la danza. Durante un cierto período fue alumno de arte dramático de Lindsay Kemp. La proximidad con el gran bailarín, mimo y coreógrafo lo convenció para hacer de su propio cuerpo un vehículo de arte teatral. Esta fue la intuición fundamental de su carrera: adoptar una identidad cambiable y transformar continuamente su música. El primer éxito, «Space Oddity», reflejaba la fascinación de la música del período por el cosmos: inspirado en *2001. Odisea en el espacio*, el single se publicó en julio de 1969, coincidiendo con la misión del Apolo XI que llevaría al hombre a la Luna. A partir de aquel momento, su recorrido artístico fue variopinto e imprevisible: posó como una diva de otros tiempos en la carátula de *The Man Who Sold the World*, trabajó en el cine, se inventó el personaje de Ziggy Stardust y lo interpretó en los escenarios durante un año; produjo a Lou Reed y a Iggy Pop; exploró el funk y el soul norteamericanos; experimentó nuevos sonidos con la ayuda del productor Brian Eno; flirteó con el

David Bowie fue un personaje que adoptó una permanente identidad cambiable y transformó continuamente su música.

arte visual y la literatura. No era un artista propiamente progresivo, pero su impulso artístico, su gusto por la performance espectacular, su eclecticismo, su carácter visionario y la realización de álbumes conceptuales lo acercaron idealmente al movimiento.

Como intérprete, Freddie Mercury ha sido reconocido por su poderosa voz y extravagantes puestas en escena.

Dominados por la desbordante personalidad del cantante Freddie Mercury, también los Queen recurrieron a varios estilos, pero contrariamente a Bowie los reelaboraron sin ninguna intención artística profunda. Hard rock, glam, vodevil, rock progresivo, music hall e incluso ópera lírica concurrían para crear un híbrido perfecto para las cualidades histriónicas de Mercury. Siempre intencionadamente extremos, alternaban poses afectadas con actitudes más duras. Alcanzaron un gran éxito con el *best seller A Night at the Opera* (1975), el álbum que incluye «Bohemian Rhapsody», pastiche irónico de rock y ópera con partes vocales que precisaron de tres semanas de sesión en el curso de las cuales se grabaron casi doscientos fragmentos sonoros. Después de acompañar los álbumes con la inscripción «En este disco no se ha utilizado ningún sintetizador», en la década de 1980 incorporaron el sonido de los nuevos teclados, obteniendo nuevos y clamorosos éxitos. Pero en aquel momento a nadie se les ocurría ya equipararlos con el rock progresivo. Muy amados por el público y vistos con suspicacia por la crítica rock, que siempre les reprochó la ligereza en el estilo, su gusto por el kitsch y la falta de compromiso político, vivieron una segunda juventud después de la participación en el concierto benéfico Live Aid. Mercury mantuvo oculta su homosexualidad hasta que, en noviembre de 1991, anunció que había contraído el virus del HIV. Murió 24 horas más tarde, con tan solo 45 años. Fue la primera estrella del rock que sucumbió al virus del sida.

ASESINADO POR EL PUNK

1976: el rock progresivo se hallaba ya en parábola descendente. Había quien (Genesis) frenaba la marcha, quien (Yes) perdía elementos y quien (ELP) se ponía en stand by. Pero sobre todo, había quien «odiaba a los Pink Floyd»...

En 1976, el rock progresivo había superado ya su cima artística. Los Genesis habían cerrado idealmente (aunque todavía no formalmente) la era progresiva con la separación de Peter Gabriel. Los Pink Floyd ya habían publicado sus obras maestras *The Dark Side of the Moon* y *Wish You Were Here*. Los Yes habían perdido a su teclista Rick Wakeman. Emerson Lake & Palmer se hallaban en medio de un silencio discográfico que duraría cuatro años y que se veía interrumpido por los dos volúmenes de *Works*, álbumes nacidos como suma de contribuciones solistas más que como trabajo de grupo. Las ideas, que sólo tres años antes parecían una fuente inagotable de hallazgos musicales y conceptuales, comenzaban a aparecer viejas y agotadas, especialmente si se comparaban con la fuerza expresiva y la violencia verbal del estilo que, en 1976, emergía poderosamente en Gran Bretaña: el punk.

Todos los elementos característicos del rock progresivo chocaban con el neoprimitivismo expresado por la «nueva» música. Los rebeldes con vaqueros ajustados, chaquetas de piel e imperdibles en las camisetas desgarradas oponían piezas concisas a las suites, una musicalidad elemental a los virtuosismos, el reclamo de la calle a las referencias literarias, los valores proletarios a los burgueses, el populismo al elitismo, el ser visceral al pensamiento musical racional, la autenticidad a la erudición. El énfasis se consideraba un cáncer que mataba la espontaneidad. A los oídos de los punks y de sus adeptos de la prensa inglesa, el rock progresivo era un intento pretencioso y terriblemente aburrido de emular la «alta» cultura y se integraba perfectamente con el sistema corrupto de la industria musical británica. La idea de que el rock era una forma de arte fue rechazada, y con ella la convicción de que debía ennoblecerse a través de la contaminación con la clásica. La canción se tomaba la revancha sobre la suite y los álbumes conceptuales.

«El punk –contaba Derek Shulman, de los Gentle Giant– iba contra el pop y la grandiosidad de los años setenta. A decir verdad, era completamente antimusical y tenía más que ver con la energía que con la música. El público parecía más interesado por el corte de cabello y por las tachuelas que por la música. Para quien había puesto siempre tanto empeño en la construcción musical era, obviamente, desalentador. Todo tendía hacia una fórmula de dos acordes, con aullidos en lugar del canto melódico y cualquier otra cosa que el punk requiriera.» Los músicos progresivos no habían llegado a los cuarenta años, y sin embargo eran considerados «dinosaurios» o incluso, según una célebre definición que el crítico Lester Bangs asoció con los Yes, «criminales de guerra». Como si ello no bastara, la creatividad de gran parte de los protagonistas del rock de la década de 1970 se había debilitado. Los músicos progresivos reaccionaron de diferentes maneras. Poquísimos, como el Peter Gabriel solista, lograron capear el temporal, renovándose profundamente. Otros, al no poder contar con la existencia de una subcultura que los apoyara, se hundieron en la irrelevancia. Otros simplificaron su lenguaje, adoptaron los instrumentos y los criterios productivos del momento, se acercaron al pop–rock. El caso de los Genesis fue particularmente significativo. Una vez abandonado el rock «barroco» de la primera mitad de la época, obtuvieron un éxito enorme, inimaginable en la época de sus obras maestras progresivas. El mismo éxito es el que obtuvieron los Asia, banda formada por miembros de King Crimson, Yes y Emerson Lake & Palmer. Sobre el papel eran un supergrupo progresivo de imaginación desenfrenada, en realidad una máquina de hits comerciales que guiñaba el ojo al denominado arena rock, el rock de grandes estadios que en la década de 1970 se iba imponiendo en los Estados Unidos. En las manos de los nuevos amos de las clasificaciones, la pericia técnica de los progresivos se replegó a la forma canción y se robusteció con buenas dosis de hard rock.

Mike Oldfield es el creador de *Tubular bells* (1973), una de las obras más admiradas e influyentes del siglo pasado.

Diez años después de *Selling England by the Pound, Tubular Bells, The Dark Side of the Moon* y *Tales from Topographic Oceans*, los Genesis se habían convertido en un grupo pop rock, Mike Oldfield se instalaba en las clasificaciones con una serie de sencillos pop de audición fácil, los Pink Floyd estaban (momentáneamente) disueltos, y los Yes colaboraban con el mago del pop de la década de 1980, Trevor Horn. Los «resistentes» habían terminado en las tabernas. En Gran Bretaña, un puñado de bandas intentaba dar nueva energía a un género que todos consideraban muerto desde hacía años, interpretándolo con una sensibilidad acorde con los tiempos. Fue el denominado nuevo rock progresivo. En primera línea estaban IQ, Pallas, Twelfth Night, Pendragon, Solstice y, sobre todo, los Marillion de Fish, cantante de timbre similar al del joven Peter Gabriel, del mismo modo que las carátulas diseñadas por Mark Wilkinson podrían recordar a las ideadas por Paul Whitehead quince años antes. La escalada de su *Misplaced Childhood* (1985) hasta el primer puesto en Gran Bretaña no marcaba la reconquista comercial del rock progresivo, pero en cualquier caso sembró el terreno para un lento nacimiento *underground*. Su influencia tendría efecto también en los Estados Unidos, donde el estilo romántico entró en contacto con el hard rock dando origen al metal progresivo cuyos representantes más populares y técnicamente preparados fueron los Dream Theater. En la década de 2000, mientras que la masa abandonaba el disco como medio para escuchar música, la industria de la memoria producía reimpresiones, giras y conmemoraciones que satisfacían a

KING CRIMSON
In the Court of the Crimson King
(Island, 1969)

Con su mezcla explosiva de rock, jazz y música clásica, el álbum de debut del guitarrista Robert Fripp y sus compañeros se puede considerar el punto de partida del rock progresivo.

SOFT MACHINE
Third
(CBS, 1970)

Una obra maestra de contaminación musical. *Third* marcaba en cierto modo el final de la magia: la mirada de Robert Wyatt ya se encaminaba a su debut como solista y a los Matching Mole.

GENTLE GIANT
Gentle Giant
(Vertigo, 1970)

Una mezcla evocadora de música clásica, rock, jazz y folk, cuya perla era la larga cabalgata de «Nothing at All». Musicalmente, los Gentle Giant encarnaron la quintaesencia del grupo progresivo.

JETHRO TULL
Aqualung
(Chrysalis, 1971)

«*Aqualung* fue mi punto de inflexión como compositor», dijo Ian Anderson. No era propiamente un álbum conceptual, «aunque sin duda fue el álbum que decretó el éxito internacional del grupo».

EMERSON, LAKE & PALMER
Tarkus
(Island, 1971)

Gracias a la inspirada producción de Greg Lake, que vehiculaba la exuberancia solista de Keith Emerson, poniéndola al servicio de una obra coral, el trío alcanzó un nuevo equilibrio musical.

VAN DER GRAAF GENERATOR
Pawn Hearts
(Charisma, 1971)

La cumbre de la banda de Manchester. El sonido todavía era más oscuro, complejo, sugestivo, único en su género. Para gozo de los fans de King Crimson, en la guitarra, un invitado de excepción, Robert Fripp.

YES
Fragile
(Atlantic, 1971)

El cuarto álbum en estudio de la banda inglesa, el que contiene el clásico «Roundabout», marcó la entrada en la formación del teclista Rick Wakeman y el inicio de la colaboración con el grafista Roger Dean.

DAVID BOWIE
The Rise and Fall of Ziggy Stardust and the Spiders from Mars
(RCA, 1972)

El álbum que transformó a David Bowie en una estrella del rock. Los habitantes del planeta Tierra conocieron aquí a Ziggy Stardust, el hombre de las estrellas, el alien con guitarra. Y fue un amor a primera vista.

un público de aficionados que estaba envejeciendo y una platea de jóvenes que todavía tenían que escuchar las obras maestras del pasado. Músicos excelentes como el inglés Steven Wilson, de los Porcupine Tree, se propusieron ejercer de enlace entre las viejas y las nuevas generaciones: su música suena contemporánea aun remitiendo a los imperativos estéticos de la década de 1970, y por si ello no bastara se le confió el cometido de remezclar el sonido de los clásicos de King Crimson y Jethro Tull. Músicos muy variados, desde Trent Reznor de los Nine Inch Nails hasta los Mars Volta, no ocultan la influencia recibida de los grandes del rock progresivo, y otros como Radiohead se aproximan a este por su espíritu intelectual y revolucionario. Y sin embargo, ningún grupo superviviente de los setenta logró desarrollar un proyecto artísticamente relevante. El rock progresivo había perdido su carácter de innovación, y se había convertido en algo parecido a la música clásica en la que se había inspirado: un arte de otra época que los epígonos replicaban con espíritu reverente. Pero su espíritu vanguardista, su voluntad de búsqueda, su idea de hibridación estilística se han convertido en valores compartidos.

RICK WAKEMAN
The Six Wives of Henry VIII
(A&M, 1973)

El teclista de los Yes, de veintitrés años, con la ayuda de una veintena de músicos, realizó su debut como solista con un álbum conceptual que trasladaba a la música las historias relacionadas con las numerosas esposas de Enrique VIII de Inglaterra.

PINK FLOYD
The Dark Side of the Moon
(Harvest, 1973)

Uno de los discos más longevos y vendidos de la historia. *The Dark Side of the Moon* fue la obra que transformó a los Pink Floyd en estrellas mundiales y para ellos la época de los álbumes conceptuales.

MIKE OLDFIELD
Tubular Bells
(Virgin, 1973)

Un collage ecléctico de rock instrumental que huía de todo intento de clasificación y que impresionó al futuro magnate Richard Branson: fue el primer álbum publicado por la etiqueta recién nacida Virgin.

GENESIS
Selling England by the Pound
(Charisma, 1973)

Considerado por mucha gente el álbum progresivo por excelencia, marcó la consecución, por parte de los Genesis, de su madurez artística y de un perfecto equilibrio creativo.

SUPERTRAMP
Crime of the Century
(A&M, 1974)

Gracias a la fuerza arrolladora del sencillo, «Dreamer», se convirtió en el primer éxito comercial de la banda inglesa. En él se ven ya algunos de los elementos sonoros que eclosionarían en *Breakfast In America*.

CAMEL
The Snow Goose
(Gama, 1975)

Álbum conceptual instrumental inspirado en la novela homónima de Paul Gallico, *The Snow Goose* contaba con la presencia de la London Symphony Orchestra, y despertó la atención del gran público por la banda de Andrew Latimer.

QUEEN
A Night at the Opera
(EMI, 1975)

El álbum de «Bohemian Rhapsody», pastiche de rock y ópera que condensaba los múltiples talentos del histriónico Freddie Mercury y propició a los Queen el salvoconducto para el éxito

Bill Grundy es el presentador de «Today», programa diario para toda la familia. Tiene más de cincuenta años, es altivo y no tiene ni la más remota idea de quiénes son aquellos chavales arrellanados en sus asientos, en absoluto atemorizados por estar en directo en la televisión.

Tienen veinte años, un aire insolente e imperdibles ensartados en las orejas. Con ellos, un grupo de fans de aspecto todavía más inquietante: fuman, llevan los cabellos teñidos, una faja en el brazo con una esvástica nazi. Grundy los presenta leyendo el letrero: se llaman Sex Pistols, no han publicado todavía ningún álbum pero ya han recibido un anticipo de 40.000 libras esterlinas de una casa discográfica. Los músicos sueltan una palabrota tras otra. «Siempre he deseado conocerte...», dice a Grundy, con tono irónico, una de las fans, la futura punk rocker Siouxsie Sioux. «Nos podemos ver más tarde, ¿no?», replica maliciosamente el presentador. Steve Jones, guitarrista de los Pistols, reacciona: «Viejo cerdo». El otro lo desafía y él no se hace de rogar: «Asqueroso bastardo, especie de mierda... sucio gilipollas...» Lo nunca visto en la televisión. La escena dura dos minutos, pero supera el nivel de lo que es lícito decir y hacer ante una cámara de televisión. Al día siguiente, el *Daily Mirror* titula: «The Filth and the Fury!», obscenidad y violencia.

En unos pocos meses, los Sex Pistols serán el grupo más comentado del país, y su estilo causará furor. Tras llegar a primera línea rodeado de un aura de fuera de la ley, el punk subvierte las reglas musicales, sociales, comportamentales: es un terremoto para la cultura juvenil.

> «Punk significa ser sí mismos, combatir el pasotismo, levantarse y gritar: este soy yo.»
> **JOEY RAMONE**

ANARCHY IN THE UK

REBELIÓN PUNK

Integridad y transgresión en la última revolución rock

(por Claudio Todesco)

«Punk significa libertad para crear, para tener éxito y no tenerlo, libertad para ser lo que eres. Punk significa libertad.»

PATTI SMITH

UNA GRAN MANZANA PODRIDA

Una «Blank Generation» se adueñó de Nueva York a mediados de la década de 1970. De los Dolls a los Ramones, pasando por Patti Smith y los Television, en los escenarios de CBGB y Max's Kansas City nació la revolución punk.

El 4 de enero de 1973, el semanario neoyorquino *Village Voice* lanzó un concurso: «Inventa los años setenta. Si sabes qué son los años setenta, o tienes una intuición de a dónde irán a parar, escríbenos».

Los años setenta estaban en busca de su identidad.

También lo estaba el rock norteamericano.

El sueño hippie había sido captado por la industria del entretenimiento, el impulso idealista de la generación de Woodstock se había mercantilizado. La dimensión de masa del público había aumentado la distancia entre intérprete y espectador. Quien era *underground* ahora era *mainstream*. Símbolos de la contracultura como Jimi Hendrix, Janis Joplin y Jim Morrison habían muerto. Bob Dylan se interesaba en los gozos de la vida en el campo, más que a capturar el sonido de la ciudad. El boom de la nueva canción de autor y el emergente country–rock imponían un sonido blando y textos reflexivos. Había un ambiente de desilusión. El republicano Richard Nixon había sido reelegido presidente, movimientos y utopías no habían traído consigo un cambio radical de la sociedad. La Woodstock Generation dejó su lugar a la Me Generation, la protesta política dejaba su espacio a la introspección, la idea de un futuro mejor se vio sustituida por la pretensión de una satisfacción inmediata, el idealismo se veía reemplazado por el hedonismo. Desilusionada del flower power y deseosa de distanciarse del estilo de vida dictado por la sociedad de consumo, una nueva generación encaraba la vida adulta con un vacío que llenar, mucha rabia en el cuerpo y el deseo de hacer descarrilar la cotidianidad. Era un terreno fértil para el nacimiento de un nuevo movimiento.

Algo se movía en Nueva York. Todavía no era la ciudad que atraía al turismo de masas. Era una metrópolis peligrosa, sucia, decadente. El panorama urbano estaba lleno de edificios abandonados e insalubres. Prostitutas y camellos ocupaban zonas enteras. Times Square, futuro punto de encuentro de las excursiones turísticas, era el lugar al que se iba a comprar sexo. Los parques de la ciudad no se podían frecuentar. La desindustrialización creaba desempleo, las tasas de criminalidad eran insostenibles, en los barrios–gueto se vivía en condiciones inhumanas. Quien podía se trasladaba a las zonas periféricas más ricas. En 1975, la ciudad, al borde de la bancarrota, pidió ayuda al gobierno federal, pero el presidente Gerald Ford se negó a facilitar los fondos necesarios para el saneamiento.

Al día siguiente, el *Daily News* salía con un titular que pasó a la historia: «Ford a la ciudad: muere». El Nueva York del período era el que retrataba la película de Martin Scorsese *Taxi Driver* (1976), no el romántico del *Manhattan* de Woody Allen (1979).

La jungla urbana daba frutos podridos. Una nueva escena de jóvenes creaba una nueva subcultura que no negaba la miseria, sino que lo usaba para afirmar su propia identidad. Tomando prestadas las palabras de una testigo de la época, «estaba asomada a la ventana, mirando el Lower East Side (una zona de Manhattan de mala fama) con la sensación de que toda la ciudad estaba infestada y era peligrosa, y al mismo tiempo maravillosa». Uno de los lugares más frecuentados, antes del incendio que lo destruyó en verano de 1973, era el decadente Mercer Arts Center, la segunda casa de los New York Dolls, el grupo de rock más excéntrico de la ciudad. Sonaban como una versión más dura de los Rolling Stones, empleaban de forma inconsciente e irónica el kitsch. Tenían un aspecto glamuroso y chocante: eran hombres, pero llevaban vistosos vestidos femeninos, se

¿QUÉ SIGNIFICA PUNK?

En la Inglaterra de Shakespeare, el vocablo se empleaba como sinónimo de prostituta. En los Estados Unidos, en las películas policíacas de los años sesenta y setenta, el significado se ampliaba: el punk era un delincuente, un gamberro. El primero en aplicarlo al rock fue Ed Sanders, líder de los Fugs, que en 1970 definía un álbum suyo como «punk rock». En la revista mensual *Creem*, tanto Lester Bangs como Alan Vega lo utilizaron esporádicamente, aunque fue Dave Marsh, en 1971, el primer crítico en calificar como «punk rock» la música de una banda que él mismo había reseñado en *Creem*. De 1975 en adelante, con la naciente escena del CBGB y la afirmación del fanzine «Punk», ideado por Legs McNeil, John Holmstrom y Ged Dunn, el término asumió el significado que conocemos.

ponían pelucas y zapatos con talones vertiginosos, se maquillaban abundantemente, guiñaban el ojo a la subcultura de las drag queens. Los textos de las canciones eran una fotografía desenfocada de aquella Babilonia en que se había convertido Nueva York: vida metropolitana, fetichismo, personalidades mutantes, chicas malas y drogas, las mismas que los músicos consumían con profusión. Reelaboraban con fantasía y sin prejuicios los estímulos procedentes de la cultura de la calle. «El público de aquellos locales era depravado —dijo el cantante del grupo David Johansen—, no podíamos mantener aquella chusma presentándonos con traje y corbata». A un concierto de los Dolls no sólo se iba a ver al grupo. Se iba a dejarse ver por los demás. El *Village Voice* describía el público de su concierto de la noche de Halloween de 1973 en el Grand Ballroom del Waldorf–Astoria como formado por «docenas del Malcolm McDowell de *La naranja mecánica* y de Joel Grey en *Cabaret*». El rock volvía a ser perverso y peligroso, a catalizar energías salvajes, a hablar el lenguaje del exceso.

Un mes y medio después de aquel concierto de los New York Dolls se abría un nuevo local en el Bowery, en una de las zonas de peor fama de la ciudad. Se llamaba CBGB and OMFUG, acrónimo que significaba Country Blue Grass Blues and Other Music For Uplifting Gormandizers. A pesar del nombre, que remitía a géneros tradicionales como country y bluegrass, en poco tiempo el CBGB se convirtió en el punto de referencia para la «nueva música» sin frenos y todavía sin nombre. La fama del lugar era pésima: se trataba de un antro apestoso en una zona llena de marginados, y sin embargo allí se coaguló una nueva subcultura local. Los primeros en llevar el rock hasta allí fueron los Television de Tom Verlaine. Tocaron también los Suicide, un dúo que combinaba el carácter salvaje de las exhibiciones de los Stooges, partes vocales inspiradas en los clásicos del primer rock'n'roll y sonidos de una angustiosa simplicidad producidos en buena parte por un sintetizador. En el local actuaron los Blondie de Debbie Harry, los Talking Heads de David Byrne, los Mink DeVille de Willy DeVille, la escandalosa cantante transexual Wayne (luego Jayne) County. Eran grupos estilísticamente alejados entre sí, pero tenían en común el espíritu iconoclasta, el carácter *underground*, el atractivo generacional. Y la idea según la cual cualquiera podía agarrar un instrumento y expresarse, con la condición, por supuesto, de que tuviera algo interesante que decir. «La gente que iba a ver a los New York Dolls decía: cualquiera puede hacerlo –explicó Johansen–, mientras que cuando éramos más jóvenes, las estrellas del rock'n'roll vivían en una jaula dorada. Habíamos destruido aquel mito.»

1974 fue un año todavía más importante que el anterior. En agosto llegaron al CBGB los Ramones, un cuarteto de

El estilo travestido y las caras maquilladas de New York Dolls influenciarían muy posteriormente en la apariencia de muchas bandas de rock gótico, deathrock y de glam metal.

HILLY KRISTAL

El padre del CBGB

Cantante y artistoide, en la década de 1950 Hilly (como lo llamaban todos) abandonó el escenario para gestionar el Village Vanguard, legendario club de jazz neoyorquino. Después de haber sido uno de los promotores del Central Park Music Festival, en 1970 abrió un bar en una de las zonas entonces más degradadas y peligrosas de NYC. Lo llamó «Hilly's on the Bowery», pero no funcionó. En 1973, también en el Bowery, abrió el CBGB, acrónimo de Country, Bluegrass y Blues, que junto al jazz eran las músicas preferidas de Kristal. Pero que, en aquel momento, no interesaban a nadie. Era mejor dar una oportunidad a los nuevos grupos de rock de la ciudad. Pero con una condición: que no tocaran versiones de otros grupos. A pesar de ser «estrecho, oscuro, sucio y maloliente», el CBGB se convirtió en leyenda. Cerró sus puertas en 2006. Ni siquiera un año más tarde, el 28 de agosto de 2007, Hillary Kristal murió de cáncer de pulmón a los 75 años.

Queens que parecía encarnar algunos de los rasgos más sobresalientes de la escena: la simplicidad de las composiciones, el carácter vívido de los textos, la falta total de énfasis, la brevedad de las canciones, el poco cuidado por los aspectos técnicos, el espíritu hedonista. «Tres acordes, cuatro chaquetas de piel» era la descripción de un empresario discográfico. Llegaban al CBGB, se colgaban los instrumentos y tocaban diecisiete piezas en tan sólo veinte minutos. Anunciadas por el ataque «one two three four!», sus canciones

eran ardientes, toscas, y sin embargo teñidas por el espíritu ingenuo del viejo rock y de los clichés de la década de 1960. Los cuatro iban de paletos, más de lo que eran realmente, cantaban textos como «Dale al mocoso con un bate de béisbol» y «Quiero esnifar un poco de cola». Su aspecto también creó escuela: pelo largo, camisetas, chaquetas de cuero negro, tejanos pegados y desgarrados, zapatillas deportivas en los pies. El rock no es arte, afirmaban en voz alta los Ramones, es música que viene de la calle

Las canciones de Ramones eran ardientes, toscas, y sin embargo teñidas por el espíritu ingenuo del viejo rock.

y es pura diversión. El *New York Times* los definió como «portavoces de los inadaptados y los marginados». Patti Smith, otra persona que frecuentaba el CBGB era, decididamente, más culta.

Tras llegar a Nueva York en 1967 desde Nueva Jersey, era una poetisa que había aterrizado en el rock. Sus actuaciones, en las que declamaba casi en trance textos de arrebatadora belleza, eran un hecho único en la escena y probablemente en la historia. Sus discos, a partir de su debut de 1975, *Horses*, la transformaron en un modelo para generaciones de rockeros. A ella se confiaría en 2006 la última actuación antes del cierre del local.

En su conjunto, los músicos que a mediados de la década de 1970 animaban el CBGB y la otra «madriguera» del nuevo rock, el Max's Kansas City, celebraban el triunfo del neoprimitivismo. Los mensajes se chillaban, y las actuaciones eran viscerales, no importaba que la sintaxis musical a veces fuera más bien aproximada. Rechazando el carácter altanero de los gigantes del rock de los años setenta, marcaron una profunda fractura generacional y enlazaron idealmente con el espíritu del primer rock'n'roll. Un exiliado de los Television proporcionó al movimiento una especie de himno. Después de haber tocado con el ex New York Dolls Johnny Thunders, el bajista y cantante Richard Hell fundó los Voidoids, que debutaron en 1977 con «Blank Generation». Inspirada en el tema de Rod McKuen de 1959 «Beat Generation» y cantado con una vehemencia desgarbada, la pieza era, aparentemente, el manifiesto de la «generación vacía», sin finalidad ni ideales, que el mundo adulto observaba con horror. Hell entendió aquel «blank» como un espacio vacío que llenar, hasta el punto que en la segunda parte del estribillo no pronunciaba la palabra «blank», dejándola en suspenso: «Pertenezco a la [...] generación». De esta manera, la canción incitaba a los coetáneos de Hell a encontrar una definición para sí mismos, a construir y no sólo a destruir.

En 1975, el año en que el CBGB acogió el Unsigned Band Festival, que duró un mes y en el que actuaron Talking Heads, Television y Ramones, esta música encontró un nombre: punk, o punk–rock. El término estaba presente en el vocabulario inglés desde la época de Shakespeare, con un significado despectivo. Cuando en enero de 1976 nació un fanzine estadounidense llamado *Punk*, el término ya había entrado en el uso común, por lo menos entre los aficionados a la música. Lester Bangs lo había usado seis años antes para describir a Iggy Pop. Era una elección apropiada, vista con la perspectiva del tiempo: los Stooges de Pop podían considerarse, junto con los MC5, los antecesores de la escena del CBGB por el carácter primitivo de su música, sus textos crudos, sus actitudes provocadoras. Los Velvet Underground de Lou Reed y John Cale, con su interés por los aspectos sórdidos de la existencia, la indiferencia por el aspecto técnico de la música y la inclinación al ruido, fueron otros padres tutelares del movimiento, sobre el que sobrevolaría también la influencia de Jim Morrison y los Doors, por el lado de la provocación y el espíritu iconoclasta. No deberían menospreciarse los desconocidos héroes del garage rock de finales de la década de 1960 recogidos por Lenny Kaye en el cofre *Nuggets* (1972), armados de un ímpetu sobrenatural para la época y de un contagioso amateurismo. Otra cosa reunía a los muchos protagonistas de la escena neoyorquina de aquellos años: el uso de drogas. El caso más clamoroso fue el de Billy Murcia, batería de los New York Dolls antes de su debut discográfico, fallecido con tan solo 21 años. Al intentar reanimarlo de su sobredosis, sus amigos lo sumergieron en una bañera e intentaron que bebiera café por la fuerza, y lo ahogaron. Fue la primera víctima del estilo de vida punk. No sería la última. «Ser tóxicos estaba de moda –dijo Richard Lloyd, de los Television–. La gente se ponía en fila delante de los camellos, como en la taquilla de una película de éxito.»

MAX'S KANSAS CITY

Situado en el 213 de Park Avenue South, este club/restaurante frecuentado por poetas, músicos, políticos y artistas abrió en 1965 gracias a la iniciativa de Mickey Ruskin.

En los primeros años fue el cuartel general de la flor y la nata de Nueva York. Andy Warhol y su séquito monopolizaban las salas traseras mientras que en el escenario tocaban Velvet Underground, David Bowie, Alice Cooper e Iggy Pop.

Patti Smith, su novio Robert Mapplethorpe y el socio artístico de Patti, Lenny Kaye, fueron prácticamente invitados fijos. Desde 1975, bajo la nueva gestión de Tommy Dean Mills, visitaban el Max's todos los grupos punk que frecuentaban también el CBGB: Ramones, Patti Smith Group, Mink DeVille, Suicide, Blondie o Talking Heads. El local cerró en noviembre de 1981 con el concierto de los Bad Brains, con los Beastie Boys como teloneros.

UN INGLÉS EN NUEVA YORK

Las intuiciones de Malcolm McLaren entre Londres y Nueva York. La relación con Vivienne Westwood, la moda punk, el negocio «Sex» y el nacimiento de los Sex Pistols.

En agosto de 1973, Malcolm McLaren desembarcó en Nueva York con Vivienne Westwood y Gerry Goldstein. Venían de Londres, donde gestionaban una tienda de ropa retro, llamada «Let It Rock» (que luego rebautizaron como «Too Fast To Live Too Young To Die»). Habían visitado la ciudad para exponer sus prendas en la National Boutique, cerca del McAlpin Hotel. No vendieron ni una, pero hicieron un descubrimiento que revolucionó su vida y cambiaría el curso de la historia del rock.

McLaren era por entonces una especie de pensador rock con simpatías por el situacionismo y por el mayo del 68 francés. Ya en 1970 había escrito una especie de manifiesto que preconizaba las máximas del punk: «Sed infantiles, irresponsables, irreverentes. Sed todo aquello que la sociedad detesta». Westwood era su enérgica novia de forma por épocas,

CAMISETAS DESGARRADAS
e imperdibles

Corría el año 1975. Malcolm McLaren había vuelto a Nueva York y fue a dar una vuelta por el CBGB. Allí vio al bajista Richard Hell cantando «Blank Generation». Llevaba una camiseta desgarrada, sujetada por una serie de imperdibles. Tenía el cabello en punta y un aire entre deprimido y cabreado. «Es todo lo que el rock no ha sido nunca» –pensó en aquel momento–, es poesía y arte en estado puro: exactamente lo que yo querría vender en mi tienda de Londres». Inspirado por aquella visión, McLaren volvió a Londres e inventó la «moda punk». La figura de Richard Hell se le quedaría en la cabeza para siempre: antes de descubrir a Johnny Rotten, justamente a quien quería como cantante de los Sex Pistols era a Hell.

socia y creadora de las prendas de vestir, Goldstein era un empleado de la tienda. En el curso de su estancia en la ciudad entraron en contacto con los New York Dolls y con la escena artística de la ciudad, desde Patti Smith hasta Andy Warhol. El más impresionado fue McLaren, que se enamoró del proyecto Dolls: admiraba su descaro y su estilo; adoraba la manera que tenían de situarse en la encrucijada entre música, arte, moda y celebridad. Le gustaba el modo con que sus canciones pasaban de lo inaudible a lo sublime. Cuando, unos meses más tarde, los New York Dolls estaban de gira por Europa, McLaren estaba allí: les proporcionaba los vestidos, absorbía las energías, observaba sus provocaciones. El estilo de los Dolls era exactamente opuesto al estilo retro de «Let It Rock», y por ello McLaren y Westwood replantearon la boutique y le cambiaron el nombre («Sex»). Cosieron camisetas sin mangas o con eslóganes estampados en el pecho, llenaron los escaparates de objetos para fetichistas, usaron cuero y goma suscitando la ira de los viejos clientes, los teddy boys, que asaltaron la tienda.

En otoño de 1974, McLaren volvió a Nueva York y coincidió con los New York Dolls a punto de disolverse. Decidió ejercer de mánager para intentar revitalizar su carrera, proporcionó a los músicos uniformes de vinilo rojo, tuvo la idea de que actuaran con un telón de fondo con la hoz y el martillo. En aquel mismo período, descubrió a Richard Hell y le propuso sin éxito que se trasladara a Inglaterra y se pusiera al frente de un grupo de rock que había ido cuajando en torno al Sex. Estaba formado por dos clientes, dos muchachos que habían crecido en la calle, Steve Jones y Paul Cook, respectivamente guitarrista y batería, y por el bajista Glen Matloc, un estudiante de arte que trabajaba ocasionalmente en la tienda. Sabían tocar de manera rudimentaria, pero en cambio poseían la energía de los rockeros proletarios que McLaren andaba buscando. Después de pasar seis meses en los Estados Unidos, McLaren volvió a Inglaterra con un nuevo ideal de rockero en la cabeza y con una Les Paul blanca de los Dolls que regaló a Jones. En Londres encontró una escena cambiada, lista para recibir ideas audaces. Las subculturas urbanas se habían multiplicado. McLaren retomó el contacto con la banda de Jones y Cook, intentó inútilmente convencer a Sylvain Sylvain de los New York Dolls que se trasladara a Londres para ocuparse del grupo. Entretanto, subió la apuesta, desafió la moral produciendo camisetas escandalosas con cowboys desnudos e incluso la imagen de un niño procedente de una revista para pedófilos. Luego, finalmente, encontró al Richard Hell inglés. Era uno de los chicos que suelen ir al Sex. Se llamaba John Lydon y tenía 19 años, se teñía

SEX, la tienda donde nació el punk

En 1971, en la trastienda del Paradise Garage, tienda situada en el 430 de King's Road, Malcolm McLaren y un compañero de academia instalaron un puesto en el que comerciaban objetos para coleccionistas de rock'n'roll: vinilos, camisetas, pósters. La idea funcionó y Malcolm fue contratado por el Paradise, que se convirtió en Let It Rock. Con la aparición de Vivienne Westwood, amiga de McLaren, se vendían prendas de piel para rockeros de verdad; de esta manera, en 1973 la tienda volvió a cambiar de nombre, Too Fast To Live, Too Young To Die, antes de transformarse en 1974 en SEX, con una enseña de poliestireno de color rosa chillón de un metro por un metro que dominaba la entrada. En el interior, suelo rojo, cortinas de goma, redes metálicas y grafitis feministas en las paredes completaban la obra. En SEX se proponían prendas de látex de carácter fetichista. Aquí nacieron la moda punk y las famosas camisetas desgarradas que desafiaban tabúes y prejuicios. La tienda se convirtió en el cuartel general de los Sex Pistols, cuyo nombre (según McLaren) tenía que promover justamente aquella tienda. Pamela Rooke (Jordan) era la atractiva vendedora que atraía al público. También trabajaban allí, ejerciendo diferentes funciones, Glen Matlock, Sid Vicious y Chrissie Hynde.

Hoy la tienda se llama World's End.

el pelo de color verde y llevaba una camiseta de los Pink Floyd que había modificado escribiendo «Odio a los...» sobre el nombre del grupo. Era la versión moderna del Ricardo III de Shakespeare: deforme y grotesco, pero divertido. McLaren le ofreció un puesto de cantante en el grupo sometiéndolo a una especie de audición: se le pidió que cantara «Eighteen» de Alice Cooper con la pera de una ducha a modo de micrófono, mientras en una jukebox sonaba la canción. Lydon no gustó a los otros, pero McLaren entrevió en él cierto carisma: «No sabía cantar y no tenía sentido del ritmo, pero poseía la fascinación del chico afligido que finge ser desenvuelto. A las chicas les encantaría. Eran la anarquía dentro de la industria discográfica». Desde el principio, las tensiones destrozan el cuarteto. «No soportábamos estar en la misma habitación», dijo Lydon, que asumió el apodo Rotten, «podrido», a causa del pésimo estado de sus dientes. Se pelaron incluso por el nombre de la formación. Al final decidió el mánager: el grupo se llamaría Sex Pistols, el nombre serviría para hacer publicidad de la tienda y estaba presente en un elenco de cosas «buenas» y «malas» que el mánager había estampado en una camiseta. Por parte de las «malas» estaban los divos pop y el Partido Liberal, en las «buenas» los bares que vendían whisky de contrabando y Kutie Jones y sus Sex Pistols. «Estaba la idea de la pistola, de una *pin–up*, de algo joven, un asesino atractivo, un arma sexy. Lanzar aquella idea en forma de una banda de chicos considerados malos era perfecta, sobre todo cuando descubrí que aquellos muchachos llevaban dentro la misma rabia que yo tenía y que habría podido ayudarme a seguir soñando, impidiéndome volver a lo que me aterrorizaba: la normalidad». Años más tarde admitió que con los Sex Pistols había intentado hacer en Londres lo que no había logrado hacer con los Dolls en Nueva York: «Había tomado las facciones

22 DE MARZO DE 1970 ◀

Por primera vez se usa el término «punk» en el *Chicago Tribune*, donde para hablar del álbum del poeta y cantante Ed Sanders alguien pronuncia la frase «Sentimentalidad punk rock». Al cabo de poco, Lester Bangs lo usa para describir a Iggy Pop.

24 DE DICIEMBRE DE 1971 ◀

En el Endicott Hotel actúan por primera vez los New York Dolls, el grupo del que se enamorará Malcolm McLaren.

6 DE NOVIEMBRE DE 1972 ◀

Muere por sobredosis de alcohol y droga Billy Murcia, batería de los New York Dolls. Es la primera víctima del estilo de vida «punk».

3 DE JULIO DE 1973 ◀

En el Hammersmith Odeon, Steve Jones y Paul Cook, que se convertirán en miembros de los Sex Pistols, roban el sistema de sonido y micrófonos en el concierto de David Bowie. Quieren formar una banda, pero no tienen dinero para comprar los instrumentos.

28 DE NOVIEMBRE DE 1973 ◀

Los New York Dolls llevan el punk a Europa. Después de dos conciertos en el Rainbow Room de Biba, su actuación en «Old Grey Whistle Test», show rock de la BBC 2, es memorable.

3 DE DICIEMBRE DE 1973 ◀

Abre el CBGB, que se convierte en el punto de referencia de la nueva música sin frenos y todavía si nombre.

16 DE AGOSTO DE 1974 ◀

El primer concierto de los Ramones en el CBGB dura sólo 20 minutos, pero logran llegar a tocar 17 piezas.

▶ 7 DE AGOSTO DE 1975

Malcolm McLaren y Vivienne Westwood son arrestados por exponer material obsceno en su tienda del 430 de Kings Road que, a su regreso de Nueva York, han rebautizado con el nombre de SEX.

▶ 5 DE DICIEMBRE DE 1975

Después de alguna actuación en un par de fiestas, McLaren logra organizar el primer concierto de verdad de los Sex Pistols en el Chelsea School of Art.

▶ 24 DE DICIEMBRE DE 1975

El primer número de *Punk* ya está en los quioscos. Su formato grande doblado condensa los diferentes elementos de la escena del CBGB. En cubierta, una caricatura de Lou Reed con su nuevo disco *Metal Machine Music*.

▶ 23 DE ABRIL DE 1976

Sale el primer álbum de los Ramones, realizado con un presupuesto de 600 dólares. La carátula del álbum acaba siendo tan célebre como el contenido del disco: una foto realizada por Roberta Bailey que representa a los miembros del grupo apoyados en una pared del CBGB.

▶ 6 DE JULIO DE 1976

Primer concierto de los Damned: son teloneros de los Sex Pistols en el 100 Club de Oxford St. Rápidamente, la competencia entre ambas bandas será despiadada y violenta.

▶ 21 DE AGOSTO DE 1976

En Mont de Marsan se celebra el primer Festival Europeo de Punk Rock. Los Sex Pistols son expulsados «por haber superado los límites». Los Clash renuncian a su participación en señal de solidaridad. Los Damned sí participan.

de Richard Hell, el lado pop vagamente homosexual de los New York Dolls, la política del tedio, y lo había mezclado todo para comunicar un mensaje mío.»

Malcolm McLaren no era el único que husmeaba el aire dominante. En todo el país nacieron nuevas bandas. Era un fenómeno espontáneo alimentado por la frustración por la distancia que separaba a músicos y público. Los hippies que en otros tiempos habían sido revolucionarios eran considerados ahora conservadores fuera de este mundo. La inspiración venía sobre todo de ciertas corrientes contraculturales de los años sesenta que habían quedado soterradas, envueltas todavía en un aura de conspiración revolucionaria. Debía evitarse todo lo que era popular y complaciente. Los grandes del rock se habían transformado en ídolos lejanos, eran «técnicos» inalcanzables cuya música no tenía ningún significado para los veinteañeros. La zanja que dividía arte y vida se había hecho más profunda. Una vez terminada la época de los discos conceptuales, de las suites, de los solos de batería de diez minutos, los menores de veinticinco años buscaban un sonido capaz de canalizar su rabia. Los jóvenes que decidían tocar un instrumento expresaban unas ganas de diversión frustradas por las elucubraciones y por los tecnicismos de los progresivos. De este modo se volvía a enlazar con la energía destructiva de los jóvenes Who. Se volvía al estadio inicial del rock: una o dos guitarras eléctricas tocadas a todo volumen, pocos acordes ruidosos, un bajo elemental, patrones de batería simples pero tocados rápidamente. El canto se gritaba con rabia, la entonación era aproximada. Más que las competencias técnicas contaban el impacto, el sonido crudo, el aura salvaje. La música no era simplemente «fea»: era tan fea que se volvía interesante. En torno a este concepto nació una escena informe, sin centro de gravedad, pero que respondía a una demanda precisa por parte de los veinteañeros. Todo aquel que buscara novedades ya no escuchaba a los Pink Floyd o a los Led Zeppelin. La música de masas se consideraba la expresión de un «sistema» que se tenía que derribar. Se prestaba atención a todo lo que viniera de abajo y, al mismo tiempo, se miraba con simpatía a quien, como David Bowie, proponía un estilo visual rupturista, extremo y perturbador, y a las bandas del denominado pub rock, que habían vuelto a traer a los pequeños locales música nerviosa y apasionada, aunque carente de la furia anarcoide del punk y de la pretensión de anular historia y tradiciones.

El contexto socioeconómico desolador fue el otro humus sobre el que floreció el movimiento. En 1975, mientras los Sex Pistols daban sus primeros pasos, una parlamentaria llamada Margaret Thatcher, asumía el liderazgo del Partido Conservador, lanzándose a la conquista del cargo de Primer Ministro, que obtendría cuatro años más tarde. Le esperaban desafíos dramáticos que los laboristas no habían sido capaces de resolver. La economía estaba en plena recesión, el desempleo se encontraba en su nivel más alto desde 1940, el gasto público estaba fuera de control, la inflación era galopante. El país que en otros tiempos había sido un imperio estaba en declive, la paz social estaba en peligro, la dialéctica política se radicalizaba. Sobrevolaba un sentimiento de miedo, la rabia y la violencia barrían las calles, prosperaba el odio racial hacia las minorías. Los días cargados de optimismo de la llamada Swinging London eran un lejano recuerdo. Los sindicatos estaban en pie de guerra, el IRA sembraba la muerte en Irlanda del Norte, el precio del petróleo se disparaba, la libra esterlina se desvalorizaba, el balance comercial estaba dramáticamente en números rojos. La desilusión reinaba absolutamente. Si el gobierno de izquierdas parecía impotente, la masa estaba inerte. «Gran Bretaña —escribió el *Guardian* en 1976— es una nación sentada en una butaca: para nueve de cada diez personas, la televisión es la distracción principal». En un marco de disparidades socioeconómicas estridentes, el punk era la música de los excluidos, de los marginados, de quien no se había integrado, de los marginados de la sociedad. «La cultura de la que nace —anotaba el activista y cantante de los Fugs, Ed Sanders— recuerda la ópera de Bertolt Brecht *Ascensión y caída de la ciudad de Mahagonny*, donde si eres rico puedes hacer lo que te parece, pero si no tienes dinero entonces eres un criminal, escoria, un desecho. El ambiente del que emergió el punk me recuerda el set de la película *Blade Runner*, un estilo de vida duro y amenazante». En palabras del especialista Dick Hebdige, «los punk se han apropiado de la retórica de la crisis que había llenado el éter y los editoriales de aquel período, y la tradujeron en términos tangibles (y visibles)».

El contexto social transformó el punk inglés en algo sustancialmente diferente respecto al de los «primos» estadounidenses, en parte por la diferencia de edad entre los músicos londinenses (más jóvenes) y los neoyorquinos. La simplicidad musical se convirtió en pose demente, el sentido de diversión se degradaba en nihilismo, los tejanos y las chaquetas de piel fueron sustituidos por las creaciones provocadoras de Sex. La colaboradora de *Punk* Mary Harron viajó a Londres, donde pudo ver las diferencias entre la escena norteamericana y la inglesa: «En Londres sentías cómo la tierra se movía literalmente y temblaba bajo los pies. Lo que en Nueva York había comenzado como una broma, en Inglaterra se lo había tomado muy en serio un público más joven y más violento. Y en aquella traslación, el fenómeno había cambiado, había dado vida a algo diferente. Lo que para mí había sido una cultura rock mucho más adulta e intelectualmente bohemia en Nueva York, en Londres se había convertido en una locura para adolescentes». En un concierto de los Damned, Harron vio a «centenares de chavales, como en una pesadilla, pequeños espectros con los cabellos teñidos de rojo intenso y las caras blancas. Todos llevaban cadenas e imperdibles clavados en la cara. Pensé: Dios mío, ¿qué hemos hecho? ¿Qué hemos creado?

En Londres no había rastro de la inclinación artística que los grupos del CBGB habían heredado de la Factory de Andy Warhol que frecuentaba el club con su amigo Lou Reed. La música no era una alternativa a la violencia de la calle: la representaba y, en ciertos casos, la fomentaba. Ponía en escena la falta de esperanza. Los Sex Pistols sintetizaban el espíritu de su tiempo con un eslogan terriblemente eficaz: «no future».

VIVIENNE WESTWOOD
La diseñadora del Punk

Estudiante en la escuela de arte de Harrow, Vivienne Isabel Swire se casó con Derek Westwood en 1962 y se convirtió en la madre de Benjamin: diseñó y cosió su propio vestido de novia. Cuando conoció a Malcolm McLaren, su matrimonio había terminado: en 1967, ambos se fueron a vivir juntos a una casa popular en Clapham y se convirtieron en padres de Joseph Corré. Vivienne ejerció de profesora hasta que Malcolm la introdujo en la tienda de  King's Road. Ahí, Westwood, diseñó las prendas que McLaren imaginaba inspirándose en el *look* de biker, fetichistas y prostitutas. Después de un viaje a Nueva York, ambos volvieron con nuevas ideas.

Además del sadomaso (collares, tachuelas, etc.), el nuevo estilo de Vivienne incluía camisetas desgarradas, imperdibles, cuchillas de afeitar y peinados locos, con crestas y cabellos teñidos de colores absurdos. Westwood usaba tejidos escoceses tartán y un corte inspirado, especialmente para los pantalones masculinos, en los modelos de los siglos XVII y XVIII. El conjunto producía efectos chocantes.

Hoy Vivienne Westwood es una diseñadora de moda famosa en todo el mundo.

LA GRAN ESTAFA DEL ROCK'N'ROLL

Anarquía en el Reino Unido: la ascensión de los Pistols y la llegada de Sid Vicious. Pero también el primer festival punk, la barcaza en el Támesis y la famosa gira norteamericana. «¿Nunca habéis tenido la sensación de que os han tomado el pelo?»

1 de diciembre de 1976. Después de haber sembrado el pánico en el show televisivo de Bill Grundy, los Sex Pistols y Malcolm McLaren se trasladaron al aeropuerto donde acogieron a los Heartbreakers de Johnny Thunders. Los Pistols comentaban sobreexcitados lo que acababa de pasar en directo en televisión. Los estadounidenses los escuchaban con indiferencia hasta que a la mañana siguiente, uno de ellos, Jerry Nolan, compró unos cuantos periódicos sensacionalistas. «Me los echó sobre la cama —recordaba el mánager del grupo, Lee Childers—, y los títulos de todas las primeras páginas decían: "Los Sex Pistols, sensación en TV" y "¡Horror y escándalo de los Sex Pistols!". Entonces Jerry me dijo: "Fíjate en qué clase de situación nos has metido". Y yo pensé: ahora comienza lo bueno.»

El escuadrón de BROMLEY

Este barrio situado en el sureste de Londres se convirtió en un «landmark» punk gracias a una intuición de la periodista/escritora Caroline Coon, que bautizó como «The Bromley Contingent» a aquel grupo de una quincena de fans de los Sex Pistols que seguía a la banda por todas partes. Tanto o más transgresores y ofensivos que los propios Sex Pistols, los jóvenes del «escuadrón de Bromley» (algunos, como Siouxsie y Billy Idol vivían justamente allí) estaban presentes tanto en el show de Bill Grundy como en la «barcaza del Támesis». Muchos se hicieron famosos: Simon «Six» Barker se afirmó como fotógrafo, Bertie «Berlin» Marshall como escritor, Philip Salon como estrella del movimiento New Romantic. Sid Vicious siempre repudió el «escuadrón», aunque actuó como batería de los Banshees en el Festival del 100 Club.

La aparición en el programa de Grundy representó el big bang mediático del punk. El año anterior los Pistols se habían ido forjando un público concierto tras concierto en la zona de Londres. McLaren usó su influencia, Jones concedía entrevistas en las que afirmaba que «no nos interesa la música, nos interesa el caos», Rotten desencadenaba el fin del mundo con sus provocaciones y su inquebrantable espíritu de contradicción. Las reacciones fueron intensas, a veces violentas. Los conciertos se transformaron en una farsa, a veces terminaban con una pelea banal. El grupo fue vetado en muchos locales, y sin embargo las peleas y las controversias creaban publicidad y demostraban que la violencia permitía situarse en el centro de la escena. El mánager publicitó el aura «revolucionaria» de la formación. Una de las primeras actuaciones fuera de

Londres tuvo lugar en el Lesser Free Trade Hall de Manchester, en junio de 1976. Visto con la perspectiva actual, fue uno de los conciertos más influyentes de la época. Asistieron no más de cuarenta personas, pero entre ellas estaban aspirantes a músicos que, inspirados por la experiencia, fundarían Joy Division, Smiths, Fall, Buzzcocks y otras bandas locales.

En torno a los Pistols orbitaba el denominado Bromley Contingent, grupo de fans procedentes del sureste de Londres, que se ganaría la fama con la aparición en el show de Grundy. También frecuenta el círculo de Sex un amigo de Rotten, un tal John Beverley que fue rebautizado como Sid Vicious a partir del nombre del hámster del cantante (Sid) y el título de una canción de Lou Reed («Vicious»). El repertorio de la banda también crecía. La canción más fuerte era «Anarchy in the UK», en la que Rotten se definía como un anticristo anárquico y cerraba la pieza con un amenazador «Destruye». Sus imágenes de potencia, caos y destrucción vehiculaban «una llamada a las armas para los jóvenes convencidos de que nos han arrancado el rock'n'roll de las manos. Es una afirmación de fuerza e independencia». La palabra «anarquía» era crucial. McLaren y Westwood produjeron una camiseta en la que se acumulaban eslóganes y signos contradictorios, entre ellos una esvástica y una faja con la inscripción «caos». En septiembre, en el período en que el grupo participaba en el «100 Club Punk Special», primer festival punk inglés, llegó el contrato discográfico con EMI por 40.000 libras esterlinas, la mitad de las cuales se entregaron en el momento de firmar. Se trataba de transformar las ideas en sonido, pero ningún miembro del grupo tenía capacidad para hacerlo. Por ello, cuando llegó el momento de grabar «Anarchy in the UK» como sencillo de debut, la banda fue confiada a un profesional de la vieja guardia, una antítesis respecto a las nuevas ideas del punk: se trataba de Chris Thomas, que entre otras cosas había mezclado *The Dark Side of the Moon*, de los odiados Pink Floyd. Resultado: la canción tenía un sonido lleno, sólido, estratificado, no evocaba la imagen de un grupo de músicos mediocres. La aparición en Thames Television lo cambió todo. «Antes de aquel momento sólo era música —dijo Steve Jones—, al día siguiente se trataba de caos mediático». Grundy fue suspendido, la

JULIEN TEMPLE
Director de la
«GRAN ESTAFA»

Temple, estudiante de cinematografía en Cambridge a principios de la década de 1970, se quedó fascinado por los trabajos del director anárquico Jean Vigo y por la naciente escena punk. Amigo de los Pistols, comenzó a reunir material de vídeo y a grabar entrevistas. Con la ayuda de McLaren ensambló el conjunto y produjo *The Great Rock and Roll Swindle,* la gran estafa del rock. El documental lanzó la carrera de Temple, que se convirtió en uno de los más afamados directores de videoclips musicales. Dirigió las películas *Absolute Beginners* (1986) y *Las chicas de la tierra son fáciles* (1988), antes de dedicarse de nuevo a documentales rock como el célebre *The Filth and the Fury* (2000) o el hermoso *Joe Strummer – The Future Is Unwritten* (2007).

EMI no supo si defender o expulsar a la banda, la prensa sensacionalista acosó al grupo y al mánager, la mayor parte de los organizadores anuló los conciertos del Anarchy Tour de los Sex Pistols con los Heartbreakers y con otro grupo punk londinense, los Clash. Se estaba alimentando un círculo vicioso: las peores actitudes se veían rodeadas por el clamor mediático que a su vez empujaba a los músicos (y no sólo a los Pistols) a asumir actitudes desfasadas. Las poses sustituyeron a las ideas. Escupir al grupo (y, viceversa, al público) ya era normal. «Era una lluvia de escupitajos –explicó el director de cine Julien Temple–, y ellos chapoteaban en ellos.» Según Marco Pirroni, miembro de Siouxsie & The Banshees y luego de Adam And The Ants, la aparición con Grundy marcó el inicio de la regresión del punk: «De repente, de ser una cosa artística y casi intelectual, acabaron apareciendo aquellos imbéciles con collares para perros y camisetas con la inscripción con bolígrafo "punk"». Como si ello no bastara, un mes después de la entrevista con Grundy nació una nueva controversia. En el momento de partir hacia una breve gira holandesa, los Sex Pistols sembraron el pánico en el aeropuerto de Heathrow con su mera presencia. «Los cuatro se abren camino vomitando y escupiendo hasta un vuelo hacia Amsterdam», escribió el *Evening News*. No era cierto, pero el mecanismo del escándalo ya estaba en marcha. Para EMI aquello era demasiado: la relación con el grupo quedó interrumpida. La formación salió victoriosa: se quedó de todos modos con el anticipo, obtuvo más publicidad y escribió una canción titulada «EMI» («No soporto a estos estúpidos idiotas»).

«Estoy convencido de que los Sex Pistols fueron sobre todo un grupo de cabaret: las verdades más grandes se dicen con una sonrisa y con ironía.»

JOHNNY ROTTEN

Los Sex Pistols protagonizaron diversos escándalos que convirtieron a la banda en centro de atención de la opinión pública británica, gracias a sus letras con fuertes contenidos satíricos.

1977 fue un año todavía más caótico. Mientras se libraba una botella interna sobre la dirección del grupo (la banda de un lado, el mánager del otro), el único músico auténtico de los cuatro, Matlock, dejó la formación y fue sustituido por Sid Vicious. Era la persona adecuada en el momento adecuado: si los Sex Pistols tenían que ser una máquina de escándalos, el imprevisible Vicious era mejor que el adaptable Matlock. La música empeoró: el viejo bajista era el melodista del grupo, sabía tocar y componer, el nuevo sólo conocía los rudimentos del instrumento. Como si ello no bastara, en aquel mismo período Vicious conoció a Nancy Spungen, una heroinómana estadounidense que había llegado a Inglaterra tras las huellas de los New York Dolls. Había trabajado como stripper y se procuraba la droga prostituyéndose. Entre ambos estalló algo profundo y malsano: Sid y Nancy se convirtieron en la pareja más amada, odiada, controvertida del punk.

«Fue como si el doctor Strangelove hubiera enviado una enfermedad tremenda para infectar Inglaterra», dijo McLaren refiriéndose a Spungen. A pesar de todo, las cosas seguían su curso. El mánager consiguió un nuevo contrato discográfico, esta vez con A&M. En perfecto estilo Pistols, la firma no se produjo en el estudio de un notario, sino delante del palacio de Buckingham. La primera publicación fue el sencillo de un nuevo himno del descontento. Se titulaba «God Save the Queen», exactamente como el himno del Reino Unido, contenía uno de los eslóganes más simples y eficaces de la banda («No future») y, como golpe de genio de McLaren, fue publicado coincidiendo con los festejos por los veinticinco años de reinado de Isabel II. Nuevas peleas, borracheras molestas (una de ellas en la sede del sello) y amenazas de procesos legales asustaron a los dirigentes de A&M, que rescindieron el contrato. La banda ingresó otro anticipo, el sello interrumpió la producción del sencillo (hoy una de las rarezas discográficas más cotizadas en el mundo), el *Daily Mirror* titulaba: «Regaladas 75.000 libras esterlinas a un grupo punk». La banda firmó un nuevo contrato con Virgin, el sello discográfico del emprendedor Richard Branson, y logró publicar «God Save the Queen» a finales de mayo, justo a tiempo para la culminación de los festejos por el jubileo de la reina. El 7 de junio, mientras que un millón de ingleses se daba cita por las calles de Londres para seguir la procesión de la familia real desde Buckingham Palace hasta la catedral de San Pablo, los músicos organizaron un acto de protesta audaz y singular. Se embarcaron en una barcaza y navegaron por el Támesis cantando su himno alternativo: «Dios salve a la Reina y al régimen fascista, te han idiotizado y convertido en una bomba, [...] Dios salve a la Reina, no es un ser humano, no hay futuro para el sueño inglés, no hay futuro para ti, no hay futuro para mí». La hostilidad del capitán del barco y la llegada de la policía pusieron fin a la puesta en escena. Los Sex Pistols escaparon, once personas, entre ellas McLaren y Westwood, fueron arrestadas. El sencillo llegó al número 2 en la clasificación (una maniobra de la British Phonographic Industry le impidió situarse en cabeza), pero el nivel de enfrentamiento había aumentado desmesuradamente y, en los días siguientes, los miembros del grupo fueron víctimas de asaltos y palizas. Para evitar problemas peores se organizó una gira por Escandinava y luego por Gran Bretaña, bajo un nombre falso. Cuando, a finales de octubre, se publicó el álbum de debut, *Never Mind the Bollocks Here's The Sex Pistols*, que ensamblaba las sesiones con Thomas, la banda estaba a punto de disolverse. Durante la gira estadounidense de principios de 1978, sobre todo por los estados conservadores del sur, las peleas entre los cuatro eran continuas, Vicious era un desecho humano, la violencia era insostenible. Al final del último concierto, que tuvo lugar el 14 de enero en el legendario Winterland de San Francisco, Rotten preguntó al público: «¿Nunca habéis tenido la sensación de que os han tomado el pelo?», arrojó el micrófono al suelo y se fue del escenario. Fue el fin del grupo.

Punk Special

20/21 de septiembre de 1976: el local situado en el 100 de Oxford Street, uno de los templos del jazz en el Reino Unido, se estaba transformando. El promotor Ron Watts, apoyado por Malcolm McLaren, se acababa de inventar el «100 Club Punk Special», primer festival punk de la historia. Cuatro bandas por noche: Subaway Sect, Siouxsie and the Banshees (en su debut absoluto), The Clash y Sex Pistols el día 20; Stinky Toys, Chris Spedding & The Vibrators, Damned y Buzzcocks el 21. El festival fue un éxito; aunque el 100 Club podía acoger como máximo a 600 personas, eran miles las que sostuvieron que habían estado allí. Entre estas, Chrissie Hynde, Shane MacGowan o Viv Albertine de las Slits.

Durante la desquiciada actuación de Siouxsie, Sid Vicious lanzó desde el escenario un vaso que estalló contra una columna del local: una esquirla impactó y cegó el ojo de una chica del público.

Según el crítico estadounidense Greil Marcus, «los Sex Pistols renegaban del rock'n'roll, considerándolo un cadáver en descomposición, un monstruo rico y reaccionario, portador de falsa consciencia. Y sin embargo, dado que no disponían de otras armas, el rock les apasionaba. Los Sex Pistols tocaban rock'n'roll». En sus manos, el punk no ofrecía ninguna novedad, sino que restauraba la idea de la música como medio de comunicación feroz y visceral, en reacción con las aspiraciones artísticas de los rockeros de los años setenta. Actuaban como revolucionarios y sin embargo tocaban como contrarrevolucionarios, y esta no era su única contradicción. Su experiencia afirmó la importancia de la diversión sobre el arte, de la verdad sobre la mentira, de la naturalidad sobre la afectación, del instinto sobre la razón, y sin embargo, las maquinaciones de Malcolm McLaren les llevaron al territorio de la manipulación y de las poses. Habían aumentado las apuestas para suscitar reacciones cada vez más fuertes, hasta que se vieron derribados por el caos que habían creado, convirtiéndose en chivos expiatorios para la prensa. Los Sex Pistols se convirtieron en el símbolo de una época difícil y encarnaron la posibilidad de transformar el caos en música. Después de ellos, vivir hasta el fondo lo que se cantaba se convirtió en un imperativo categórico.

LONDON CALLING

Desde la fascinación perversa por la esvástica en el «Carnival Against the Nazis», el punk tomó consciencia política y entró en su edad adulta. La «revuelta blanca» y el rock de barricada de los Clash.

La panorámica que ofrece la foto resultaba impresionante. Los músicos dc los Clash aparecían retratados a espaldas con los instrumentos en la mano; delante de ellos, 80.000 personas que habían acudido al Victoria Park de Londres para el «Carnival Against the Nazis».

Era el 20 de abril de 1978. El evento había sido organizado por Rock Against Racism (que había nacido dos años antes, como fruto del desdén por una declaración racista de Eric Clapton) y Anti–Nazi League, con el intento de sensibilizar a la opinión pública acerca de las tendencias nazistoides que atravesaban el país. El punk no era el único movimiento que catalizaba la rabia de la nación en crisis. El partido de extrema derecha National Front recogía apoyos incitando al racismo, y podía llegar a recabar muchos consensos en las elecciones locales. Por este motivo, miles de personas se dieron cita en Trafalgar Square y desde allí caminaron hasta Victoria Park, uniéndose a la multitud del concierto para testimoniar su aversión por las ideas del National Front y escuchar a Clash, Buzzcocks, Steel Pulse, X–Ray Spex, Ruts, Sham 69, Generation X y Tom Robinson.

Para el cantante folk Billy Bragg, «Carnival Against the Nazis» «fue el momento en que mi generación decidió de qué lado estaba». Las tomas de posición antinazis del punk no eran algo que se diera por descontado, al menos a los ojos de la opinión pública. Desde sus orígenes, los punks habían usado la simbología potente de la esvástica, dando la impresión de que eran simpatizantes de la extrema derecha. En los Estados Unidos, Ron Asheton de los Stooges llevaba una chaqueta de las SS. En el primer ál-

RIVALIDAD PUNK

Los Clash debutaron el 4 de julio de 1976 en el Black Swan de Sheffield, como teloneros en el concierto de los Sex Pistols. Habían estado ensayando apenas un mes con Strummer, pero querían subir de todas todas al escenario antes que sus rivales, los Damned que, de hecho, tocarían por primera vez en público dos días antes. A la noche siguiente, los Clash, los Pistols y otros músicos del llamado «inner circle» de punk londinense se hallaban en el Dingwalls para el esperadísimo concierto de los Ramones. Justamente allí, Paul Simonon se peleó, con J.J. Burnell, bajista de los Stranglers. Un poco más «viejos» que los Clash y los Pistols, los Stranglers eran considerados parte de la escena punk aunque extraños a la pandilla Pistols/Clash. El episodio testimoniaba la rivalidad entre los grupos punk y la imposibilidad de crear un espíritu de unidad entre ellos.

bum, los Ramones cantaban alegremente «soy un nazi». Johnny y Dee Dee Ramone eran coleccionistas de recuerdos del Tercer Reich, a pesar de que sus compañeros en la banda Joey y Tommy Ramone eran judíos. Pero fue en Inglaterra donde la exhibición de esvásticas se convirtió en moda. Los Sex Pistols las llevaban, Westwood las cosía en los vestidos de Sex, McLaren las coleccionaba. No se trataba de un revival nazi, era el síntoma de la fascinación experimentada por la violencia y el furor antiburgués que animaba el movimiento. Era la manera más cruda posible para escandalizar, para «épater la bourgeoisie», como decían los poetas decadentes franceses. Según Siouxsie Sioux, «queríamos ruborizar a los padres que afirmaban, con orgullo complacido, que habían vencido a Hitler en la Segunda Guerra Mundial».

Para la mayor parte de los punks, los símbolos de la Alemania nazi carecían de toda connotación histórico–ideológica. Las cosas cambiaron en 1978. En abril, con la perspectiva de una victoria electoral del National Front, las provocaciones del punk parecían juegos infantiles. Gracias al éxito de «Carnival Against the Nazis», una parte del punk se ideologizó, se dotó de una consciencia política y entró en la edad adulta, alejándose del nihilismo puesto en escena por la breve parábola de los Pistols. Cantar sobre violencia o masturbación, odio o axilas apestosas ya no bastaba. Ahora el punk expresaba solidaridad por las minorías afrocaribeñas atacadas por los militantes del National Front. La subcultura punk redefinía su propia identidad en relación con la inmigración caribeña: esta especie de hermanamiento reportaría también la influencia del reggae en el repertorio de algunos grupos.

Si los Sex Pistols despertaban las energías reprimidas para alimentar el caos sin tener en cuenta las connotaciones políticas, los Clash las usaban para llevar a cabo batallas progresistas. Los segundos se convirtieron en el grupo punk más popular del planeta cuando los primeros cesaron su actividad. También los Clash procedían del ambiente

DON LETTS
El DJ que unió punk y reggae

Este inglés de orígenes jamaicanos se quedó fascinado a mediados de la década de 1970 por la música y la figura de Bob Marley. Don trabajaba en una tienda de moda de Londres, Acme Attractions, y allí ponía cada día, a todo volumen, su música preferida: el reggae. Muy pronto, el lugar atrajo a la escena punk: los Clash y los Pistols, pero también Patti Smith, Chrissie Hynde e incluso Bob Marley visitaron el Acme. Cuando Andy Czezowski abrió el Roxy pidió a Letts que fuera el DJ «residente». Don programaba sus discos reggae, mezclándolos con los pocos álbumes de punk rock que comenzaban a salir. Pero sobre todo introdujo el ritmo característico a contrapié en las comunidades de los punk rockers londinenses, influyéndoles de manera evidente (véase Clash y Police). Después de dejar la tienda, fue mánager de los Slits y dirigió *Punk Rock Movie*.

Desde hace varios años dirige videoclips y documentales musicales.

▶ 30 DE AGOSTO DE 1975

Los Clash tocan en el Carnaval de Notting Hill. Cuando, hacia las 5 de la tarde, la policía efectúa una detención entre los manifestantes, se desencadena el infierno: 456 heridos y 60 detenciones.

▶ 20–21 DE SEPTIEMBRE DE 1976

En el 100 Club de Oxford St, el punk festival dura dos días. Además de la banda puntera, los Sex Pistols, también actúan los Buzzcocks. También sube al escenario Sid Vicious, como batería de los Siouxsie and the Banshees.

▶ 8 DE OCTUBRE DE 1976

Los Sex Pistols firman un contrato de 40.000 libras esterlinas con EMI.

▶ 26 DE NOVIEMBRE DE 1976

Sale «Anarchy in the UK», primer sencillo de los Sex Pistols.

▶ 1 DE DICIEMBRE DE 1976

Los Sex Pistols, invitados por Bill Grundy en «Today», causan un escándalo por sus modos vulgares y los insultos que dirigen al presentador.

▶ 9 DE DICIEMBRE DE 1976

Electric Tour Circus en Manchester: Sex Pistols, Clash y Buzzcocks ponen fin al Anarchy Tour, que preveía una serie de conciertos punk itinerantes en toda Inglaterra: se anularan 13 de los 19 programados.

▶ 1 DE ENERO DE 1977

Clash y Heartbreakers inauguran la apertura de un local en el Covent Garden: el Roxy, que se convierte en el nuevo templo del punk inglés. Justamente en un concierto de los Heartbreakers, en enero, Sid conoce a Nancy Spungen, *groupie* de la banda.

de Sex: la tienda la frecuentaban el mánager Bernie Rhodes, que durante cierto período hizo negocios con McLaren, y el guitarrista Mick Jones, que había tocado en los London SS con el bajista Paul Simonon y el batería Terry Chimes (que en los Clash fue sustituido por Topper Headon). A los tres se unió el cantante y guitarrista Joe Strummer. Tocaba pub rock con los 101'ers cuando en 1976 se quedó fascinado por un concierto de los Sex Pistols en el Roxy de Londres: «El espíritu del pub rock era: saludos, manada de borrachos, tocaremos un poco de boogie, esperemos que os guste. Los Pistols subían al escenario con una actitud del todo diferente: estas son nuestras canciones y nos la suda si os gustan o si os dan asco».

Los cuatro recibieron críticas despiadadas («Son el tipo de garage band que deberíamos mandar de vuelta inmediatamente al garaje», escribía el *New Musical Express*) y fueron considerados traidores por haber firmado con la CBS por 100.000 libras esterlinas: la dialéctica entre la fidelidad a las raíces *underground* y las aspiraciones al éxito caracterizaría toda su carrera. «Intentamos ser el grupo más famoso del mundo –afirmaba Strummer– y al mismo tiempo ser radicales: quizás las dos cosas no pueden coexistir, pero lo intentamos.»

También para ellos la prensa usó tonos sensacionalistas (fue célebre el título de un artículo de 1976 del *New Musical Express* que rezaba «Canibalismo en el concierto de los Clash»), pero en lugar de fomentar la rabia, el grupo intentaba canalizarla en una música que hablaba el lenguaje del honor, de la verdad, del sacrificio, de la batalla. Parafraseando una pieza suya de 1979 titulada «Death or Glory», los Clash «agarraban el micrófono para hacernos saber que morirían antes que malvenderse». Una actitud combativa destinada a atraer prosélitos, tanto como el nihilismo de los Pistols, bien representado en los vestidos que llevaban en concierto y en las sesiones fotográficas, similares a uniformes militares. Los dos grupos crearon mitologías en ciertos aspectos opuestas, pero en el fondo ambos fueron fieles al lema que Malcolm McClaren estampó en una camisa que se vendía en Sex: «Sed razonables: pedir lo imposible».

Desde el primer sencillo, «White Riot», los Clash dieron la impresión de ser soldados en misión. Usaban la energía del punk para comentar el contexto social que los rodeaba. Strummer y Simonon escribieron la pieza después de haber asistido a los enfrentamientos de 1976 en el carnaval de Notting Hill entre inmigrantes y policías. Fue un momento crucial para la historia británica, que llevaría a la aprobación de la ley antidiscriminación, conocida como Race Relations Act. Si había comenzado una revuelta negra, razonaban los Clash, también era la hora de una revuelta blanca: «Los negros tienen un montón de problemas —cantaba Strummer—, pero no les supone un problema arrojar un ladrillo, los blancos van a la escuela y aprenden a idiotizarse». El álbum de debut, *The Clash*, apareció en abril de 1977 y estaba lleno de himnos de descontento nacidos después de la advertencia de Rhodes a Strummer: «No escribas cosas de amor, escribe sobre cosas realmente importantes». Las canciones de evasión eran bien pocas: «London's Burning» era el himno del «Londres que arde de tedio» de 1977; «Janie Jones» estaba dedicado a una célebre prostituta, así como ex cantante pop; «I'm So Borcd with thc USA» criticaba la americanización del Reino Unido; «Hate & War» era la respuesta al eslogan hippie «peace & love»; «Career Opportunities» expresaba el rechazo por los empleos que la sociedad burguesa ofrecía a los jóvenes; «Remote Control» y «Garageland» eran manifiestos de la nueva juventud inglesa: «No tienes dinero, no tienes poder, te consideran inútil; he aquí por qué te vuelves punk». En el

5 DE ENERO DE 1977 ◀

EMI rompe el contrato con los Sex Pistols a causa de las polémicas subsiguientes a la aparición en el programa de televisión de Bill Grundy.

27 DE ENERO DE 1977 ◀

Glen Matlock es «despedido» de los Sex Pistols y su puesto lo ocupa Sid Vicious.

18 DE FEBRERO DE 1977 ◀

Sale *Damned, Damned, Damned*, primer álbum de la banda The Damned, principales rivales de los Sex Pistols. Durante un concierto suyo, Sid Vicious lanza al escenario botellas de vidrio que hieren al público. Una joven recibe una esquirla por la que casi pierde un ojo.

10 DE MARZO DE 1977 ◀

Con una ceremonia en el exterior de Buckingham Palace, los Sex Pistols firman un contrato con A&M Records. Poco después, en la sede de A&M, Sid vomita sobre el escritorio del director general del sello. A&M rompe el contrato con los Pistols seis días más tarde.

1 DE ABRIL DE 1977 ◀

Sale *Marque Moon*, primer álbum de los Television. Un disco fundamental en la historia del punk.

8 DE ABRIL DE 1977 ◀

Sale el primer álbum de los Clash, grabado integramente en dos fines de semana.

7 DE JUNIO DE 1977 ◀

Los Sex Pistols llevan a cabo una protesta audaz y singular durante los festejos por la reina Isabel. Se embarcan en un barco y navegan por el Támesis cantando su himno alternativo: «God Save the Queen». Los interrumpe la policía, que detiene a los participantes.

último momento se añadió en el disco una versión sorprendente de «Police and Thieves» escrita por los jamaicanos Lee Scratch y Junior Murvin, e interpretada originariamente por este último.

El reggae era más popular que nunca en Gran Bretaña, gracias a la presencia de las comunidades de inmigrantes procedentes del Caribe y a la obra de proselitismo de Bob Marley y de Island Records.

> «Los Clash han sido la mejor banda de rock de la historia:
> escribieron el "libro de estilo" de los U2.»
>
> BONO VOX

«Nuestra finalidad –dejaron dicho los Clash– no es apropiarnos del reggae, sino fundirlo con el punk. Queremos crear una versión rasta del punk; un nuevo tipo de resistencia cultura.» Era el encuentro entre dos culturas de la calle, entre dos perspectivas sobre la marginación. Y sin embargo, Murvin estaba desconcertado: «Han destruido el trabajo de Jah». Strummer reflexionó sobre el tema de las relaciones raciales y culturales en una canción titulada «White Man in Hammersmith Palais», en la que medía la distancia entre la realidad de los negros y la representación romántica que de su cultura se hacen los blancos, interesados en los aspectos superficialmente rebeldes.

The Clash fue uno de los más importantes e icónicos grupos de la primera ola del punk originada a fines de los años setenta.

Cuando los Clash participaron en el «Carnival Against the Nazis» se hallaban en medio del proceso de grabación de su segundo álbum, *Give 'Em Enough Rope*. Bajo la dirección del productor de los Blue Öyster Cult, Sandy Pearlman, el álbum salió en noviembre de 1978, y fue acogido con críticas entusiastas, entre ellas las del semanario *mainstream* estadounidense por excelencia, la revista *Time*. Si los Pistols habían quedado como un cuerpo extraño al rock, los Clash, por el contrario, se habían integrado perfectamente, hasta el punto de que Greil Marcus los comparaba a los Rolling Stones. Y todo ello pese a que tan solo un año antes, en la cara B de «White Riot», titulada «1977», Joe Strummer cantaba: «Nada de Elvis, nada de Beatles, nada de Rolling Stones en 1977». Según Mick Jones, aquellas palabras «no tenían que interpretarse al pie de la letra, constituían una incitación a vivir el presente sin replicar el pasado. Cuando pocos meses después murió Presley, todos estuvimos en estado de shock. Pero en aquella época las diferencias en los estilos de vida entre padres e hijos eran abismales».

El acercamiento a una forma rock más canónica resultó definitiva con el siguiente *London Calling* (1979, 1980 en los Estados Unidos), un álbum doble que constituía el arquetipo del disco de barricada: más de cinco millones de personas en todo el mundo lo compraron y escucharon historias de marginación, rabia, conflicto. «Se me acercó un skinhead –contó Strummer–, y me dijo llorando que *London Calling* gustaba hasta a su abuela.» Los Clash ya eran estrellas. Pero también era, como rezaba un eslogan apreciado por sus fans, «la única banda que importa». Y de esta manera, a finales de 1980 se permitieron publicar un álbum triple, titulado *Sandinista!*, como el movimiento de liberación nacional de Nicaragua. Los escarceos con los ritmos caribeños y negros llegaban a otro nivel. Convencidos de que «el mundo no termina fuera de tu barrio», los cuatro acumulaban de manera desordenada estímulos procedentes del funk, el reggae, y el dub, anticipando en muchos años los experimentos de mestizaje en el rock. En los seis años siguientes llegarían nuevos éxitos, entre ellos los sencillos «Should I Stay or Should I Go» y «Rock the Casbah», actuaciones en los estadios como teloneros de los Who y dos álbumes uno de los cuales sin Mick Jones en la formación, hasta la definición de los Clash como el alma, en ciertos aspectos experimental, del punk rock, una fuerza creativa en perenne evolución. «Hacíamos música para nosotros mismos y para nuestros tiempos –dijo Jones–. Este es el legado que los Clash han transmitido a las generaciones que vinieron más tarde: el espíritu, el impulso para cambiar, para continuar mirando de cara al futuro.» Si los Pistols se definieron en base a una serie de negaciones de carácter a menudo destructivo (uno de los versos más célebres de «Anarchy in the UK» era: «no soy el que quiero, pero sé cómo conseguirlo»), los Clash construyeron su identidad sobre la afirmación positiva de valores como dignidad, igualdad y solidaridad. La iconografía de combatientes se llevó al límite cuando Strummer se puso, en el «Carnival Against the Nazis» una camiseta roja con la inscripción «Brigate Rosse». Sting, que en aquella época todavía era cantante y bajista de los Police, ridiculizó la actitud del grupo: «Intelectos de quinceañeros y poses ridículas, es el culto fálico de la guitarra y el rifle». Había otro culto que Sting no tuvo en cuenta: la independencia.

ROXY

El local punk perfecto

«El único lugar donde hay un ambiente musical de verdad», dijo Joe Strummer.

Según Andy Czezowski (mánager del club) era «sucio, tétrico y carecía de estilo», y por ello era perfecto para el punk.

Situado en el 41/43 de Neal Street, en Covent Garden, lo que antaño había sido una tienda de frutas y verduras se convirtió a partir de diciembre de 1976 en el local punk por excelencia. La entrada, a nivel de la calle, llevaba al bar y a una salita donde era posible sentarse. En el piso inferior estaban el escenario, otro bar y el dance floor: se parecía al Cavern Club de Liverpool. En los primeros 100 días tocaron los Clash, Heartbreakers, Siouxsie, Generation X, Wayne County, Buzzcocks, The Slits, The Stranglers, The Vibrators, XTC y Police.

DO IT YOURSELF

El «hazlo tú mismo» estaba en la base de la filosofía punk: nada de dinero de la industria del disco o la edición, para una refundación desde abajo. Los sellos independientes, los locales, los fanzines, los collages.

¿Fuera o dentro del sistema? El punk no resolvió la cuestión que atormentaba desde siempre a los rockeros dotados de consciencia política, pero al menos contribuyó a consolidar una alternativa a las estructuras discográficas tradicionales. Pequeños sellos discográficos, sociedades de management, fanzines, promotores, locales, tiendas de discos independientes: en la segunda mitad de la década de 1970 se estableció una red de producción, distribución y promoción paralela a la de los colosos discográficos. Ciertamente, los principales grupos ingleses no demostraron ninguna reticencia a la hora de firmar contratos con las grandes discográficas, y sin embargo el punk estableció un principio de independencia que, al mismo tiempo era práctico e ideológico. Como escribió el lector del fanzine *Sniffin' Glue*, en septiembre de 1976, es decir, cuando el fenómeno todavía no había estallado a nivel mediático y las bandas principales aún no habían publicado ningún álbum, «no queremos ver cómo los Pistols o los Clash se transforman en otros AC/DC y Doctor of Madness [...] Ya sabemos que pronto llegarán las grandes compañías que quieren ganar dinero con los grupos jóvenes. En fin, pueden joderse si lo que esperan es pulir los espectáculos para el gran público británico».

Cuando el punk llegó a escena, seis compañías multinacionales se repartían gran parte del mercado del disco en el Reino Unido. Sus mecanismos dejaban poco espacio para competidores menores: la música se pensaba, confeccionaba, promovía y vendía de modo que permitiera el máximo control del producto. El mercado se estaba convirtiendo en global, y los colosos se lo repartían gracias a una serie de acuerdos con sellos de todo el mundo. Como si ello no bastara, el pú-

PUNK
El fanzine

Creado en 1975 por el dibujante de cómics John Holmstrom, el editor Ged Dunn y el escritor Legs McNeil, nació para dar voz al *underground* neoyorquino, el que cobró vida en los escenarios de CBGB y Max's Kansas City. Especie de mix entre *Mad magazine* y *Creem*, *Punk* publicó 15 números entre 1976 y 1979. Además de los cómics de Holmstrom y los artículos de McNeil, el fanzine acogía escritos de gente como Lester Bangs, o imágenes de futuros gurús de la fotografía rock como Bob Gruen. El diario también dio espacio a colaboradoras (periodistas, fotógrafas, artistas), situándose como una excepción en un mundo dominado por los varones. Después de un número especial en 1981, *Punk* renació sin éxito en 2001. A partir de 2006 vuelve a estar en liza.

blico compraba también antologías y recopilaciones de viejos temas, en una época en la que no había otro acceso a la música del pasado: se estima que representaban una tercera parte de las ventas discográficas totales. Era un mercado estático, anquilosado, manipulado por unos pocos sujetos. Y era condenadamente costoso: los sellos podían permitirse invertir sumas ingentes en la grabación de los discos por los que apostaban, provocando una exasperación a la hora de buscar la grabación perfecta desde el punto de vista técnico y comercial.

Si en 1966–1967 los Beatles habían producido su obra maestra *Sgt. Pepper's Lonely Hearts Club Band* usando dos aparatos de cuatro pistas, con lo que pese a todo dieron la impresión de que se tratara de un disco extremadamente complejo desde el punto de vista de las sobregrabaciones, las bandas de la década de 1970 tenían la posibilidad de usar una tecnología tan avanzada que ponían a dura prueba la fantasía de todo productor. El rock se había transformado en un show gigantesco. Y en embargo, se hallaba en un momento difícil: muchas de las bandas que habían ido moviendo el mercado se encontraban en crisis creativa, y no se entreveían nuevos fenómenos. Ya en 1975, Peter Jenner, productor, promotor y ex mánager de los Pink Floyd, afirmaba que «el Gran Show se encuentra en vías de extinción», y añadía: «Pienso que existe la posibilidad de una música política. Pienso en alguien que tiene 16 años y que dice: "Mira todo este rollo, hecho por grupos con grandes sistemas de amplificación y luces, la cosa no tiene que ir por aquí"».

«Nuestro lema era: haz lo que quieras y no dejes que nadie te lo impida.»

LEGS McNEIL
(Punk Magazine)

El punk dio un vuelco a la situación. Respondía a la demanda de la industria discográfica de un nuevo fenómeno vendible a las franjas de compradores más jóvenes, e instigó a músicos y otros profesionales a construir una red propia para comercializar la música sin tener que someterse a los dictámenes de las *majors*. Es decir, se pasó de una concepción «vertical» a una «horizontal» de la experiencia musical y de todo lo que esta conllevaba. Fue un proceso de democratización del mercado y de desmitificación del papel del artista y de la maquinaria que divulgaba su música. Al mismo tiempo crecía la consciencia de que la autoproducción era un valor absoluto, hasta el punto de que en una lista de los sellos discográficos que publicaban discos punk en 1978 aparecían más de 100.

Los pequeños locales y ya no los estadios eran los lugares a los que era posible ir a escuchar la nueva música y volver a encontrar el placer del descubrimiento. Los ideólogos del punk predicaron la destrucción de las barreras que dividían a público y músicos y, efectivamente, los clubes prometían un contacto más directo.

Los tres locales punk por excelencia de Londres fueron el 100 Club, el Roxy y el Vortex. El primero, sito en el 100 de Oxford Street, nació como club al que, durante la Segunda Guerra Mundial, iban a divertirse los soldados estadounidenses que pasaban por Londres. En la posguerra acogió a algunos de los más importantes jazzistas norteamericanos, de Benny Goodman a Louis Armstrong. Allí, el 20 y el 21 de septiembre de 1976 tuvo lugar el primer festival punk de la historia del Reino Unido con Sex Pistols, Clash, Subway Sect, Siouxsie & The Banshees el primer día y Damned, Buzzcocks, Vibrators con Chris Spedding el segundo. Lo organizaba Malcolm McLaren para convencer a los sellos discográficos de que el punk se estaba convirtiendo en un fenómeno importante. Sin embargo, durante el concierto de Damned, Vicious lanzó hacia el escenario una jarra de cerveza que se rompió e hirió a varios espectadores. Durante cierto tiempo, el punk estuvo vetado en el local.

Situado en la zona del Covent Garden, el Roxy estaba situado en una nave destinada antaño al mercado de frutas y verduras. Comenzó sus actividades en diciembre de 1976 con una serie de conciertos con Generation X, Heartbreakers, Siouxsie & The Banshees, para luego ser inaugurado el 1 de enero de 1977 con los mismos Heartbreakers y los Clash. El Vortex de Wardour Street era otro punto de referencia. Según el hombre que lo gestionaba, John Miller, «cuando un grupo punk era tan asqueroso que no lo aceptaban en ningún otro club, entonces venía al Vortex». Como si aquello no bastara, la seguridad a veces se confiaba a soldados mercenarios de paso por la ciudad… El punk también hizo entrar en crisis las relaciones entre la música y los medios de comunicación, y en particular con la prensa escrita. Las grandes cabeceras trataban el fenómeno en términos sensacionalistas, escribiendo títulos a varias columnas, o bien con una preocupación mezclada con paternalismo. No todas las revistas musicales trataron el fenómeno desde sus orígenes. La voz del movimiento londinense acabó siendo la de los fanzines, hojas fotocopiadas por simples fans distribuidas en pocas copias, tras la estela de lo que habían hecho los «primos» norteamericanos con *Punk*. En la era anterior a Internet, los fanzines fueron, a todos los efectos, medios de difusión de música y contracultura, libres de condicionamientos políticos y comerciales. El aspecto gráfico amateur, los dibujos aproximados a mano alzada, los logos trazados con bolígrafo y el lenguaje tosco lo convirtieron en un medio perfectamente acorde al carácter «horizontal» del punk, y con los imperativos del «hágalo usted mismo» que divulgaba. El fanzine punk por excelencia fue el inglés *Sniffin' Glue*, que desde el título guiñaba el ojo a la canción de los Ramones «Now I Wanna Sniff Some Glue». Fue fundado en julio de 1976 por un empleado de banca llamado Mark Perry, que distribuyó apenas 50 copias del primer número, fotocopiadas en la oficina de su novia. Al cabo de un año llegaría a imprimir 15.000. Perry dejó de publicarlo después de un año para dedicarse a su grupo, los Alternative TV. «La mayor parte de las cosas de Glue –declaró Perry– se escribía a chorro, sin correcciones sucesivas, lo cual explica todas aquellas tachaduras. La gente no me creía, pero el periódico me importaba poco. Lo importante eran las ideas.»

«Nuestro fanzine quería ser la expresión visual de la música ruidosa y velocísima de las bandas de punk rock.»

JOHN HOLMSTROM
(*Punk Magazine*)

La cola no se usaba tan sólo para colocarse, como sugería el nombre *Sniffin' Glue*. También se usaba para realizar *collages* que, junto a la combinación de fotografías en blanco y negro e inscripciones a mano de gráfica imprecisa, se convirtieron en la marca de fábrica distintiva del punk. Los grafistas que colaboraron con los Sex Pistols inventaron una fórmula simple y eficaz que usaron primero en los carteles que anunciaban los conciertos de la banda, y luego en las carátulas de los discos. La idea fue de Helen Wellington–Lloyd, una actriz enana originaria de África del Sur que formaba parte del círculo de McLaren. Ella fue quien propuso formar palabras recortando letras de varios tamaños y tipos de letra de los diarios, ensamblándolos como antaño hacían los raptores en las cartas de rescate. El estilo fue potenciado por el grafista de los Pistols, el ex estudiante de arte Jamie Reid, que lo usó también para la carátula del sencillo «God Save the Queen»: una célebre fotografía de la reina Isabel II con los ojos y la boca tapados por inscripciones. En la versión en póster, la cara aparecía libre de inscripciones, pero la boca estaba cosida con un imperdible. Estas otras representaciones gráficas reflejaban tanto la energía subversiva como el estilo intencionadamente pobre del punk. La idea del trabajo casero aparecía potenciada por el collage, que reflejaba la naturaleza alienante y transgresora de la música. Las representaciones icónicas del punk eran brutalmente toscas, tenían colores vivos, estaban producidas de modo aproximado, pero nunca eran un adorno superfluo: eran un acto de reapropiación y relectura de lo existente. Hacían saltar los procesos productivos normales del arte y los llevaban fuera de los espacios institucionales.

«El punk fue al mismo tiempo salvaje y despreciado, agresivo y tranquilizador.»

JON SAVAGE

En cada manifestación, el punk publicitaba la idea de que era posible hacerse uno mismo las cosas, sin la necesidad del dinero de la industria del disco o de la editorial, en una especie de refundación desde abajo. El imperativo era «Do It Yourself», también en las actuaciones. Es más: no era necesario saber tocar bien un instrumento o conocer las reglas de una buena grabación para obtener un gran disco. El fanzine *Sideburns* sintetizaba esta idea con un esbozo. En él aparecían las digitaciones de tres acordes para guitarra acompañados con la inscripción: «Esto es un acorde, esto es otro, esto es un tercer acorde. Ahora, forma una banda». En realidad, muchos discos punk, entre ellos el himno de los Sex Pistols «Anarchy in the UK» fueron fruto de un cuidado profesional por el sonido y de un talento difícilmente imitable. «Puede hacerlo cualquiera», afirmaban los ideólogos del punk, pero difícilmente aquel «cualquiera» obtendría el gesto sarcástico y maléfico de Johnny Rotten o las capas de guitarras que deseaba Chris Thomas, y terminaría por empantanarse en secuencias de acordes obvias y textos rabiosos, pero llenos de clichés. Pero la suerte estaba echada: las generaciones futuras atesorarían la nueva filosofía del «hazlo tú mismo». «Crecí con la idea que todos tenemos la capacidad de hacer cosas —dijo Malcolm McLaren—. Pero ya a principios de la década de 1970 pensaba que no se podía hacer nada sin un montón de dinero. En consecuencia, mi filosofía volvió a ser: joder, a quién coño le importa si no sabemos tocar y no tenemos buenos instrumentos, nosotros seguimos haciéndolo sólo porque no somos más que un puñado de gilipollas. Creo que en el origen de toda aquella rabia estaba este punto: el dinero, el hecho de que la cultura hubiera acabado siendo empresarial, que nos la hubieran arrancado de las manos y que todos buscaban desesperadamente salirse con la suya. Y este hecho abarcaba a toda una generación.»

JAMIE REID
El grafista de los Pistols

Junio de 1977: el sencillo «God Save the Queen» acababa de salir, pero ya estaba en cabeza de las clasificaciones británicas. Y ello a pesar de que las radios se negaran a emitirlo. Contra la censura, contra la reina y la opresión propagandística, Malcolm McLaren estaba confeccionando una protesta específica en ocasión del Jubileo: una protesta firmada Sex Pistols. Para cerrar el círculo llamó a su compañero de curso en la Croydon Art School, Jamie Reid, y le encargó la carátula del sencillo. De ello surgiría una de las imágenes más escuchadas de aquellos años y quizás la más representativa del fenómeno punk: Reid introdujo la cara de la monarca sobre la bandera británica, cubriéndole la boca y los ojos con el nombre de la banda y el título de la canción. En

otra versión, todavía más extrema, Isabel II llevaba la boca sellada por un imperdible y dos esvásticas le cubrían los ojos.

Jamie Reid, nacido en 1947, fue reconocido a partir de aquel momento como el grafista del punk. Se le confió también la carátula del disco *Never Mind the Bollocks*. En el curso de los años serían famosos sus diseños «punk», los adhesivos contra el sistema o los logos deformados de las grandes multinacionales mundiales.

PODRIDOS, SUCIOS Y (O QUIZÁS NO TANTO) IMBÉCILES

Los «rivales» de Clash y Pistols: Damned, Siouxsie, Vibrators. La entrada en escena de las «riot grrrl» avant la lettre Poly Styrene y The Slits, y los «pringados» de Manchester: Buzzcocks, Slaughter & The Dogs.

«El ambiente entre los grupos del mundo punk era positivamente competitivo», escribió en aquella época *Melody Maker*». La cuestión parecía recaer en el «antes» o el «después» de los Sex Pistols. «Habíamos visto a Johnny Rotten y él cambió nuestra actitud hacia la música» (el caso de Clash y Buzzcocks) o bien «Tocábamos de aquella manera años antes que ellos» (Slaughter & The Dogs) o bien «Somos infinitamente mejores que ellos» (Damned). Eran absolutamente conscientes de formar parte de un movimiento nuevo, y querían convencerse de haber aportado una contribución fundamental.

Pero, ¿quiénes eran los otros «podridos sucios imbéciles», por tomar una célebre definición del escritor y activista Stewart Home?

Los rivales que más amenazaron a los Pistols en un primer momento se llamaban Damned. Activos a partir del verano de 1976, fueron la primera banda punk que debutó en disco de 45 rpm: «New Rose» salió en octubre, un mes antes que «Anarchy in the UK», para el sello Stiff, que hasta aquel momento se había dedicado al pub rock. También fueron los primeros punk en publicar un álbum: producido de manera bastante elemental por Nick Lowe de los Brinsley Schwartz, *Damned Damned Damned* apareció en febrero de 1977, ocho meses antes de *Never Mind the Bollocks*. «No éramos más que mercaderes de destrucción», dijo el bajista (y luego guitarrista Captain Sensible, que en la década de 1980 obtendría éxito como cantante pop («Wop», «Happy Talk»). Su música rápida y sin florituras, propulsada por el estilo hipercinético del batería Rat Scabies, anticipaba de alguna manera el llamado hardcore. Si los Sex Pistols traducían las poses destructivas en un sonido potente, amenazante y agresivo, los Damned poseían un cierto sentido del humor, subrayado por los hallazgos teatrales del cantante y ex enterrador Dave Vanian. No podían contar con el aparato propagandístico de McLaren, ni con el aspecto chocante asegurado por las creaciones de Westwood, pero fueron los primeros punk ingleses a quienes se invitó a tocar en los Estados Unidos, y también en el CBGB. En su currículum contaban con una discografía de calidad a decir verdad poco fluctuante, que se alejó pronto del punk–rock, un álbum producido por Nick Mason de los Pink Floyd (*Music for*

▶ **16 DE SEPTIEMBRE DE 1977**

Después de una gira como grupo telonero de los Ramones, los Talking Heads publican su primer álbum: *Talking Heads 77.*

▶ **28 DE OCTUBRE DE 1977**

Es el día de *Never Mind The Bollocks. Here's The Sex Pistols.* Con sus 200.000 copias vendidas se convierte inmediatamente en disco de oro. El single «God Save the Queen» se encarama al primer puesto en la clasificación, pero las radios se niegan a emitirlo.

▶ **25 DE DICIEMBRE DE 1977**

Último concierto de los Sex Pistols en el Reino Unido, en Huddersfield. El lugar no se anuncia, táctica empleada por el grupo para evitar que se cancele como las anteriores actuaciones.

▶ **18 DE ENERO DE 1978**

Desde Nueva York, después de algunos desastrosos conciertos de lo que tenía que ser la gira norteamericana, Lydon anuncia, mediante el *New York Post,* su salida de los Sex Pistols.

▶ **3 DE MARZO DE 1978**

Sale el primer álbum de los Buzzcocks.

▶ **20 DE ABRIL DE 1978**

Los Clash actúan en el Victoria Park de Londres: ahora que los Sex Pistols han salido de escena, ellos son el grupo punk más popular del planeta.

▶ **12 DE OCTUBRE DE 1978**

Nancy Spungen muere en la habitación número 100 del Chelsea Hotel. Tiene un cuchillo clavado en el abdomen. Sid Vicious no recuerda nada, pero es acusado de homicidio preterintencional.

▶ **2 DE FEBRERO DE 1979**

Muere Sid Vicious a causa de una sobredosis de heroína.

Pleasure, de 1977), varias disoluciones y otras tantas reuniones, colaboraciones con Lemmy de los Motorhead y Robert Fripp de los King Crimson, versiones de Jefferson Airplane y Stooges. A la sombra de los Sex Pistols y Clash, los Damned disiparon el crédito obtenido con los primeros álbumes con una serie de trabajos menores y recopilatorios.

> «No era nada guapa, llevaba aparatos en los dientes, tenía el pelo desgreñado: era perfecta para el punk. Y luego, todas las chicas podían identificarse conmigo.»
>
> POLY STYRENE

Entre los protagonistas del Punk Special en el 100 Club, Siouxsie & The Banshees tuvieron una carrera inesperadamente larga, considerando la pobreza musical de sus debuts. Las crónicas describían a la cantante intentando sorprender al público con su indumentaria sadomasoquista y una faja con la esvástica en el brazo, mientras que Steve Severin al bajo, Marco Pirroni a la guitarra y Sid Vicious a la batería hacían lo que peor podían para violentar canciones ajenas en una pésima imitación de los Velvet Underground. Los debuts punk pronto quedaron atrás, para desarrollar, con una nueva formación, una especie de new wave con pretensiones artísticas, que llegó a influir la creación del denominado *dark* y a abrazar un pop fácil de escuchar en la década de 1980. Si los Banshees abandonaron rápidamente el punk, los Vibrators siempre estuvieron al mismo tiempo dentro y fuera del movimiento. Subieron al escenario del 100 Club Punk Special acompañando al guitarrista Chris Spedding, un rockero decididamente más ortodoxo, que pocos meses antes había producido una demo para los Sex Pistols. Desprovistos de la rabia nihilista de otras formaciones de la época, los Vibrators acuñaron una especie de garage rock dotado de un destacado gusto melódico y tendente al divertimento, un estilo bien representado por su debut de 1977, *Pure Mania*. La edad también los distinguía de otros protagonistas de la época: en 1977, Johnny Rotten tenía 21 años, mientras que su cantante Ian Knox Carnochan tenía 43. Su sencillo publicado en 1976 junto con Spedding, «Pogo Dancing», combinaba el carácter jocoso de los discos basados en instrucciones para el baile, populares en los años sesenta, con el baile típico del punk. Hijo del deseo de liberar energías y alimentado a veces por el uso de anfetaminas, el pogo era espectacular de ver y doloroso de practicar: decenas de personas saltaban arriba y abajo y se empujaban. Era la transposición epiléptica de las vibraciones transmitidas por la música, la línea de demarcación entre baile y pelea a veces era muy delgada, el carácter violento era perfecto para el espíritu del punk. Según Steve Severin, de Siouxsie & The Banshees, el primero en haberlo practicado había sido Sid Vicious, que «iba a los conciertos y si se encontraba en el fondo del local saltaba arriba y abajo con el intento de ver algo».

También formaban parte de la escena londinense Subway Sect, Generation X, Sham 69 y Adverts. Los primeros nacieron cuando Malcolm McLaren incitó a algunos fans de los Sex Pistols a formar una banda. Comandados por Bernie Rhodes, el mismo mánager de los Clash, llegaron a publicar un álbum al final del período «caliente» del punk. Tuvieron más fortuna que Generation X de la futura estrella pop Billy Idol y de Tony James, anteriormente en los London SS, y en los años ochenta, miembro de los Sigue Sigue Sputnik. Fueron el primer grupo punk que tocó en el Roxy, pero en su repertorio abundaban sonoridades afines al glam y al hard rock. Si los Sham 69 eran de algún modo los padrinos del estilo «oi!», filón del punk que ensalzaba el espíritu proletario que emergía en coros dignos de los hinchas de un club de fútbol, a los Adverts se les reconoció una musicalidad superior a la de otras bandas de la escena londinense. Su disco de referencia fue el primero, *Crossing the Red Sea with The Adverts* (1977). Cuando la casa discográfica puso una foto de la bajista Gaye Balsden en la carátula del sencillo de debut, «One Chord Wonders», la banda vivió un atisbo de rebelión: aprovechar el atractivo físico era anti–punk. Por otra parte, las presencias femeninas en las bandas inglesas antes de 1977 eran escasas.

Desafiando el machismo y la testosterona de la escena, un puñado de mujeres líderes se abrieron camino canalizando la energía rebelde del punk y reclamando con hechos la paridad de sexos. Algunas incidieron en la sensualidad, exhibiéndola de modo salvaje y subversivo. Otras exhibían una feminidad fuerte y fuera de los cánones. Fue el caso de Poly Styrene, cantante de los X–Ray Spex, formación anómala en parte por la presen-

Conocida por el nombre artístico de Poly Styrene, fue una cantautora británica, vocalista de la banda de punk rock X-Ray Spex.

▶ 14 DE DICIEMBRE DE 1979

Es el día de la publicación de *London Calling*, tercer álbum de los Clash.

▶ 13 DE MARZO DE 1980

Sale *Rude Boy*, la película documental sobre los Clash. No es tan sólo la historia del grupo, sino que muestra el fin de la subcultura punk en toda su desintegración.

▶ 1 DE ABRIL DE 1981

Sale *Punk Not Dead*, el álbum de debut de los Exploited. La banda inglesa inaugura uno de los primeros subgéneros del punk: el hardcore.

▶ 29 DE AGOSTO DE 1986

Preestreno nacional de la película *Sid and Nancy*, con la que el director Alex Cox lleva a la gran pantalla la trágica relación sentimental entre los Romeo y Julieta del punk.

▶ 28 DE ENERO DE 1994

Dookie, el tercer disco de los Green Day, sale bajo los auspicios de Reprise, sello secundario de Warner. El grupo es criticado por los puristas por haber firmado con una *major*, pero el álbum obtiene un disco de diamante.

▶ 16 DE NOVIEMBRE DE 1999

En el vídeo de «What's My Age Again?», sencillo de los Blink 182, los tres corren desnudos, pero censurados, entre las calles de Los Ángeles. El vídeo, como también el disco *Enema of the State*, recibe críticas por parte de los mojigatos.

▶ 1 DE OCTUBRE DE 2008

Johnny Rotten, la voz de los Sex Pistols, aparece en un anuncio de Country Life, conocida marca de mantequilla inglesa. A quien le tilda de «vendido», él contesta que está reuniendo dinero para volver a formar los PIL, la banda que había creado tras la disolución de los Pistols.

cia de Lora Logic al saxo, que no era exactamente un instrumento común entre los punks londinenses. Poly Styrene lanzaba chillidos agudos y salvajes, que preconizaban el advenimiento de las riot girls estadounidenses, para cantar la alienación de la sociedad de consumo. Una de las piezas más célebres del grupo fue «Oh Bondage, Up Yours!», una invitación explícita a los coetáneos varones a abandonar toda fantasía fetichista, exactamente lo contrario de lo que propugnaba McLaren, que atraía a clientes a Sex con la atractiva presencia de su escultural vendedora Jordan. En ciertos aspectos todavía fue más revolucionaria la formación de las Slits: se trataba del primer grupo punk formado enteramente por chicas, dos de las cuales habían tocado en los Flowers of Romance con Sid Vicious. Tomándose al pie de la letra el «todo el mundo puede hacerlo», tocaban de manera amateur mezclando rock eléctrico y reggae en canciones que parecían siempre estar a punto de disgregarse. La carátula del álbum *Cut* (1979) fue célebre: las tres posando con los senos desnudos, cubiertas de fango, como mujeres crecidas en una selva remota.

Brujas o dominadoras, las mujeres desempeñaron un papel importante en el punk, aunque la importancia histórica de los grupos masculinos, como Sex Pistols y Clash, las mantuvo a la sombra. Durante un cierto período también frecuentó la escena londinense la estadounidense Chrissie Hynde, destinada a regresar a los Estados Unidos y fundar allí a los Pretenders; merecen al menos una mención Cosey Fanni Tutti de los Throbbing Gristle, las chicas de los Crass y las Raincoats. Como escribió Joy Press en el ensayo, «Gritan fuerte», «el punk niveló el campo de juego para las mujeres. Para las chics inglesas que se adhirieron a él, infringir los tabúes y la tradición fue una sensación deliciosa, como si un grito gigantesco estallara desde una garganta chirriante y callada a la fuerza [...]. Pocas punk se definían feministas (todo lo que oliera a izquierda apasionada o a pasotismo debía despreciarse) pero sin duda creían en la liberación, en el hecho de hacer todo lo que puede hacer un hombre.»

Pero el punk no era un fenómeno tan sólo londinense: era un virus que se extendió por todo el Reino Unido. Fue ejemplar el caso de Manchester, la ciudad de noroeste que en la década de los años setenta vivió un período de renovación y modernización después de haber sido uno de los centros neurálgicos del proceso de industrialización del país. Célebre hasta aquel momento por haber sido la ciudad de los Bee Gees, Manchester desarrolló una viva escena punk ya antes del concierto de los Sex Pistols en junio de 1976 en el Lesser Free Trade Hall, que aun así infundió coraje y dio una sacudida de energía a los músicos locales. La banda de Johnny Rotten volvió a la ciudad un mes más tarde; para abrir aquel segundo concierto había dos grupos locales, los Buzzcocks y Slaughter & The Dogs. Manchester era un desierto cultural en comparación con Londres, donde existía una industria discográfica fuerte y bien arraigada. Si la meta natural de los punks londinenses eran sellos conocidos, con los que podían esperar firmar ricos contratos, en Manchester el do–it–yourself era una opción obligada.

Y de esta manera los Buzzcocks publicaron el primer EP «Spiral Scratch» con su propio sello, New Hormones, formado con el dinero que había proporcionado el padre de uno de los músicos. El emprendimiento era una característica de la escena local, cuyos protagonistas se asociaron en una especie de cooperativa llamada Music Force, supliendo con el espíritu de iniciativa la falta de posibilidades. Entre los presentes en la actuación del Lesser Free Trade Hall estaba Tony Wilson, presentador del show musical *So It Goes*, en Granada Television. Wilson fundaría el sello discográfico Factory, crucial en el desarrollo del llamado post punk no sólo en Manchester, sino en

EL OTRO ELVIS

Declan Patrick MacManus era un empleado de la firma Elizabeth Arden. Pero, incluso en las pausas de trabajo, escribía canciones. Hasta el día en que Jake Riviera, mánager de Stiff Records, escuchó una y le ofreció un contrato discográfico. Corría el año 1976, y aquel chico necesitaba un nombre: combinó el apellido artístico del padre (Costello) con el nombre de pila del rey del rock. Un año más tarde, salía *My Aim Is True*, álbum de debut de Elvis Costello que, en la foto de cubierta, parecía un sosias de Buddy Holly. Asociado a la escena punk, Costello era, en realidad, un cantautor de talento destinado a una carrera larga y llena de satisfacciones.

todo el Reino Unido y más allá. Si la relación entre punks londinenses del centro y de la periferia no era fácil, y a menudo desembocaba en discusiones sobre la «pureza» de unos y otros, la de los punks de Londres y los de Manchester no lo era más. «Tratábamos mal a los Buzzcocks –dijo Joe Strummer, de los Clash–, porque no formaban parte de las bandas londinenses: los considerábamos pringados del norte».

No menos controvertida era la cuestión de la autenticidad. Cuando estalló el fenómeno, la palabra «punk» asumió en las crónicas de los medios de comunicación un significado más bien amplio que superaba la escena que se había aglutinado en torno a McLaren y los Sex Pistols. ¿Eran punk los Stranglers, de Guildford, en Surrey, con su estilo que partía del pub rock y recalaba en la new wave? ¿Lo fueron los Jam de Paul Weller, portaestandarte del revival mod, profundamente enraizado en la historia del rock británico y norteamericano? ¿Acaso lo eran los Police de los inicios, apresuradamente relacionados con el movimiento? «Punk» se convirtió en una palabra irresistible, una definición–paraguas bajo la cual se colocó a cualquier músico cuyo estilo configurara una ruptura con el pasado. En este gran saco terminó incluso un cantautor rock como Elvis Costello, que se sacó de encima la etiqueta afirmando que «la mayor parte de los grupos punk no logran tocar a tempo, el resultado es una cacofonía sin ningún significado». Ironías de la suerte, algunos músicos etiquetados como punk, entre ellos Joe Jackson, Sting o el mismo Costello, terminarían por afrontar proyectos cultos relacionados con la música clásica. La larga oleada del punk seguiría su carrera bajo otras formas.

CHELSEA HOTEL
El hotel maldito

Cuando, en 1939, una familia de hoteleros húngaros, los Bard, lo habían adquirido, no imaginaba ni siquiera de lejos las absurdas historias que se sucederían en el interior de aquellas paredes.

Sus habitaciones se convirtieron muy pronto en un refugio para artistas y creativos, y la atmósfera decadente y alocada que se respiraba convirtió a las puertas de vidrio del Chelsea en la entrada hacia un mundo de perdición. Por otra parte, el edificio parecía estar cubierto por una pesada costra de misterio.

El primero en cruzar el umbral e inaugurar la larga lista de personajes célebres y malditos fue Arthur Miller, en 1962, que escribió aquí *Después de la caída*. Dylan Thomas vivió aquí y escribió sus poesías, para luego fallecer entre sus paredes por exceso de alcohol. El escritor Thomas Wolfe se volvió loco. Etelka Graf, joven esposa de un pianista, se cortó una mano y la dejó sobre la mesa, para luego tirarse desde el quinto piso. Y así pasaron entre muchos otros Bob Dylan, Janis Joplin, Valerie Solanas, Edie Sedgwick, los Rolling Stones o Patti Smith.

Algunos como Nancy, nunca saldrían vivos. Hoy el Chelsea Hotel ha sido adquirido por un constructor que lo ha revendido a un hotelero de Las Vegas, y no se conocen sus planes futuros. Estados Unidos quiso celebrarlo con un libro, *Inside the Dream Palace*, de Sherill Tippins, en el que se reunieron las locas historias del hotel legendario del rock.

LA LARGA OLEADA DEL PUNK

El fin de los Sex Pistols y las trágicas muertes de Sid y Nancy no detuvieron el ciclón punk rock. El street punk, sin pretensiones, ejerció como contrapunto del post punk, una música austera, gélida, mecánica, porque así se percibía la sociedad.

De regreso del célebre concierto en el Winterland de San Francisco, Johnny Rotten se fue a Nueva York. El fotógrafo Bob Gruen coincidió con él en el CBGB. El cantante llevaba una camiseta con la leyenda «He sobrevivido a la gira de los Sex Pistols». Debajo, había añadido con bolígrafo: «Pero la banda no».

En realidad, en los meses siguientes, Malcolm McLaren organizó otras sesiones con la banda. En el papel de cantante se alternaron Sid Vicious y los otros miembros del grupo; participaba también Ronnie Biggs, uno de los autores del famoso atraco al tren postal de Glasgow a Londres de 1963, luego huido al Brasil. Las canciones terminaron en la banda sonora de la película sobre el grupo dirigida por Julien Temple, *La gran estafa del rock'n'roll* (1980), en la que el

mánager contaba desde su punto de vista la epopeya de los Sex Pistols (las ideas de Johnny Rotten obtendrían acomodo en el más completo y veraz documental de 2000 *The Filth and the Fury*, también dirigido por Temple). Rotten volvió a llamarse Lydon y rompió definitivamente su relación con McLaren: el primero echaba en cara al segundo haber sido explotado, manipulado y privado de todo beneficio económico (que volvería a adquirir por vías legales), el segundo consideraba que el cantante era un traidor. A pesar de los esfuerzos del mánager, el grupo se disolvió, y Lydon fundó los Public Image Limited.

Para muchos, la disolución de los Sex Pistols representó el final del punk. Y sin embargo, el peor drama todavía tenía que consumarse. Sid Vicious y Nancy Spungen

SID VICIOUS: A MI MANERA

Cuando en 1967 Paul Anka escribió «My Way» para Frank Sinatra, de regreso de un viaje a Francia, nunca habría pensado que, unos diez años más tarde, su canción sería alterada por un joven punk rocker. Arreglada por Simon Jeffes (Penguin Cafe Orchestra), la pieza ascendió al número 7 de las clasificaciones inglesas. Sid cantaba de modo desquiciado, improvisaba los versos de la canción e incluía referencias a su «amigo» Johnny Rotten: el «prat who wears hats» (el idiota con el sombrero en la cabeza) era justamente él. La pieza se convirtió en leyenda en la escena final de la película de Julien Temple *The Great Rock and Roll Swindle*: Vicious actuaba en un teatro y luego, al final, bajaba entre el público y comenzaba a disparar, impactando en dos espectadores. Luego arrojaba el arma y, con actitud de desprecio, hacía el signo de la V.

vivieron hasta el fondo la retórica de la autodestrucción y fueron quedando cada vez más atrapados en la heroína. En la segunda mitad de 1978 se trasladaron a Nueva York. Allí intentaron reactivar la carrera de Vicious y cogieron una habitación en el hotel más bohemio y decadente de la ciudad, el Chelsea. En el pasado había acogido a músicos y escritores, desde Bob Dylan hasta Charles Bukowski, pasando por Janis Joplin, Patti Smith, Allen Ginsberg, William Burroughs o Jack Kerouac. Fue inmortalizado en *Chelsea Girls*, de Andy Warhol, y en «Chelsea Hotel #2» de Leonard Cohen, así como en otras innumerables canciones y películas. La fama precedió a la pareja y sus pésimas costumbres los condenaron. Spungen gastaba el dinero ganado con los conciertos en droga, Vicious se paseaba armado con el cuchillo que ella le había regalado. Se peleaban entre sí, incluso con violencia. Confusión y paranoia eran las sensaciones dominantes, y por ello nadie sabe con precisión qué sucedió en la noche entre el 11 y el 12 de octubre. Según la versión proporcionada por el bajista, Vicious se despertó por la mañana después de haber consumido Tuinol (un barbitúrico) y se encontró a su novia en el baño, tendida bajo el lavabo: estaba muerta, con su cuchillo todavía clavado en el costado. Excarcelado después del pago de una fianza, Vicious estaba traumatizado, y era víctima de crisis de abstinencia que aplacaba con metadona. Estaba confuso, y ofrecía versiones contradictorias. ¿La había matado él? ¿Se había suicidado? ¿Había sido una tercera persona? ¿Era víctima de un pacto suicida que él no había logrado llevar a cabo? Efectivamente, en las semanas siguientes el bajista intentó suicidarse varias veces. Fue ingresado en la unidad de psiquiatría de una clínica neoyorquina, se volvió a meter en problemas a causa de una reyerta (con el hermano de Patti Smith) y terminó de nuevo en la cárcel. Finalmente, murió por sobredosis de heroína en la noche entre el 1 y el 2 de febrero de 1979, empleando la droga que le había procurado su madre, Anne Beverley.

Sid Vicious y Nancy Spungen: el bajista de Sex Pistols y su novia, la groupie más punki del mítico grupo inglés.

«Los Pistols se disolvieron porque ya no soportaban a Rotten. Sus estúpidos cabellos y aquel aspecto andrajoso, sucio y malvado se habían vuelto incómodos.»

SID VICIOUS

Sea cual fuere la verdad en el caso de Sid y Nancy, el punk no murió con ellos. Se limitó a cambiar de cara, dividiéndose en varios filones. A partir del alma más popular se originó el estilo oi!, evolución del punk rudo y, por decir así, «callejero» (y de ahí su otro nombre, street punk), apoyado por quienes pretendían usar la música como complemento del estilo de vida de la clase obrera.

«No necesito coches bonitos para ir a dar una vuelta –cantaban los Sham 69, exhibiendo su orgullo obrero–, siempre puedo coger el autobús hasta la otra punta de la ciudad.» La pretensión de autenticidad era esencial, como también lo era la dureza, las ganas de divertirse y de formar pandilla, que se manifestaba en estribillos que se asemejaban a los coros de los hooligans (no era raro que músicos y otros protagonistas de esta escena estuvieran afiliados a peñas de hinchas locales). Apreciados también por los skinheads y por miembros de la extrema derecha, que transformaron el lema «punk's not dead» en «punk's not red», los grupos oi! fueron criticados por no haber tomado posición en el debate sobre la violencia y sobre el racismo que asolaba el Reino Unido entre finales de la década de 1970 y principios de la de 1980, con el resultado de que algunos conciertos terminaban en peleas y daños por valor de miles de libras. Su música, por otra parte, no desdeñaba el argumento de la violencia urbana. Los grupos oi!, y los norteamericanos de hardcore, reclamaban la herencia del punk incidiendo en la total falta de pretensiones que esta música debía tener.

La fidelidad a los valores de la clase obrera era irrenunciable, las maquinaciones de un Malcolm McLaren se consideraban vanas. Por decirlo con las palabras de Stewart Home, «el punkrock nunca ha sido profundo», ni fue nunca «una manifestación de van-

IAN CURTIS
El mito de los Joy Division

El timbre de barítono de su voz, aquella manera de moverse en el escenario (que parecía reflejar los sobresaltos epilépticos que realmente sufría), pero sobre todo los textos de las canciones que transmitían desolación, vacío y alienación, convirtieron a este chico de Manchester en un icono del rock.

Su vida artística ardió de manera ultra rápida en tan sólo dos años: después de dos álbumes aclamados por el público y la crítica y en vísperas de la primera gira por los Estados Unidos, Ian Curtis, que además de epilepsia sufría también depresión, se suicidó en la cocina de su casa. Antes de quitarse la vida, miró una película de Herzog (*Stroszek*) y puso en el tocadiscos su disco preferido, *The Idiot*, de Iggy Pop. Tenía 24 años.

guardia». Para los defensores de esta tesis, el punk tenía que seguir siendo simple, extremo, popular. Una fuente de diversión como la entendía Johnny Ramone cuando decía que «no queremos ponernos a hacer grandes cosas intelectuales, sólo queremos tocar rock'n'roll». Interpretado por las bandas que siguieron este dictado, el punk no tuvo un significado profundo ni tampoco ambiciones musicales, lo cual, unido al carácter extremo, limitaba la difusión de bandas oi! como Cockney Rejects y Angelic Upstarts, y los condenó a una sustancial inmovilidad estilística. Pero al menos, especialmente en los Estados Unidos, donde, salvo pocos casos, estaba desprovisto de connotaciones políticas de derecha, el hardcore terminó por influir de manera determinante al rock, hasta el nacimiento del llamado rock alternativo.

«Moriré antes de haber cumplido 25 años. Y habré vivido tal como he querido.»

SID VICIOUS

El aspecto intelectual y en cierta manera progresista del punk pasó como herencia al llamado post punk, que usó de modo creativo las energías liberadas por el movimiento. Para los grupos de este amplio filón, la música tenía que estar en constante evolución: era riesgo, cambio, azar, nunca conservadurismo. Contrariamente al punk, que negaba todo intelectualismo y pretensión artística, el post punk se relacionaba con ciertas experiencias art rock, aligerándolas, simplificándolas, endureciéndolas según los dictados de 1977.

La música también podría ser adulterada (un horror para los adeptos al hardcore), pero el efecto casi siempre era visceral, perturbador, sorprendente. El acompañamiento instrumental era o bien áspero, o bien enrevesado, o bien oscuro. Las guitarras eléctricas seguían desempeñando un papel importante, pero evitaban las formas tradicionales del riff y del solo de marca rock y blues, y se acompañaban con teclados electrónicos, según el modelo de los grupos alemanes y las experimentaciones de Brian Eno. Se abrió paso la idea de que la música podía servir para bailar, cuando los músicos de 1977 detestaban la disco music por su espíritu hedonista y políticamente apático. Si la disco, como afirmaba Mark Mothersbaugh, de los Devo, «es una bonita mujer con un gran cuerpo y nada de cerebro», ciertos músicos post punk parecían empeñados en un trasplante de materia gris. Eliminando sinuosidades vocales y guiños particulares, los cantantes solistas se empeñaban en partes vocales torturadas, a veces guturales e intencionadamente quejumbrosas. Bajo y batería ofrecían ritmos marciales, para contribuir a un efecto global bien frenético, bien desgarrador. Si el punk era una reacción rabiosa a la decadencia de la sociedad, el post punk ofrecía una representación angustiosa de la modernidad. Los eslóganes anárquicos fueron sustituidos por frescos apocalípticos. La música era austera, gélida, mecánica, porque así se percibía la sociedad. El fenómeno se dio en ambas orillas del Atlántico.

Si los Ramones y los Sex Pistols eran, a su manera, el producto de subculturas nacidas en una metrópolis, los nuevos grupos crecieron a menudo en lugares remotos, lejos de los centros de producción y promoción discográfica. Los Joy Division de Ian Curtis fueron la máxima expresión de la escena de Manchester; Cabaret Voltaire y Human League procedían de Sheffield; los Gang of Four eran de Leeds; los Devo eran originarios de Akron, y los Pere Ubu de Cleveland, Ohio; nadie consideraba que estos lugares fueran el centro del mundo. Por otra parte, ciudades post industriales británicas y desoladas provin-

LOS ROMEO Y JULIETA
del punk

Sid quería que lo sepultaran junto a Nancy, pero los padres de Spungen se negaron: Anne Beverley, madre de Sid, se coló en el cementerio de Bensalem y esparció las cenizas de su hijo sobre la tumba de su amada, a quien Sid había dedicado una poesía titulada *Nancy*:

«Eras mi chica / Conocía todos tus miedos / Qué alegría poder abrazarte entre mis brazos / Secarte las lágrimas con mis besos / Pero ahora ya no estás / Sólo ha quedado el dolor / Y no hay nada que pueda hacer / Ya no quiero vivir esta vida / Si no puedo vivirla para ti.»

cias estadounidenses fueron el escenario perfecto para las nuevas músicas alienadoras y existencialistas, cuyo imaginario debía algo al Stanley Kubrick de *La naranja mecánica* y a las novelas de J.D. Ballard. La brutalidad del paisaje social urbano reverberaba en la música, que adquiría acentos inquietantes. Los artistas buscaban la belleza allí donde nadie más lo haría. Rechazando el estilo viejo y ampuloso del rock, terminaron por acuñar una idea de arte elitista después de la borrachera populista del punk. El post punk también era fruto de la fragmentación estilística que, en los años ochenta, alcanzó niveles inéditos. Las contaminaciones parecían infinitas: diferentes matices de dub, industrial, ska, dance, pop, funk, dark, psicodelia y folk dieron origen a un asombroso arco iris de estilos que florecieron hasta mediados de la década de 1980. Grupos que emergieron de este universo, como U2, Simple Minds o Cure catalizarían la atención del gran público en los años ochenta, sin avergonzarse de proyectar sus visiones a nivel de masa. A los brotes pop del fenómeno se les dio el título más genérico de new wave, una «nueva ola» de música cuyo nombre guiñaba el ojo a la *nouvelle vague* del cine francés. Pero en aquel punto, de los modos y del espíritu del punk había quedado bien poco. Nuevos ídolos pop para adolescentes monopolizaban transmisiones de radio y televisión. El gesto sarcástico de Johnny Rotten era un recuerdo lejano.

«Estuve enamorado de una botella de cerveza y de un espejo. Si por fuera parecía una monada, dentro de mí incubaba una bestia feroz.»

SID VICIOUS

UNA HERENCIA COMPARTIDA

¿Qué ha quedado del punk? ¿Cómo acabó su música? Hoy siguen aquí la fidelidad al valor de la independencia, rebelión frente al establishment, anticonformismo, autenticidad, ruptura de las reglas.

Hoy, los locales del CBGB albergan una boutique del diseñador John Varvatos y la ex rebelde Vivienne Westwood se ha convertido en Dama Comandante de la Orden del Imperio Británico.

Malcolm McLaren y Joe Strummer están muertos. Los grupos de la época se reúnen tal como lo hacen los dinosaurios del rock, y el esmoquin que llevaba Sid Vicious durante las tomas de la película *La gran estafa del rock'n'roll* se subastó por 1.400 libras esterlinas. Los sellos discográficos que se pelearon por los Sex Pistols se han fundido en un único conglomerado, y John Lydon reprocharía, a quien celebró la muerte de Margaret Thatcher, «la ausencia de un sistema de valores en que creer».

Después de haber redefinido los conceptos de independencia, alienación y rebelión, el punk impuso una nueva idea de participación como antítesis del divismo, hizo saltar las reglas de la industria del disco, y dio un vuelco al concepto de virtuosismo.

La historia, que había comenzado al otro lado del océano en la «ciudad que no duerme nunca» y luego eclosionó en la Inglaterra de la crisis económica y de los jóvenes con los imperdibles en las orejas. Música, estilo de vida, moda, ideología, el punk se quemó rápidamente en el curso de una sola breve y confusa temporada, pero su influencia fue profunda y duradera. Durante muchos años, el punk fue relegado a los libros de la historia del rock, para luego convertirse incluso en objeto de estudios académicos. Ciertamente, la new wave y el post punk heredaron en parte su espíritu, pero su contenido musical se fue corrompiendo (los puristas dirían diluyéndose). En la década de los años ochenta, los gru-

El pop punk de los BLINK–182

Una de las bandas de rock más populares de fines del milenio, los Blink–182, nacieron en San Diego en 1992. El trío de recién diplomados efectuó su debut discográfico en 1995 con *Cheshire Cat*, y abrió el Warped Tour de NOFX y Pennywise. El segundo álbum, *Dude Ranch*, fue definido como «un clásico del punk rock contemporáneo». El éxito llegó en 1999 con *Enema of the State*, en el que el pop–punk ligero y efervescente se afirmó entre los colegiales de los Estados Unidos. El *New York Times* escribió que era «una total inmersión en la psicología de millones de adolescentes». Entre altos y bajos, la banda sigue en activo, y ha vendido más de 30 millones de discos a lo largo de su carrera.

pos que tocaban punk–rock en sentido estricto eran condenados a la irrelevancia comercial y al inmovilismo estilístico. Cuando se disolvieron, en 1986, incluso los Clash ya no eran más que el residuo de una época lejana, y otros «supervivientes» como los Stranglers o Siouxsie And The Banshees tocaban simple pop–rock que la radio y la televisión comerciales emitían continuamente. Las músicas que suscitaban debate público, que desestabilizaban, que provocaban reacciones fuertes, eran otras: sobre todo el hip–hop. Luego, a mediados de la década de 1990, el punk volvió a ser de estricta actualidad gracias al éxito de bandas estadounidenses como Green Day, Offspring, Rancid y otras, hasta las bravatas de estudiantes en vacaciones de los Blink–182. Sus discos emulaban la carga explosiva del punk de la época, y lo mezclaban con un gusto por la melodía a veces decididamente pop. Los criticaban quienes no los consideraban auténticos, sino copias extemporáneas de los originales de los años setenta. Y sin embargo, eran muy queridos por el gran público. Green Day y formaciones afines cuestionaron la idea de que el auténtico punk fuera minoritario por vocación, por su carácter subversivo respecto de las reglas del *mainstream*. Era el denominado punkpop, cuyas raíces se hundían no sólo hasta el movimiento de 1977, sino también en los discos de los grupos californianos de comienzos de la década de 1980, como Bad

MR. BRETT
EL BOSS DE EPITAPH

En 1981, Brett Gurewitz (el Mr. Brett de los Bad Religion) fundó Epitaph Records como sello para los discos de su banda. Después de unos años de crisis, en 1988 Epitaph publicó del debut de los L7 y *Suffer* de los Bad Religion, uno de los mejores álbumes del grupo y, para muchos, también el disco que salvó la escena punk rock del sur de California. Entre finales de la década de 1980 y principios de la de 1990, Epitaph tenía en su catálogo a los mejores grupos punk rock californianos, entre los cuales NOFX, Pennywise, Down by Law, The Offspring o Rancid. La expansión del negocio exigió su traslado a Silver Lake y que, sobre todo, Mr. Brett dejara los Bad Religion para dedicarse en cuerpo y alma a la casa discográfica. Smash, de los Offspring, se convirtió en este período en el álbum «independiente» más vendido en la historia: 11 millones de copias.

JELLO BIAFRA, ALCALDE PUNK

En otoño de 1979, Jello Biafra (Dead Kennedys) se presentó como candidato a alcalde de San Francisco. Para su campaña usó el mismo eslogan que el popular anuncio de televisión de la gelatina Jell–O: «Siempre hay un lugar para Jello». Posteriormente, burlándose de uno de sus rivales, la senadora Dianne Feinstein, que prometía limpiar la ciudad, barrió las hojas secas de su jardín con la camiseta de otro rival, Quentin Kopp. Luego pronunció mítines en las estaciones del BART, el metro de la Bahía. Sus adeptos no se quedaron atrás: dos de los carteles más famosos a su favor rezaban: «Si no ganan, me mato» o «¿Y si ganara él?». Jello terminó cuarto entre diez candidatos.

Religion, Adolescents y Vandals. De movimiento estrechamente ligado a la sociedad, el punk se había convertido en un estilo musical, material sonoro utilizable por cualquiera, ni más ni menos que como el blues o el funk. Y dio origen a nueva diatriba sobre lo que era auténtico y lo que era imitación, una constante en la historia de esta música. Las variantes eran innumerables. Punkpop, garage punk, hardcore punk, anarco punk, crust punk, glam punk, skate punk, celtic punk, street punk, skapunk, incluso christian punk; la galaxia de los subestilos era riquísima, porque el punk (conjunto de música e imágenes, sonidos y poses, discos e ideas) había entrado a formar parte de la cultura popular, hasta ser objeto en 2013 de una exposición en el Metropolitan Museum of Art de Nueva York, el museo más grande y conocido de los Estados Unidos. Libros y artículos analizaban el significado de las experiencias que había culminado en 1977 en Londres, mientras que los jóvenes nacidos después de la muerte de Sid Vicious compraban reimpresiones y cofres con las grabaciones de la época. Y sin embargo, en ciertos aspectos el punk había permanecido también en los márgenes, dando origen a aventuras artísticas basadas en los principios del do–it–yourself. Y de esta manera, si de un lado estaban los Green Day, que actuaban en los estadios y vendían 75 millones de discos, un número de copias inimaginable en los tiempos en los que el punk daba sus primeros pasos en Nueva York y en Londres, del otro estaba la experiencia de Ian MacKaye, de su sello discográfico Dischord y de su grupo, los Fugazi. Originario de Washington DC, MacKaye fue uno de los máximos ejemplos de integridad en el ámbito punk rock: evitó todo contacto con las multinacionales del disco, puso un techo al precio de las entradas de los conciertos y de las camisetas vendidas en los puestos de merchandising, rehuyó todo intento de comercialización, tenía ideas políticas progresistas combinadas con un estilo de vida casi ascético, que preveía el rechazo a las drogas y el alcohol.

> «No nos interesan las reglas del punk rock. Somos tan punk que no nos consideramos punk en absoluto.»
>
> DEXTER HOLLAND
> (Offspring)

El punk se ha convertido en todo y en su contrario. Ciertamente no sólo es una cuestión de pelos peinados en cresta y chaquetas de piel con tachuelas. Más que cualquier otra cosa, el punk es hoy una actitud que propugna fidelidad al valor de la independencia, dirigida hacia el *establishment*, inconformismo, autenticidad, ruptura de las reglas. También es sinónimo de contenidos «fuertes»: existe una literatura punk (y una cyberpunk), un arte punk, una moda punk, un grafismo punk, todos orientados a sorprender y a desorientar. «El punk —dijo Legs McNeil— había sido una maravillosa fuerza vital articulada por la música, orientada a corromper cualquier otra cosa, que invitaba a no esperar que alguien te dijera qué hacer, sino a elegir tú solo la vida que querías, y que invitaba a usar de nuevo la imaginación.

«El punk no lo ha redescubierto nadie, simplemente porque nunca ha muerto: sólo se ha transformado en mil maneras y con diferentes facetas.»

BILLIE JOE ARMSTRONG

(Green Day)

Algo que decía que no era importante ser perfecto, y estaba bien ser un poco amateurs y graciosos, que la verdadera creatividad nacía del desorden, que podías trabajar a partir de lo que te encontrabas por delante y transformar como te interesara todo lo que encontrabas en tu vida de incómodo, horrible y estúpido».

GILMAN STREET

Nacido en abril de 1986 en Berkeley, California, este colectivo sin ánimo de lucro actuaba según la ética del do–it–yourself. Los socios pagaban una cuota de 2 dólares al año y actuaban por el bien del local. Era obligatorio seguir 4 reglas: nada de drogas, nada de alcohol, no a la violencia y no al racismo.

El escenario del local estaba prohibido a artistas o grupos sexistas, homófobos o a quien tuviera un contrato en vigor con una gran casa discográfica.

Nacido porque faltaban locales punk en la bahía de San Francisco, lanzó las carreras de Green Day y Rancid, y acogió a Fugazi, Sleater–Kinney, Chumbawamba, Bikini Kill y muchos más.

Sigue en activo y es uno de los locales independientes más longevos de los Estados Unidos.

La profecía del punk acerca la liberación de los individuos y de su creatividad se ha concretado en cierto modo: los sellos discográficos independientes han proliferado, y los grandes medios de comunicación ya no son tan refractarios a la hora de aceptar músicas y fenómenos extraños al *mainstream*, donde en 1976 los Sex Pistols eran virtualmente vetados de la vida cultural inglesa. Por otra parte, el efecto shock, buscado por McLaren y hoy parte integrante de los espectáculos de MTV; si se vuelve a ver en la era de los talk show, la entrevista de Bill Grundy no tiene nada de impresionante. El rock no se vio arrollado por el holocausto punk, como anunciaban Malcolm McLaren y Johnny Rotten, sino que usó las energías liberadas a mediados de la década de 1970 para liberarse.

«Mientras haya personas en los márgenes de la sociedad, jóvenes débiles, tímidos y reprimidos, el punk no morirá nunca.»

TIM ARMSTRONG
(Rancid)

MC5
Kick Out the Jams
(Elektra, 1969)

Punto de referencia para la futura generación punk, parecía hecho a propósito para escandalizar a los mojigatos estadounidenses. Rabioso, agresivo, irreverente; en cada tema del álbum, los riffs de guitarra se suceden sin tregua, sostenidos por una violenta sección rítmica. Los textos rezuman locura.

THE STOOGES
Fun House
(Elektra, 1970)

Iggy Pop fue uno de los primeros artistas en conquistar la etiqueta de «punk», y su segundo álbum con los Stooges, *Fun House*, resulta un buen ejemplo de ello. El disco es una explosión creciente, con los primeros temas que comienzan en sordina respecto al final, que se consuma entre los gritos histéricos de la Iguana del rock.

NEW YORK DOLLS
New York Dolls
(Mercury, 1973)

«Personality Crisis», el tema que abre el disco de debut de las «muñecas neoyorquinas», pero también piezas «Bad Girl, Jet Boy» o «Frankenstein» se convertirían en el evangelio que leerían todos los grupos que, a partir de aquellos años hasta hoy, se entregarían al punk rock.

PATTI SMITH
Horses
(Arista, 1975)

Patti Smith fue la inventora de un nuevo lenguaje musical que mezclaba poesía y rock. Producido por John Cale, *Horses* fue la primera forma de punk poético. Una confesión susurrada que se alterna con un grito rabioso. «Land» es una obra maestra, «Gloria» un auténtico himno.

RAMONES
Ramones
(Sire, 1976)

En el vocabulario común, Ramones es sinónimo de punk. Si bien en el álbum de debut no faltaban retazos de rock'n'roll, de surf music y baladas casi pop, la irreverencia de los textos, la velocidad con que se inflamaban los temas, los acordes simples convierten a este disco en una piedra de toque del género.

BLONDIE
Blondie
(Private Stock, 1976)

A finales de la década de 1970, la new wave y el glam rock estaban invadiendo el panorama musical mundial. Los Blondie recogieron esta influencia plenamente y, al punk rudo de los Ramones, añadieron una pátina de purpurina. Se comenzaba a hablar de discopunk.

RICHARD HELL & THE VOIDOIDS
Blank Generation
(Sire, 1977)

Richards Meyers era un adolescente que fue arrestado por haber prendido fuego a un campo sólo para ver cómo ardía. Vertió su malestar juvenil en el álbum que firmó como Richard Hell & The Voidoids. La rabia del punk deja su lugar, en algunos temas del disco, a la melancolía y a la poesía decadente que tanto le gustaba.

TELEVISION
Marquee Moon
(Elektra, 1977)

Una falta de gracia y un desorden que se convierten en elementos emblemáticos y llevan a los Television a un éxito que nadie habría creído. John Rockwell, de *Rolling Stone*, al aparecer *Marquee Moon* escribió: «son demasiado estridentes y anacrónicos para tener éxito».

THE DAMNED
Damned, Damned, Damned
(Stif, 1977)

Detrás de los textos humorísticos y divertidos y de la imagen burlona se ocultaba sufrimiento y *pathos* que emanaban de temas como «Feel the Pain». Lleno de una buena dosis de hardcore, este debut marcó el éxito de los Damned, que se convirtieron en los primeros «enemigos» de los Sex Pistols.

En cierto modo fue un fracaso, el enésimo movimiento anticonsumista que acabó fagocitado por la industria del entretenimiento. Y sin embargo, el punk no dejó tan sólo una miríada de subgéneros, sino también una herencia compartida por todo el mundo de la música, e incluso más allá. En la era de Internet y de la comunicación instantánea, la idea de abatir las barreras entre artista y público, de tomar contacto con los fenómenos nacidos desde abajo, de descentralizar la producción discográfica, de hacer contrainformación sociopolítica, de democratizar la música, es más viva que nunca.

THE SEX PISTOLS
Never Mind the Bollocks, Here's The Sex Pistols
(Virgin, 1977)

Nihilista, inconsciente, libertino, definido sólo como una operación comercial, es el álbum símbolo del punk, del que no se puede prescindir. El rechazo y el disgusto de los jóvenes se conjugan en el lema «No future».

THE CLASH
London Calling
(CBS, 1979)

Los Clash elevaron el punk a un nivel superior y le dieron una identidad sociológica precisa. Con London Calling, esta música se convirtió en arte, y no sólo en rabia. En este disco todavía es más fuerte la asociación entre punk rock y reggae, que los Clash ya habían cultivado en sus inicios.

JOY DIVISION
Unknown Pleasures
(Factory, 1979)

La música se movía a la sombra de Ian Curtis, personaje retorcido, mártir de sí mismo. «Disorder», el tema que abre el álbum ya lo dice todo: desorden y caos, el inicio de un viaje catártico en diez canciones.

GERMS
(Gi)
(Slash, 1979)

Rápidos y desconcertantes, como un huracán que pasa y lo destruye todo. (Gi) fue el único álbum de los Germs, y encierra la fuerza de una banda que retomaba el punk de los orígenes: sucio, podrido, malvado y a menudo sin ningún sentido.

DEAD KENNEDYS
Fresh Fruit for Rotting Vegetables
(Cherry Red Records, 1980)

La voz histérica llega acompañada por la velocidad inaudita de los riffs de guitarra. Fresh Fruit for Rotting Vegetables es un disco que dura 33 minutos. Entre los trece inéditos está presente una versión de Elvis: «Viva Las Vegas».

BUZZCOCKS
Singles Going Steady
(United Artists, 1981)

Una recopilación que reúne las mejores piezas de los Buzzcocks. Una antología de la carrera del grupo definido como los Ramones del Reino Unido.

SIOUXSIE & THE BANSHEES
Juju
(Polydor, 1981)

«Juju» es un tipo de música nigeriana. La excéntrica Siouxsie logró mezclar África, punk, dark rock y electrónica, y obtuvo una poción que provoca un trance alucinatorio.

X
Under the Big Black Sun
(Elektra, 1982)

Bajo el gran sol negro de L.A., los X le decían al mundo que también en California se podía estar cabreado y ser triste y nihilista. Under the Big Black Sun está hecho de letanías por momentos violentas, por momentos melancólicas.

GREEN DAY
Dookie
(Reprise, 1994)

La compañía Reprise transformó a los Green Day en héroes punk. Los cinco sencillos extraídos de Dookie tuvieron un éxito mundial. Billie Joe Armstrong cantaba dramas juveniles, ansias y cabreos. El disco obtuvo el Grammy como «Best Alternative Album».

OFFSPRING
Smash
(Epitaph, 1994)

Más de once millones de copias vendidas, un récord para una banda con una etiqueta independiente. Encierra lo mejor del punk californiano, del que los Offspring se convirtieron en los mejores portavoces.

RANCID
...And Out Come the Wolves
(Epitaph, 1995)

Los Rancid tuvieron grandes maestros en los que inspirarse, y And Out Come the Wolves fue el disco que, más que ningún otro en toda su carrera, dio muestras de la influencia que los Clash habían tenido sobre Tim Armstrong. «Time Bomb», con su ritmo ska, bailable y despreocupado, se convirtió en seguida en un himno.

Birmingham, Inglaterra
primavera de 1968

En el tablón de anuncios de una tienda de instrumentos musicales de la zona se podía ver un extraño anuncio: «Ozzy Zig busca un grupo: posee su propio sistema de sonido».

El guitarrista Tony Iommi y el batería Bill Ward contactaron con él y, juntos, dieron vida a un grupo de rock blues. Se hacían llamar Polka Tulk Blues Band, como la marca de talco de la madre de Ozzy. Luego, en 1969, después de cambiarse el nombre a Earth y grabar algunas demos, se quedaron impresionados por la película de terror de Mario Bava: «The Black Sabbath». Aquel título era perfecto para lo que Ozzy y sus socios tenían en la cabeza: un nuevo tipo de rock más potente, agresivo, maldito, satánico.

> «Si no hubiera habido los Black Sabbath, el heavy metal no habría existido. Yo habría sido un cartero que lleva el correo puerta a puerta.»
> LARS ULRICH (Metallica)

Malvado, sucio, cínico, a veces blasfemo, casi siempre provocador pero también centelleante, espectacular, adrenalínico e intenso: el Heavy Metal es todo esto y mucho más. Una escena musical a menudo discutida, o a veces ignorada, que irrumpió en la historia del rock a comienzos de la década de 1970 para ya no salir nunca más.

Música y cultura de impacto visual extraordinario, el metal impuso una revolución de alto voltaje en el lenguaje del rock, estableciendo el dogma de la distorsión para la guitarra y generando legiones de músicos muy hábiles y pirotécnicos.

SMOKE ON THE WATER

HARD ROCK & HEAVY METAL

El rock duro: desde los años setenta al Nu Metal

(por Maurizio De Paola)

«Los hippies querían paz y amor. Nosotros, litros de cerveza, rubias disponibles y navajas.»
ALICE COOPER

LA ERA DEL METAL PESADO

La guitarra eléctrica con distorsión abrió nuevos escenarios para el rock y los jóvenes de los años setenta en busca de emociones fuertes. El advenimiento de los Black Sabbath: su «doom rock» inauguró la ética del extremo.

El término «heavy metal» apareció por primera vez a mediados de la década de 1960 en una novela de William Burroughs, *El almuerzo desnudo*, en el que se citaba la frase «Vivimos en la época del metal pesado». Nadie sabe si los Steppenwolf habían leído a Burroughs pero, en 1968, introdujeron una expresión similar en su himno «Born To Be Wild» («Ridin' on the highway / Heavy metal thunder...»). En 1971, por primera vez, el término se utilizó para etiquetar a una banda de rock. Lo hizo el periodista estadounidense Lester Bangs en la revista *Rolling Stone*, definiendo un concierto de los Blue Öyster Cult como «estruendo infernal, sonido de metal pesado». Pero todo ello no permite entender los motivos de la difusión tan amplia del término. En un tiempo muy breve, pues, y sin que nadie sea capaz de explicarlo, el heavy metal se convirtió en un tótem musi-cal cultural y, si bien no ha sido posible fijar el momento preciso del nacimiento del fenómeno, todo el mundo concuerda en el hecho de que sus primeros (y ruidosos) gimoteos se oyeron entre finales de la década de 1960 y los primeros años de la de 1970. Y no podría ser de otro modo. Es fácil identificar al dios primigenio del metal rock en Jimi Hendrix que, gracias a su «invento» de la guitarra distorsionada, introdujo la primera e indispensable pieza en el género. Remedando de alguna manera el papel que la trompeta había tenido en el jazz de los años veinte y treinta, es decir, mucho más que un simple instrumento, la guitarra se convirtió en el símbolo de un sonido y de un estilo de vida. La distorsión hendrixiana no se consideró tan sólo como una ampliación del sonido y de las potencialidades expresivas, sino como el nuevo idioma con el que comunicar. O, directamente, el único idioma. Entre los mu-

¿METAL BLUES?

Resulta asombroso pensar en la cantidad de similitudes, tanto desde el punto de vista musical como temático, entre dos géneros (blues y metal) tan diferentes en apariencia. De hecho, todas las bandas consideradas fundamentales para el nacimiento de la música heavy tenían orígenes blues: basta pensar en la discografía de los Led Zeppelin, pero también en los primeros álbumes de los Deep Purple, por no hablar del debut de los Black Sabbath, compuesto por un puñado de temas blues depravados y perversos. Lemmy (Motorhead) declaró: «Más que punk, rock'n'roll o metal, somos un grupo blues, lo único es que tocamos rápido». En lo referente a los textos y a la actitud: ¿quién es más satanista: el metal o la «música del diablo»? ¿Ozzy o Robert Johnson?

chos espectaculares hallazgos del genial guitarrista de Seattle, el de la distorsión lo percibió una plétora de adeptos como una especie de evangelio llovido del cielo, auténticas tablas de la ley que no pedían más que ser propagadas y puestas en práctica. No se trató de un proceso consciente: la música siguió los humores y los vaivenes de la sociedad en la que nació y se desarrolló y, también en este caso, el metal no fue una excepción. La nueva civilización de los medios de comunicación, la guerra en Vietnam, la crisis económica y el agrietamiento de la sociedad tradicional exigían y exigirían cada vez más en el futuro una banda sonora adecuada, vehículo de expresión de las rabias y de las frustraciones acumuladas por una juventud a la deriva que reclamaba sensaciones fuertes. Y que iba en busca de algo que propiciara que su existencia plana fuera emocionante y digna de ser vivida. El sonido potente de la guitarra distorsionada parecía provenir de otra dimensión y desvelar arcanos secretos para arrancar a sus adeptos de la miserable supervivencia cotidiana. Y aquí se introduce otro pilar de la cultura de la música hard & heavy: la búsqueda de emociones fuertes, el sentido del exceso y el gusto a la hora de superar los límites, ya sean impuestos o naturales. Esta era, pues, la viga maestra del metal: la sensación de omnipotencia y el culto al «powerful» que dictarían en cada momento sus límites éticos y estéticos. Entre finales de la década de 1960 y principios de la de 1970, en plena época de protestas, los movimientos juveniles contraculturales descubrieron espacios expresivos para cada tendencia ideológica y para cada fantasía creativa. Fue como una olla a presión que estalló después de haber mantenido bajo su tapa, cerrado durante demasiado tiempo, su contenido en ebullición. En pocos años, todos querían que se fuera más allá y que cada posibilidad fuera explorada. Grupos como Steppenwolf y Cream habían comenzado

SWEET HOME ALABAMA
y los anatemas sudistas

Cuando Neil Young grabó «Alabama» y «Southern Man», lo hacía para denunciar el incalificable fenómeno de la segregación racial en el sur de los Estados Unidos. Pero para algunos «southern men» orgullosos y patrióticos como Ronnie van Zant y Gary Rossington, aquellas canciones eran un insulto contra todos los «sudistas». Y de esta manera, en junio de 1973, con la ayuda de Al Kooper, productor del álbum *Second Helping*, respondieron a las acusaciones grabando «Sweet Home Alabama», el mayor éxito de los Lynyrd Skynyrd, así como el auténtico himno del southern rock. Neil Young, citado con nombre y apellido, fue invitado a mantenerse lejos de aquel lugar: el hombre del sur no lo quería. Por desgracia, los anatemas de los Skynyrd se volvieron contra la banda. El 20 de octubre de 1977, varios miembros del grupo, entre ellos Ronnie van Zant, perdieron la vida en un trágico incidente aéreo. Una suerte análoga le había tocado unos años antes a Duane Allman, que para Eric Clapton era «el mayor guitarrista slide de la historia» («Layla» la tocó en dueto con él): el 29 de octubre de 1971, se cayó de su Harley Davidson y murió cerca de Macon, Georgia, donde vivían los Allman Brothers. Un año más tarde, el bajista de la misma banda, Berry Oakley, desapareció también en moto a pocos centenares de metros del lugar del accidente de Duane Allman.

a proponer todas las soluciones que la distorsión podía ofrecer: inicialmente, como es obvio, amplificando y distorsionando los rasgos característicos del rock blues anglosajón, pero encontrando bien pronto sus propios caminos hacia nuevas dimensiones de ferocidad sonora. Entre 1968 y 1971, las bandas que se erigieron sobre todo como intérpretes de esta necesidad de sensaciones fuertes y salvajes fueron los Humble Pie, Amboy Dukes, MC5 y Blue Cheer, pero todas estas formaciones estaban bien lejos de tener consciencia de que estaban experimentando un nuevo sonido o, es más, una nueva cultura. Lo que intentaban hacer era tan sólo hipervitaminar el boogie rock, a fin de hacerlo todavía más frenético y dar a cada uno de sus shows el sentido de una bacanal, una party más salvaje que las otras. En los Humble Pie de «I Don't Need No Doctor» (versión de un tema de Ashford & Simpson) estaban ya los presagios del paganismo dionisíaco que caracterizaría una gran parte de la cultura metal de los años por venir. En el mundo occidental, las décadas de 1960 y 1970 fueron un momento de cuestionamiento de cualquier tabú que existiera. Los formalismos del pasado fueron derribados rápidamente por el deseo de lo nuevo que invadía muchas manifestaciones artísticas, y el sentido del exceso se exploró en todas direcciones. En la música rock, todo parecía superado a los pocos meses de su nacimiento, y el descubrimiento de la distorsión se aprovechó inmediatamente para este fin. La necesidad de emociones fuertes, ritmos frenéticos, guitarras distorsionadas también fueron las características de un estilo musical que se estaba extendiendo como una mancha de aceite en el sur de los Estados Unidos y que, justamente por su

EL SEÑOR DE LOS ANILLOS DE METAL

Cuando, a mediados de la década de 1950, John Ronald Reuel Tolkien, profesor de filología en Oxford, publicó su trilogía de la «Tierra Media» (que se convertiría al cabo de unos años en *El señor de los anillos*) nunca habría pensado no sólo que influiría a todo el género de la fantasía, sino también a legiones de músicos rock. En particular, los adeptos del metal pesado. Algunos se inspiraron en sus obras para los nombres de los grupos, otros dedicaron discos enteros a su narrativa, otros saquearon su imaginario para ilustrar las carátulas de sus álbumes (basta pensar en las épicas carátulas con dragones, magos, caballeros, orcos, en paisajes hechizados o espectrales). Y si los Led Zeppelin, especialmente en su legendario cuarto álbum, el más esotérico y misterioso, grabaron tres temas, «The Battle of Evermore», «Misty Mountain Hop» y la celebérrima «Stairway to Heaven», cuyos textos eran de clara derivación tolkeniana, también han bebido a manos llenas del profesor de Oxford, entre otros, los noruegos Burzum, maestros del black metal, así como Running Wild, Virgin Steele, Morgana Lefay, Helloween, Labyrinth o Fates Warning. Mención aparte merecen los alemanes Blind Guardian, celebrados intérpretes del metal teutónico contemporáneo: su inoxidable fidelidad a *El señor de los anillos* aparece certificada por cinco discos, entre los cuales *Nightfall in Middle–Earth*, un auténtico álbum conceptual sobre la Tierra Media.

connotación geográfica, adoptaría el nombre de southern rock. Un género que se desarrolló no por casualidad en zonas marcadas por el segregacionismo y en el que cobraron vida las primeras marchas para el reconocimiento de los derechos de los afroamericanos, opuestas a las reacciones de las intolerantes organizaciones que lindaban con la criminalidad (como por ejemplo el Ku Klux Klan), surgidas en defensa de la supremacía blanca.

El bautismo para este género llegó con la banda prototipo de toda la corriente, la famosa y magnífica Allman Brothers. Los dos hermanos Gregg (teclados) y Duane Allman (guitarras), de Jacksonville, Florida, lograron unir de un solo golpe las tradiciones blues y country, jazz y psicodelia, con el nuevo lenguaje del rock. El debut se produjo ya en 1969, seguido inmediatamente por el álbum que estableció los cánones del género, *Idlewild South*, de 1970. Pero sería el directo *At Fillmore East*, de 1971, el que bautizó el movimiento «southern». Basado en el sonido poderoso de dos o mejor tres guitarras, con el ritmo marcado a menudo por dos baterías y una implacable línea de bajo, el southern rock se caracterizaba por jams fascinantes, solos, interminables, baladas seductoras en un contexto atestado de sombreros de cowboy y de chaquetas de motorista, banderas confederadas y ríos de cerveza, cabello largo e ideología conservadora. La banda que encarnó mejor que cualquier otra estos valores artísticos y culturales se llamaba Lynyrd Skynyrd (nombre mal pronunciado de un profesor de gimnasia del instituto), capitaneada por Ronnie van Zant, Allen Collins y Gary Rossington. El grupo de Jacksonville fundó su propio sonido con su peculiar formación de tres guitarras y la ardiente vena lírica del cantante, auténtico hombre del Sur que con sus invectivas lanzaba un estilo al que remitirían los otros grupos futuros. Para los Skynyrd, la explosión comercial llegó con *Second Helping*, de 1974, con la acertadísima «Sweet Home Alabama», que se convirtió en una de las canciones más famosas del mundo, un tema imperecedero del rock mundial. Pero si se quiere establecer una fecha de nacimiento del fenómeno hard & heavy, es posible indicar el 13 de febrero de 1970, día en que los ingleses Black Sabbath publicaron su primer álbum, un concentrado demoníaco de riffs durísimos (para la época) y partes vocales obsesivas. El cantante Ozzy Osbourne, un gamberro que trabajaba en un matadero, era un icono del mal en música, mucho más extremista que Mick Jagger o Jim Morrison, máximas expresiones del ultraje rock hasta aquel momento.

El mundo todavía no se había recuperado de los brutales delitos cometidos por la «familia» de Charles Manson en agosto de 1969, cuando los Black Sabbath propusieron de repente una iconografía y un sonido que, queriendo o no queriendo, volvía a llevar a la mente las sugestiones diabólicas de la contracultura californiana más cercana a la Iglesia de Satanás de Anton LaVey. La carátula de *Black Sabbath* era el paradigma de todo ello: una cruz invertida y la foto espectral de una mujer vestida de negro que parecía avanzar hacia el oyente. Pero el simbolismo no lo era todo. En los Black Sabbath se daba también una nueva concepción musical que venía dictada por la escasa capacidad técnica de cada uno de los componentes del grupo pero que, a continuación, se convirtió en un dogma de todo el movimiento hard & heavy, y que lo convirtió en el grupo más influyente del rock junto a Beatles y Led Zeppelin. Con Tony Iommi (guitarrista y cerebro de la banda) comenzó un tipo de acercamiento a la guitarra que tendría efectos perturbadores para todo el rock de los años venideros. La gran revolución fue la construcción de los riff con la utilización de los denominados «power chord», es decir, de acordes distorsionados tocados exclusivamente con las tres cuerdas más graves y repetidos de manera obsesiva. Obviamente no fue Iommi quien los inventó, pero sí el primero en construir sobre estos acordes una filosofía sonora granítica que rehuía de los exhibicionismos experimentales del rock progresivo y que favorecía el impacto sonoro directo. El sonido de los Black Sabbath era escuálido y ceremonial, banda sonora ideal de ritos macabros e innominables blasfemias que Ozzy hizo suyas con un realismo asombroso. En pocos meses, los Black Sabbath mostraron el camino a millones de fans, situándose en neta contraposición con los virtuosos de la época. Probablemente fueron el primer grupo en obtener un éxito estrepitoso porque mostró al público que todos podían hacer los que ellos hacían. En el lado opuesto al concepto de músico dotado de extraordinarias cualidades técnicas y artísticas (las voces de los Beatles, el genio en la guitarra de Hendrix, las orquestaciones «astrales» de los Pink Floyd), estaban ellos, los Black Sabbath, más malvados que cualquier otro y que tocaban como podría tocar cualquiera (y que, por este motivo, serían limitadísimos a imagen de otros grandes simplificadores del rock, como Sex Pistols y Nirvana). De su garra sobre el imaginario del público deben citarse los temas «Black Sabbath» y «Iron Man», amenazadoras letanías que no podían compararse con nada anterior. Pero todavía más que la música, lo que impresionaba la fantasía de los adolescentes europeos y estadounidenses de los primeros años de la década de 1970, era su simbolismo. Ozzy era un incontrolable maníaco del escenario que encarnaba a un nuevo tipo de estrella del rock, callejera y criminal, que no concedía nada a los intelectualismos de sus contemporáneos y que destruía sistemáticamente todos los clichés y las iconografías de la «flower power generation» aunque, ironía de la suerte, Osbourne nunca dejaría de declarar que era un hippie. Con la banda de Ozzy recaló de manera potente en la cultura musical mundial la filosofía del negro y del pesimismo, el sonido entendido como comentario cínico y sortilegio prohibido para evocar las pesadillas más oscuras de la humanidad o como instrumento para subvertir las reglas morales y religiosas comúnmente aceptadas. Con ellos comenzó la ética del extremo, vivido ya no como un oscuro e insuperable límite, sino como pilar de la propia existencia cotidiana, hasta el punto de que su música se definió como «doom rock» o «dark sound».

LOS PILARES DEL ROCK DURO

Led Zeppelin, Deep Purple y Uriah Heep dirigieron el rock hacia nuevos caminos.
Ellos fueron, junto a los Black Sabbath, quienes constituyeron
los cimientos hard & heavy

De 19770 a 1975, en el frente del rock duro, fue Gran Bretaña la que dictó la ley desde un punto de vista comercial y cultural. El hard rock nació de manera convulsa y espontánea pero a los pocos meses de sus inicios ya se había desarrollado plenamente e invadía las clasificaciones de todo el mundo, como un virus sin antídoto.

Gran parte de este clamoroso éxito se debió a intérpretes absolutamente extraordinarios, algunos de los músicos más grandes de la historia del rock. La distorsión abrió caminos infinitos para artistas geniales como Jimmy Page y Ritchie Blackmore, talentos purísimos capaces de dar una nueva dirección al rock que, después de ellos, sólo en casos muy raros conocería un desarrollo equivalente. El impacto de Led Zeppelin y Deep Purple en el mundo de la música es algo inimaginable y, con la perspectiva actual, comparable tan sólo al de Beatles y Rolling Stones en cuanto a longevidad e influencia sobre las generaciones de músicos futuros. En poquísimos años, estas dos bandas esculpieron gran parte de los «mandamientos» del rock venidero y se elevaron al papel de divinidades adoradas por multitudes inmensas, en una especie de Woodstock infinito que celebraba sus gestas a cada gira. Su poder de seducción sobre las masas era enorme, vehiculado por una fórmula sonora hecha a propósito para los grandes *happenings* concertísticos, donde miles de personas se movían al unísono, arrastradas por un irresistible vórtice sonoro que los músicos sobre el escenario guiaban con la consumada experiencia de los grandes titiriteros. Robert Plant echaba por tierra la figura del *crooner* clásico o del atormentado poeta existencialista, inventándose el del semental sensual y erotómano que hacía entrar en delirio a la platea. De este modo sucedió que, mientras que el rock progresivo y el rock psicodélico buscaban formas cada vez más elaboradas y teatrales de la expresión, creando gigantescos shows musicales de formidable efecto visual, pero que alejaban cada vez más al público del artista, los Led Zeppelin redujeron hasta lo esencial el componente escenográfico, atrayendo hasta sí al público tan sólo con la fuerza mortífera de su sonido. Si bien en el curso de su carrera abarcaron una multiplicidad de estilos y de arreglos cuanto menos sorprendente, la fórmula que los lanzó al éxito y los convirtió en poco tiempo en divinidades del rock se basaba en un insistente rock blues en el que Jimmy Page inyectaba sus solos como una dosis de excitante, mientras que John Bonham golpeaba los tambores con la vehemencia y el delirio de un antiguo timonel marcando el ritmo a los remeros. Bonham fue para la batería lo que Hendrix para la guitarra: inventó un nuevo modo de tocar y, sobre todo, la convirtió en protagonista del show allí donde, antes que él (salvo Ginger Baker y Buddy Miles, excepciones que confirmaban la regla), el icono clásico del batería estaba representado por los impasibles Ringo Starr y Charlie Watts. No es casual que Keith Moon, de los Who, fuera considerado un loco que apenas sabía tocar.

Prototipo no superado de la banda de rock «perfecta», los Led Zeppelin conocieron un éxito sin parangón que los lleva, todavía hoy, a casi 35 años de la última aparición discográfica oficial de inéditos (el álbum *CoDa*, de 1982, por otra parte una recopilación de tomas alternativas) a ser una de las tres o cuatro bandas de mayor éxito en la historia del rock. En los Estados Unidos, en términos de discos vendidos, son los segundos tan sólo por detrás de los Beatles y de Garth Brooks, pero por delante de Elvis Presley, Rolling Stones y Pink Floyd. «Stairway to Heaven» sigue siendo, probablemente, el tema más emitido en la historia de las radios estadounidenses,

LOS GRITOS DE GILLAN

La velocidad y el barroquismo de la guitarra de Blackmore, el ritmo de los temas cercanos al que a continuación se definiría como «speed metal», fueron rasgos característicos del sonido de los Deep Purple. Como también los gritos bestiales de Ian Gillan, prototipo absoluto de los «screamers» de la década de 1980: del mismo modo mucho más que otros, el cantante inglés impulsó las posibilidades vocales humanas más allá de todo límite. Temas como «Child in Time», «Speed King» o «Highway Star» no habrían sido lo mismo sin aquella voz. Una voz con una extensión de cuatro octavas (el record en el pop lo detenta el noruego Morten Harket, de los A–Ha, con una extensión de cinco octavas), que permitían que Gillan alcanzara el segundo La del piano («Poor Jerusalem») y el quinto «Si bemol» («Fighting Man»).

y no es raro que en este país se encuentre como marcha nupcial en los matrimonios, junto a «When a Man Loves a Woman», de Percy Sledge. Aun teniendo un espectro casi infinito de creatividad y soluciones sonoras que incluso hace atravesar los confines del rock, el hard & heavy los erigió justamente en tótems en virtud del magnífico impacto fónico que construyeron para cada show. El ataque epiléptico de Bonham en «Rock'n'Roll» es una auténtica reliquia sagrada para el metal, así como el canto lascivo y perverso de Plant en «Black Dog» y «Whole Lotta Love», mientras que las estrepitosas descargas de adrenalina a través de la guitarra, que Page vertía sobre el oyente en «Immigrant Song» y «Celebration Day», así como en decenas de otros clásicos, constituyen auténticas piedras miliares. Pero esto no es todo: los Led Zeppelin también fueron una de las primeras bandas en ganarse una fama de ambigüedad vinculada a presuntos mensajes satánicos que su música contenía, cosa que les hizo ganar toneladas de galones entre el público más extremista y hambriento de sensaciones fuertes. Jimmy Page manifestó un sincero interés hacia lo oculto y el satanismo, llegando al punto de adquirir la casa que había pertenecido a Aleister Crowley, conocido ocultista inglés (1875–1947), considerado el padre del satanismo moderno. Sobre Page florecieron decenas de leyendas urbanas en las que era protagonista de orgías sadomasoquistas de trasfondo diabólico; se dice que tenía en su poder a los otros componentes del grupo y a todo el entorno de los Led Zeppelin, y algún diario sensacionalista encontró la manera de vincular la muerte de John Bonham (25 de septiembre de 1980, acaecida tras una congestión causada por el abuso de alcohol) con las prácticas perversas y rituales de Page. Entre los surcos de sus discos no son pocos los predicadores estadounidenses que creen haber encontrado mensajes que constituyen himnos a Satanás, escuchando al revés los vinilos, pero ello, obviamente, no hacía más que acrecentar el mito de los Led Zeppelin, superando incluso la fama de los Black Sabbath en el campo de lo negro y de lo macabro. Paralelamente a la explosión musical de los Led Zeppelin como padres del rock duro, irrumpieron en la escena musical los Deep Purple, auténticos geómetras del hard rock. Fueron ellos los que formalizaron los contenidos sonoros del heavy metal con una base estable, desarrollando de manera genial la ideología del riff y de las superposiciones armónicas. Gracias al talento desmesurado del guitarrista Ritchie Blackmore y a la versatilidad musical de un teclista como Jon Lord (afín por su estilo a su contemporáneo Keith Emerson, pero menos inclinado a la espectacularidad y al virtuosismo, y bastante más modesto), los Deep Purple construyeron irresistibles tramas que transformaban en vivo en largas suites de ritmos convulsos y obsesivos. Con los Deep Purple, el hard rock adquirió el papel de «desfiguración» del rock progresivo, por cuanto las improvisaciones instrumentales que el grupo iba ampliando en directo con generosidad no eran fun-

BIRMINGHAM
La cuna del metal

«Estoy orgulloso de ser un "brummie" y de seguir considerando Birmingham como mi casa. Por esto he decidido apoyar la Home of Metal, un proyecto que permite entender los orígenes de esta música.» Palabras de Tony Iommi.

En efecto, porque justamente en Birmingham, antigua ciudad industrial y segundo polo urbano de Inglaterra en número de habitantes, a finales de la década de 1960 se encontraron cuatro bribones que al cabo de unos días formarían los Black Sabbath.

Poquísimos años después, impulsada justamente por Ozzy y compañía, la garganta de vitriolo de Rob Halford comenzó a cantar sobre estupros y homicidios en decenas de temas de los Judas Priest. Por no hablar de gente como Glen Hughes, que dedicó a la ciudad el nombre del supergrupo formado junto a Jason Bonham, Joe Bonamassa y Derek Sherinian: Black Country Communion.

Después de cinco años de sueños, programas e inversiones, en verano de 2011 nació la Home of Metal para celebrar las raíces del Metal bien implantadas en Birmingham y en el Black Country: una serie de eventos y muestras en 15 lugares diferentes, entre los cuales el Birmingham Museum and Art Gallery. La manifestación la visitaron más de 200.000 personas.

Deep Purple está considerada como una de las bandas pioneras del hard rock.

cionales en virtud de su encaje en diferentes construcciones melódicas, sino que permanecían asentadas sobre el mismo tema rítmico/armónico y servían tan sólo ara llevar al clímax de la excitación al máximo. Si bien era uno de los guitarristas más preparados y técnicos de la escena inglesa, Blackmore compuso riffs cortados con hacha y de aceptación inmediata. La fuerza de los tres acordes base de «Smoke on the Water» (1972) es tal que la convirtieron en «La» canción rock por excelencia, y lo mismo puede decirse de otros clásicos como el potente rock blues demoníaco de «Black Night» (1970) o los fulgurantes latigazos eléctricos de «Highway Star» o de «Space Truckin'» (1972). En los Deep Purple, por otra parte, Ian Gillan lanzó el guante del desafío a Robert Plant, inaugurando la época de los «screamers» y sorprendiendo a las plateas de todo el mundo con sus agudos altísimos y ferocísimos. El éxito de la formación inglesa fue tal que, en 1972, los Deep Purple eran la banda de rock que vendía más en los Estados Unidos y se convirtió en el arquetipo de todos los grupos de rock duro. Deep Purple y Led Zeppelin representan la quintaesencia del hard rock, dos de los tres pilares sonoros del movimiento heavy. Y sin embargo, ni una banda ni la otra, en el momento de mayor éxito, se dio cuenta de que había creado un nuevo género musical. Sólo Ritchie Blackmore exploró, con mayor lucidez y conocimiento de causa, cada rincón de esta nueva vena inspiradora. Y de esta manera, mientras que los fans y los periódicos encerraban a ambas bandas en el círculo infernal del rock duro (aunque muy lucrativo), sus componentes seguían considerándose miembros de bandas normales de rock'n'roll, continuadores de la tradición de Beatles y Rolling Stones. En la década de 1980, John Paul Jones (Led Zeppelin) e Ian Gillan (Deep Purple) llegarían a rechazar con fuerza ser catalogados como padres del heavy metal, aun encontrándose frente a un escenario constituido por miles de hijos que los adoraban, pero que no eran reconocidos.

El tercer pilar del rock duro inglés está representado por los Uriah Heep. También ellos, como los Deep Purple, vinculados a una matriz inicialmente progresiva y caracterizados por el sonido del órgano Hammond de Ken Hensley, se distinguían por dos características que, a pesar de las críticas, aun hoy siguen siendo muy sólidas en el mundo del metal. La primera es la inspiración en el mundo de la fantasía, de la mitología y de la ciencia ficción de sus textos y de las carátulas de sus álbumes. El motivo iconográfico de una Edad Media del futuro recabó un éxito estrepitoso entre la juventud occidental de la década de 1970, y álbumes como *Look at Yourself* (1971), *Magician Birthday* (1972) y el fundamental *Demons and Wizards* (1972) siguen siendo referencias del imaginario metal.

El segundo factor era el uso sin prejuicios y continuo de las armonizaciones vocales y de los coros. Sirviéndose de un cantante de cualidades vocales extraordinarias como David Byron, los Uriah Heep crearon un muro de voces que materializaba el universo de visiones fantásticas que proponían, un mundo en el que violentos contragolpes de rock duro se mezclaban con atmósferas líricas muy intensas y celestiales, como en la célebre «July Morning».

La crítica inglesa los denigró varias veces, pero su éxito fue igualmente inmenso y la influencia que tuvieron sobre sus contemporáneos y seguidores es incalculable. El cuadrilátero compuesto por Led Zeppelin, Deep Purple, Black Sabbath y Uriah Heep representó no sólo la base fundamental del hard & heavy, sino también el conjunto de las cuatro bandas británicas de mayor éxito de toda la década de 1970. Aún hoy, los discos vendidos de cada una de estas bandas se cuentan por decenas de millones, y su catálogo se reimprime puntualmente y se agota en todas partes del mundo, permaneciendo prácticamente inmune a las consecuencias de las descargas gratuitas mediante Internet.

ALEISTER CROWLEY, EL REY DE LAS TINIEBLAS

Todos los grandes movimientos culturales tuvieron númenes tutelares en los que inspirarse u obtener estímulo. En este sentido, Aleister Crowley, ocultista inglés de principios del siglo xx, fue la referencia absoluta para el hard rock y el heavy metal.

«Citado» ya por los Beatles como uno de los personajes que formaba parte de la carátula de *Sgt. Pepper's*, Crowley se hizo famoso entre los aficionados al rock gracias a la explícita y desmesurada pasión que le consagró Jimmy Page. Page, además de adquirir vestidos y manuscritos originales, compró la Boleskine House, la casa de Crowley situada a orillas del famoso Loch Ness, en Escocia, que aparece en las imágenes de la película *The Song Remains the Same*. Y si, en el vinilo de *Led Zeppelin III*, aparece grabado el lema de Crowley, «Do what thou wilt» («haz lo que quieras»), Ozzy Osbourne, con gran astucia, lo «desempolvó» en el primer álbum como solista con una canción específica («Mr. Crowley»). Posteriormente, a finales de la década de 1990, fue el cantante de los Iron Maiden, Bruce Dickinson, quien le dedicó una ópera y una oscura película, *Chemical Wedding*.

EL TEATRO DE LAS MONSTRUOSIDADES

En el escenario del rock, el «padre del metal». Se hacía llamar Alice Cooper, como una bruja del siglo XVII muerta en la hoguera. Fue él quien dictó temas y fue símbolo de la transgresión, como primer y auténtico demiurgo del rock duro.

La escena norteamericana entre finales de la década de los años sesenta y principios de la de los setenta, reflejaba el momento de desconcierto de la juventud de más allá del océano. Entre los fermentos artísticos presentes en la contracultura estadounidense del período también estaban las que se orientaban hacia la ambigüedad sexual. No era un fenómeno nuevo, ni advino de improviso. Desde hacía décadas, Broadway y Hollywood proponían comedias basadas en el travestismo y en el cambio de personalidad entre hombre y mujer. De todos modos, aparte de raros casos como, por ejemplo, *Con faldas y a lo loco*, de Billy Wilder, con Marilyn Monroe, este género se consideraba un espectáculo de serie B, destinado a un público poco exigente intelectualmente (adolescentes, militares de permiso, viejos verdes, etc.). El mismo tratamiento se reservó a otras formas de entretenimiento popular, poco digeribles para la moral de la época, como las películas de terror (en particular las de bajo presupuesto) y las de ciencia ficción, aunque no faltaron las personalidades y los artistas cultos que intuyeron sus potencialidades expresivas. Frank Zappa y Andy Warhol formaban parte de este grupo y fueron entre los primeros que ennoblecieron el horror y el porno en virtud de su profunda carga subversiva y antiburguesa. Justamente un discípulo de Frank Zappa, de origen canadiense pero residente en la alucinada Detroit de la década de 1970, quien unió ambos géneros en un deslumbrante y perturbador musical rock itinerante, auténtico puñetazo en el estómago de moralistas y mojigatos. Su

KISS FOREVER

Los primeros en entender que podían llegar ingresos extraordinarios del merchandising ligado al nombre de una banda fueron los Kiss. Gene Simmons, mente económica del grupo de Detroit, intuyó inmediatamente que la idolatría de los fans podría exprimirse hasta el infinito, sin por ello menoscabar la ética y el arte. Después de ser protagonistas de una película de ciencia ficción, los Kiss (del mismo modo, y en mayor medida que los Beatles) fueron inmortalizados en tazas, camisetas, bolsos, mochilas, latas, tarjetas telefónicas, cajas de corn flakes. También había marionetas, máscaras, sombrillas, automóviles, máquinas de millón e incluso juguetes sexuales. Es más, también se hicieron ataúdes con cada uno de los personajes de la banda. Porque el rock podía acompañarte incluso en el viaje más largo...

auténtico nombre era Vincent Fournier, pero se hacía llamar Alice Cooper, y ya en los primerísimos años de su carrera, identificó una serie de motivos de transgresión y provocación que impactaron en el corazón tanto de la América puritana como en los hijos de las flores del Summer of Love, y que estaban destinados a repetirse hasta el infinito en la estética y en la cultura metal. También por este motivo, de hecho, se ganó el derecho al título de «padre del metal». Fournier no sólo eligió un nombre artístico femenino, sino que declaró incluso que la auténtica Alice Cooper era una bruja quemada en la hoguera en la Europa del siglo XVII, cuyo espíritu se le había manifestado durante una sesión de espiritismo. En el escenario, Cooper/Fournier presentaba un espectáculo truculento en el que aparecían escenografías macabras e intencionadamente «trash»: instrumentos de tortura, enfermeras sádicas, monstruos de varios tipos, serpientes pitón, guillotinas, enanos deformes y todo el armamento clásico de espectáculos del circo Barnum. Su contundente y característico maquillaje lo convertía en una especie de figura infernal que dirigía su orquesta de monstruos exactamente como Frank Zappa dirigía a sus músicos. Sus textos eran de un irónico/cínico por momentos espeluznante, como en la goliardesca exaltación de la necrofilia de «I Love the Dead» o en la lujuriosa apoteosis del sexo mercenario de «Billion Dollar Babies», que las feministas norteamericanas exigieron que se retirara del mercado. Su música era un cruce muy logrado entre hard rock guitarrero y arreglos teatrales en estilo Kurt Weil. Sus actuaciones tenían las cadencias del musical, y las canciones parecían ligadas entre sí por el hilo lógico de una narración macabra. Cada tema era un psicodrama escénico que implicaba a los espectadores llevándolos a formas de delirio místico. El fanatismo de sus fans sólo era equiparable al odio de sus detractores, pero entre *Love It to Death* (1971) y *Alice Cooper Show* (1977) escribió algunas de

Los Kiss han sido inmortalizados en tazas, camisetas, bolsos, mochilas, latas, tarjetas telefónicas, cajas de corn flakes y todo tipo de merchandising.

las páginas más importantes de la historia del rock duro, abriendo una auténtica caja de Pandora y generando a miles de émulos que parecían no acabar nunca de explorar y desarrollar las infinitas posibilidades expresivas sugeridas por él. Por otra parte, a diferencia de los cantantes ingleses, Alice Cooper carecía de una voz poderosa y técnica. Al contrario, tenía un tono nasal y poco agraciado que parecía casi desafinado. Más que cantar, recitaba y narraba: cada pasaje musical era funcional para su narración, y la palabra ejercía un papel algo superior al de la música, como en el inquietante «Devil's Food/The Black Widow» (1975), ensamblaje de pasajes instrumentales cruzados, marcados por la diabólica alocución del actor Vincent Price, encarnando aquí a un profesor psicópata enamorado de su araña, una peligrosa viuda negra.

TOXIC TYLER

Julio de 1993: los Aerosmith acaban de terminar una de las actuaciones triunfales del *Get a Grip Tour*, gracias a la cual vuelven a situarse en el techo del mundo con temas como «Eat the Rich», «Crazy» y «Crying». La banda se encuentra en el autobús de la gira y en la radio están emitiendo una balada rock, muy sentida y emocionante, como muchas del grupo de Boston. En un cierto punto, Steven Tyler, recién rehabilitado del abuso de sustancias estupefacientes, dice a sus compañeros: «Este tema es genial. ¿Qué os parece, hacemos una versión?». Desde el fondo del autocar, se levanta la voz del bajista, Tom Hamilton: «Steven, es el tema "Dream On", lo escribiste tú y lo tocamos cada noche».

«El maquillaje es una simple extensión de nuestra personalidad. Vestuario, colores y objetos tienen un significado bien preciso.»

GENE SIMMONS (Kiss)

La influencia de Alice Cooper fue fundamental para el rock norteamericano: no sólo dominó a sus contemporáneos desde lo alto del clamoroso éxito comercial, sino que dictó temas y símbolos de la transgresión en música de los años setenta. Él fue quien llegó primero y quien hizo las cosas mejor que cualquier otro, definiendo los cánones y el lenguaje, explorando en un solo golpe todas las lides del exceso, de la ambigüedad y de la provocación. Alice Cooper fue una especie de demiurgo del rock duro norteamericano, un «dios generador» al que todos debían remitirse de una u otra manera esperando llegar a imitar sus obras. No hay nada que cualquier banda de metal haga que no lo hubiera hecho ya Alice Cooper antes, y sólo sus colegas ingleses huyeron de este incómodo parangón.

En el período en el que se escenificaba «el teatro de la monstruosidad» de Alice Cooper comenzaba a crecer una nueva escena conocida con el nombre de «glam rock». La definición, engañosa, señalaba al término «glamour» que, en realidad, tenía bien poco que ver con la cultura de la ambigüedad y de la transgresión sexual. Fueron los años en los que David Bowie obtuvo sus mayores éxitos con el personaje andrógino de Ziggy Stardust, y en los que los Sweet dominaban las clasificaciones inglesas gracias a una música y a un *look* en el que no hacían más que autodefinirse como «maricas sin esperanza». El travestismo se extendió, pero no siempre fue aceptado por la crítica, y a menudo se definió como «trash» (música basura), aunque los éxitos de venta eran clamorosos. En 1973 debutaron los New York Dolls, el quinteto estadounidense que fascinaría a Malcolm McLaren, que se presentó como la versión degenerada de los Rolling Stones en versión transexual. Vestidos como profesionales del sexo y con un potente maquillaje, los New York Dolls tuvieron una vida breve.

En 1974, en el momento de su desaparición, sus conciudadanos Kiss publicaban el primer álbum, *Kiss*, que marcó el inicio de una carrera extraordinaria, que la convertiría en una de las bandas de mayor éxito de todos los tiempos. Entregados únicamente en busca de la fama y del dinero, los Kiss asumieron hábilmente lo que los padres del shock–rock habían hecho en los años anteriores. Entendiendo que era preciso ir más allá de los hallazgos de Alice Cooper, que era prácticamente imposible superar la ambigüedad sexual de New York Dolls o de otros profetas del rock decadente de la época como Lou Reed, David Bowie o Iggy Pop, los Kiss lo apostaron todo a una concepción de espectáculo aturdidor e increíblemente visual, en la que la música de hecho quedaba suplantada por el fragor de las explosiones y de la deslumbrante utilización de las luces

MEAT LOAF
El álbum de los récords

Michael Lee Aday era un chaval de Dallas, Texas, enamorado de la música. Tenía un físico rechoncho (sus amigos lo llamaban Meat Loaf, «albóndiga») y lucía un vozarrón rock que recordaba a Bob Seeger o a Bruce Springsteen. A finales de la década de 1960, se trasladó a California y es contratado en el musical *Hair*. Luego se le ofreció un contrato para la Motown y finalmente el papel en la película «cult» *The Rocky Horror Picture Show*. Entretanto, en Broadway, Meat Loaf conoció al autor y productor Jim Steinman, a quien gustaban Springsteen, pero también Wagner, Phil Spector y los Who. Puso en la batidora todos estos elementos y, gracias a las cualidades de Meat Loaf, dio vida a un álbum de siete temas titulado *Bat Out of Hell*, tomando prestada la frase de una obra de Aristófanes. Se trataba de un álbum de rock épico, con temáticas vinculadas al mundo rural estadounidense. Se registró en Woodstock, en los Bearsville Studios de Albert Grossman. Publicado en 1977, no produjo resultados inmediatos. Pero después de unos meses, y gracias a un par de grabaciones en vivo que mostraban las habilidades en escena de Meat Loaf y de la sensual Ellen Foley, que cantaba con él en dúo la estremecida «By the Dashboard Light», el disco pudo despegar.

A lo largo de los años se vendieron 43 millones de copias, estableciendo récord tras récord. En 1980, con el intento de aprovechar su popularidad, salió en las salas (dirigida por Alan Rudolph) la hilarante *road movie* musical en la que Meat Loaf interpretaba a un extravagante camionero que, por casualidad, se convertía en *roadie* de una banda de rock y se enamoraba de una muchacha cuya única finalidad era entregar su virginidad a Alice Cooper.

del escenario. A menudo parecía como si la música subrayara la escenografía, y no al contrario. Los miembros del grupo, guiados por la personalidad cínica e interesada del bajista Gene Simmons, se inventaron máscaras que los convirtieron en auténticos iconos de los Estados Unidos de la década de 1970, del mismo modo que los rostros de Marilyn Monroe y de Elvis Presley lo habían sido de la de los años cincuenta. Su sonido era un insistente hard rock en 4/4 que, aun pareciendo descontado y repetitivo, engendraba fúlgidos ejemplos de catarsis sanguinaria como en el belicoso mid–tempo de «I Love It Loud» o en los desenfrenados sábats eróticos de «Love Gun» y «Rock'n'Roll All Nite». Aunque no inventaron nada, su fórmula fue abundantemente copiada en la década de 1980, y su sonido se convirtió en un dogma del heavy norteamericano, a la par del riffing de los Black Sabbath. Su principal mérito fue el de haber llevado más allá la dureza y la provocación. Sus shows grandilocuentes e incendiarios dejaban, en comparación, como bien pobres y desnudos a los que los habían precedido (con la única excepción de Alice Cooper, obviamente), estableciendo nuevas reglas para el desafío. Durante la exhibición de «God of Thunder», Simmons vomitaba sangre mientras que el guitarrista Ace Frehley usaba su guitarra como un rifle desde el que se disparaban fuegos artificiales incandescentes. Su popularidad fue tal que se llegaron a producir cómics, máquinas de millón, marionetas y todo tipo de *merchandising*, creando modernos fetiches de una religión rock cada vez más difundida y potente. Los Kiss fueron también una de las primeras bandas definidas como heavy metal por la prensa (y con una cierta continuidad).

Su dimensión de divos superó incluso la de Beatles y Rolling Stones. También fue suyo el primer club de fans de grandes dimensiones (llamado *Kiss Army*, Ejército de los Kiss), que se ocupó de alimentar su mito, hacer proselitismo y que sería el ejemplo de todos los nacidos más tarde.

> «Muchas personas me aman y otras tantas me odian.
> No hay término medio: y me gusta que sea así.»
>
> JOHNNY THUNDERS
> (The New York Dolls)

El grupo que se erigió en mayor medida en portaestandarte de la cultura fantástica–terror–mitológica de serie B fue el de los Blue Öyster Cult, formación estadounidense que desde 1970 propuso un rock blues ácido, rutilante y de tonalidades macabras, que conquistó a legiones de fans y que atrajo el odio feroz de la crítica, ya fuera o no especializada. Los Blue Öyster Cult fueron la primera banda para la que se utilizó la definición heavy metal. Estaban sinceramente enamorados de la ciencia ficción, de la arqueología misteriosa y del terror popular, forjaron un sonido en el que se mezclaban metal y psicodelia, con el fin de narrar oscuras y apasionantes historias de presencias misteriosas, fantasmas, ovnis, divinidades violentas procedentes de épocas lejanas (con particular predilección por el mito de la Atlántida), guerras futuras y presentes y holocaustos nucleares. Sobre el escenario se transformaban en auténticos sacerdotes de lo oculto en versión rock, sirviéndose a veces de la colaboración del escritor Michael Moorcock y produciendo algunos de los mayores clásicos del rock duro del período, como el potentísimo mid–tempo «Veterans of the Psychic Wars», el mamut rock de «Godzilla», la inquietante cantilena fúnebre de «Astronomy» y las mortíferas elegías de la destrucción que fueron «Don't Fear the Reaper» y «Cities on Flames». Lo más impresionante de su éxito fue observar de qué manera los medios de comunicación institucionales se olvidaron de ellos, del mismo modo que también ignoraron los fenómenos culturales vinculados a la iconografía fantástica y de terror de la época.

New York Dolls recibieron un sinfín de influencias, desde los Rolling Stones y bandas anárquicas de proto-punk como MC5 y The Stooges, así como artistas de glam rock como Marc Bolan y David Bowie.

Entre 1973 y 1978 estalló también el fenómeno Aerosmith, una de las bandas de mayor éxito de todos los tiempos. Nacidos como versión actualizada y corregida de los Rolling Stones, absorbieron plenamente las vibraciones sonoras de su época y actualizaron el clásico sonido stoniano según un enfoque hard rock. Más vulgares, callejeros y toxicómanos que sus padres putativos, recogieron el testimonio de los New York Dolls (les hicieron de teloneros en 1974 durante la última gira de las «muñecas») y se erigieron en portavoces, en el mundo del rock, del sexo, del vicio y de la ambigüedad. El cantante Steven Tyler era un animal sensual que subía al escenario con camisas rasgadas de raso llenas de lentejuelas, mezclando esteticismo dandy y *look* de gamberro/travestí de los bajos fondos. Su sexomanía estaba fuera de discusión, como también su familiaridad habitual con todo tipo de droga. Con ellos el mundo conoció a nuevos y más salvajes profetas de la histó-

11 DE ENERO DE 1963

Abre en Los Ángeles el Whiskey A-Go-Go. En la década de 1980, se convertirá en el centro de la escena metal californiana.

30 DE ABRIL DE 1966

Anton LaVey funda en San Francisco la Church of Satan.

20 DE ABRIL DE 1968

Primer concierto de los Deep Purple. Se celebra en Dinamarca, en un suburbio de Copenhague.

1 DE JUNIO DE 1968

Los Steppenwolf lanzan el sencillo «Born to be Wild», en el que por primera vez se emplea el término «heavy metal» en una estrofa de la canción: «I like smoke and lightning / heavy metal thunder».

17 DE ENERO DE 1969

Sale el primer álbum de los Led Zeppelin.

13 DE FEBRERO DE 1970

Se publica el primer álbum homónimo de los Black Sabbath.

15 DE JULIO DE 1971

Lester Bangs, en la crónica en *Rolling Stone* de un concierto de los Blue Öyster Cult, define aquella música como «estruendo infernal, sonido de metal pesado».

20 DE NOVIEMBRE DE 1971

Primera actuación de la gira de Alice Cooper en la que el cantante da inicio a la puesta en escena del shock rock, convirtiéndose en su mayor exponente, así como creador.

1 DE MARZO DE 1974

En Francia sale a la venta el primer número de la revista de cómics *Metal Hurlant*.

7 DE ABRIL DE 1974

Ritchie Blackmore abandona a los Deep Purple.

1 DE MAYO DE 1976

Los Iron Maiden debutan por primera vez en el escenario en el St. Nick Hall de Poplar (Londres). Después de este concierto se convertirán en una banda fija en el Cart and Horses Pub de Maryland Point (Stratford).

rica tríada «sexo, drogas y rock'n'roll», que profesaban su credo sobre la base de un sonido sucio, tosco y arrollador. Cimentándose en unas pocas formulaciones repetidas hasta el infinito pero de extraordinaria eficacia, la música de los Aerosmith era hija tanto de Chuck Berry como de los Led Zeppelin o de los mismos Rolling Stones. En la década de 1970, la banda de rock de Boston produjo temas que han quedado en la historia del rock norteamericano, como el proto metal rap de «Walk This Way», las frenéticas correrías sexuales de «Toys in the Attic» y «Back in the Saddle» o la dramática marcha fúnebre adolescente «Dream On». También en su caso la devoción de los fans superaba cualquier fenómeno análogo de la década anterior. En los setenta, los Aerosmith representaban mucho más un estilo de vida que las bandas a los que los propios Aerosmith se remitían abiertamente.

«En el escenario parezco un monstruo asesino. En la vida de cada día voy sin maquillar y juego al golf.»

ALICE COOPER

El rock duro de la década comenzaba de esta manera a vivir de un sectarismo que permitió que sus adeptos se sintieran parte de un mundo exclusivo y privilegiado, orgullosos de estar fuera de los cánones comunes y de ser juzgados como monstruos de la sociedad. En los años ochenta este fenómeno asumiría dimensiones gigantescas, pero fue en esta década cuando nació y se desarrolló una mentalidad que pronto adquirió contornos tribalistas y reglas de clan, mezclando actitudes del decadentismo burgués con las viejas transgresiones exteriores y de lenguaje del subproletariado urbano angloamericano.

DEFENSORES DE LA FE EN LA AUTOPISTA HACIA EL CIELO

Nada de baladas, nada de teclados: este fue el credo simple de los AC/DC, auténticos revolucionarios del hard rock. Con ellos, los británicos Judas Priest esculpieron en piedra los mandamientos del heavy metal.

Una de las primeras consecuencias del nuevo culto hard fue la progresiva desaparición de teclados e instrumentos de viento, que ya no se consideraban acordes a la nueva ortodoxia tendente a situar los límites del rock en la guitarra, el bajo, la batería y las voces. Los teclados habían desempeñado un papel determinante en el sonido de algunos grupos históricos del rock duro, como Deep Purple o Blue Öyster Cult, del mismo modo que los instrumentos de viento habían sido a menudo parte integrante en las sonoridades empapadas de blues y R&B de los Aerosmith o antes que ellos de los Rolling Stones. A pesar de todo ello, a partir de un momento dado se consideraron instrumentos «wimp», es decir, de blandos, aptos para el pop y la música disco. Entre el público joven cada vez había

más ganas de extremismo sonoro y musical. Se podía obtener desplazando todavía más allá la paleta de la agresividad estilística. Quienes le dieron un impulso todavía más grande fueron los australianos AC/DC, destinados a convertirse en una de las bandas más famosas de todos los tiempos. Hoy se señalan como los reyes del rock clásico y tradicional pero, en realidad, su llegada a los escenarios representó una auténtica revolución, y no una simple restauración del rock'n'roll de la década de 1950, como a veces han declarado los mismos AC/DC con complacida ironía. No fue casual que, en plena explosión punk, la prensa inglesa los comparara con los Sex Pistols, fijándose en concreto en la carga salvaje y subversiva que el quinteto australiano llevaba a los escenarios de todo el mundo. Formalmente, su sonido se ba-

THIS IS SPINAL TAP
EL ESCARNIO DEL CLICHÉ

Aparecida en verano de 1984, *This Is Spinal Tap* triunfó en la empresa de bestializar a varios protagonistas de la década musical que había concluido hacía poco. Nacido como falso documental *(mockumentary)* interpretado por una banda semificticia, la película cuestionaba todos los clichés de la música rock, desde las actitudes de las estrellas hasta los comportamientos excéntricos, hasta rozar, en más de un caso, el auténtico escarnio. Huelga decirlo, las principales víctimas del proyecto pertenecían mayoritariamente al género hard & heavy, con Black Sabbath, Led Zeppelin, Kiss y Aerosmith, en los focos durante casi toda la película. Irónica y desacralizadora, *This Is Spinal Tap* marcó tanto el género cómico como el musical.

saba en la fórmula (algo más dura) de los Rolling Stones, pero en sustancia su rock estaba, por así decir, más cerca que nunca de aquellos ritos primitivos que, desde la noche de los tiempos, marcaban los ritmos de la humanidad. Con los AC/DC el rock se erigió en expresión de un instinto animal que lo volvió a llevar a las calles de los barrios más pobres. El rock progresivo, el jazz–rock, el pop y la música disco sufrieron el asalto más feroz que se pudiera imaginar, sobre todo por obra de un cantante, Bon Scott, que era la antítesis de todos los solistas de la década de 1970, el exacto opuesto de un David Bowie o un Peter Gabriel. Sólo Iggy Pop se acercaba a la carga bestial de Scott que, en ciertos aspectos, no se podría siquiera definir como un cantante en sentido clásico, sino en la encarnación de una especie de dios Pan moderno. Constituido al 100% de tosca carga erótica que no dejaba a nadie indiferente, Bon Scott estaba dotado de un aullido desgarrador, una tonalidad de vitriolo que se convertiría en uno de los rasgos más imitados en el metal. Detrás de él había una banda que encerraba a su público con una serie de 4/4 insistentes y carentes de florituras, marcados exclusivamente para desencadenar los instintos más salvajes. Un público que, a su vez, respondía con una adoración fanática. El muro de sonido de sus conciertos era impresionante, pero en cualquier caso absolutamente exento de los refinamientos estilísticos de Led Zeppelin o Deep Purple. Los AC/DC eran instinto puro, protagonizado por cinco subproletarios que se declaraban orgullosos de serlo en su no domesticable índole gamberra. El guitarrista solista Angus Young se convirtió en el emblema mismo del hard rock, jugando con la figura del diablo vestido de colegial, con pantalones cortos, americana, corbata, gorro y cartera a la espalda. En los AC/DC hay un derroche de metáforas de relaciones con el diablo.

BON & JOHN, destinos cruzados

1980 fue un año feo para el rock. Y no sólo por el absurdo homicidio de John Lennon, que se produjo el 8 de diciembre frente al «satánico» Dakota Building, la localización de *La semilla del diablo*. Uno tras otro perdieron la vida Nathalie «Buster» Wilson, voz de los Fabulous Coasters, y Tommy Caldwell (bajista y fundador de la Marshall Tucker Band), Darby Crash de los Germs e Ian Curtis de los Joy Division, para terminar con el exquisito cantautor Tim Hardin. Pero si algo perforó el corazón de los fans de hard & heavy fueron las trágicas muertes de otras dos estrellas del rock. El 19 de febrero de 1980, en el asiento de un Renault 5 aparcado en una calle de Londres, fue hallado el cuerpo sin vida de Bon Scott, de 33 años, cantante de los AC/DC. «Eh, Satanás, pago mis deudas tocando en un grupo de rock —cantaba— estoy en la autopista hacia el infierno.» Quien lo conocía no se sorprendió de que muriera joven, lo que sorprendía es que hubiera vivido tanto tiempo. Unos meses más tarde, el 25 de septiembre de 1980, en la casa de Jimmy Page en Clewer, Inglaterra, su asistente Benji Le Fevre fue a despertar al batería John Bonham. Lo había apodado «The Beast», la bestia, por sus comportamientos animales y siempre más allá del límite. Lo encontró todavía en la cama. Lucía un color azulado, no contestaba, no tenía pulso. Estaba muerto, con tan sólo 32 años. Y si los AC/DC sustituyeron a Scott por Brian Johnson, alcanzando el Olimpo del rock, los Led Zeppelin, de hecho, decidieron terminar aquí. Nadie, ni siquiera su hijo Jason, podía sustituir a The Beast; y no podía existir una banda llamada Led Zeppelin sin John Bonham.

El público se identificó inmediatamente con ellos porque representaban la apoteosis del hombre de la calle, que estaba hasta el gorro de los problemas del mundo, que sabía que no los podía resolver y que, mirándose al espejo después de una agotadora jornada de trabajo, descubría tan sólo que tenía muchas ganas de emborracharse e ir a divertirse. Y entonces llegaban los AC/DC a decirles que todo aquello estaba muy bien, que aquella era su naturaleza y que era preciso hacerlo para sentirse verdaderamente feliz. El estruendoso asalto de sonidos eléctricos del grupo penetraba en los huesos y en el cerebro de los oyentes y los transportaba a un trance místico que se expresaba en movimientos violentos y repetidos del cuerpo y de la cabeza. Con ellos nació el término «headbanger» para definir a los amantes del heavy metal que sacudían la cabeza al mismo tiempo y de manera obsesiva de arriba abajo cuando escuchaban los temas del grupo.

Sus canciones eran, más que canciones, himnos de revuelta, constituidos en la práctica tan sólo por un riff y un estribillo hecho para gritar a voz en cuello. Por otra parte, en los AC/DC había una vena de extremismo que bañó de manera decisiva todo el rock duro: declarándose enemigos de las baladas y de los teclados, y llevando a sus máximos niveles la potencia de fuego de las dos guitarras de los hermanos Young (Angus y Malcolm) y de la sección rítmica (Phil Rudd a la batería y Cliff Williams al bajo), crearon el estándar de la formación metal e imprimieron una dirección precisa para la utilización de las dos guitarras; desde este punto de vista, sólo los Thin Lizzy tuvieron una influencia análoga en la década de 1970.

Los AC/DC representaron para el metal lo que habían sido los Ramones para el punk: los padres fundadores que, sin inventar nada, habían adoptado el sonido del pasado, lo habían descarnado hasta los huesos, le habían dado una coraza de inigualable potencia y lo habían convertido en el instrumento para cantar la rebelión vulgar, instintiva y anarcoide del hombre corriente, en oposición a las grandiosas óperas rock del período progresivo o a la ideologización de otros tipos de música. Su increíble vitalidad atrajo a muchos fans de cualquier otra formación musical, y todo intento de denigrarlos en base a su tosquedad expresiva (por otra parte no tan fácil de demostrar) fracasó miserablemente.

Obviamente, no fueron los AC/DC quienes inventaron el heavy metal, pero sí abrieron sus puertas de par en par. Al mismo tiempo, comenzó a imponerse en los escenarios otra formación que dio vida a uno de los cambios de paradigma más importantes en la historia del metal rock. Nació en Birmingham en 1969, adoptó el nombre a partir de un tema de Bob Dylan, «The Ballad of Frankie Lee and Judas Priest», y en unos pocos años y en el espacio de poquísimos discos impone la estética del heavy metal clásico, operando una revolución que hizo parecer anticuados a los padres fundadores del género. La huella estilística de los Judas Priest representó un trazo indeleble con el que todo el hard & heavy tuvo que enfrentarse, dado que se erigió muy pronto como parámetro indiscutible para decidir lo que era metal y lo que no lo era.

«Me aburre mortalmente oír decir que tuvimos éxito con once álbumes iguales. En realidad lo hicimos con doce...»

ANGUS YOUNG (AC/DC)

Si bien con el paso del tiempo su modelo devino incuestionable sólo en el interior de una facción del metal (una de las más aguerridas, la de los denominados «defensores de la fe»), ninguna banda en el mundo, ni siquiera Metallica o Korn, puede negar que les debe algo. Porque con ellos el heavy metal entró en su fase litúrgica y esculpió en piedra sus mandamientos. Como siempre, no fueron los Judas Priest los que impusieron un estilo que habían inventado ellos, sino que se limitaron a ser intérpretes de lo que la sociedad (o mejor dicho, una parte de ella) expresaba y sentía la necesidad de representar. Sin embargo, también en este caso había una banda que desplazó hasta más allá los límites del extremismo y de la transgresión, y por este motivo fue idolatrada por la base de los fans. En efecto, los Judas retomaron las temáticas fantásticas y de terror de los Blue Öyster Cult, las unieron a las visiones apocalípticas de los Black Sabbath y lo amalgamaron todo con una buena dosis de obsesión personal. Pero lo más importante que dieron al mundo del metal fue la imagen, el *look*, la iconografía, además de un estilo sonoro y lírico que sería dogma durante muchos años. Inspirados en la pornografía y en los sex–shops, los Judas Priest se buscaron una imagen extremadamente agresiva, chocante, enteramente procedente del mundo sadomasoquista: tachuelas, cuero negro, cadenas, látigos e instrumentos de tortura fueron su divisa, que se convirtió pronto en la de sus fans. Este tipo de *look*, que aunaba sugerencias nazis, visiones de la Edad Media y perversiones sexuales, no era un fin en sí mismo, sino encaminada a vehicular una concepción del show que se asemejaba a un gigantesco mitin para los fieles. Se evocaban imágenes de destrucción y muerte, como

MARTIN BIRCH
El productor del metal

Algunos productores vinculan indisolublemente su nombre a un género musical, hasta el punto de convertirse en parte integrante y, a veces, el público los ve como los miembros de una banda. Este fue el caso de Jerry Wexler con el soul, Jack Endino con el grunge o George Martin con los Beatles. En cuanto al hard & heavy, hay pocas dudas: Martin Birch fue el productor de la música pesada. A pesar de haber desempeñado un papel fundamental en la primera parte de la carrera de Fleetwood Mac, en la década de 1970 Birch fue el productor de todos los discos más conocidos de los Deep Purple, desde *In Rock* hasta *Made in Japan,* pasando por *Machine Head y Burn,* de los Rainbow de Ritchie Blackmore y Ronnie James Dio y de los Whitesnake de David Coverdale. En los primeros años de la década de 1980, Black Sabbath y Blue Öyster Cult confiaron en él para remontar la cuesta después de años de decepciones: se vieron compensados con álbumes como *Heaven and Hell* y *Fire of Unknown Origin,* del mismo modo que los Iron Maiden, que habían crecido bajo su sombra y de los que produjo cada álbum desde *Killers* hasta *Fear of the Dark.*

si la finalidad fuera la de forjar el alma y el cuerpo de los presentes. El cantante Rob Halford era un hipnotizador de masas, cínico y dogmático, que utilizó la mímica hitleriana para evocar visiones infernales que tenían un enorme poder sugestivo.

> «Más que punk, rock'n'roll o metal, somos un grupo de blues: sólo que tocamos rápido.»
>
> LEMMY KILMISTER (Motorhead)

Con los Judas Priest, el metal dio otro salto adelante: se convirtió en credo religioso. Nada se asemejaba más a una misa que un concierto suyo. Aunque se trataba de una liturgia particular, en la que la abyección del mundo, sus horrores reales o presuntos, se celebraban con una complacencia sin precedentes. La música del grupo era neurótica y cortante, y un crítico estadounidense llegó a decir que «se parece a la banda sonora de una violación». Las guitarras y las voces estaban ajustadas para sisear en el aire como proyectiles, y todo lo referente a la producción de los Judas era un continuo elenco de sexo violento, apocalipsis varios, guerras virtuales y reales, descargas eléctricas, explosiones nucleares, cuerpos biomecánicos, obsesiones sadomasoquistas y todo lo que era «overpower» (energía más allá de los límites).

Pero los Judas Priest no inventaron su imaginario. Cantaban simplemente lo que interesaba a aquella parte de la sociedad juvenil que veía el mundo como un incomprensible carrusel, siempre en el abismo del conflicto nuclear entre los Estados Unidos y la Unión Soviética, en el que la tecnología prometía lo inverosímil pero que la realidad desmentía,

ofreciendo tan sólo fealdad: regímenes dictatoriales, golpes de estado, masacres, revoluciones. El estilo lírico de los Judas Priest era muy particular, y constituyó un modelo para todo el heavy metal que merecía la pena analizar. Rob Halford marcaba cada verso de la canción como una proclama de batalla, una llamada a las armas que evocaba imágenes de potencia y furor. A veces ni siquiera era necesaria la presencia de una historia completa en la trama de los versos, porque lo que querían ofrecer los Judas era un retazo de emociones violentas, una alucinación hecha de fuerza y omnipotencia. Este tipo de conceptualidad, que influyó a todo el movimiento metal, alcanzó su ápice en la concentración totalitarista de «Heavy Duty–Defenders of the Faith» (1984), donde «...Unamos las fuerzas / Y gobernaremos con puño de hierro / Demostremos a todos / Que el metal domina el mundo / Somos los defensores de la Fe...», o en la apoteosis del pecado y del abandono demoníaco de «A Touch of Evil»

▶ **31 DE DICIEMBRE DE 1977**

Primer concierto de los Iron Maiden con Paul Di Anno como solista, en el Ruskin Arms Pub de Londres.

▶ **FEBRERO DE 1978**

Ozzy Osbourne deja a los Black Sabbath por el proyecto *Blizzard of Oz*; volverá al grupo tres meses más tarde. Finalmente será despedido el 27 de abril de 1979.

▶ **18 DE MARZO DE 1978**

Más de 300.000 personas asisten al Festival California Jam II.

▶ **4 DE MAYO DE 1978**

En Gran Bretaña, Margaret Thatcher es elegida primera ministra. Los Iron Maiden escriben el tema *Iron Maiden* para burlarse de ella.

▶ **20 DE MAYO DE 1979**

Sale el sencillo de los Kiss «I Was Made for Loving You», extraído del álbum *Dinasty*. El tema lleva a la banda al éxito mundial.

▶ **20 DE ENERO DE 1980**

En Des Moines (Utah), Ozzy da un mordisco a un murciélago que un fan le había lanzado al escenario. Enferma de leptospirosis.

▶ **19 DE FEBRERO DE 1980**

Muere en Londres Bon Scott, cantante de los AC/DC. Lo encuentran en el asiento delantero de su automóvil.

▶ **20 DE AGOSTO DE 1980**

Primer festival «Monsters of Rock» en Castle Donington, en Gran Bretaña, con Rainbow, Scorpions, Riot y Saxon.

▶ **25 DE SEPTIEMBRE DE 1980**

Muere John Bonham, batería de los Led Zeppelin. El grupo se disuelve al cabo de pocos meses.

▶ **1 DE ABRIL DE 1981**

Los Motörhead llegan al número 1 de la clasificación británica con el directo *No Sleep 'Til Hammersmith*.

▶ **7 DE OCTUBRE DE 1986**

Reign in Blood, tercer álbum de los Slayer, considerado el mejor ejemplo de trash metal de todos los tiempos.

(1990), épica obra maestra de la banda británica: «Un ángel negro del pecado / Me implora desde dentro / Ven y llévame contigo / Estoy asustado / Pero sigo alimentando la llama… en la noche / Ven a mí / Sabes que quiero tu Toque de Mal / En la noche / Te ruego, libérame / Necesito tu Toque de Mal…» (en inglés, «touch of evil» era la expresión usada por los inquisidores de los siglos XVI y XVII para indicar la posesión demoníaca en el cuerpo de una presunta bruja). Los textos de los Judas Priest eran declamaciones políticas, mandamientos de una nueva religión entonados y gritados por la voz luciferina de Rob Halford, auténtico maestro indiscutido de los aulladores «altos» del metal, que depuraba la lección de Robert Plant e Ian Gillan de toda referencia residual al blues y lo convertía en una mortífera arma de guerra. No menos importante en la fenomenología de los Judas Priest era la componente de ambigüedad sexual que constituiría el modelo para los futuros epígonos. Se trataba de una sexualidad intencionadamente incierta, en la que el machismo sadomasoquista del cantante exhibía una estética porno gay nunca oculta. Sexo como expresión de poder, de dominio pero desprovista de sutiles abandonos y de placeres sofisticados; constituido, en su lugar, exclusivamente por penetraciones violentas y sumisiones a una fuerza ciega que entraba en el cuerpo para dar «power», como en las violaciones musicales de «Eat Me Alive» (1984) o «Turbo Lover» (1986. La censura planteó una batalla sin cuartel contra la banda de Birmingham, con escasos resultados. Con ellos, el metal se convirtió oficialmente en un canon de existencia, un canon del que los Judas Priest eran los máximos profetas.

UNA NUEVA OLA DE METAL Y EL TRIUNFO DE LA VIRGEN DE HIERRO

La New Wave of British Heavy Metal fue la nueva frontera del metal. Lo demostraron Def Leppard y Saxon, a la espera del advenimiento de la banda más importante de toda la historia hard & heavy, los Iron Maiden.

En la Gran Bretaña de la segunda mitad de la década de 1970, el heavy metal estalló con toda su violencia sonora, generando centenares de bandas y un *underground* equivalente tan sólo al del contemporáneo punk, aunque de menor visibilidad mediática. Los pilares del fenómeno fueron dos: rechazo máximo a la cultura pop y sus ídolos acicalados y aceleración de los clásicos rasgos característicos del hard rock de los primeros años de la década, signo de un paso a un nivel superior de violencia sonora e intensidad lírica.

Como en el caso del punk, la increíble proliferación de formaciones aficionadas en poquísimo tiempo vino determinada en parte por el descenso de la maestría técnica necesaria para adquirir dignidad artística en el interior de este mundo. La típica banda metal británica de finales de la década de 1970 no tenía por qué poseer los requisitos técnicos de sus padres (Deep Purple o Led Zeppelin) para hacerse notar. Los riffs se reducían al máximo, las voces se endurecían y los ritmos se simplificaron notablemente. Los solos de guitarra eran más sencillos, breves y cargados de *feedback* respecto a las largas improvisaciones guitarrísticas de Blackmore, Nugent y Page, y toda la atención se concentraba en el impacto sonoro que el grupo debía tener en directo.

Esta nueva escena, rebautizada de modo incomprensible como New Wave of British Heavy Metal, nació en un rico circuito de clubs ingleses cuando algunos disc jockeys (en particular Neal Kay) se dieron cuenta de que el público ya no soportaba más bandas pop

EDDIE
LA MASCOTA DEL METAL

Se llamaba Eddie. Inventado por el artista Derek Riggs, es, desde hace más de treinta años, el protagonista absoluto de todas las carátulas de los Iron Maiden. Como toda mascota que se precie, es mucho más que un elemento iconográfico: al subir cada noche al escenario con la banda, Eddie se convirtió en un miembro a todos los efectos, y sería impensable que ello no sucediera. A nivel de escenografías, todo giraba en torno a él. La misma banda estaba tan ligada a su «compañero» que le dedicó una recopilación de éxitos (*Ed Hunter*), además de hablar de él como de algo a medio camino entre un psicópata y un viejo amigo de infancia. En definitiva, si bien es cierto que los Iron Maiden se hicieron célebres por sus cabalgatas épicas y los gritos de Bruce Dickinson, no resulta blasfemo afirmar que sin Eddie, su notoriedad sería menor.

que ejecutaban versiones o continuas propuestas tipo Genesis o King Crimson. El nuevo fenómeno del rock juvenil era el punk de los Ramones, artífices de un enfoque tosco y martilleante, constituido por ritmos obsesivos y bruscos y temas breves e impactantes. La llegada de los Sex Pistols a los escenarios ingleses tuvo un efecto disruptivo, como raramente se había visto en la historia de la música y de las costumbres, pero no fue la causa de los vuelcos estéticos y culturales la sociedad, sino sólo su efecto. En pocos años, el andamiaje del pop rock mundial se derrumbó bajo los mortíferos mazazos del *underground* metal–punk que proponía nuevos héroes inadaptados, violentos e irresponsables que tenían poco que ver con los grandes ideales de la década de los años sesenta. Es más, en algunos aspectos, eran su antítesis. El éxito de las formaciones británicas del período fue estratosférico, y desde la madre patria se extendió a todo el mundo. En Inglaterra, los Judas Priest de *British Steel* (1980) y los Motörhead de *No Sleep 'Til Hammersmith* (1981, en directo) alcanzaron el primer puesto en la clasificación de los álbumes más vendidos, superando ampliamente el millón de copias. En el interior de este filón nacieron bandas destinadas a escribir la historia del rock, como los Iron Maiden y los Def Leppard, protagonistas de una de las más clamorosas ascensiones en la historia de la música moderna. Originarios de los barrios pobres de Sheffield, los Def Leppard recabaron la atención general por su vida salvaje, la alta carga gamberra de su música y la espantosa capacidad de realizar espasmódicos crescendos que a menudo llevaban a la platea a niveles de histeria colectiva.

DORO PESCH

Cuando el metal es mujer

Hoy en día nadie se sorprende de que una mujer se encuentre al frente de una banda. Pero a principios de los años ochenta, en un ambiente misógino y ultraconservador como lo era el del metal, la contaminación entre sexos no era cosa común. Dorothee Pesch, nacida en Dusseldorf en 1964 (hija única de un camionero) logró desbaratar prejuicios y evitar sonrisitas, demostrando que una mujer podía ser creíble y romper los tímpanos tanto como Rob Halford o Ronnie James Dio. Los Worlock, fundados en plena explosión de la New Wave of British Heavy Metal, todavía hoy se señalan una de las bandas símbolo de aquel movimiento, de modo que la cantante alemana se ha convertido en un icono del género. Atractiva y dotada de una voz espléndida, Doro está considerada todavía hoy, por todo fan del metal, como una leyenda viva, muy poco por debajo de figuras legendarias como Lemmy Kilmister o el propio Ronnie James Dio.

Abandonando todo esteticismo lírico y toda metáfora, aunque estremecida, de las bandas más vulgares y sexistas que los habían precedido, los Def Leppard cantaron bulliciosos himnos a la felación («Let It Go»), celebraciones subversivas de la violencia callejera («Rock Brigade»), del travestismo («Lady Strange») y de cualquier cosa que sonara a «hard rock life» vivida sin tapujos ni máscaras. La voz feroz de Joe Elliot, las guitarras afiladísimas de Phil Coller y Steve Clark y el estilo de batería epiléptico del todavía adolescente Rick Allen elevaron su nombre a los vértices máximos del rock internacional. Su tercer álbum, *Pyromania* (1983), llevó, junto a Joan Jett, AC/DC y Quiet Riot, el metal a los Estados Unidos, vendiendo (sólo en Norteamérica) ocho millones de copias. Rick Allen perdió un brazo en un accidente de carretera el 31 de diciembre de 1984, pero aun así logró volver al grupo (gracias a una batería hidráulica especial proyectada específicamente para él por un ingeniero de la NASA), y el álbum *Hysteria* (1987) llegó a superar los trece millones de discos vendidos en los Estados Unidos, y otros tantos en el resto del mundo. Ni siquiera después de haber suavizado su sonido en favor de un hard pop más «americano», la banda perdió el apoyo de sus primeros fans, y hasta la muerte de Steve Clark, acaecida el 8 de enero de 1991 por una sobredosis de alcohol y drogas, el grupo mostró signos de decadencia que lo llevarían cada vez más a vivir de renta en los años siguientes sin ninguna otro pico artístico o comercial.

«La etiqueta heavy metal no nos perteneció nunca. Escribíamos simplemente temas pop potentes e hiperproducidos: por esto nos colaron en el metal.»
JOE ELLIOT (Def Leppard)

El caso de los Def Leppard fue el más espectacular, pero no el único. La nueva concepción sonora propuesta por las bandas de la NWOBHM fue algo que hizo presa inmediatamente en el imaginario juvenil. Una mezcla de viejas vibraciones hard y agresividad punk, a menudo asociada a simbología agresiva, hija directa del género de la fantasía y de un nuevo descaro conceptual que eliminaba cualquier tapujo a la hora de declararse amorales, blasfemos y cínicos. Los mitos de la nueva generación del metal fueron la velocidad, el ruido y la potencia. Quien daba estos símbolos a los jóvenes era premiado, como los Saxon, auténticas leyendas del british metal, así como autores de algunos de los himnos más duraderos del período («Motorcycle Man», «Wheels of Steel», «Strong Arm of the Law»). La banda de Biff Byford propuso un hard tan seco y potente que quedaba esculpido en la mente de los fans con una fuerza impresionante, hasta el punto que todavía hoy actúan en directo basándose de forma exclusiva en los temas compuestos en su primer período (1978–1982). En el interior de la escena británica, se adjudicaron el papel de los modernos guerreros en motocicleta, proletarios y cerveceros, ofreciendo de esta manera un modelo que creó escuela en el mundo del metal, incluso fuera de las fronteras del Reino Unido.

A diferencia del punk, el metal inglés no rompió los vínculos estilísticos con el pasado. Es más, se declaró como la lógica continuación de la generación de las grandes bandas hard de principios de los años setenta (y en este punto se comenzó a abrir camino la distinción entre hard rock y heavy metal), elevándolas al papel de divinidades inspiradoras. Ello propició que la popularidad de algunos personajes (como Ozzy Osbourne y David Coverdale, alcanzara nuevas cimas justamente en los años en cuestión. Pero la NWOBHM también fue un movimiento musical cultural basado en la transgresión y en la provocación. Viejos y nuevos protagonistas de la escena competían a la hora de crear escándalos; como el propio Ozzy Osbourne, que en enero de 1980 arrancó a mordiscos la cabeza de un murciélago muerto durante un concierto en Des Moines, Utah y que, no contento con ello, estranguló una paloma blanca en las oficinas de su casa discográfica durante la presentación del nuevo álbum *Diary of a Madman* (1981). Motörhead y Judas Priest flirteaban a menudo con simbologías nazistoides, atrayéndose el odio y el escarnio de la prensa inglesa, pero el caso más clamoroso fue sin duda el de los Venom, un trío de Newcastle que produjo, en unos poquísimos meses, dos álbumes de evidente contenido satanista (*Welcome to Hell*, de 1981, y *Black Metal*, de 1982), que barrieron literalmente toda indecisión residual del metal y lo orientaron hacia el camino de la provocación más alucinada. Los Venom se convirtieron en fundadores a todos los efectos: con ellos, los mensajes diabólicos y filosatanistas ya se grababan al revés en los vinilos y se ocultaban a nivel subliminal, sino que se mostraban perfectamente en la carátula, escritos en el sentido correcto e inteligibles para todo el mundo.

En este período nació la que estaría destinada a convertirse en la banda de heavy metal más famosa de todos los tiempos. No resulta sorprendente que naciera justamente en este caldo cultural hecho de violencia callejera, rebelión inconformista y ganas de salir de una frustración personal y social perenne a través de las vibraciones fuertes del

RICK ALLEN, el batería con un solo brazo

En la cumbre del éxito de los Def Leppard, la noche del 31 de diciembre de 1984, el batería Rick Allen, con la ayuda de la cocaína, terminó fuera de la carretera con su automóvil. En el terrible accidente perdió el brazo izquierdo. Cuando, poco menos de un mes más tarde, se volvió a presentar en un estudio de grabación, sus compañeros reaccionaron como si estuvieran delante de un fantasma. Gracias a la ayuda de la prestigiosa marca de batería Simmons, del cantante Joe Elliot y del batería de los Status Quo Jeff Rich, se creó un drum set a medida para Rick: una batería nueva, experimental, que le permitió seguir tocando. Se trataba de un híbrido, compuesto por elementos acústicos, electrónicos y pedales que el batería debía utilizar con el pie izquierdo, en general usado para controlar el charles.

Después de un indispensable período de práctica, Allen fue capaz de recuperar a todos los efectos su puesto en los Def Leppard. Su regreso al escenario se produjo en 1986, en el Monsters of Rock de Donington.

rock duro, construyendo un mundo de símbolos alternativo y paralelo al oficial. El mérito de los Iron Maiden fue el de proporcionar estos símbolos y de hacerlo con la máxima prolijidad, hasta el punto de identificarse con el propio heavy metal, después de haber asumido el papel de máximos sacerdotes del mismo y haber escrito sus leyes éticas y musicales.

> «Todo lo que quieras saber sobre los Iron Maiden
> lo puedes descubrir en el escenario.»
> BRUCE DICKINSON (Iron Maiden)

Nacidos en 1976 en los suburbios pobres y peligrosos de Londres por iniciativa del bajista Steve Harris, los Iron Maiden alcanzaron una clamorosa popularidad a finales de la década, cuando el circuito de los clubs *underground* los erigió en paladines del nuevo género salvaje. Etiquetados al principio como punk rock, los Iron Maiden sabían fundir riffs y estructuras sonoras típicas del hard primigenio con la agresividad y la irreverencia del punk inglés. Su fórmula caló de manera fortísima entre el público, y a menudo sus shows eran interrumpidos antes de finalizar a causa del comportamiento delirante de la multitud, cuando no por auténticas reyertas. No es de extrañar, si se piensa que, en la primera fase de su carrera, los Maiden lucían un cantante como Paul Di'Anno, prototipo inigualable del gamberro–grosero que, con tan sólo 17 años, podía jactarse de poseer una hoja de antecedentes penales muy notable, y para el cual la vida y el arte era una sola cosa.

Sus canciones eran un concentrado de sugerencias de terror gótico («Transylvania», «Phantom of the Opera», «Murders in the Rue Morgue»), mezclados con himnos a la vida salvaje y criminal («Running Free», «Killers»), al sexo mercenario («Charlotte the Harlot») y a un carácter visionario apocalíptico de matriz netamente antirreligiosa («Purgatory»).

En ellos se concentraban todos los motivos del agotamiento nervioso de una generación entera que buscaba su mundo ideal en el guitarreo furioso de la «Virgen de Hierro» (el nombre del grupo procedía de un tristemente célebre instrumento de tortura corriente en la Europa de las guerras de religión de los siglos XVI y XVII) y en su impacto neurótico y electrizante.

La fórmula sonora de los Iron Maiden, desarrollada sobre todo por Harris, se basaba en cabalgatas rápidas y riffs desgarradores («Sanctuary», «Drifter»), que eran armas de eficacia segura a la hora de desencadenar el pogo entre la platea. Di'Anno era un agitador de masas carismático y violento, pero en 1981 fue sustituido por el más técnico y sofisticado Bruce Dickinson que, a pesar de las previsiones, hizo volar a la banda hacia el Olimpo del rock. En efecto, Dickinson acentuó el carácter gótico, de ciencia ficción y pagano que valió a los Iron Maiden la adoración fanática de sus fans. Se convirtió en el prototipo del

18 DE NOVIEMBRE DE 1981

Con la publicación del álbum *I Love Rock'n'Roll*, Joan Jett se convirtió en la primera mujer en acercarse al heavy metal.

19 DE MARZO DE 1982

Muere Randy Rhoads en un accidente de helicóptero. El exceso de confianza del piloto hizo estrellar el vehículo contra un chalet. Los pasajeros murieron de golpe.

17 DE ABRIL DE 1982

The Number of the Beast de los Iron Maiden se encarama directamente al número 1 de las clasificaciones inglesas.

2 DE MARZO DE 1984

El film documental *This Is Spinal Tap* fue el primero en contar el heavy metal y a sus protagonistas. En realidad, el director Rob Reiner realizó una parodia de la escena de la época y de la extraña vida de las estrellas del rock.

26 DE OCTUBRE DE 1984

El joven californiano John McCollum, de diecinueve años, se suicida y sus familiares acusan a Ozzy Osbourne de responsabilidad moral en el trágico gesto. Dos años más tarde, el tribunal absuelve a Osbourne de toda acusación.

2 DE NOVIEMBRE DE 1984

Ronald Reagan es elegido para un segundo mandato a la presidencia de los Estados Unidos. En campaña electoral promete combatir las formas de arte «degeneradas».

8 DE DICIEMBRE DE 1984

El cantante de los Mötley Crüe, Vince Neil, se ve implicado en un espantoso accidente de carretera en el que pierde la vida Nicholas «Razzie» Dingley, batería de los Hanoi Rocks.

12 DE DICIEMBRE DE 1984

Nace el PMRC, Parents Music Resource Center, con la finalidad de aumentar el control de los padres sobre la música que escuchan sus hijos. Música que, según el PMRC, puede llevar a actos violentos, al consumo de drogas y a una excesiva libertad sexual. Tipper Gore, mujer del futuro vicepresidente Al Gore, es una de sus fundadoras.

cantante metal de tono alto y chillado, capaz de actuar encabritando su voz a niveles escalofriantes. *The Number of the Beast* (1982) desencadenó una feroz oleada de polémicas por su mensaje descaradamente satánico, pero esto era sólo el principio. En los primeros años ochenta, todo lo que era metal remitía a los Iron Maiden, portaestandartes absolutos del género y grupo que no perdía ocasión de hacer alarde de su fiereza metalera. A pesar de cambios de formación y un repertorio que cada vez era más grandilocuente con el paso de los años, nada podía quitar a la banda inglesa el cetro del metal mundial. Los Iron Maiden institucionalizaron la cultura metal y generaron una plétora de grupos que se inspiraban, directa o indirectamente, en ellos. Sus camisetas y su logo estilizado se convirtieron en sinónimo del metal, y ello gracias en parte a una producción musical de nivel superlativo, que en pocos años dio nacimiento a álbumes históricos como *Iron Maiden* (1980), *Killers* (1981), *The Number of the Beast* (1982), *Piece of Mind* (1983), *Powerslave* (1984) y el monumental disco en directo *Life After Death* (1985). En toda la primera mitad de la década de 1980, los Maiden dieron vida a una serie impresionante de clásicos del metal como (además de las canciones ya citadas), la macabra semibalada «Children of the Damned», la invocación diabólica a ritmo de fast rock de «The Number of the Beast» (introducida por un magistral crescendo de tensión), los brutales golpes de machete guitarrísticos de «2 Minutes to Midnight» y las ráfagas sonoras de la rapidísima «Aces High». Ninguna banda puede alardear de unos seguidores tan fieles y entusiastas, hasta el punto que, a mediados de los años ochenta, se convirtieron en el grupo de rock con el mayor número de fan clubs y fanzines del mundo, superando en esta clasificación especial a Kiss, Bruce Springsteen, U2 y Led Zeppelin.

MONSTERS OF ROCK

Los grandes festivales fueron la catedral ideal para los fieles del metal. Y el Monsters of Rock fue su Meca.

La década de 1980 es recordada por mucha gente como la de los grandes conciertos benéficos, por ejemplo el Live Aid. La presencia de grupos hard rock / heavy metal en estos eventos (incluido el Live Aid) fue muy reducida, pero a pesar de ello, los festivales se convirtieron en el terreno privilegiado para reunir a los fieles del metal. Sin embargo, raramente se desarrollaron manifestaciones en los que hubiera una mezcla entre bandas de metal y artistas de otros géneros. La única excepción verdadera la representó Rock In Rio, en enero de 1985 (el mayor festival de rock de la historia), en el que se alternaron en el mismo escenario AC/DC, Iron Maiden, Whitesnake, Ozzy Osbourne y Queen. Aparte de este festival, reinaba aquel rígido integrismo magníficamente encarnado por el Monsters of Rock, que durante años fue punto de referencia en el imaginario de los fans y meta asimilable al peregrinaje a la Meca para todo buen musulmán: una experiencia que debía hacerse al menos una vez en la vida. Porque la historia del Monsters es la historia del metal mismo. La idea nació a finales de la década de 1970: fue Ritchie Blackmore quien creó la manifestación en el parque de Castle Donington, en Inglaterra. En la primera edición de 1980 participaron April Wine, Riot, Saxon, Scorpions y los Rainbow de Blackmore, cabezas de cartel del evento, obviamente. Asistieron 50.000 espectadores, mucho menos que en otros festivales británicos como Knebworth y Reading, pero la idea de un gran

El Monsters of Rock fue un festival de rock que se realizó en Inglaterra entre los años 1980 y 1996, celebrado una vez al año en el mes de agosto en Donington Park, al noroeste de Leicestershire.

festival dedicado enteramente al hard rock y al heavy metal fue considerada irresistible por parte de algunos organizadores que adquirieron los derechos a Blackmore. Las sucesivas ediciones entraron en la historia hasta constituir el potente centro de atracción del visionario mundo metálico. Muy pronto, el festival se convirtió en itinerante y llegó a casi toda Europa, aunque gravitando siempre en torno al centro de atracción de Castle

Donington. Justamente en tierra inglesa, en 1985, nació la leyenda de los Metallica, después de una exhibición explosiva que devastó a la audiencia como nunca había sucedido antes.

Con la increíble exhibición de 1983, los Whitesnake comenzaron a pavimentar el camino de la gloria que los llevaría a las ventas millonarias de unos años más tarde. El Monsters of Rock se convirtió de esta manera en la metáfora extrema de la vida de todo metalero, pero su naufragio se debió sólo a sí mismo, al hecho de ser el símbolo de una gran misa colectiva, catártica y liberadora, que en dos ocasiones liberó energías espantosas que lo mancharon de sangre. La primera fue la de Castle Donington del 20 de agosto de 1988. Los organizadores obtuvieron la autorización de las autoridades locales para la puesta a la venta de un máximo de 90.000 entradas. Según fuentes creíbles, hasta el día anterior se ha-

EL FESTIVAL DE LOS CONDENADOS

Donington fue la localización por excelencia de los grandes conciertos hard rock y metal: todavía hoy, el Download Festival atrae a centenares de millares de espectadores. De todos modos, la edición de 1988 pudo ser la última. Anunciada como la más concurrida de su historia (pagaron 107.000 personas), contaba en su cartel con Megadeth, Iron Maiden y Guns N' Roses. Justamente durante el set de la banda de Axl Rose, el público (tomándose demasiado al pie de la letra sus palabras), dio vida a un inmenso «pogo» que resultó fatal para dos jóvenes, que terminaron ahogados en el fango, pisoteados por miles de zapatos. Inexplicablemente, la «fiesta» prosiguió, marcando para siempre el ánimo de quien en aquel momento estaba en el escenario.

bían vendido más de 130.000 entradas, y la venta prosiguió en los accesos durante toda la mañana del festival. Una muchedumbre espantosa se adentró en un área visiblemente limitada; la tragedia asomaba y se consumó cuando subieron al escenario los Guns N' Roses. La violencia del pogo y la simultánea declaración de un pequeño incendio en un lado del recinto del autódromo causaron un movimiento incontrolado de la gente: dos jóvenes murieron aplastados y centenares quedaron heridos, muchos con pronóstico grave; algunos quedaron paralizados de por vida y el balance habría podido ser mucho más grave. Y sin embargo, pese a todo ello, el festival prosiguió como si no hubiera sucedido nada, entre continuos desmayos y hospitalizaciones en masa de gente oprimida en las trifulcas. El shock mediático fue muy fuerte en Gran Bretaña. El metal fue tildado de música y cultura que atraían la violencia y que buscaban tragedias como esta. Al año siguiente el Monsters no se celebró, no sólo como señal de luto, sino sobre todo por las limitaciones que la policía británica impuso a los organizadores (entre estas la eliminación de la jornada con Judas Priest y Slayer, bandas que se consideraba que podían acarrear incidentes). En 1990, el festival volvió a Donington con una capacidad limitada a 72.000 espectadores. También hubo pocas actuaciones en el resto de Europa; todo parecía ser como antes. La edición de 1991, con AC/DC, Metallica, Queensrÿche, Mötley Crüe y Black Crowes representó un éxito increíble pero por desgracia los organizadores decidieron llevarlo a Moscú. Todavía hoy, lo que se produjo aquel 28 de septiembre de 1991 en el aeropuerto de Tushino sigue siendo un misterio. Tan sólo unas pocas semanas antes, a finales de agosto, Rusia había quedado con el aliento en vilo por un intento de golpe de estado que de hecho había desautorizado al presidente Mikhail Gorbachov. El país estaba prácticamente sin gobierno, y el Monsters se transformó rápidamente en una gigantesca manifestación política. La afluencia de público fue espantosa: 700.000 personas por la zona, pero desde las primeras horas de la mañana resultaba claro que la música ejercería de banda sonora a otro tipo de explosiones. Durante el concierto de los Pantera y de los héroes locales E.S.T. se desencadenaron desórdenes en los que se opusieron jóvenes antigolpistas y policía, extremistas de derecha y de izquierda. Se prohibió la entrada en la zona del festival a las ambulancias y la revuelta estalló. Metallica y AC/DC tocaron mientras se iban produciendo enfrentamientos, tiroteos, agresiones y palizas. Nadie supo nunca cuál fue el balance de las víctimas, pero los más pesimistas llegaron a declarar que habían tenido constancia de trescientos muertos y muchos miles de heridos. En aquel momento, el Monsters perdió definitivamente su connotación musical: la cultura del metal había llegado a un punto de no retorno, concentrado de violencia urbana y revancha de frustraciones cotidianas imposible de controlar. Al año siguiente, el Monsters of Rock se desarrolló con capacidad reducida y en pocas ciudades de Europa (los cabezas de cartel fueron los Iron Maiden), y en 1993 no se hizo. De 1994 a 1996 se repitió tan sólo la cita tradicional de Castle Donington y a partir de 1997 se perdió su rastro. Renacería en la década de 2000 con el nombre de Download Festival.

«Si no sabes tocar en un estudio no lo sabrás hacer en el escenario, especialmente frente a 200.000 personas.»

RITCHIE BLACKMORE

SEXO, DROGA Y... ¡METAL!

El metalero estadounidense encontró nuevos ídolos con los que identificarse. Los fenomenales casos de Mötley Crüe y Guns N' Roses y los nuevos estilos del metal: hair, glam y street.

Aun vendiendo millones de copias también en los Estados Unidos, la mayor parte de las estrellas del heavy metal tenían el «defecto» de ser europeas, mientras que otros grupos como Quiet Riot y Mötley Crüe representaban al perfecto fan del metal estadounidense de provincias. Pero mientras que los Quiet Riot se hundieron inmediatamente después del escandaloso éxito de *Metal Heath*, los Mötley Crüe se convirtieron en una de las bandas más populares de todos los tiempos, así como líder, junto a los Guns N' Roses, del estilo que arrolló en la década de 1980. Fue definido como «glam metal», pero se trataba de un error semántico. La imagen ofrecida por grupos como Mötley Crüe, Ratt, Twisted Sister, WASP y Quiet Riot no era, de hecho, la imagen sofisticada, efébica y culta del tipo David Bowie o Bryan Ferry, sino más bien un himno a la provocación gratuita, que remitía al mundo de los travestís y al sadomaso propugnado por los Judas Priest. En el «street metal» norteamericano convivían dos elementos a primera vista irreconciliables: la ambigüedad sexual y la vehemente necesidad de dar rienda suelta a los instintos primordiales, en particular a los eróticos.

DEEP PURPLE MARK II
La reunión de las reuniones

A partir del momento en que Ritchie Blackmore dejó la banda para formar los Rainbow, los fans de los Deep Purple comenzaron a soñar en el día en que volverían a ver sobre un mismo escenario aquella formación. Después de más de diez años, unas negociaciones que duraron meses y, sobre todo, gracias a un cachet de dos millones de dólares que fueron a parar directamente a los bolsillos de cada miembro de la banda, se produjo el milagro: Blackmore, Gillan, Paice, Lord y Glover se encontraron en el norte de Vermont, en Base Lodge, espléndida mansión de la familia Von Trapp, para grabar la continuación de *Who Do You Think We Are*. A pesar de la poca espontaneidad del evento y de la inevitable breve duración, la reunión dio vida a *Perfect Strangers* (1984) última obra maestra de la historia del grupo. Pero también a una gira de éxito extraordinario, la segunda en ingresos (en los Estados Unidos) tan sólo por detrás de Bruce Springsteen. De todos modos, la sensación percibida durante los diferentes conciertos de la gira era que Blackmore quería subrayar su carácter ajeno al resto del grupo. Poco tiempo después la banda se volvió a disolver. 1993 fue el año de un nuevo intento fallido: el álbum *The Battle Rages On...* fue la prueba de que las divergencias entre Gillan y Blackmore ya eran insuperables.

Los músicos estadounidenses se cardaban el cabello y se aplicaban laca, llevaban camisetas de rejilla y tacones altos, pero también pantalones de piel, tachuelas, cadenas, pentáculos invertidos y otros símbolos provocadores. El carmín en los labios alternaba con la navaja en el bolsillo, y la ética propugnada era la de un divertimento sin límites e inhibiciones. La herencia iconográfica de los New York Dolls casaba a la perfección con la sonora del metal más áspero. El street metal se apropió de las instancias libertarias más epidérmicas y menos intelectualizadas de la sociedad estadounidense de los años ochenta, una sociedad juvenil que hacía bandera de su falta de compromiso, que no se reconocía en ninguna moral que no fuera la del más fuerte y del más astuto, del dinero que lo podía comprar todo y que, en definitiva, aplicaba inconscientemente en sus vivencias cotidianas los principios de la Iglesia de Satanás de Anton LaVey (inspirados en un súper individualismo hedonista e indiferente a las miserias del mundo). Justamente esto aterrorizó a los moralistas estadounidenses, que declararon la guerra al metal. El desenfrenado exhibicionismo sexual de las bandas de street metal mostraba los caracteres del sexo mercenario sucio y excitante, vivido como puro divertimento. Para el street metal, el exceso era un parque de atracciones de las emociones fuertes en el que, una vez pagada la entrada, se tenía derecho a todo. La única finalidad de la existencia era entrar en este parque y permanecer dentro el mayor tiempo posible. Y para ello era preciso ser alguien, huir del anonimato y de las rutinas que destruyen el alma y devoran el cuerpo. «I Wanna Be Somebody» (1984) de los WASP fue el gran himno de los años ochenta, de una generación a la que se había prometido un cuarto de hora de celebridad y que ahora lo reclamaba en voz alta. Los héroes de esta generación se asemejaban más a los Sex Pistols que a los Deep Purple, pero la etiqueta heavy metal no se cuestionó ni siquiera un instante. Los Ángeles sirvió de base del movimiento metal estadounidense, y justamente en esta ciudad arrancó la aventura del grupo que, junto a los Guns N' Roses, fue el más significativo de la escena glam street, hasta el punto de convertirse en su paradigma: los Mötley Crüe. Banda de capacidades técnicas nada elevadas, se impuso a la atención general con un sonido martilleante y bullicioso, mezcla perturbadora de Hanoi Rocks, Black Sabbath y british metal. Sus espectáculos se distin-

Mötley Crüe está considerada como una de las bandas más importantes de la escena «glam» desde los años ochenta, siendo una de las más influyentes en la escena mundial.

guían por su vulgaridad más absoluta, pero sus textos estaban atravesados siempre por una vena de despiadado realismo que los convirtió en auténticos intérpretes de una franja de sociedad marginada y carente de representantes adecuados. El *look* del grupo era el de los gamberros transexuales, toxicómanos, alcoholizados y entregados a improvisados ritos orgiásticos. Su éxito fue casi inmediato. Después de publicar el álbum autoproducido *Too Fast For Love* (1981), del que se distribuyeron más de 30.000 copias, fueron contratados por una elevada cifra por la Elektra, y su siguiente *Shout at the Devil* (1983) fue inmediatamente un *best seller*. Absolutamente irresponsables y amorales, los Mötley Crüe llenaron las crónicas negras y rosas con sus hazañas. El cantante Vince Neil causó la muerte del batería de los Hanoi Rocks, Nicholas «Razzle» Dingley, en un accidente de carretera en 1984 del que él salió ileso y con los antecedentes penales limpios, gracias al poder del dinero y de los abogados. La censura los comenzó a enfocar, pero su insaciable hambre de sexo y su obstinada ignorancia los transformó en modelos para la juventud estadounidense, hambrienta de sensaciones redentoras primordiales. El hecho de derrochar todo el dinero ganado en burdeles, heroína, striptease y giras espectaculares les confirió un aura de héroes para muchos jóvenes de la provincia y de la clase trabajadora, que vieron en ellos el sueño imposible (pero concreto) de una compensación existencial por persona interpuesta. La promesa mantenida de que, si no se puede cambiar propiamente el mundo, al menos uno se puede divertir y tal vez esperar el apocalipsis en un casino de Las Vegas entre strippers disponibles y música rock a todo volumen.

Después de *Theatre of Pain* (1985), los Mötley Crüe grabaron el auténtico evangelio del rock callejero de todos los tiempos. *Girls, Girls, Girls* (1987) puede ser considerado el *Never Mind the Bollocks* de la década de 1980, un disco conceptual sobre el sexo y sus desviaciones. El sexo como obsesión principal en la vida, para desfogar las neurosis y como motor del mundo, así como mercancía en la que los sentimientos no son irreconciliables con la «venta» de las partes íntimas. Es más, constituyen su base ética («El viernes por la noche / Necesitaré una pelea / Mi moto y una navaja / Un puñado de brillantina en el pelo ya me hace sentir bien / Pero lo que necesito para estar realmente a tope / Son chicas, chicas, chicas... con las piernas largas y los labios rojos / Que se bambolean a lo largo de Sunset Strip...», de «Girls, Girls, Girls»). Los Mötley Crüe fueron los cantores de una sexualidad que no conocía reglas o precauciones, pero tampoco hipocresías y decía a la cara lo que todos pensaban pero que nadie se atrevía a decir. Obviamente, no eran los únicos intérpretes de esta sexualidad agresiva y desprovista de todo escrúpulo moralista.

«Todavía hoy, en los Estados Unidos, el metal es la mejor música.»

SEBASTIAN BACH (Skid Row)

Twisted Sister es una banda estadounidense de Glam Metal, Heavy Metal y Hard Rock formada en la ciudad de Nueva York. Su trabajo fusiona el trabajo de Alice Cooper, el humor rebelde de la nueva ola del metal británico, el estilo de New York Dolls y el extravagante maquillaje de KISS.

De Nueva York llegaron a la escena los Twisted Sister, grupo que conoció la fama en el circuito de los clubs para travestidos de la Gran Manzana. Con su colorido aspecto casi de cómic, capitaneados por un líder carismático como el potente Dee Snider, inundaron Norteamérica con una mezcla irresistible de ironía adolescente al estilo de la película *Porky's*, una travestismo sexual muy vistoso, escenografías de carácter terrorífico un una constante parodia de la moral religiosa. Sus «I Wanna Rock» y «We're Not Gonna Take It (1984) se convirtieron en himnos de una juventud insatisfecha, rebelde y dispuesta a todo para divertirse. De *Stay Hungry* (1984) se vendieron más de cinco millones de copias en pocos meses, y las revistas especializadas compararon sin medias tintas a Dee Snider con Alice Cooper. Junto a la ética del «fun» absoluto, también se abrió paso la estética de lo contrario y de lo horripilante, tan querida justamente por Alice Cooper. Las mons- truosidades de serie B eran el pan de cada día con el que se alimentaban los grupos de metal norteamericanos cuya creatividad se inspiraba directamente en la crónica negra, transformada para la ocasión en un gigantesco espectáculo truculento. Los W.A.S.P. de Blackie Lawless (voz) y Chris Holmes (guitarra) lanzaban al público gusanos y trozos de carne cruda, obteniendo un éxito increíble con un irrepetible concentrado de obscenidad como el álbum *W.A.S.P.* (1984). En la carátula de *Stay Hungry*, Dee Snider se transfor- maba en un caníbal, mientras que los Lizzy Borden decoraban su escenario como el plató de una película de terror de bajo presupuesto (maniquíes decapitados, instrumentos de tortura, sierras mecánicas y strippers a mansalva). El éxito del glam street fue tal que en un tiempo muy breve proliferaron las variaciones sobre el tema, y el término se empleó erróneamente para definir a músicos de las tendencias y actitudes más diversas. En este saco entraron también grupos hard–pop como Heart y Bon Jovi, y tradicionalistas del hard rock de la década de 1970 como Cinderella y Great White.

> «Nos interesaba sólo que en el siguiente concierto el público fuera todavía más numeroso que en el anterior. No era concebible volver atrás.»
>
> RICHIE SAMBORA (Bon Jovi)

Sin embargo, en su componente más salvaje y callejera, en 1987–1988 el glam street efectuó un poderoso giro en dirección al extremismo sonoro y de actitudes. Los tiempos estaban a punto para la llegada al escenario de una de las bandas más importantes y populares de todos los tiempos: los Guns N' Roses. La aparición de la banda de Axl Rose (voz), Slash (guitarra), Duff McKagan (bajo), Izzy Stradlin (guitarra) y Steven Adler (ba- tería tuvo el mismo efecto sobre el público norteamericano y mundial que el que tuvieron los Led Zeppelin en el bienio 1969–1970. Llegados en el momento justo y en el lugar jus- to, los Guns resultaron ser el mesías que todo el mundo esperaba, los que volvieron con las tablas de la ley después de haber sido anunciados por los profetas del rock en los años inmediatamente anteriores. Conocidos ya a nivel *underground* antes de haber grabado una sola nota, irrumpieron en el mercado con el álbum *Appetite for Destruction* (1987), que se convirtió en el debut discográfico de mayor éxito de todos los tiempos, destrozan- do los récords de *Van Halen* (1978) y *Business As Usual* (1982) de los Men at Work. Axl Rose fue inmediatamente amado y odiado por millones de personas, pero su personali- dad dejó un signo indeleble en la historia del rock. Sinceramente volcados a la exaltación de la toxicodependencia, del gamberrismo y de la violencia sexual, los Guns escribie- ron memorables himnos de locura urbana, utilizando el registro de un hard rock épico y marcial, neurótico en el sonido y con unos textos que parecían prédicas. Sus temas más famosos eran breves relatos negros encerrados en el espacio de unos pocos minutos, per- fecta representación sonora del infierno en tierra, del delirio generacional de la década de 1980 y de unos Estados Unidos al borde de un ataque de nervios, que disfrutaba desde la televisión del espectáculo de un mundo que caía en pedazos. El estilo guitarrero netamente zeppeliniano de Slash dio cuerpo al ambicioso cuadro ideológico–sonoro de la banda, que al mismo tiempo se erigió en protagonista en un lapso de tiempo muy breve de todo tipo de excesos, resumiendo y contextualizando con una serie de fulgurantes gestas efectistas (abusos alcohólicos, peleas, matrimonios relámpago de Axl Rose, censuras, plateas llenas de fans fuera de control) todo el rock amoral e irresponsable de las décadas anteriores. Más violentos que los Stooges, más vulgares que los Sex Pistols, más provocadores que los Rolling Stones, los Guns N' Roses rompen el panorama musical mundial aunando la potencia sonora y la actitud pornográfica del street metal, el cinismo lírico del thrash, el sentido iconoclasta del punk, la erotomanía del hard rock, virtiendo el resultado final sobre un público vastísimo que asistía pasmado e hipnotizado a las violentas invectivas milenaristas de Axl Rose, mesías

HEAR N' AID
EL LIVE AID DE LOS METALEROS

Tras la estela del éxito obtenido por «Do They Know It's Christmas?» y «We Are the World», y para responder de alguna manera a estas dos iniciativas demostrando que también los metaleros tenían corazón, en mayo de 1985 Ronnie James Dio, Jimmy Bain y Vivian Campbell reunieron en el mismo estudio de grabación a unos cuarenta artistas entre los más representativos de la escena metal, para un proyecto análogo. Miembros de Iron Maiden, Judas Priest, Black Sabbath, pero también de Blue Öyster Cult y Mötley Crüe se encontraron para grabar «Stars», la pieza escrita por el propio Dio. Aun sin disfrutar del mismo tratamiento mediático que los otros dos temas pop, «Stars» logró reunir varios millones de dólares en favor de los niños africanos.

del downtown, profeta de los rebeldes a ultranza, cabecilla de los discípulos del «Sex, Drugs and Rock'n'Roll», supremo acuchillador de lo sacro e hijo pródigo que ni siquiera piensa en volver al redil. No tiene nada que ver el hecho de que los Guns N' Roses estuvieran en un inmenso negocio discográfico, ni les quita credibilidad haber tenido el apoyo de la potentísima Geffen Records. Sus visiones de muerte y resurrección, así como la figura del profeta–mártir, coincidían a la perfección con el imaginario metal, dándole un tono sufrido que añadía credibilidad incluso a las estrellas del rock más pulidas y construidas, porque eran perfectos representantes del público al que se dirigen, creando una simbiosis entre intérprete y espectador casi única en el mundo de la música pop y rock.

En los Estados Unidos, el rockero lleva consigo algo del predicador de frontera, del místico poseso que parrafea y profetiza sus propios pecados y los del mundo. El street metal secundó y exaltó esta vocación de la homilía pública, jugando con la representación de divinidades menores, salvajes y suburbanas, muy cercanas al público. Axl

Rose era uno de sus ejemplos más evidentes. Con su célebre camiseta con la cara de Jesús y la inscripción «Kill Your Idols», atesta el concierto de los Guns de representaciones bíblicas y de blasfemias, desde la travesía infernal entre las tentaciones del moderno desierto ciudadano de «Welcome to the Jungle», pasando por relatos de fuga desesperada («Out Ta Get Me»), abotargamientos místicos causados por el alcohol y las drogas psicotrópicas («Mr. Brownstone», «Nightrain»), hasta el martirio final con la correspondiente esperanza de resurrección de «Paradise City» (1987), en la que la única posibilidad de salirse con la suya es confiar en la astucia individual. Desde este punto de vista, los Guns N' Roses fueron una gran metáfora metal religiosa: predicadores furibundos e incómodos que arengaban a la multitud acerca de las miserias de su época, invocando la llegada del Mesías con un Novísimo Testamento a 100.000 vatios, en el que Axl Rose era la contrafigura delirante, a medio camino entre el Marlon Brando de *La ley del silencio*, Johnny Rotten y Robert Plant. Su historia se consumó muy deprisa. Después de tres años (1987–1990) en los que tocaron en los estadios más grandes del mundo, entre excesos, polémicas y desventuras de todo tipo, en 1991 publicaron dos dobles álbumes monumentales, *Use Your Illusion I* y *II*, que encerraban algunos de los momentos más excitantes de la historia del rock. La obra era gigantesca, un intencionado canto del cisne, como si todo lo que se tenía que decir no pudiera esperar más. Después de una gira triunfal no se produjo ya nada relevante: sólo la santificación en el gotha del rock clásico de todos los tiempos. La explosión del fenómeno Guns N' Roses fue sólo la punta del iceberg del movimiento street metal, que en la segunda mitad de la década de 1980 conoció una decidida radicalización, perdiendo al mismo tiempo las apariencias paródicas residuales de Twisted Sister y WASP. Entre los nuevos héroes destacaron los Skid Row, grupo enamorado de las peleas y de las palabrotas en los directos en televisión. Su enfoque era duro, y muy orientado al metal clásico, y al poder alardear de un cantante carismático y atlético como Sebastian Bach, los Skid conquistaron discos de platino en serie, uniendo al público masculino más tradicionalista con el femenino cautivado por las cualidades físicas de Bach. Después de la tormenta del grunge y de la década de 1990, las producciones del grupo o de sus miembros ya no recabaron más éxitos, ni mantuvieron viva la despiadada matriz callejera de sus debuts.

LOS CABALLEROS DEL APOCALIPSIS

Los límites de lo extremo todavía crecieron hasta más allá. En California nació el thrash metal, iconoclasta, ideológicamente puro, ferozmente anticomercial. Las fábulas de Slayer, Metallica y Megadeth.

El metal estadounidense conoció otro fenómeno que se situaba en las antípodas del street glam, pero que si se mira bien compartían la misma matriz moral y su absoluto cinismo: el «thrash metal».

En realidad, el thrash se situaba como neto antagonista del street glam, y ambas facciones se detestaron cordialmente durante todos los años ochenta, dando lugar a dos mundos separados. Naturalmente, para la censura o para la crítica no especializada no había grandes diferencias, y ambos estilos fueron a parar al mismo saco, a menudo para despreciarlos de manera superficial. En la carrera hacia el extremismo sonoro y el derrumbe de todas las fronteras de la brutalidad y del paroxismo musical, la escuela thrash norteamericana puede declararse perfectamente artífice de las mayores bajezas musicales, y sus intérpretes fueron los más lucidos comentaristas del mundo al borde del colapso. En el thrash (y en sus variantes speed y death) encontramos un heavy metal en el que el furor iconoclasta alcanzaba sus cumbres más elevadas, rechazando por completo todo tipo de *look* construido y elaborando un maoísmo estético cuyo máximo objetivo era la anticomercialidad más absoluta.

En esta óptica, también la melodía fácil era considerada bajo sospecha, y el fanatismo de los fans era directamente proporcional a los comportamientos intempestivos de los protagonistas de la escena. Una escena que reivindicaba una pureza ideológica por encima de toda sospecha, que no quería oír hablar de teclados, videoclips para MTV, sencillos fáciles de escuchar, y

LA MORDEDURA DE LA ARAÑA

El 2 de mayo de 2013 moría Jeff Hanneman, guitarrista de los Slayer, uno de los músicos más importantes de la escena thrash metal y de la música dura en general. La causa de la muerte dio la vuelta al mundo: al parecer, después de que lo mordiera una araña venenosa, Hanneman desarrolló una fascitis necrotizante de la que su hígado no se recuperó. Bebedor empedernido e incansable juerguista, Hanneman no sólo era célebre por algunos de los temas más conocidos del grupo, sino también por sus aventuras alcohólicas: el análisis efectuado durante la autopsia reveló, en efecto, que lo que lo mató no fue la araña, sino la cirrosis hepática.

que tenía una única manera de vestir: tejanos, camiseta metal y largos cabellos lisos. Las raíces musicales deben buscarse en la NWOBHM, aunque a menudo se tiende a considerar el metal como una mezcla de metal británico y hardcore punk estadounidense. Se trata de una consideración inexacta, porque el público de los dos géneros raramente se mezclaba, tanto antes como después de la explosión del fenómeno. A nivel artístico pudo haber alguna influencia, pero mucho más débil de lo que generalmente lo consideró la crítica especializada. Musicalmente, la escena thrash norteamericana se vio influida por Motörhead, Venom, Black Sabbath, Mercyful Fate, Iron Maiden y Judas Priest. En la construcción de los riffs, de las estructuras armónicas y de los largos solos de guitarra, así como en el estilo de los textos, es fácil encontrar una influencia directa entre estas bandas y sus discípulos norteamericanos. Justamente la adoración por estas bandas impulsó a los pioneros a debutar en el mercado discográfico en la primera mitad de la década. Su enfoque era muy violento y provocador, su música, una furiosa aceleración del sonido más extremo que Europa hubiera engendrado en los años anteriores. Al principio se denominó genéricamente speed metal, por el hecho de poner el acento en la velocidad de ejecución.

Entre 1983 y 1985 debutaron todas o casi todas las bandas thrash metal principales destinadas a capitanear el movimiento. Eran los representantes perfectos de la juventud más intolerante y rabiosa, del cinismo televisivo que había anestesiado cualquier impulso a la piedad y habituado a los adolescentes estadounidenses a considerar el terror tan sólo como un espectáculo como los demás. Los Slayer pusieron en seguida la marcha rápida llevando el satanismo a los escenarios de Norteamérica. En ellos no había metáfora o ambigüedad alguna: las cruces invertidas abundaban, como también las águilas imperiales, que inmediatamente sugirieron que la matriz ideológica de la banda era la del extremismo de derechas más ácido e incontrolable. La música iba al paso de esta imagen: una machacona sucesión de riffs pesados como hachas, dirigidos a velocidades furibundas por la batería de Dave Lombardo. Resulta increíble que un grupo como los Slayer, por otra parte de gran éxito, hubiera desencadenado menos polémicas que otras bandas menos directas y de un carácter evidentemente menos blasfemo (Judas Priest, Iron Maiden o AC/DC). Quizás los Slayer, aun siendo populares, fueron conocidos tan sólo en el interior del gueto, pese a todo vasto, del heavy metal, y sólo se les ponía el foco cuando se trataba de acusar a todo el movimiento en general.

«¿Thrash Metal? Nada nuevo. A nivel de guitarra, la mayor influencia en mis canciones fue la NWOBHM, sólo que aumenté la velocidad.»

DAVE MUSTAINE (Metallica, Megadeth)

Resulta indudable que propiamente los Slayer fueron el alfa de todas las tendencias sonoras más extremas de las décadas de 1980 y de 1990. Su influencia fue determinante, por no decir total. Banda con cuatro líderes bajo todos los puntos de vista, no cedió en ningún momento a la comercialidad y a las tendencias que se iban sucediendo, convirtiéndose en un indiscutible emblema de coherencia y dureza. Su riffing creó escuela, como también la utilización sin prejuicios de las disonancias y de los tritonos (intervalos de quinta disminuida, prohibidos por la Iglesia católica en la Edad Media porque se consideraban «música del diablo»). Cada concierto suyo se interpretaba como un asalto por arma blanca, y en sus temas abundan las metáforas bélicas. En este sentido, causó pavor «Angel of Death» (1986), que narraba las crueles gestas de Josef Mengele, «el ángel de la muerte» nazi que había torturado a millares de prisioneros judíos. El sustrato lírico de los Slayer, así como de todo el thrash metal, no presenta el carácter visionario relacionado con el terror y la ciencia ficción de segunda categoría, sino que contiene una gran densidad de relaciones con las historias más morbosas e inquietantes de nuestro tiempo, como un espejo deformante pero despiadado de las monstruosidades sociales: serial killers, guerras y episodios abominables de todo tipo eran la base sobre la que erigían las piezas del grupo, como un espantoso descenso sin retorno a los infiernos. En temas como «Hell Awaits» (1985), «Piece by Piece», «Raining Blood» (1986) y en las monumentales «South of Heaven» (1988) y «War Ensemble» (1990), los Slayer condensaron lo más tétrico y terrorífico que se podía escuchar en el panorama musical estadounidense de la década de 1980, pudiendo disponer de un público absolutamente devoto y fanático.

THRASH
FUSTIGACIONES METÁLICAS

El término lo usó por primera vez Malcolm Done, periodista de la revista inglesa *Kerrang!*, para comentar la pieza de los Anthrax «Metal Thrashing Mad». Con anterioridad, James Hatfield, de los Metallica, había definido el sonido del grupo como speed o power metal. El verbo «thrash» (literalmente «increpar, fustigar») fue utilizado de manera ejemplificativa para describir el golpeo potente e implacable de bajo y batería por parte de las bandas símbolo del género: antes que ellos nadie había llevado tan lejos la fuerza y la velocidad. Los principales protagonistas del movimiento fueron los grupos que formaron el denominado «Big Four»: Metallica, Slayer, Anthrax y Megadeth.

Si California fue el centro propulsor de la escena thrash metal norteamericana, su corazón se hallaba en San Francisco, hasta el punto que durante varios años todo el movimiento extremo se calificó como «Bay Area School». En la fase inicial, los principales grupos thrash se intercambiaron los músicos entre sí, y las bandas más populares del género (y que lo seguirían siendo) gravitaron todas en torno a un círculo muy restringido de clubs. Kerry King, de los Slayer, tocó en los Megadeth (formados por el tránsfuga de los Metallica Dave Mustaine), y Kirk Hammett pasó de los Exodus a los Metallica, prácticamente los vecinos de casa. Metallica fue justamente la banda que definió mejor el alcance histórico y fenomenológico del movimiento Thrash. Junto a los Iron Maiden los AC/DC, los Metallica interpretaron a la perfección el espíritu de los tiempos, mostrando la otra cara de la Norteamérica reaganiana, desprovista del deseo de «fun» a toda costa, pero decididamente más cruda, realista y verdadera. Si los thrasher fueron una especie de ascetas del heavy metal, los Metallica fueron sus profetas más creíbles y escuchados. Con ellos, el metal conoció una gigantesca evolución estilística y de actitudes, que desmentía clamorosamente todas las estrategias de marketing, dogmas intocables del mercado discográfico. La banda, formada por James Hatfield (voz y guitarra), Kirk Hammet (guitarra), Cliff Burton (bajo) y el danés Lars Ulrich (batería), debutó en 1983 con el álbum *Kill 'Em All*, en cuya foto de carátula aparecía representada una mano que se aprestaba a blandir un martillo ensangrentado. El disco resultó ser una obra maestra de ejemplar dureza, deudor de la NWOBHM (Motörhead en cabeza), pero había novedades sonoras que transformaban la escena y se concretaban de forma más cumplida en el siguiente *Ride the Lightning* (1984): guitarras excepcionalmente oscuras y comprimidas, batería obsesiva y velocísima («Fight Fire with Fire», «Trapped Under Ice»), una línea vocal áspera y gutural (aunque siempre deudora de la clásica melodía rock) y temas largos y estructurados, constituidos por cambios de tempo que no ofrecían ningún asidero a una eventual comercialización, ni siquiera a su emisión radiofónica.

Su éxito inmenso, sobre todo en los primeros años, se basó exclusivamente en el boca oreja entre fans y en su devoción absoluta. La banda, por su parte, se esforzó por ser

LOU & METALLICA
La pareja imposible

Cuando, a finales del año 2011, se anunció la colaboración entre la banda de Hatfield y el viejo Lou Reed, a muchos les pareció un chiste. E incluso de mal gusto. Por no hablar de cuando Lulu, el disco (doble) producido por Hal Willner, salió realmente a la venta, desencadenando la ira tanto de los fans de Metallica como de los del rockero neoyorquino considerado (de manera estúpida, superficial y, sobre todo, equivocada) «acabado para siempre». Un tiempo más tarde, la obra, depravada y perturbadora, basada en una pieza teatral compuesta por el alemán Frank Wedekind cien años antes, se revalorizó y se consideró como lo que era: probablemente la obra más arriesgada y experimental que ambos hubieran publicado en los últimos años. Aunque relegada a un papel (aparentemente) secundario, la banda californiana proporcionó aquel toque obsesivo y esquizoide necesario que el ex Velvet Underground necesitaba para hablar de violaciones, mutilaciones y otras «amenidades» de este tipo. «Realmente contiene tanta rabia —explicaba Lou Reed— que resulta excitante. Escucharlo me emociona tanto que tengo que apagar el lector. Mejor que esto no lo sabría hacer.»

exactamente como su propio público, en un proceso de identificación público–artista que raramente se ha dado en la historia del rock (la «metal militia» cantada por ellos en un célebre tema del primer álbum). El antidivismo de la banda era proverbial, como también los larguísimos conciertos en los que todos los espectadores podían entrar con máquinas fotográficas, cámaras y grabadores portátiles para inmortalizar el evento a su gusto. Iconos incorruptibles del extremismo metal, no produjeron vídeos ni sus canciones se emitieron por radio, pero su ascensión fue aun así irresistible. Los Metallica fueron quienes mejor representaron el devastador subconsciente de la generación de los años ochenta, indiferente al sufrimiento humano e inmersa en un imaginario hecho de guerras, violencias y horrores varios. La facilidad con que los Metallica llevaron a la música lo peor de la condición humana era impresionante, sobre todo en el álbum considerado unánimemente su obra maestra, *Master of Puppets* (1986).

«¿Quieres conocer a un grupo de personas amigables? Ve a un concierto de los Slayer: hay un montón de psicópatas, pero la mayor parte de ellos se cuidan los unos de los otros.»

HENRY ROLLINS

En los Metallica, los abismos negros del alma humana, exteriorizada de manera directa con el lenguaje de los sucesos, se orquestaban y se proponían con una pericia iconográfica que rozaba la perfección, depurando la monstruosidad del mundo de toda participación emotiva y de todo empeño en que ésta cese. Resulta inútil esperar el Apocalipsis, porque ya está en curso y promete ser largo y extenuante. Los Metallica lo narraron con quirúrgica frialdad, gracias a un sonido poderoso y envolvente, oscuro más allá de todo límite, auténtico arquetipo de gótico moderno. No era casual que ellos mismos se complacieran con la definición que les atribuían, los «Four Horsemen» (referencia a los Cuatro Jinetes del Apocalipsis, título de un tema suyo). Su estilo brutal propio de crónica de sucesos encontraba formulación todavía más completa en los Megadeth, banda formada justamente por el primer guitarrista de los Metallica, Dave Mustaine. Su voz estridente y nasal se asemejaba a la de un locutor infernal que describía con dura profesionalidad el espantoso caleidoscopio de crueldades que pasan por la pantalla. En la carátula de su *Peace Sells... But Who's Buying?* (1987), el edificio de cristal de la ONU se pone a la venta después de haber sido bombardeado, mientras que en el resto de la producción del grupo también domina el pesimismo más negro, como la declinación sonora de la Ley de Murphy, según la cual si algo puede ir mal, sin duda irá mal. Su canción más simbólica sin duda es «Symphony of Destruction» (1992), una sinfonía de destrucción en la que la violencia del mundo proporcionaba las notas para escribir la partitura, y el grupo las ensamblaba para transformar la horrorosa pesadilla del mundo moderno en una expresión artística muy relevante.

Si bien los fans del thrash se sentían orgullosamente antagonistas de los del street glam, de hecho compartían su ética de base, del pasotismo y de la falta de compromiso político y social, hasta el punto de que los dos subgéneros se influyeron mutuamente mucho más de lo que sus propios adeptos admitían. Sin embargo, el factor que los diferenciaba de manera marcada era el de la sexualidad. Allí donde en el street glam este factor era el contrafuerte de todo (aunque parodiado y grotesco en su exageración lúdica), en el thrash metal estadounidense estaba completamente ausente, y era como si las relaciones hombre/mujer de cualquier tipo hubieran quedado simplemente anuladas del armamento lírico y sonoro.

En la lógica de los puros y duros de la Bay Area School y de sus propios ahijados sólo había espacio para visiones de pesadilla y destrucción, para el culto de la potencia y la negación de los sentimientos humanos más comúnmente tratados y compartidos. La raíz de todo ello debe buscarse probablemente en el acentuado sectarismo que el thrash metal cultivaba en el seno del mismo movimiento mental, ya de por sí sectario y tribal. Era la retórica del contrario y de la simple negación de los valores adoptados por el resto del mundo, sentido como irremediablemente extraño. El thrash metal también era el subgénero que produjo un *underground* más fértil y prolífico. El efecto de emulación fue muy fuerte también en Europa, y la enésima rotura de los límites permitidos lanzó a muchos músicos a un rápido efecto imitativo.

LARS ULRICH, RAQUETAS Y BAQUETAS

U.S. Open 1958. El danés Torben Ulrich llega milagrosamente a los octavos de final. Frente a él se encuentra John Newcombe, campeón vigente y dominador del tenis mundial. Después de vencer dos sets, Ulrich pierde el último golpe por culpa de una mariposa que le pasa por delante de la cara. En cualquier caso, el partido quedará como uno de los más apasionantes de la historia. En aquella época Ulrich tenía un hijo de cinco años, Lars, y soñaba para él con una brillante carrera en los campos de tierra batida. El chaval ya era una prometedora raqueta y seguía a su padre por todo el mundo hasta que la familia se estableció en California, un lugar que ofrecía cosas mucho más interesantes que hacer que pasarse el día con una pelotita: estaban las chicas, el mar, y sobre todo la música. De hecho, desde que Lars fue a un concierto de los Deep Purple se había quedado tan impresionado por el batería Ian Paice que quiso a toda costa una batería. A los diecinueve años conoció a James Hetfield, apasionado como él del punk y el metal. Ambos formaron un grupo llamado Metallica. La carrera de tenista quedó para siempre en segundo plano y, a un paso de convertirse en profesional, Lars colgó la raqueta. Hoy él es el más famoso de los dos Ulrich, y aunque el padre entrara en el Tennis Hall of Fame, la relación económica se invirtió: «Lars me regaló hace unos años un Porsche Carrera —declaró Torben, sólo que me vi obligado a venderlo: entre seguros, impuesto de circulación y gasolina, no me lo podía permitir...»

LOS DEFENSORES DE LA FE

En el metal proliferaron los subgéneros, y nació una guerra santa entre franjas de fans. Eran épocas de intransigencia religiosa: la identidad musical valía más que cualquier otra cosa. O uno era un auténtico metalero o era un perdedor. La época de los Manowar y de otros «defenders».

Con la explosión comercial llegaron también las variaciones sobre el tema, y la descomposición del movimiento heavy metal en una docena de subgéneros, algunos de los cuales en feroz antítesis. «Glamsters» y «Thrashers» inauguraron una auténtica guerra intestina: se pasaron el tiempo insultándose, amenazándose e incluso a pasar a la acción con momentos de auténtica locura homicida. En Los Ángeles, en 1985, un glamster fue asesinado por dos thrashers exaltados, de regreso de un concierto de los Exodus. En Miami, los Anthrax cometieron el error de tocar junto a los Mötley Crüe, y un loco arrojó al escenario una bolsa con dos serpientes de cascabel vivas. Las revistas del sector, que entretanto se habían multiplicado, se llenaban de cartas de insultos entre fans de ambas orillas. En los años noventa, aquella radicalización de las pasiones musica-

EL UNIFORME DEL METALERO

Ningún otro género musical ha sabido crear en torno a sí, como lo ha hecho el metal, una legión de fans tan fiel y devota. Si bien de derivación hippie, en realidad, el concepto de hermandad sólo se concretó plenamente entre los fans de la música dura. Un fenómeno capaz de superar fronteras territoriales, culturales y raciales como ninguna otra escena (musical o no) haya logrado hacer nunca. Uno puede pensar como quiera, su piel puede ser de cualquier color, pero si uno se pone un par de vaqueros, una camiseta (negra) de los Iron Maiden o de los Metallica, acaso una chaqueta de cuero y algunas tachuelas nunca estará solo, en ningún rincón del planeta.

les experimentó modificaciones profundas pero hasta finales de los años ochenta adoptó el carácter del fanatismo absoluto, en el que la palabra "compromiso" se consideraba una blasfemia. La identidad musical era en cierto modo como la identidad política: una mezcla de frustraciones y reivindicaciones individuales y colectivas, un crisol de tribalismo urbano y experimentación social, un mix de viejas sugestiones de gangs y nuevos simbolismos sectarios. En el interior del metal, el conflicto entre facciones se sintió particularmente, sobre todo en razón del éxito comercial del género. La naturaleza seudorreligiosa del metal propició que en breve hicieran su aparición en escena los denominados «defensores de la fe», definición nacida del álbum de los Judas Priest «Defenders of the Faith» de 1984. En el mundo de los «defenders», destinados con el tiempo a convertirse en la facción más

intransigente e integrista de todo el movimiento, asumieron gran importancia las sugestiones de género fantástico y de terror que en los años setenta habían constituido una de
las principales bases culturales del fenómeno metal. Remitiendo a conceptos como «pureza» y «auténtico metal», los defenders se erigieron como guardianes últimos y eternos
de las inmutables leyes del género: puros por excelencia, hostiles a todo compromiso y a
cualquier *crossover*.

«Pienso que deberíamos siempre
reformar a los Black Sabbath: fuimos el
verbo.»

OZZY OSBOURNE

Si en el thrash los motivos que servían
de escenario para la música surgían de la
crónica negra y de un morboso realismo;
si en el glam street, en cambio, el sexo y
las leyendas callejeras eran las que ejer-
cían de propulsor, los defenders fundaron su ideología sonora en la fantasía y en
las violentas mitologías vehiculadas por
cómics, juegos de rol, cine y literatura.
Era un mundo que se alimentaba del culto a la fuerza y que lo trasladaba al plano
sonoro: voces atronadoras, coros de batalla, riffs monumentales en las aperturas
melódicas, y la adopción de iconografías
medievales definían el cuadro conceptual del «puro heavy metal». Se trataba
de una nueva forma de extremismo sólo
aparentemente menos agresivo que el
thrash. En sustancia, era el cierre del género dentro de barreras infranqueables
que, si de un lado acentuaban todavía
más la guetización, del otro se mostraban
increíblemente eficaces a la hora de perpe-

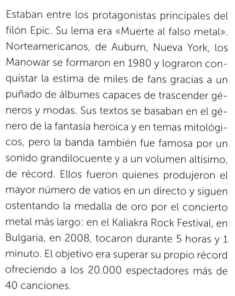

MANOWAR
Los recordmen del metal

Estaban entre los protagonistas principales del
filón Epic. Su lema era «Muerte al falso metal».
Norteamericanos, de Auburn, Nueva York, los
Manowar se formaron en 1980 y lograron conquistar la estima de miles de fans gracias a un
puñado de álbumes capaces de trascender géneros y modas. Sus textos se basaban en el género de la fantasía heroica y en temas mitológi-
cos, pero la banda también fue famosa por un
sonido grandilocuente y a un volumen altísimo,
de récord. Ellos fueron quienes produjeron el
mayor número de vatios en un directo y siguen
ostentando la medalla de oro por el concierto
metal más largo: en el Kaliakra Rock Festival, en
Bulgaria, en 2008, tocaron durante 5 horas y 1
minuto. El objetivo era superar su propio récord
ofreciendo a los 20.000 espectadores más de
40 canciones.

De todos modos, con el tiempo el grupo
exageró tanto los elementos que poco o nada
tenían que ver con la música (como el vestuario
excéntrico o las chácharas sobre el True Metal)
que se convirtió en una parodia de sí mismo.
El testimonio más claro son los textos de los
últimos quince años de su carrera, creados con
las mismas cinco o seis palabras: power, steel,
sword, brother y, faltaría más, metal.

tuar el mensaje y hacerlo eterno justamente porque era inmune a cualquier trastorno de
época y, en consecuencia, válido para cualquier generación. Las continuas referencias
a un violento carácter visionario medieval no eran casuales. Los músicos, interpretan-

do los sentimientos más profundos de sus fans, se sumergían a sí mismos y al público en un mundo paralelo hecho de enfrentamientos hasta las últimas consecuencias, de constantes desafíos a la muerte. El bien y el mal se mezclaban entre sí y ya nada daba miedo, porque el fuerte y el valiente siempre vencerían, incluso sobre los dioses y los demonios. Los estadounidenses Manowar, principales portaestandartes de esta facción, insistieron en esta moral repetidamente, declarando que se podía trasladar al mundo moderno para afrontar cualquier dificultad. La música, potente e intensa, era la inyección de espíritu combativo necesaria para transformarse en un victorioso guerrero de la cotidianidad. Se trataba de una moral sustancialmente atea, que glorificaba al máximo el espíritu individual, aunque se enriquecía en seguida con connotaciones neopaganas (derivadas en su mayor parte de la literatura de fantasía de Tolkien y de otros autores del siglo xx), que remitían sin ocultarlo mucho al panteón escandinavo y del norte de Europa así como, por traslación, a las antiguas religiones indoeuropeas. Este mismo enfoque había sido experimentado y divulgado ya ampliamente por los Rainbow en la segunda mitad de la década de 1970, hasta el punto de considerarlos los auténticos inventores del epic metal, pero la NWOBHM tenía poco del medievalismo de la banda de Ritchie Blackmore y Ronnie James Dio. A mediados de la década de 1980, en cambio, incluso las bandas más ecuménicas como Iron Maiden («Powerslave»), Saxon («Crusader») y Judas Priest («The Sentinel», «Night Comes Down»), viraron decididamente hacia el gótico–fantasía, justamente en virtud de su papel de defensores de la fe metálica que todos les reconocían.

No hay duda de que los Manowar fueron la banda más representativa del género. Nacidos en Nueva York al principio de los años ochenta y comandados por el bajista Joey DeMaio y por el cantante Eric Adams (un Ian Gillian más operístico y menos blues) se impusieron como héroes del epic metal en virtud de una coherencia estilística a toda prueba y de una indiferencia total a todas las críticas. Ridiculizados a menudo con suficiencia incluso por la crítica especializada, se propusieron desde el pri-

TRUE METAL
FIELES A LA LÍNEA

El True Metal es una música sin medias tintas, fiel a los dictados originales del género. Según los fans, quienes dictaron las «tablas de la ley» fueron los Judas Priest, a quienes se deben muchos de los clichés «metálicos» (música, actitud y *look*), a medio camino entre sadomasoquismo y machismo exagerado. Emblemas absolutos del True Metal, en neta oposición con el «False Metal» que busca notoriedad y apariciones en MTV, fueron todas las bandas de Power Metal que causaron estragos a mediados de la década de 1980 y que basaron gran parte de su producción en este estilo. Ser auténticos metaleros significa ser fieles a sí mismos y no seguir lo que es popular y que puede llevar a ganancias fáciles. Porque, como se suele decir: «True Metal Wall never die».

mer momento como una versión musical
de *Conan el Bárbaro*, que ellos mismos
citaban. En los primeros álbumes (considerados también lo mejor de su producción) escribieron muchos de los dogmas
del género, acercándose a los Judas Priest
en cuanto a importancia estilística, al menos en lo referente a la franja defender.
Su continua distinción entre «verdadero
metal» (el suyo) y «falso metal» (el de los

Conocida como la banda con el sonido más potente del
mundo, Manowar ha vendido alrededor de diez millones
de álbumes en todo el mundo.

demás) y su constante comportamiento como si fueran los últimos abanderados del metal condujo a una parte del heavy metal a las orillas de un conservadurismo extremista, que redescubriría no sólo el ámbito musical, sino también el político y social. *Battle
Hymn* (1982) fue su tarjeta de visita, y con los siguientes *Into Glory Ride* (1983), *Hail
to England* (1984) y *Sign of the Hammer* (1985) comenzaron en seguida las acusaciones
de simpatías fascistas y nacionalistas. Por otra parte, el amplio uso de símbolos roma-
nos imperiales o nórdicos paganos, textos guerreros, cínicos y despiadados y un carácter
musculoso siempre en evidencia dejaron poco espacio a las ambigüedades. Su lema era
«death to false metal» (muerte al falso metal), y en toda su carrera no perdieron ocasión
para decir que el mundo se dividía en dos categorías: los que estaban con ellos y los que
estaban contra ellos. Quien era un «verdadero metalero» estaba de su parte, todos los demás eran «losers» (perdedores) y «wimps» (blandos), ni siquiera dignos de ser considerados. Obviamente, también desde el punto de vista musical no se admitían variaciones
sobre el tema ni libertades interpretativas acerca de la matriz originaria metálica, como
quedaba ejemplificado en el tema «Metal Warriors» ("Heavy metal / O ningún metal /
Agilipollados y posturitas / Podéis largaros de la sala... No nos detendremos delante de
nadie / Hacemos lo que queremos / Y lo hacemos más fuerte todavía / Todos tienen que
tocar al máximo / Si no eres un metalero / Entonces no eres amigo mío...»).

En realidad, su éxito fue más consistente en la década de 1990 que en la de 1980, pero
fue en esta década cuando sentaron las bases de su influencia en el metal de la época post
grunge.

También los defenders flirtearon con el sentimiento del Apocalipsis, en curso o inminente, pero pintándolo con los tonos de un desafío a superar y vencer, para quedarse
como los únicos en un mundo de escombros. Los glamsters lo exorcizaban a través de
la búsqueda continua de la diversión y del aturdimiento, los thrashers lo comentan con
lúcida frialdad y desprecio por la humanidad, mientras que los defenders, desde un cierto
punto de vista, lo esperan impacientes: es la ocasión para limpiar el mundo de quien no

es digno de él, y generar uno nuevo. En consecuencia, el apocalipsis como el fin de un mundo, no del mundo entero.

«Tenemos que decir al mundo que lo que gobierna es el metal.
Nosotros somos los defensores de la fe.»

JUDAS PRIEST

En todos los grupos de epic metal hay una continua alternancia de estas imágenes, a menudo distorsionadas a través de la lente de la fantasía. Los Black Sabbath, después de haber estado entre los dioses primigenios del hard rock y del heavy metal y después de haber perdido la vena de locura psicótica de Ozzy Osbourne, se sumergieron en este *feeling*, dando a sus fans una de las claves de todo el movimiento epic, *Heaven and Hell* (1980), onírico viaje metálico entre lo mejor y lo peor de un mundo que se ve como si llegara a su fin. Ronnie James Dio fue la voz de esta formación de los Black Sabbath, pero en 1983 los abandonó y prosiguió su discurso con sus Dio y con álbumes fundamentales como *Holy Diver* (1983) y *The Last in Line* (1984). Su voz potente y grandilocuente era el instrumento ideal para narrar ciclópeas historias de esclavitud, diásporas y devastaciones en serie. La retórica medievalista y de fantasía no desnaturalizó de hecho el sentimiento apocalíptico del epic metal sino que lo reforzó metaforizándolo en el plano de una eterna y gigantesca lucha entre el bien y el mal. El maniqueísmo intrínseco de los defenders se expresaba también en el plano sonoro, con el rechazo de todo tipo de contaminación o de debilidad. De manera rapidísima y convulsa se desarrolló la actitud tendente a considerar el resto de la música en su conjunto como no existente (del mismo modo que la crítica tendía a menudo a anular al heavy metal de su propio panorama) y no era raro que el fan medio de Ronnie James Dio, de los Accept o de los Metal Church ignorara del todo a idolatrados iconos del pop como Madonna, Prince o Sting. El fenómeno epic defender gozó de mayor popularidad en Europa, pero muchos de sus protagonistas procedían de Norteamérica, como los Manowar y algunas bandas de culto como los Cirith Ungol (que se inspiraban en las obras de fantasía del escritor Michael Moorcock), los Manilla Road y los Virgin Steel, fuertemente influidos por la mitología grecorromana. No obstante, en la segunda mitad de la década de 1980, el enfoque metálico de los defensores de la fe se fue asociando cada vez más con el del thrash y produjo algunos híbridos de notable interés. En general, el sonido era el de los defender, mientras que los textos eran como los de los thrash, como sucedía en el caso de los Metal Church, autores de auténticas invectivas de trasfondo político y social que se asomaban en las peores perversiones del americano medio, defensor de Dios, patria y familia («Fake Healer», «In Harm's Way»), o de los Armored Saint, definidos como fascistas y censurados por el PMRC por los textos de «Delirious Nomad» (1985).

GUITAR HEROES

La guitarra distorsionada creó nuevos prosélitos. Desde el neotradicionalismo de éxito de grupos estadounidenses (Bon Jovi) y europeos (Europe) hasta el nacimiento de los nuevos guitar heroes, Steve Vai y Joe Satriani.

Literatura y periodismo musical estadounidense tienden en general a asociar al mundo heavy metal a grupos como Bon Jovy, Journey, Heart, Foreigner, REO Speedwagon e incluso Boston y Toto. Grupos de extraordinario éxito comercial pero que en realidad tienen muy poco que ver con la cultura, la actitud e incluso con el sonido más propiamente metal. Esta consideración simplista es el resultado directo de la monopolización metálica de la guitarra distorsionada que durante toda la década de 1980 no conoció excepciones. En una época de sintetizadores, teclados y pop de consumo, el propio concepto de guitarra distorsionada se relacionaba únicamente con la denominación heavy metal. Si a ello se suma también el aspecto exterior, constituido por cabellos largos y chaquetas de cuero, la asociación era automática. Los grupos estadounidenses anteriormente citados, aun estando lejos de la ética y de la retórica del metal puro, no desdeñaban en realidad un cierto sentido de comunidad, especialmente cuando entendían que la etiqueta podía acabar siendo rentable. Es más, toda la escena del rock melódico estadounidense compartía con el metal buena parte de sus fuentes de inspiración, desde los Led Zeppelin hasta los Deep Purple. De esta manera nació una relación de atracción/repulsión entre el rock clásico estadounidense y el metal: de un lado el deseo de participar en el fenómeno del momento y del otro el miedo a terminar en el gueto y permanecer presa de su público. De esta manera se desarrolló la exigencia de definir de manera clara una distinción entre las dos orillas, que conciliara lo irreconciliable: el concepto mismo de despiadada dureza del metal con el rock de las melodías románticas y pasionales de la tra-

UN ITALOAMERICANO EN LA CORTE DEL TÍO FRANK

Niño prodigio dotado de capacidades fuera de lo común, Steven Siro Vai (nacido en Long Island, Nueva York, en una familia de inmigrantes italianos) estaba tan convencido de sus propias cualidades que envió a Frank Zappa partituras para guitarra de un tema suyo. Es más, le mandó incluso una transcripción del dificilísimo instrumental «The Black Page», un tema de Zappa únicamente para percusión. Frank quedó tan impresionado por las capacidades del chaval que lo contrató para un desafío imposible: transcribir y luego grabar las partes de guitarra más complicadas, las que sólo él lograba grabar. Bien pronto, Vai se convirtió en uno de los músicos más destacados de la banda de Zappa, llevando al maestro a definirlo como «el mejor músico con el que he tocado en mi vida».

dición de los años sesenta y los setenta. Parece extraño, pero este compromiso se encontró fácilmente. El A.O.R. («Adult Oriented Rock», aunque fuera de los Estados Unidos se indicó más a menudo como «American Oriented Rock») aunaba lo que parecía hecho para estar naturalmente dividido y vivía constantemente al límite de los dos mundos, el pop y el metal, con la esperanza de contentar a todo el mundo y el temor de apartarse demasiado. La fortuna del género consistía en encontrar a grandes intérpretes que ennoblecieran la aventura: desde las extraordinarias voces de Ann Wilson de las Heart y de Lou Gramm de los Foreigner, al virtuosismo en la guitarra de Gary Richrath de los REO Speedwagon. El éxito de algunos álbumes fue extraordinario, sobre todo cuando los grupos en cuestión lograron aprovechar el enfoque agresivo del hard rock más feroz y una visibilidad mediática desconocida para muchas bandas de metal. Fue el caso de *Heart* (1985), de las Heart, del que se vendieron más de siete millones de copias tan sólo en los Estados Unidos, o de los super *best sellers 1987* de los Whitesnake, *Permanent Vacation* (1987) de los Aerosmith, *Hysteria* (1987) de los Def Leppard y *Trash* (1989) de Alice Cooper, todos ellos héroes de la primera oleada hard renacidos a una nueva vida en la explosión del metal norteame-

G3, LA NOCHE DE LA GUITARRA

Convertidos ya en auténticos símbolos del virtuosismo guitarrístico absoluto (pero con clase), Steve Vai y su maestro Joe Satriani decidieron crear (1996) un conjunto itinerante capaz de difundir su Verbo por todo el mundo. Nació de esta manera el «Guitar Three», más conocido como G3, al que se acercaron a lo largo de los años los mejores guitarristas en circulación, junto a los propios Steve Vai y Joe Satriani, presentes en cada edición. A lo largo del tiempo, virtuosos del calibre de Eric Johnson, Yngwie Malmsteen, Robert Fripp, John Petrucci y Steve Morse encantaron a miles de fanáticos de las seis cuerdas, proponiendo temas de su repertorio alternados con clásicos del rock tocados junto a otros músicos. En el plazo de tres lustros, el G3 se propuso una vez al año en las plateas internacionales: desde el hemisferio austral hasta la vieja Europa, pasando por América del Norte y del Sur y por Asia.

ricano. El mayor éxito de este género sigue siendo *Slippery When Wet* (1986), de los Bon Jovi, con más de doce millones de discos vendidos, un álbum que confirió al líder del grupo (Jon Bon Jovi) una aureola de grande del rock que todavía resiste hoy. El fenómeno Bon Jovi fue representativo de las contradicciones del rock norteamericano de aquel período. Su estética era netamente glam street, mientras que el estilo de guitarra de Richie Sambora era deudor de las lecciones de Eddie Van Halen y del metal de la década de 1980. Pese a ello (o tal vez a causa de esto), los Bon Jovi lograron conquistar a un público transversal, que encontró en ellos el equilibrio justo entre un sonido duro y con fuertes aristas y melodías audibles que gustaban inmediatamente, que parecían hechas a propósito para su emisión en la radio. Su banal romanticismo lírico indignó a los metaleros más militantes (casi todos varones), pero les proporcionó la platea de las adolescentes estadounidenses, poco inclinadas a extremismos conceptuales y sonoros. Los sencillos de éxito «Livin' on a Prayer» y «You Give Love a Bad Name» se convirtieron en excepcionales melodías pegadizas en la radio, que a unos treinta años de su publicación no parecen mostrar ningún signo de envejecimiento. Paralelamente al éxito comercial de los Bon Jovi en los Estados Unidos (de hecho, unos meses antes), en Europa aparecían los Europe, formación sueca de hard clásico que penetró en las clasificaciones del continente con el tema «The Final Countdown». La pieza se caracterizaba por un célebre riff de teclados, y ello bastó para atraer las iras de los metaleros más ortodoxos pero, como sucedió en los Estados Unidos con los Bon Jovi, el público femenino compensó el eventual ostracismo del masculino con una contundente adhesión a la propuesta musical del grupo. Para ellos se acuñó la definición de soft metal (prácticamente un oxímoron), y se convirtieron en cabecillas en Europa de un estilo que rehuía las exageraciones del metal más duro y reivindicaba la herencia de los grandes maestros del hard rock de la década anterior, como Deep Purple, UFO, Scorpions y Bad Company. También en los Estados Unidos, entre 1986 y 1990, triunfó el tradicionalismo entregado a los modelos de la década de 1970 (con Led Zeppelin a la cabeza), apenas revisado y corregido según la lógica del heavy metal. Se mezclaban entonces *looks* callejeros, riffs de los setenta y las guitarras apenas eran más distorsionadas de lo que lo eran las de Jimmy Page o de Ritchie Blackmore. El éxito fue cada vez mayor, y la fórmula que adoptó la apariencia del metal para fundirla con la sustancia del hard encontró su aplicación en artistas extraordinarios, como los Tesla de *Mechanical Resonance* (1986), *The Great Radio Controversy* (1989) y *Psychotic Supper* (1991), auténticas obras maestras del rock duro de los años ochenta. O bien los Cinderella de *Long Cold Winter* (1988) y *Heartbreak Station* (1990) o los Black Crowes de *Shake Your Money Maker* (1990).

La estética metal (en su componente glam street), era tan dominante que llevó al éxito a grupos cuya propuesta era netamente más ligera de lo que sería lícito esperar de formaciones que entraban en la categoría metal. Este fue el caso de bandas como Dokken y Poison, que adoptaron del street el exceso visual para neutralizar sus aspectos menos digeribles y acoplarlo con un sonido rock cuya única finalidad era la diversión más inocente y menos peligrosa. El éxito de estos grupos derivaba del hecho que, en su mayor parte, estaban compuestos por músicos por encima de la media y por compositores hábiles e inspirados. Cinderella y Tesla demostraron que dominaban a la perfección los rasgos característicos del rock blues en clave metálica y de ser auténticos maestros en los arreglos, mientras que las cualidades guitarrísticas de ases del instrumento como George Lynch (Dokken) y C.C. DeVille (Poison) eran muy relevantes. Ann Wilson, de las Heart, fue definida a menudo como «la voz más grande del rock femenino de todos los tiempos», y nadie puede cuestionar las cualidades técnicas de personajes como John Sykes (Whitesnake) o Tommy Skeoch (Tesla), personajes que constituyeron los cimientos del hipertecnicismo que se fue difundiendo en aquella década y que, en lo que se refiere a la guitarra, creó un nuevo mercado de la nada.

«A día de hoy, soy el mayor guitarrista viviente.»

YNGWIE MALMSTEEN

La exaltación de las seis cuerdas eléctricas y del sentido del desafío a los límites humanos, típico del heavy metal, encontró una de sus expresiones más innovadoras en el fenómeno de los guitar heroes. Hasta la década de 1980, el guitarrista raramente pudo desvincularse del papel simultáneo de cantante para poderse afirmar. Basta pensar en Eric Clapton, Jimi Hendrix o Stevie Ray Vaughan. Ello sucedía porque el solo de guitarra, aunque fuera largo, complejo y asombro, estaba siempre inserido en el interior de una sólida trama musical en la que la voz era la que desempeñaba la función narradora. Pero el metal logró desvincular ambas cosas y generar un estilo que, en el curso de la década de 1980, revolucionó incluso los métodos de enseñanza y el enfoque didáctico del instrumento. Eddie Van Halen dio el impulso inicial a este desafío, pero fue un productor genial como Mike Varney quien intuyó en primer lugar las potencialidades de un mercado que convertía al guitarrista en el sujeto principal (si no único) de la atención de los fans. Fue él quien descubrió y lanzó al mercado al talentoso guitarrista sueco Yngwie J. Malmsteen, un émulo de Ritchie Blackmore procedente de algunas experiencias menores pero capaz de una impresionante velocidad de ejecución. En 1984, Malmsteen debutó con el álbum *Rising Force*, que se convirtió en el primer ejemplo de todo el fenómeno de los guitar heroes. El disco, casi enteramente instrumental, impresionó a público y crítica en virtud de la increíble velocidad de su autor. En él se encontraba una concreción del principio básico del metal: «más fuerte, más potente, más rápido», y el éxito del disco convenció al propio Varney para proponer a decenas de guitarristas en la misma línea artística. Sin ser completamente consciente de ello, Varney rompió un dique que desencadenó un auténtico movimiento de masas. El de los discos instrumentales se convirtió en un fenómeno tan amplio que nacieron revistas especializadas. Músicos de probada brillantez vieron por primera vez en la historia del rock la posibilidad de salir del papel de segundos de alguna estrella para construirse un mundo en el que los protagonistas auténticos eran ellos y sus guitarras. Y lo que les garantizó esta posibilidad fue el gran flujo del heavy metal. La tradicional simbología fálica de la guitarra rock casaba de maravilla con el culto a la omnipotencia típico del metal y la ejecución de solos distorsionados a la velocidad de la luz fue el medio ideal para dar a conocer al mundo la incontrolable expansión del propio ego. Las escuelas de guitarra se llenaron de alumnos, que sólo pedían a sus maestros los medios para poder ir más rápidos. En un larguísimo elenco de nombres que aparecen y desaparecen en pocos años (Joey Tafolla, Blues Saraceno, Vinnie Moore, Michael Lee Firkins, Jason Baker), algunos conquistaron una popularidad sin precedentes. Este fue el caso del estadounidense Steve Vai, descubierto a principios de la década de 1980 por Frank Zappa y que se convirtió en el príncipe indiscutible de la experimentación y del exceso virtuosístico, no antes de haber conquistado una base muy sólida de metal fan como guitarrista primero de David Lee Roth y luego de los Whitesnake. O bien de Jose Satriani, profesor de música que puede enorgullecerse de tener entre sus alumnos al propio Steve Vai y a Kirk Hammett de los Metallica, que se convirtió en el primer artista de la historia en alcanzar el top ten norteamericano con un disco completamente instrumental, «Surfing with the Alien» (1987). La cosecha de discos solistas y/o instrumentales publicados en la década de 1980 permitió a alguno de sus autores colocarse en bandas de gran éxito, como en el caso de Marty Friedman (Megadeth) o Richie Kotzen (Poison), llevando también al metal la mentalidad del músico de sesión, antes desconocida por incompatible con la retórica de la hermandad metalera. Fue un cambio muy importante, pero los mayores efectos se producirían sobre todo en el mercado de los instrumentos musicales y de las escuelas de música. Los guitar heroes de la década de 1980 se convirtieron en efecto en el dogma técnico y estilístico al que adecuarse, el paradigma para establecer la validez de un estilo o de un método de enseñanza. Después de los años ochenta, ningún músico de otra extracción logró contrastar seriamente el monopolio del virtuosismo de la guitarra en el heavy metal, que de rebote determinó un inesperado renacimiento en el rock progresivo.

JOE SATRIANI, EL ALIEN DE LAS SEIS CUERDAS

Nacido en Westbury, Nueva York, en una familia de inmigrantes italianos, Joe Satriani comenzó a tocar la guitarra a los 14 años, impresionado después de haberse enterado de la muerte de Jimi Hendrix. En 1974, mientras estaba estudiando jazz con el guitarrista Billy Bauer y el pianista Lenny Tristano, se presentó en las audiciones de los Rolling Stones que buscaban al sustituto de Mick Taylor, que se acababa de despedir del grupo. Fan desde siempre de la banda inglesa, Satriani llegó hasta muy adelante en las selecciones, de modo que estuvo a punto de convertirse en parte del grupo, pero la competencia de Ron Wood resultó despiadada. Joe se dedicó entonces a la enseñanza: entre sus alumnos, Steve Vai, Larry LaRonde, Kirk Hammett o Charlie Hunter. Después de trasladarse a California, inició una brillante carrera como solista. El posible contrato con los Stones, que se había esfumado en 1984, se volvió a proponer 14 años más tarde: Mick Jagger lo quiso a su lado para su tour como solista de 1998, del mismo modo que los Deep Purple lo llamaron en 1994. Su *Surfing with the Alien* (1987) es uno de los álbumes de rock instrumental de mayor éxito de la historia y ciertamente uno de los más influyentes en el mundo de la guitarra de los últimos 30 años.

LA CAÍDA DE LOS MUROS Y EL NACIMIENTO DEL *CROSSOVER*

En la década de 1990, transformaciones históricas, políticas, culturales y tecnológicas produjeron un cambio importante en todo el movimiento hard & heavy. Había llegado la hora de mezclar los géneros.

En muy poco tiempo, después de las repentinas caídas del Muro de Berlín y de los regímenes comunistas de Europa del Este, mucha gente se encontró huérfana de las inquietantes pero, en otros aspectos, tranquilizadoras certezas del enfrentamiento ideológico entre ambas superpotencias.

Si hasta entonces la pesadilla de un holocausto nuclear estaba viva en las mentes del hombre occidental, a partir de aquel momento nadie pensaba ya en ello. Miles de misiles atómicos rusos y estadounidenses desaparecieron de los discursos de la gente, como si no hubieran existido nunca. El Apocalipsis quedó olvidado, como también aquel sentimiento que el metal había desarrollado a su alrededor. Ciertamente, en 1989 no terminaron las bajezas del género humano que el hard & heavy se había propuesto narrar, pero se fue agotando, y en gran medida, aquel impulso creativo–ideológico que veía en la inminente catástrofe una de las fuentes de inspiración principales y más profundas.

Pero esto no era todo. Hubo otras transformaciones (en este caso tecnológicas) que incidieron en el proceso evolutivo del fenómeno: en primer lugar, el advenimiento del compact disc y la desaparición del vinilo, luego la revolución de Internet con la consiguiente posibilidad de descargarse gratuitamente música de la Red. Este último constituye un cambio fundamental en la época, que implica a la industria discográfica en su conjunto pero que tuvo consecuencias directas en el mundo metal. En general, de hecho, el fan metal es fetichista: considera las secciones de su colección de vinilos como los capítulos de su propio evangelio. No le gustó el

8 DE DICIEMBRE
UNA JORNADA FUNESTA

El 8 de diciembre es una fecha particular en la historia del rock: aquel día, en 1943, nacía Jim Morrison, mientras que treinta y siete años más tarde, Mark David Chapman puso fin a la vida de John Lennon. Para los fans de los Pantera, el 8 de diciembre, de veinte años a esta parte, evoca acontecimientos nefastos: mientras estaba tocando con los Damageplan, Darrell Lance Abbott, más conocido como Dimebag Darrell, fue asesinado a tiros por un loco que se había subido de repente al escenario. Hay quien atribuyó el gesto a la decepción por la reciente disolución de los Pantera, el resto del mundo, a la locura de un tipo llamado Nathan Gale.

paso de un soporte a otro (que por otra parte le reportó un coste) y consideraba hasta inútil y molesta la entrada en el mercado de miles de bandas *underground* que aprovechaban facilidades de uso y económicas de los nuevos medios de producción. Esta invasión llevó a una superpoblación de la escena y a la progresiva desaparición de los coleccionistas. Todo ello en detrimento de la calidad media y de la capacidad de orientación de los aficionados.

Pero, entretanto, en la década de 1990 la música estaba cambiando de dirección.

Respecto al culto del exceso de los años ochenta, que había encontrado su bandera sonora en el metal, se produjo una repentina reducción en la intensidad de adrenalina del rock en general. Los nuevos héroes (Nirvana, Pearl Jam, Alice in Chains, etc.) cantaban a la depresión y el nihilismo del fin del Milenio, eran introvertidos e intimistas y se erigieron como portavoces de una sobriedad estilística opuesta a las exageraciones del metal. Es más, la cultura del metal se convirtió en el principal objetivo al que arremetía el grunge, a pesar de que hubiera nacido de una costilla suya. Con *Nevermind*, el grunge volvió a llevar el auténtico rock a la cabeza de las clasificaciones y, gracias al favor de la crítica, borró de un plumazo diez años de hard & heavy, representados por álbumes fundamentales, como *Appetite for Destruction*, *Pyromania* y *Master of Puppets*, haciendo olvidar a la mayoría que los números continuaban estando del lado del metal más extremista. En efecto, en 1991 no sólo salió *Nevermind*, sino también el *Black Album* de los Metallica (13 millones de copias tan sólo en los Estados Unidos). También en 1991, los Guns N' Roses publicaron la continuación de *Appetite for Destruction*, el cuádruple *Use Your Illusion I y II*, que se vendió como churros, mientras los Skid Row de *Slave to the Grind* permanecían durante cinco semanas en el número 1 de la clasificación de Billboard. En 1993, la gira conjunta de Guns N' Roses y Metallica llenó los estadios, como también el desembarco del Monsters of Rock, que constituyó un enorme éxito. El motivo de todo ello tiene un nombre: «politically correct». Se trataba de un dogma cultural y mediático que desde los primeros años noventa invadió la escena musical y el mundo del pop. El «politically correct», especie de censura/autocensura, rechaza provocaciones y excesos en virtud del potencial de violencia y de los contenidos ofensivos (hacia negros y gays, mujeres y marginados). La elección a la presidencia de Bill Clinton (cuyo vicepresidente era Al Gore, marido de Tipper, fundadora del PMRC), favoreció el nacimiento de un clima hostil hacia las formas de arte «excesivas», etiquetadas ya no como peligrosas o escandalosas sino simplemente como sórdidas, machistas, racistas y superadas, afirmando el principio de que, en una época en la que se ha infringido toda barrera moral, la verdadera transgresión sería la sobriedad y el regreso a los valores de la familia. Como propulsores de lo políticamente correcto hubo de todo: viejos pruritos censores, sugestiones new age, movimientos alternativos (vegetarianos, animalistas, ecologistas), conservadurismo moral y social del que se erigió como portavoz justamente la generación de 1968 (ahora en torno a los cincuenta años), pesadilla del SIDA, criminalidad, inmigración y crisis económica.

«Siempre ha habido una componente autodestructiva en nuestra música. Algo del tipo "hagámoslo a toda costa", que hoy ya no veo en ninguna parte.»

AXL ROSE (Guns N' Roses)

En lo referente a la música se produjo un cambio generacional. A principios de la década de 1990 tuvo lugar lo que se había producido a finales de la de los setenta: nuevos adolescentes pedían ídolos y estilos que se diferenciaran de los de sus hermanos mayores, tanto en el sonido como en los valores propugnados. Gracias a estas instancias, en todo el período 1990–1995 se asistió al éxito de las producciones «unplugged», es decir, de artistas que volvían a proponer su repertorio pero en versión acústica. Fue la consecuencia de las indecisiones y del sentido de escora de una generación (la famosa Generación X), que perdió rápidamente el espíritu rebelde y provocador, aborreciendo la figura del rockero agresivo, maníaco y cocainómano, encontrando más bien en el Prozac la droga simbólica de sus inquietudes. Al menos hasta el momento en que la generación de los videojuegos ultraviolentos y del supercinismo del nuevo milenio diera otra vuelta de tuerca a la situación.

En efecto, desde hacía unos años, algunos artistas estadounidenses estaban intentando huir de la red del monolitismo metal en el que, quisieran o no, los colocaba la crítica. Para ellos, el metal era una ciudadela blanca que creaba conflictos con el resto de las culturas sociomusicales. Ello sucedía porque se había convertido en la caja de resonancia de un crisol de frustraciones y reivindicaciones sociales e individuales

PAGE & PLANT
El dirigible vuelve a volar

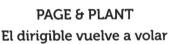

Tras volver a primera plana gracias a los héroes del grunge, que veían en ellos a una de las mayores fuentes de inspiración, y picados por las posibles contaminaciones de sus hits con ritmos norteafricanos, en 1994 Robert Plant y Jimmy Page decidieron retomar la asociación que había concluido al morir John Bonham, catorce años antes. Aunque se guardaron mucho de usar la marca Led Zeppelin (hay quien bromeaba afirmando que no habían encontrado el número de teléfono de John Paul Jones...) ambos dieron vida a una «non–reunion» enormemente fascinante. Entre otras cosas porque aquella experiencia (astutamente llamada *No Quarter – Jimmy Page & Robert Plant Unledded*) era lo más cercano a los Led Zeppelin que se había visto desde los tiempos del Live Aid. Esta vez las cosas funcionaron mejor: público y crítica en éxtasis, un álbum de inéditos y cuatro años de gira por el mundo. Luego siguió el proyecto *Walking to Clarksdale*, álbum y gira entre 1998 y 1999. Posteriormente Robert Plant emprendió otros caminos artísticos con la cantante/violinista country Alison Krauss, con la que ganó el Grammy antes de volver a formar Band of Joy y rechazar centenares de millones de dólares para recrear a los Led Zeppelin (a pesar de reiterados rumores) en 2013.

que, en los Estados Unidos de la década de 1980, estaban en ebullición. De esta manera, sucedió que comenzaron a acercarse al heavy metal fans de otros subgéneros porque lo consideraban una forma de defensa del auténtico rock respecto de sus enemigos: el pop, la censura, el rap (visto como continuación de la música disco). De esta manera se soldaron y se entremezclaron las culturas del «white trash» y de los «blue collar» que, en tiempos de crisis económica, encontraban refugio en las duras vibraciones del metal, desfogando su rabia de manera acrítica y confusa y poniendo en el mismo cesto del rencor la represión cultural del PMRC, los telepredicadores y los inmigrados que disfrutaban de los programas de asistencia federales. De manera espectacular, también la cultura negra se radicalizó y los nuevos intérpretes de la rabia black eran gangsta rappers como 2 Live Crew y N.W.A., que cantan públicamente contra las fuerzas del orden. La violencia extrema estaba de moda, y también el público menos comprometido y más consumista apreciaba las furiosas escenas de Pantera o de Slayer, la exaltación desmesurada de las armas de fuego, de la violencia y del odio hacia las autoridades y la policía.

Así que el panorama metal ya estaba listo para las grandes contaminaciones de la década de 1990. Las modificaciones sociales y generacionales del público hicieron el resto, alterando en poquísimo tiempo el mercado y su fisionomía. La cultura alternativa de izquierdas, que nunca había visto con buenos ojos al metal, rechazaba decididamente esta música fuerte y agresiva pero, al mismo tiempo, sentía la necesidad de recuperar al menos una parte del rock de alto voltaje. Parecía lógico, pues, que los primeros intentos de *crossover* (fusión entre géneros) se produjeran en Nueva York, ciudad sensible desde siempre al problema de la convivencia entre diferentes culturas y modos de entender el mundo. Los primeros en probarlo, intentando aunar los aspectos más visibles de la música blanca y la negra de aquellos años fueron Run D.M.C. y Beastie Boys.

«Sé lo más rudo que puedas y no dejes que nadie te diga cómo vivir.»
MÖTLEY CRÜE

Los Run D.M.C. realizaron un remake de «Walk This Way» de los Aerosmith junto a los mismos Aerosmith (1986). El tema tuvo un éxito enorme y volvió a lanzar la carrera de Steven Tyler y sus socios, pero los extremistas de ambas facciones apreciaron poco la mezcla y los insultos no faltaron. Los Beastie Boys fueron más afortunados y su «Licensed to Ill» (1986), irresistible mezcla de voces de rapp y riffs de poderoso metal, se convirtió en un *best seller*, gracias en parte a las indudables cualidades en directo del tercero neoyorquino. Su éxito convenció a muchos artistas estadounidenses de que era posible mezclar géneros diferentes con el metal, considerado puro e intocable por sus fans. En esta vertiente, la obra de fusión más importante y clarividente la efectuaron los Anthrax, formación thrash metal que rompió decididamente los esquemas del género para dedicarse a aventuras contaminantes con rap y hip-hop.

El vuelco se produjo en la primavera de 1992, y constituyó también el final de una cierta cultura *underground*. El suceso que lo determinó fue la revuelta de Los Ángeles, a día de hoy todavía el episodio más traumático que los Estados Unidos han tenido que afrontar después de la guerra de Vietnam y antes del 11 de septiembre. Una protesta espontánea, que estalló después de la sentencia de absolución de los policías que habían pateado salvajemente al automovilista negro Rodney King, se transformó en una auténtica revuelta, de extraordinaria violencia, en la que salieron a la luz todos los contrastes adormecidos, pero nunca desaparecidos, entre las comunidades étnicas de Los Ángeles. En seis días de tumultos, tiroteos, saqueos e incendios, se consumó la rabia de los pobres y de los excluidos contra cualquiera que estuviera por encima de ellos en la escala social. La revuelta no se apagó hasta la intervención del ejército, dejando sobre el terreno a centenares de muertos y a miles de heridos. Los Estados Unidos, trastornados por estos ensayos generales de guerra civil justamente en la capital del sueño americano, quisieron olvidar lo más pronto posible. Y se comenzó precisamente por la música. En efecto, porque la revuelta de L.A. tuvo una banda sonora precisa: el gangsta rap,

23 DE OCTUBRE DE 1990 ◀

Back in Black, de los AC/DC, vende más de diez millones de copias en los Estados Unidos, conquistando de este modo el Diamond Award (disco de diamante). En 2004 llegará a vender otros veinte.

11 DE AGOSTO DE 1991 ◀

Sale *Metallica*, de los Metallica, más comúnmente conocido como *Black Album*. En la clasificación estadounidense de los álbumes más vendidos, en los tres primeros puestos hay tres discos hard & heavy: *Slave to the Grind*, de los Skid Row, *Use Your Illusion*, de los Guns N' Roses, y el *Black Album* de los Metallica.

15 DE NOVIEMBRE DE 1992 ◀

Reunión de los Black Sabbath con Ozzy Osbourne en Costa Mesa, California. Ozzy entra al final del show e interpreta junto a sus antiguos compañeros cuatro canciones. Desde que se había ido, la banda sólo se había reunido en ocasión del Live Aid de 1985.

21 DE AGOSTO DE 1993 ◀

Después de una larga serie de hechos criminales, Count Grishnack, de los Burzum, mata a cuchilladas a Euronymous, de los Mayhem. Será condenado a veintiún años de cárcel.

25 DE OCTUBRE DE 1995 ◀

Sale *Smells Like Children* de Marilyn Manson, que contiene la versión, en clave metal, del sencillo de los Eurythmics «Sweet Dreams». Cuando MTV comienza a pasar el vídeo, Manson es acusado de instigación al satanismo.

8 DE OCTUBRE DE 1996 ◀

Sale *Antichrist Superstar*, de Marilyn Manson.

13 DE ABRIL DE 2000 ◀

Los Metallica emprenden una batalla legal contra Napster, sitio de *file sharing*, acusando a los gestores de haber puesto en la Red la pieza inédita «Disappear» antes de la salida oficial del sencillo.

con el que los gangs de los Bloods y de los Crips se intercambiaban proclamas de guerra en las calles de South Central (el barrio donde había estallado la revuelta), y el metal de Guns N' Roses y Metallica, a cuyo son los blancos se lanzaron al saqueo de los supermercados o a las expediciones punitivas contra los negros. A partir de 1992 la cultura metal ya no sería la misma, y la fecha marcó un auténtico cambio de paradigma cultural, con el abandono progresivo de la estética de la violencia y del rito orgiástico metropolitano. Naturalmente se trataba de una transformación que ya estaba en curso desde hacía algún tiempo, pero que a principios de la década de 1990 se concretó de manera plena. El impulso para la transformación del metal callejero generó fenómenos *crossover* de éxito y credibilidad que rediseñaron los confines del género y se apropiaron de nuevos lenguajes estilísticos. Justamente en 1992 aparecieron con el álbum homónimo los Rage Against the Machine, banda que recogía el testigo de Living Colour y Faith No More y lucía un metal rap altamente politizado, constituido por invectivas con trasfondo social. En el mismo período, el rapero Ice T descubrió sus raíces rock metal y lanzó a los Body Count, formación que unió el sonido más epiléptico del metal hardcore con textos violentamente antipoliciales. Los Anthrax colaboraron con los militantes Public Enemy para el histórico sencillo «Bring the Noise» 1991), pero las bandas que mejor expresaron este cambio de ruta fueron los Faith No More y los Living Colour. Los californianos Faith No More, comandados por el cantante Mike Patton y por el guitarrista Jim Martin, rompieron y ridiculizaron intencionadamente los patrones sagrados del metal más tradicional, aprovechando sus características sonoras para vehicular un mensaje e incluso una estética que se aproximaba enormemente a una versión provinciana del hip–hop neoyorquino. El álbum *The Real Thing* (1989) propinó un mazazo mortífero al monolitismo del heavy metal de la década de 1980. El disco masticaba e ingería una mezcla de géneros que descontentó a los puristas de ambas partes, pero que se reveló absolutamente irresistible desde el punto de vista comercial.

En el mismo nivel, los Living Colour, grupo neoyorquino compuesto por cuatro músicos negros (rareza absoluta en el mundo metal), que se impusieron en la escena con el álbum *Vivid* (1988), realizaron una exitosa alianza entre heavy rock y sonoridades funk, gracias a las espectaculares cualidades del guitarrista Vernon Reid y al carisma del cantante Corey Glover. La mezcla metal–rap ya se había abierto paso, y la MTV se enamoró de ella, hasta el punto de lanzar, en los años noventa, algunos de los mayores éxitos discográficos de todos los tiempos. La cultura callejera hip–hop se saldó definitivamente con el sonido blanco de las guitarras superdistorsionadas y de ello salieron Dog Eat Dog, Limp Bizkit y Kid Rock, banda sonora perfecta para películas y videojuegos violentos, espots publicitarios y programas deportivos sobre los denominados deportes extremos (con particular predilección por el snowboard y el skating).

Los Living Colour realizaron una exitosa alianza entre el heavy rock y las sonoridades funk, gracias a las espectaculares cualidades del guitarrista Vernon Reid y al carisma del cantante Corey Glover.

Si bien se trataba de una fórmula de corto aliento, el meta–rap proporcionó a la discografía estadounidense algunos de sus éxitos más clamorosos, como *Significant Other* (1999) de los Limp Bizkit, y *Devil Without a Cause* (1998), de Kid Rock, que superaron en ambos casos los diez millones de copias vendidas, en parte a causa de una explotación televisiva del género que unía los aspectos más escenográficos del metal callejero con la iconografía delincuente del gangsta–rap, hecha de padrinos, armas de fuego, mujeres objeto, arrogancia de gueto urbano, limousines y dólares lanzados al viento. Estos estereotipos siguieron siendo una de las formas más firmes de rebelión juvenil contra un mundo del pop–rock pulido que producía sólo bandas de chicos o de chicas diseñadas en el laboratorio (Spice Girls, Take That), o que volvía a proponer a dinosaurios bendecidos por los padres de sesenta años (Paul McCartney, Rolling Stones, Bob Dylan).

Justamente esta intrínseca carga subversiva permitió un renacimiento artístico, favoreciendo la aparición del nu metal.

METAL 2.0

El metal en los umbrales del nuevo milenio, desde el purismo del movimiento en Alemania al prog metal de los Dream Theater. Al fondo aletea la inquietante presencia de Marilyn Manson.

La hemorragia de fans producida en el período 1992–1994 dejó el movimiento en las manos de los elementos más extremistas. Los metaleros europeos, después de años de influencias americanizantes, buscaron una identidad afín a su ser y a su propia matriz cultural. La encontraron en la única formación que resistió a la invasión del nuevo mundo y que fue capaz de proponer un modelo sonoro e ideológico original. Punto de llegada de la florida escuela alemana del rock duro que prosperaba desde la década de 1970 (y que alcanzó su ápice con los Scorpions), los Helloween pusieron un gran énfasis en las melodías vocales, en los coros y en un riffing monolítico de clara derivación Judas Priest. Pero sobre todo tendían a un melodramatismo negro en el que lo épico y el género fantástico se apoyaban en motivos apocalípticos de carácter gótico que desde siempre han permeado las artes y la cultura alemanas.

Alemania se convirtió en el nuevo templo sagrado en el que se custodiaban las leyes del metal pesado. Era el centro absoluto del panorama metal mundial, perfecto punto de encuentro entre tradición rock y sentido de los negocios, organización discográfica y pasión de los fans, dinero y amor por la música. El dogma de los «defenders» encontró en tierra alemana sus ases más irreductibles, sostenido por el carácter refractario de los fans ante cualquier contaminación con otros géneros. Entretanto, desde el otro lado del océano, la atracción por los virtuosismos técnico–instrumentales llevó

LA MATANZA DE COLUMBINE Y LAS «CULPAS» DE MARILYN MANSON

El 20 de abril de 1999, dos estudiantes, Eric Harris y Dylan Klebold, irrumpen en la Columbine High School, en Colorado. Después de crear el caos en el complejo, comienzan a abrir fuego. 24 jóvenes resultan heridos, 12 estudiantes y un profesor pierden la vida. Al final de la matanza, los dos chicos se suicidan. Intentando dar una explicación a este acto tan enloquecido, hay quien identificó en los gustos musicales de los muchachos una inspiración para el trágico acto. En particular, se pensó que la causa de todo ello fuera el mundo imaginario, perturbador y perverso de Marilyn Manson. A partir de allí comenzó una campaña denigratoria sin precedentes que no se detuvo siquiera cuando las autoridades comprobaron que Harris y Klebold de hecho no eran fans de Manson.

a algunos artistas del metal a probar con otras estructuras musicales. Los más dotados, casi todos ellos parte del filón defender, desde siempre palestra de músicos de excepción, encontraron que los límites impuestos por la brutalidad del thrash o la rudeza del street glam eran restrictivos. En los Estados Unidos, el vasto *underground* del género se orientó cada vez más hacia formas complejas de musicalidad que a menudo atravesaban los caminos del rock progresivo de la década de 1970. El grupo que dio este vuelco fue el de los Queensrÿche, formación de Seattle que se sirvió de la garganta espectacular del cantante Geoff Tate, iniciador de un estilo que encontraría muchísimos epígonos en el power metal europeo. Después de darse a conocer a mediados de la década de 1980, en 1988 realizaron *Operation: Mindcrime*, un trabajo extremadamente ambicioso, que injertaba poderosas estructuras de metal clásico en el interior de una historia de fantasía política que parecía surgida de la pluma de Ray Bradbury. El impacto en el público y en la crítica especializada fue formidable: los Queensrÿche escapaban a todo intento de clasificación y se impusieron como una de las bandas más originales de todo el panorama metal. Por parte de ellos existía también un rechazo neto a las posiciones más pasotas y reaccionarias de la cultura heavy estadounidense, terminando por ser vetados como «comunistas» por sus declaraciones contra la política de la administración Bush.

El difícil equilibrio entre complejidad progresiva y salvaje espíritu metal fascinó a una parte de los fans, que por actitud estaban lejos del nihilismo grunge. Esta es la clave para entender el éxito de los Dream Theater, banda neoyorquina que se impuso en 1992 con el álbum *Images and Words*, y que durante toda la década de 1990 se convirtió en el punto de referencia para toda una generación de músicos aficionados y semiprofesionales que eligieron a los componentes de la banda como sus maestros inspiradores. Si bien el estilo de los Dream Theater, basado en largas y complicadas suites inspiradas en la ciencia ficción (con referencias a los Rush), sobre estructuras articuladas ricas en tiempos dispares y cambios de ritmo, sustancialmente no era replicable, lo adoptaron como modelo centenares de bandas que veían en este filón una gran libertad expresiva, más allá de los confines del metal puro. El movimiento fue tan vasto que volvió a poner en auge el rock progresivo de los años setenta, con los Dream Theater ejerciendo de enlace entre Yes y Metallica, entre viejas nostalgias del pasado y nuevas elaboraciones sonoras. El guitarrista John Petrucci y el batería Mike Portnoy se convirtieron en números uno del instrumento y eran jaleados por una platea compuesta casi totalmente por músicos.

«Mi arte no es tan sólo escribir canciones, sino también las reacciones que estas crean. Soy un tornado que produce caos: cambio el modo de ver las cosas.»

MARILYN MANSON

La buscada vecindad con la música clásica (desde siempre una quimera de mucha cultura metal), que en Europa se tradujo en un power fantasy neoclasicizante, en los Estados Unidos se encarnó en un sinfonismo de musical, que fundía metal y la tradición teatral de Broadway. Las intuiciones más geniales y completas en este sentido procedían de los Savatage, banda de enorme influencia y de carisma difícilmente igualable. Músicos excecepcionales y extraordinarios compositores, los hermanos Oliva (Jon a la voz y piano y Criss a la guitarra), alma del grupo, representaron una de las cimas artísticas más altas que la música metal hubiera alcanzado en el curso de su historia. Autores de una concepción total de la música, ensartaban en un sonido potentísimo y original (aunque deudor en alguna medida del dark sound de los Black Sabbath de los años setenta) grandiosos arreglos de cuerda y pianísticos que revitalizaban la fórmula de los Queen de *A Night at the Opera* (1975) y del Meat Loaf de *Bat Out of Hell* (1977), creando un musical metal que giraba en torno a álbumes conceptuales que narraban historias de devastación urbana moral y material dignas de escritores como Frank Miller o James Ellroy.

Nacidos como malos sujetos con predilección por el horror, la brujería y las historias de homicidios y narcotráfico (la leyenda popular les atribuía un pasado criminal), naufragaron en el infierno de la toxicodependencia, de la depresión y de las deudas. Marcados por la tragedia de la muerte de Criss Oliva (17 de octubre de 1993, en un accidente de carretera), resurgieron, después de haber tocado fondo, gracias al afecto participativo de sus fans, e influyeron a muchísimas bandas futuras.

ACCEPT
Filósofos del *no compromise*

Los alemanes Accept se convirtieron en paladines del «no compromise»; ningún tipo de compromiso con el mundo exterior, monolito ideológico y existencial que no quiere ceder nunca, que se levanta cada vez que lo derriban porque el espíritu es indestructible y sobrevive a todo holocausto. Y aunque la voz, chillona y agonizante, de Udo Dirkschneider, fuera definida por un crítico británico como «el canto de un alien que da a luz», nadie se atrevía a poner en duda el poderoso grosor lírico y sonoro de la banda teutónica. Como lo demuestran sus majestuosos coros polifónicos, la banda se inspiraba en la música clásica del siglo XIX, con particular predilección por Chaikovsky, Brahms y Wagner. Y de esta manera dio una forma concreta a una de las aspiraciones más perseguidas por el mundo metal, intuida y teorizada por Ritchie Blackmore: la de convertirse en una nueva música clásica en la que las guitarras eléctricas sustituyeran a los violines, y que se situaba por encima de otros estilos por su grosor técnico y de inspiración.

El lado oscuro del rock duro alcanzó su ápice en el death metal, una forma macabra y retorcida de thrash–progresivo con actitud satanista, en el que las voces se transformaban en versos guturales denominados «growl», y las palabras de los textos se disparaban en ráfagas como violentas evocaciones del mal. En el subgénero se desencadenaron censura y moralismo, pero justamente su explosión demostró que todo intento de eliminar a «la bestia» generaba, por reacción, hijos todavía más violentos y provocadores que sus propios padres.

No sólo era el satanismo el que regía las tramas de los death metal, sino también la búsqueda del horror, que surgía de la mitología de H.P. Lovecraft y del concepto de la «verdad negada», es decir, de todo lo referente a los dioses antiguos nórdicos o sumerios que forjaron la humanidad y que luego, derribados por el cataclismo que destruyó la Atlántida, debían yacer durmientes en alguna parte del mundo.

En los primeros años de la década de 1990, el death metal regresó a Europa después de haberse engrasado en la escuela del extremismo estadounidense, y la criatura que se engendró estaba destinada a crear sensación más allá del círculo de sus aficionados. El black metal interpretó el death norteamericano y su ferocidad antirreligiosa en una clave muy particular, sobre todo en Noruega, donde la ideología anticristiana se soldó con un cada vez más difundido nacionalismo nórdico que propugnaba el resurgimiento de los pueblos escandinavos y el retorno a la antigua religión de Odín y de Thor, usurpada y exiliada por la opresión cristiana.

En el black metal escandinavo se impuso una iconografía constituida por un maquillaje muy contundente (según las antiguas usanzas de los guerreros celtas de pintarse la cara antes de la batalla) y la exhibición de un nutrido arsenal de espadas, hachas, cuchillos, cotas de malla y mazas reforzadas, para remarcar la idea de que no sólo se estaba haciendo música, sino que se estaba llevando a cabo una auténtica guerra contra el enemigo. Los adeptos al black metal no eran muchos, pero se sabían organizar bien. Los iniciadores de la escena pueden identificarse en los Mayhem, formación que fue marcando las etapas de su propia carrera con una serie de sucesos macabros.

LA CASA DE LAS MATANZAS

En 1969, la bonita villa con piscina situada en el 10050 de Cielo Drive, en el corazón del exclusivo Benedict Canyon, era la residencia de los cónyuges Polanski: Roman, director de cine polaco de gran éxito, y su mujer Sharon Tate, de 28 años, estrella emergente del universo hollywoodiense. En la noche del 7 al 8 de agosto de aquel año, Sharon Tate y otras cuatro personas fueron asesinadas por los jóvenes de la comuna de Charles Manson. Para el país fue «el homicidio del siglo» y Manson el enemigo público número uno. 25 años más tarde, en 1994, Trent Reznor alquiló la casa y con un estudio portátil grabó *Downward Spiral*, álbum fundamental de industrial rock de sus Nine Inch Nails. Las referencias al caso Manson abundaban (el estudio se llamó Le Pig porque Pig era la palabra escrita en la puerta de entrada por los asesinos con la sangre de Sharon Tate), entre otras cosas porque Reznor, en aquel período, no ocultaba su fascinación perversa por el personaje. Justamente con el mismo estudio y en el mismo lugar grabó sus maquetas un nuevo artista al que había decidido producir. Un tipo nacido en Ohio pero que había crecido en Florida, llamado Brian Warner pero que, como nombre artístico, había elegido el de Marilyn Manson.

Los brasileños Sepultura intentaron revitalizar el death metal de los orígenes fundiéndolo con elementos rítmicos étnicos en el álbum *Roots* (1996) e inspirando a muchas formaciones para las contaminaciones más osadas. Pero fue en los Estados Unidos donde se produjeron los cambios más evidentes. La primera transformación fue estética, y en virtud de la misma se jubilaba en Norteamérica al street glam de manera definitiva. El nuevo metal (definido como nu metal por la prensa) se volvía a sumergir en el carácter visionario callejero y descubría que sus protagonistas habían cambiado radicalmente.

Comenzó entonces a difundirse el machismo gamberro de derivación hip–hop, mientras que la estética juvenil se desplazaba hacia tonos más violentos y controvertidos que en el pasado. Dado que cada generación siente particularmente la exigencia de distinguirse de la anterior, la de la década de 1990 se rapó los cabellos al cero, se cebó en un agresivo cuidado del físico, en los deportes de combate, en los tatuajes, en el piercing y en toda una serie de simbologías a medio camino entre el punk hardcore, sugestiones skinhead y rock alternativo. En la parábola artística de los texanos Pantera se pueden leer todos los puntos cardinales de este movimiento.

Su estilo vocal esencial y durísimo creó escuela inmediatamente, porque identificaba una exigencia epidérmica de brutalidad y desahogos violentos. Allí donde algunos viejos héroes del metal se habían convertido en la parodia de sí mismos en el intento de perseguir al grunge en el camino del intimismo y del minimalismo lírico, el metal retomaba su camino de extremismo, desplazando una vez más hacia adelante los límites de la provocación y del insulto a la moral.

En 1994 saltaron a la palestra los Korn que, completando la obra de los Pantera, publicaron las nuevas tablas de la ley del metal moderno con el álbum *Korn* (1994). Introduciendo en la sección rítmica la guitarra de siete cuerdas, amplificaron la pesadez del fraseo y se erigieron en nuevos profetas de un género que ya no se reconocía ni siquiera mínimamente en sus raíces blues o clasicizantes, pero cuyos dictados pasaban a ser la exasperación rítmica y las partes vocales chilladas con el tono de la proclama a la nación, mientras que la estética vagaba entre los extremos de la ciencia ficción al estilo de *Alien* y fuertes referencias al hip–hop. Los Korn también derrumbaron las reglas de la canción rock clásica, ensamblando a su gusto los componentes del tema riff–estrofa–puente–estribillo, pero su propuesta, aunque pudiera parecer anticomercial, demostró ser mucho más exitosa de lo que se habría podido imaginar. El cantante Jonathan Davis, ex adepto de la morgue, encarnaba al prototipo del líder alucinado y esquizofrénico, hijo de una sociedad presa de todo trastorno mental imaginable, atestada de Prozac y que iba de la mano del espectáculo cotidiano de muertes asépticas (al ser emitidas por televisión), necrofilia latente, depresión maníaca y pesadillas pedófilas.

El reverso de la moneda fue una recrudescencia instintiva hacia el terror y el gore, que invocaba la locura homicida y el pánico social como único motor lírico compositivo. Los campeones de esta tendencia fueron los Slipknot, banda del Mid West cuyos componentes se travestían de psicópatas con máscaras tomadas prestadas de los rostros más famosos de conocidas películas de terror. En su sonido machacón y ruidoso, los adolescentes estadounidenses encontraron la banda sonora ideal para las fantasías más perversas, canalizadas ahora en docenas de videojuegos supersangrientos y en una cinematografía de terror que desde hacía tiempo había perdido las tonalidades de fantasía política de otras épocas y se había convertido en pura representación de despojos y descuartizaciones sin sentido. Sus temas eran escupitajos en el rostro de la sociedad, concentrados de odio supremo frente a la humanidad chillados a voz en grito entre la aprobación entusiasta del público y escenografías y simbolismos de pura psicopatología satánica.

Una nueva escuela trituraba en el mortero metálico maldad thrash, sugestiones góticas modernas y elementos tecno dance, inyectados en el tejido sonoro bajo formas rítmicas sintetizadas y martilleantes. Parecía casi imposible que los fans del metal apreciaran esta contaminación con el sonido que desde siempre había sido su enemigo, pero la conjunción con las formas más bestiales y menos digeribles de la dance electrónica desaparecía rápidamente en el metal más compacto de Rammstein y Ministry. El filón se definió como industrial metal, pero en realidad tenía pocas referencias directas de la música industrial y electrónica de las décadas de 1970 y 1980 como Einsturzende Neubauten y Kraftwerk. Guitarras ultraprotentes seguían siendo protagonistas del sonido, y las únicas novedades eran pocos arreglos con los teclados y algún muestrario tecno que daban más color que otra cosa. Desde el punto de vista de la imagen y de la propuesta lírica, en cambio, se asistió a transformaciones más radicales. Los años del *politically correct* se tradujeron en una hipocresía colectiva que había escondido bajo la alfombra la porquería

LA MAFIA DEL BLACK METAL

Dead, cantante de los Mayhem, se suicida en 1991, y sus compañeros de banda destrozan el cadáver. Faust, batería de los Emperor, acuchilla hasta la muerte a un joven homosexual en un parque de Oslo en agosto de 1992 y luego participa, junto a Euronymous (Mayhem) y Count Grishnackh (Burzum) en el incendio de algunas iglesias edificadas, según los black metallers, en las ruinas de antiguos lugares de culto paganos. Después de una nutrida serie de gestas de este tipo, el 21 de agosto de 1993 fue asesinado por Grishnackh (por motivos nunca esclarecidos). Después de su arresto, la policía descubre todas las actividades criminales de los black metaller noruegos (que tenían entre sus planes hacer saltar por los aires la catedral de Oslo durante una función religiosa) reunidos en organizaciones como The Black Metal Mafia y The Inner Black Circle of Norway, centros de atracción de todos o casi todos los adherentes del género y de sus simpatizantes, que a menudo frecuentan habitualmente círculos de la extrema derecha.

de la devastación en curso. La continua decadencia del mundo moderno requería nuevos comentadores que supieran captar de manera completa el espíritu irremediablemente fúnebre. Lo que caracterizó desde el principio la escena industrial metalera fue su falta de un remedio para el apocalipsis, al que se abandonaba con complacida voluptuosidad, limitándose a darle tan sólo una banda sonora adecuada y proyectándola hacia escenarios todavía más inquietantes y pesimistas.

El 11 de septiembre llegó para confirmar las peores previsiones de esta franja de la cultura juvenil, y no desplazó ni un milímetro sus convicciones amorales. Y sin embargo, entre los pliegues distorsionados de un cinismo aparente, se pueden encontrar retazos de bestiales invectivas anticonformistas que obligaron a la cultura moderna (musical o no musical) a pasar cuentas con su consciencia sucia e inquieta.

Los White Zombie de Rob Zombie trazaron los caracteres distintivos del género con sugerencias de cómic thrash, pero su formulación irónica y desenfadada fue de breve duración y se conciliaba mal con el tono oscuro y apocalíptico del género. Este tono lo traducían de manera mucho más destructiva los alemanes Rammstein, catalizadores europeos de toda polémica nacida sobre el papel de la música metal a la hora de proponer mensajes negativos a la juventud. Los Rammstein operaron una increíble revalorización de los clichés más firmes e injuriosos que la crítica anglosajona había vertido durante años sobre la escuela alemana. Transformando los defectos en méritos, fueron la exacta negación de todo criterio estilístico y/o lírico del grunge y del rock alternativo de la década de 1990: sonidos marciales y pesadísimos, línea vocal cantada en un alemán rudo y un estilo recitativo–escenográfico hecho a propósito para que resonaran los simbolismos arquitectónicos del Tercer Reich en clave cyber metal (fuego y llamas a voluntad, sexo enfermo y decadente con fuertes tonalidades sadomasoquistas y escenografías monumentales). Los Rammstein, como todo el industrial metal, exageraron la componente teatral del género y la fecundaron con la obsesión de la discoteca tecno dark, creando una alianza ideal para las visiones de ciencia ficción de películas como *Matrix* y *Resident Evil* (en cuyas bandas sonoras colaboraron).

En los Estados Unidos, el genio que sintetizó estas instancias fue Trent Reznor, líder y fundador de los Nine Inch Nails. La banda eclosionó en los primeros años de la década de 1990 con álbumes de inusitada ferocidad como *Pretty Hate Machine* (1989), *Broken* (1992) y la obra maestra *The Downward Spiral* (1994), que en un tiempo muy breve se convirtió en el referente cultural de toda la escena. La genialidad de Reznor a la hora de reinventar el metal más duro, insertándolo en tramas rítmicas obsesivas y claustrofóbicas y relacionándolo con un carácter visionario cibernético, dio un vuelco a la discografía estadounidense y traspasó las fronteras de la crónica musical hasta el punto de que, en 1999, fue nombrado por el semanario *Newsweek* «el estadounidense más influyente en el mundo a nivel cultural después de Bill Clinton y Bill Gates». Su voz poco agraciada y su sentido de la representación escenográfica le valieron el papel del único heredero creíble en versión industrial del Ozzy Osbourne de los años setenta, pero inmediatamente llamó la atención que los Nine Inch Nails se salían de los clichés más retrógrados del metal de las generaciones anteriores por su despiadada vena polémica y la feroz carga crítica frente al sistema.

«Nunca he hecho nada pensando en primer lugar en el dinero.»

ROB ZOMBIE

El mundo de los Nine Inch Nails y del industrial metal era un mundo en el que se llevaba al escenario la representación de las peores pesadillas: enfermedades epidémicas y deformidades, experimentos nucleares, armas de destrucción masiva, alienación posmoderna, ingeniería genética enloquecida y la sensación de estar viviendo «los últimos días de la humanidad». Desde este punto de vista, el cantor más emblemático de la monstruosidad en clave metal fue sin duda Marilyn Manson, descubrimiento artístico de Trent Reznor. Manson escandalizó a todo el país en seguida, presentándose con un nombre compuesto por el de la diva Marilyn Monroe y por el del famoso asesino Charles Manson, símbolo desde siempre de la cara maldita de los Estados Unidos. Después de labrarse un perfil a principios de la década de 1990, conmovió al mundo con *Antichrist Superstar* (1996), álbum que ya desde el título devastaba a la «mayoría moral» y declaraba cerrada la época del grunge y de lo políticamente correcto. Manson representaba el exceso llevado a sus últimas consecuencias: parodia macabra del glamour, intencionadamente ambiguo sexualmente, muy cortante en sus invectivas de negro nihilismo y muy maquillado, como un superviviente de una guerra química. Se jactaba de representar el ultraje en cada una de sus formas, tomando sin piedad como diana a las instituciones, la moral buenista de los años noventa, los miedos sexofóbicos de nuestra época y finalmente la religión. Blasfemo y exhibicionista, se fue acreditando alternativamente con credenciales satánicas o incluso moralistas, encarnando una nueva versión delirante del predicador visionario que vocifera contra la corrupción del mundo y auspicia el advenimiento de una nueva era. Su condena del sistema era total, su desprecio por la falsedad y la hipocresía de las iglesias organizadas lo aproximaba mucho a los heréticos de la Edad Media, más que a los cultores del satanismo al estilo de LaVey.

«Os reís de mí sólo porque soy diferente de vosotros.
Yo me río porque sois todos iguales.»

JONATHAN DAVIS (Korn)

Bajo ciertos aspectos, incluso podría ser clasificado como un puritano, considerando su arrebato bestial contra la corrupción y la degradación moral de la humanidad, que introducía de forma despiadada en escena con sus máscaras torturadas.

LED ZEPPELIN
II
(Atlantic, 1969)

Pocos meses después de su debut, los Led Zeppelin dieron a luz un álbum apasionado en el que destacaban los brillantes riffs de Page, la voz celestial de Plant y el *drumming* potente y visceral de «Bonzo» Bonham.

DEEP PURPLE
Made in Japan
(EMI, 1972)

Quizás el disco en directo más célebre (y celebrado) de la historia del rock. *Made in Japan* es una zarabanda pirotécnica de piezas formidables y espectaculares barroquismos tocados por los mayores virtuosos del instrumento nunca vistos juntos hasta aquel momento.

BLACK SABBATH
Black Sabbath
(Vertigo, 1969)

Un álbum que causa escalofríos, tanto desde el punto de vista musical como desde el iconográfico. Los riffs de Tony Iommi son gigantescos y visionarios, la voz de Ozzy Osbourne (sin mucha gracia, pero única) está llena de sincera y tangible vena alucinatoria.

BLUE ÖYSTER CULT
Tyranny and Mutation
(Columbia, 1973)

La banda para cuya descripción se acuñó la definición «heavy metal». Su hard rock es el más original, sofisticado (especialmente en los textos) y elegante de toda la década de 1970.

ALICE COOPER
Welcome To My Nightmare
(Warner, 1975)

La bruja Alice Cooper supera el punto de no retorno y se sumerge en la pesadilla de *Welcome To My Nightmare*. La música se asemeja a la de un macabro musical de Broadway, inspirado en la historia de un homicida psicópata que se hunde en el abismo de sus truculentos recuerdos.

KISS
Alive I
(Casablanca, 1975)

Este álbum fue el que transformó a los Kiss en un fenómeno cultural (y de marketing). El hallazgo fue el del maquillaje y los disfraces que ocultaban las identidades de los cuatro miembros, desplazando la atención de la música a la imagen.

VAN HALEN
Van Halen
(Warner, 1978)

Los Van Halen revitalizaron de repente el género gracias a temas enérgicos, vibrantes y originales como «Ain't Talkin' 'Bout Love» y «Eruption», en los que Eddie mostraba su técnica instrumental espectacular, incluido el *tapping* que causaría tanto furor en los años venideros.

AC/DC
Back in Black
(Epic, 1980)

El espectáculo debía continuar. Pocos meses después de la trágica desaparición de Bon Scott, la banda fichó al escocés Brian Johnson y publicó el disco hard rock por excelencia. Diez canciones que rozan la perfección, desde la vigilia fúnebre de «Hells Bells» hasta el desenfadado sexismo de «You Shook Me All Night Long», pasando por el inimitable tema que da título al álbum.

MOTÖRHEAD
No Sleep 'Til Hammersmith
(Bronze, 1981)

El trío de los Motörhead se volvía a encontrar en el primer puesto de la clasificación con un álbum en directo. Evento increíble para una banda anticomercial que bebía del blues, el punk, el hard rock y el metal en medida casi igual para dar vida a un sonido único e inconfundible.

IRON MAIDEN
The Number of the Beast
(EMI, 1982)

La salvaje vena urbana de los dos primeros álbumes dejó espacio a una musicalidad más sofisticada: las canciones pasaron a ser más largas, épicas y complejas, pero la garra de la Virgen de Hierro sigue siendo feroz: guiñando el ojo al demonio, los cinco londinenses ponían la marcha directa.

JUDAS PRIEST
Defenders of the Faith
(CBS, 1984)

Junto a su gemelo *Screaming for Vengeance*, las auténticas «tablas de la ley» del heavy metal, desde las masacres rapidísimas de «Freewheel Burning» a los devastadores martillazos de «Heavy Duty/Defenders of the

«Para mí, el rock nunca podrá comunicar seguridad. Es un arte que necesita terror, misterio y subversión. Por ello, las viejas generaciones lo odian.»

TRENT REZNOR

Faith», moderno manifiesto de una música para gritarla a voz en grito.

DEF LEPPARD
Pyromania
(Vertigo, 1983)

En tan sólo tres álbumes, se transformaron en una «máquina de sacar éxitos» que, de hecho, los convirtió en el grupo de hard rock por excelencia de la década de 1980. El telúrico himno de «Rock of Ages», y los latigazos rítmicos de «Rock! Rock! 'Til You Drop» y «Billy's Got a Gun» se instalaron de manera permanente en el ADN del metal estadounidense.

BON JOVI
Slippery When Wet
(Mercury, 1986)

Una gema del hard rock comercial que brilla gracias a irresistibles hits radiofónicos como «You Give Love a Bad Name» o «Livin' on a Prayer» responden de manera ideal a las exigencias básicas de la clase obrera blanca norteamericana.

GUNS N' ROSES
Appetite for Destruction
(Geffen, 1987)

Con sus treinta millones de discos vendidos fue el debut discográfico de mayor éxito de todos los tiempos. El himno metropolitano «Welcome to the Jungle» figura en la historia del rock junto a grandes clásicos como «Smoke on the Water» o «Paranoid», y resulta imposible no reconocer en las cadenas marciales de «Paradise City» los signos

distintivos del rock que crea una época.

MÖTLEY CRÜE
Girls Girls Girls
(Elektra, 1987)

Piedra de toque del street glam metal, conquistó el éxito de masas con los redobles mortíferos de «Wild Side» y la incontenible vena pornográfica del tema que da título al álbum, de «Something for Nuthin'» y de «All in the Name of Rock'n'Roll».

AEROSMITH
Pump
(Columbia, 1989)

Rock robusto que sabe a clase obrera saliendo de noche al strip bar –«Love in a Elevator»– y una pizca de coba que no desmerece (con baladas ampliamente programadas por MTV), fueron la receta del éxito, unida a la fascinación perversa de los «toxic twins» Steven Tyler y Joe Perry.

METALLICA
Metallica
(Elektra, 1991)

Mejor conocido como *Black Album*, es la obra más controvertida de la historia de este género musical. Los Metallica mataron el thrash, bautizado por ellos mismos en la década anterior, ralentizando la velocidad de ejecución y plasmando un rock bárbaro y rocoso, no carente de digresiones melifluas bajo la forma de baladas dramáticamente existencialistas («Nothing Else Matters», «The Unforgiven»).

DREAM THEATER
Images and Words
(EastWest, 1992)

Con evidentes influencias de Genesis, Rush, Kansas y Metallica, los Dream Theater no temían componer canciones largas, elaboradas y agraciadas por un cierto toque de romanticismo, como «Take the Time» y el intricado drama de ciencia ficción musical «Metropolis».

PANTERA
Far Beyond Driven
(EastWest, 1994)

Capítulo final de una trilogía inaugurada en 1990, marcó la consagración definitiva de los Pantera, debutando en el primer puesto de la clasificación. Ejercieron de mediadores entre el thrash y el nu metal con una técnica impecable, garra de sobras y una confianza en sus propios medios que rozaba la arrogancia.

MARILYN MANSON
Antichrist Superstar
(Nothing/Interscope, 1996)

El verdadero icono del metal de la década de 1990 fue él, Mr. Brian Warner. Con calculada puntualidad, pero también con una buena dosis de espontánea perversión, el espectacular circo creado por Manson alimentó a los fans con rumores, colores y eslóganes diabólicos a través de una especie de industrial metal potente y obsesivo que engendró martillos de guerra postnuclear como «Beautiful People» o «Tourniquet».

Londres,
primeros meses del año 1972

En las oficinas de su casa discográfica, Island Records, Chris Blackwell está hablando con tres músicos jamaicanos. Su mánager, Danny Sims, los ha enviado a Inglaterra sin billete de retorno.

Los tres buscan una manera de volver a casa. A Blackwell, aquellos tipos le recuerdan a los «rude boys» de *Caiga quien caiga*, la película sobre la isla de Caribe que tanto le había gustado, interpretada por un artista suyo, Jimmy Cliff. Justamente Cliff no acaba de informar que pronto firmará con otro sello, y Blackwell está tercamente buscando a otros músicos para coronar su sueño: que la música jamaicana se convierta en una tendencia internacional. Aquellos tres se llaman Peter Tosh, Bunny Wailer y Bob Marley, tienen un sonido exótico y seductor, un look fulgurante y escriben canciones bellísimas. Blackwell está convencido de que se pueden convertir en una banda de rock nueva y muy original. En tan sólo un año saldrá *Catch a Fire*, el reggae se pondrá de moda y Bob Marley se convertirá en un profeta. Pero antes del reggae, la black music cambió su apariencia, encontró nuevas almas y no tenía ninguna intención de interrumpir su recorrido contiguo al pop–rock.

> «La piel negra no es signo de vergüenza, sino más bien símbolo de orgullo nacional. Y la nación es África.»
> MARCUS GARVEY

GET UP, STAND UP

FUNK, DISCO, REGGAE, RAP Y NU SOUL

La música negra en los años
setenta, ochenta y noventa

«La
black music,
prescindiendo de
stilos y definiciones, es la
úsica del alma: lo es desde
empre, y siempre lo será.»
QUINCY JONES

IT'S FUNKY TIME!

Más ritmo y menos melodía, más África y menos «Amerika». La black music de la década de 1970 descubrió un nuevo beat que sacudió las consciencias, sedujo al público e inspiró a los artistas.

A mediados de la década de 1950, en los estudios de Cosimo Matassa en Nueva Orleans, Little Richard grababa la extraordinaria «Tutti Frutti», acompañado por dos de los músicos más apreciados de la Big Easy: el batería Earl Palmer, al que se ha acreditado la invención del término «funk» para describir un estilo musical todavía más sincopado que el rhythm'n'blues clásico, y el saxofonista Lee Allen. Crecidos ambos en la corte de Fats Domino, Palmer y Allen habían absorbido y se habían apropiado de una tendencia ya en boga en la década de 1940 que mezclaba algunas figuras rítmicas de dos géneros de la música afrocubana, el mambo y la conga. El nuevo idioma, conocido como New Orleans funk, había entusiasmado a un por entonces jovencísimo James Brown que, una decena de años más tarde, lo había elaborado, plasmándolo a su imagen y semejanza y llevándolo al éxito con temas como «Out of Sight», «I Got You» y «Papa's Got a Brand New Bag».

La nueva fórmula musical presentaba un desarrollo armónico bastante descarnado: las estructuras de acordes, típicas del blues, rock y jazz, de hecho desaparecían, sustituidas por riffs simples y repetitivos, los «vamps». Los vamps casi siempre coronaban a la melodía dando valor al papel de la sección rítmica (bajo eléctrico y batería), que producía el denominado «groove», aquel particular *feeling* rítmico que se convirtió en elemento esencial del recién nacido estilo que algunos comenzaron a definir como «funk». La guitarra eléctrica, utilizada también con particular énfasis en el ritmo, los teclados y la sección de viento, constituida por trompetas y saxofones que no era raro que se lanzara a solos improvisados, completaban el cuadro sonoro. Remontar la etimología de la palabra «funk» no es sencillo. El término, utilizado en la jerga de los afroamericanos para definir los efluvios de un cuerpo humano excitado, podía dar al mismo tiempo la idea de sucio, pero también de sexy: una especie de dicotomía que, por otra parte, caracteriza bien a esta música y que, en el caso de James Brown, se adaptaba particularmente a la connotación tosca pero al mismo tiempo exuberante de su estilo. Si el soul, durante toda la segunda mitad de los años sesenta, fue marcando en la música el proceso de concienciación social que llevó a la gente de color a emprender una lucha decisiva y vencedora para la paridad de los derechos civiles, en la década siguiente, el funk se apropió de esta herencia y, de algún modo, la llevó al extremo. El artista negro se hacía suyas con orgullo sus propias raíces africanas y las situaba en el centro de su proceso creativo. Si con el blues, África había representado el recuerdo al que aferrarse para sobrevivir en un mundo hostil que estaba por descubrir, ahora la «gran madre» pasa a ser la consciente inspiradora de una cultura adormecida, pero nunca perdida, que puede devolver la dignidad a una población en busca de un nuevo papel, en una nueva América posible. El retorno físico a África, predicado ya por Marcus Garvey, se ve sustituido por un retorno cultural más fácilmente realizable. Los negros, tras la estela de la independencia alcanzada por muchos estados africanos en la década de 1960, estaban viviendo un momento de fuerte nacionalismo cultural, y las raíces del vejo continente se percibían claramente en las mil formas musicales derivadas. Si en el free jazz se manifestaban tal vez de manera menos evidente, pero más sutil, en el funk se llevaron al paroxismo. En el funk cuajó en gran medida la prédica agresiva de Malcolm X, tras la cual muchos artistas y campeones deportistas negros manifestaron a menudo, de modo bien evidente, su intolerancia frente al ca-

rácter subalterno de su raza e incluso decidieron abandonar su nombre de «esclavos» para asumir uno islámico, capaz de conferirles una nueva identidad simbólica. Como ejemplos, valgan los de Cassius Clay, que se convirtió en Muhammad Ali, y LeRoy Jones, que adoptó el de Amiri Baraka.

Hubo varios músicos dc la banda de James Brown que contribuyeron a hacer brillar de manera decisiva sus actuaciones, como el saxofonista Maceo Parker y el trombonista Fred Wesley, capaces, gracias a su sólido *background* jazzístico, de cualquier tipo de improvisación. O el guitarrista Jimmy Nolen, conocido por el «chicken scratch»: un truco de gran efecto obtenido tocando con la mano derecha cerca del puente y con la izquierda pulsando ligeramente en las cuerdas con la finalidad de producir aquel típico «rascado» (scratch) que acentuaba el impacto rítmico del instrumento.

También demostró ser fundamental el batería Clyde Stubblefield, cuyo fraseo en el tema «Funky Drummer» sería uno de los estándares rítmicos más sampleados por los artistas

¡MACEO, SOPLA TU SAXO!

En medio de una de las legendarias 21 actuaciones en el O2 Arena de Londres, en 2007, Prince grita: «¡Maceo, sopla tu saxo!». Es una señal: Maceo Parker se levanta y entra en escena: su saxo es funk en estado puro. Antes de Prince, la misma «señal» la había usado James Brown, con quien Maceo compartió escenario durante unos veinte años, y George Clinton. En efecto, porque Maceo y su instrumento (Parker toca indistintamente el alto, el tenor y el baritono) son una marca con denominación de origen en la historia del funk. Desde hace unos veinte años, este «gregario de lujo» persigue con éxito una carrera solista.

hip hop, así como resultó indispensable el bajista de gran talento Bootsy Collins, que se convirtió en un pilar de los Funkadelic de George Clinton.

Durante toda la segunda mitad de la década de 1960, James Brown y su banda fueron los artistas funky más aclamados aunque, tras su estela, encontramos a otros grupos que se hicieron con un cierto nombre, como Charles Wright & The Watts 103rd Street Rhythm Band o Dyke and the Blazers, los primeros en emplear el término «funk» en el título de un tema («Funky Broadway») que en la versión de Wilson Pickett se convirtió en un hit. Pero los más brillantes fueron los californianos Tower of Power que, capitaneados por Larry Williams, produjeron un sonido excitante caracterizado por una sección de vientos sensacional: *East Bay Grease*, su álbum de debut, debe considerase como un punto de referencia indispensable de esta música, aunque los dos artistas que, junto a Mr. Dynamite, tienen que considerarse fundamentales del funk son Sly Stone y George Clinton. Sly, cuyo auténtico nombre fue Sylvester Stewart, comenzó su aventura musical en 1966. Su música fundía de manera magistral el rhythm'n'blues con el arte, la cultura y la música psicodélica que en aquellos años domina en San Francisco, su ciudad de adopción. Disc jockey y productor (estuvo detrás de los álbumes de Beau Brummels y Great Society, la primera banda de Grace Slick), Sly era miembro de una familia numerosa: todos sus hermanos eran músicos, y Freddie, en particular, era un brillante guitarrista. Con ellos formó una banda embellecida por las voces de sus hermanas Rose y Vaetta. Para completar la formación estaban Larry Graham al bajo, Greg Errico a la batería, Chynthia

EL REY DEL PUNK FUNK

A finales de 1970, cuando la Motown parecía pertenecer al pasado, Rick James (afroamericano de treinta años de Buffalo, Nueva York) resucitó su fama y su prestigio. Su sonido potente y agresivo (una mezcla de funky y soul con salpicaduras rock) captó la atención de público y crítica, como también su carácter excéntrico.

De *Come Get It!*, álbum de debut de 1978, se vendieron más de un millón de copias, como también

de *Street Songs*, de 1981, que contenía el gran hit «Super Freak». Posteriormente, arrastrado por una vida disoluta y problemas legales, terminaría gradualmente por desaparecer de la escena hasta su muerte por infarto en 2004. En la década de 1960, en su banda (Mynah Birds) tocaba Neil Young, mientras que en su tour de 1979 el telonero era un joven Prince.

Robinson a la trompeta y Jerry Martini al saxofón. Sly, también guitarrista, decidió dedicarse al órgano electrónico para dejar espacio a su hermano Freddie.

> «Tienes que dar al público la música que desea: una música que haga bailar... Dance to the music!»
>
> SLY STONE

Sly & The Family Stone no sólo fueron uno de los primeros grupos interraciales de la historia del rock: su música era igualmente original. Y si con el primer trabajo, *A Whole New Thing* (1967) obtuvieron buenas críticas pero escaso éxito comercial a causa de una distribución deficiente, con el siguiente álbum, *Dance to the Music* (1968) alcanzaron el éxito. Es más: Sly & The Family Stone se convirtieron en un fenómeno absoluto. Su sonido innovador, etiquetado como «psychedelic soul» por su aroma lisérgico y sus acentos rock que se mezclaban genialmente con elementos afro como góspel y soul, comenzó a ganar adeptos. Norman Whitfield, productor de la Mo-

town, intentó dirigir a los Temptations hacia los mismos territorios artísticos con «Cloud Nine», tema que se convirtió en uno de los mayores éxitos del grupo. También en la Motown, no sólo eran los Temptations los que estaban al tanto de lo que estaban haciendo Sly & The Family Stone: Diana Ross & The Supremes o los Jackson 5 lo tenían bien presente en sus obras de aquel período, como también los Isley Brothers o, como harían en el futuro, George Clinton & Parliament/Funkadelic, Prince, Arrested Development, Beck y muchos otros más. Entretanto, Larry Graham, bajista de Sly, creó la técnica del *slapping*, que se convirtió bien pronto en sinónimo de funk, contribuyendo a que, justamente en teste campo, Sly & The Family Stone dejaran una huella importante para el futuro. El San Francisco del Flower Power influyó a Sly Stone tanto en la elección de su *look* excéntrico y vistoso, que al artista gustaba de lucir «on stage», como en los textos que hablaban de paz, amor y drogas alucinógenas, como en la célebre «I Want to Take You Higher», que interpretó de manera

FUNKY WOODSTOCK

Son las 3 de la madrugada entre sábado 16 y domingo 17 de agosto de 1969. En el escenario de manera situado en la granja de Max Yasgur acaba de concluir la actuación de Janis Joplin. Después de ella se espera a Sly Stone. Sly, con su Family, estaba siendo el fenómeno musical del momento. Su «psychedelic soul» entusiasmaba al público blanco. Sly lo sabe y... se hace el difícil. No quiere subir al escenario, sigue tomándose su tiempo hasta que John Morris, director de escenario, entra en el camerino y, sin contemplaciones, lo levanta casi a peso chillándole a la cara: «¡Si no mueves ahora mismo tu culo negro, yo mismo te haré llegar al escenario a patadas!». A las 3,30, Sly entra en escena y da vida a una de las actuaciones más memorables del Festival. El momento álgido es el medley «Dance to the Music / I Wanna Take You Higher», cantada a coro por la Woodstock Nation. En el *backstage*, Janis Joplin y Grace Slick bailaron todo el rato gritando: «Dance to the funky music...».

magistral en el escenario de Woodstock. La actitud de Sly no era sólo «filosófica»: sus canciones denunciaban el drama de la guerra en Vietnam, apoyaban las luchas por los derechos civiles y señalaban el conformismo cazurro. Sly Stone lo demostró, sin términos medios, con aquel «all the squares go home» que marcaba la presentación de *Dance to the Music.*

En el mismo período, la banda entró en contacto con el Black Panther Party y optó por un repertorio cada vez más comprometido políticamente, en contraste con los dictados de su casa discográfica.

En 1970, Sly & The Family Stone se encontraba en la cima de las clasificaciones con el sencillo «Thank You (Falettinme Be Mice Elf Agin / Everybody Is a Star)», especie de frontera entre las primera grabaciones características de los años sesenta y las más sofisticadas de la década siguiente, que recurrían a innovaciones tecnológicas como drum machine y overdubbing, que permitían que Sly grabara sin algunos miembros de la banda o incluso solo. El comienzo de esta nueva era está representado por el formidable *There's a Riot Goin' On.* «Thank You (Falettinme Be Mice Elf Agin)», cuyo sinsentido homófono del subtítulo se entiende al escribirlo «For Letting Me Be Myself Again» fue revisado e introducido como última pista del álbum titulado *Thank You For Talkin' To Me, Africa.* Entretanto, Sly Stone cayó en la espiral de la heroína. Las relaciones entre él y algunos miembros del grupo se fueron deteriorando hasta dar lugar a desencuentros y a auténticos abandonos. Se fueron personajes clave como Greg Errico y Larry Graham, sustituidos en las partes instrumentales por amigos/colaboradores externos como Billy Preston, Ike Turner y Bobby Womack. A pesar de todo, salieron álbumes de valor como *Fresh* (1973) y

Sly & The Family Stone está considerada una de las bandas fundamentales para entender el nacimiento y desarrollo del funk.

Small Talk (1974), pero luego, la época de oro de Sly & The Family Stone se cerró, dejando espacio a las carreras solistas de sus componentes, aunque más de una vez se intentó revitalizar la marca histórica. De hecho, Sly Stone puso la palabra fin a su carrera artística en 1987 tras un arresto por sus habituales problemas con la droga.

La escena funk de la década de 1970 se vio marcada también por George Clinton, líder indiscutible de Parliament y Funkadelic, grupos con los que inventó un subgénero que él mismo definió como «P–Funk» y que, según las interpretaciones, se puede leer como abreviatura de los nombres de las dos bandas, o como «pure–funk»: una especie de funk rock influido por el rock psicodélico de aquellos años, por las distorsiones guitarrísticas de Jimi Hendrix y, naturalmente, por lo que había desarrollado rítmicamente James Brown. Después de trasladarse en la década de 1960 a Detroit desde su Carolina del Norte natal, Clinton comenzó a trabajar como autor de canciones para la Motown, pero muy pronto tomó el mando de los Parliament, produciendo uno de los funkies más innovadores de la música negra de la época, que tomó prestados elementos rock expresados por bandas «vecinas» como Stooges y MC5. Pero en el interior de los Parliament se produjeron disensiones en la línea artística a seguir, y algunos miembros de la banda intentaron una acción legal que aparta temporalmente a Clinton y a sus fieles. De esta diáspora nacieron los Funkadelic, pero cuando la controversia judicial se resolvió a favor de Clinton, el «Dr. Funkenstein» se encontró curiosamente como líder de ambas bandas. Los espectáculos en vivo eran los momentos clave para descubrir la extravagante propuesta artística de Parliament/Funkadelic: Clinton fumaba marihuana en público, simulaba abiertamente actos sexuales y su grupo terminó por convertirse en el conjunto más destacado de la escena black de los años setenta. A su lado, músicos de relieve como Maceo Parker, Bootsy Collins, Eddie Hazel y Junie Morrison. Álbumes como *Up for the Down Stroke* o *Chocolate City* alcanzaron las cumbres artísticas más altas del P–Funk, hasta el punto de que, en las décadas siguientes, muchos temas de aquellos mismos elepés fueron transformados en samples por disc jockeys y raperos.

«El funk es la esencia o la ausencia de todo: representa todo lo que queremos hacer.»
BOOTSY COLLINS

Después de una serie de problemas con la justicia, en 1983 George Clinton se retiró de la escena, pero siguió siendo un personaje de culto gracias a las continuas citas que hacían de él los nuevos músicos que poco a poco lo iban redescubriendo. En el campo musical quedará sobre todo como autor y productor, aunque en los años noventa comenzó a grabar de nuevo y, sobre todo, a aparecer en escena. Con la reapropiación de las raíces africanas, el funk se convirtió en objeto de atención para muchos músicos negros politizados, especialmente entre los abiertos al *crossover* estilístico. En el ámbito del jazz, por ejemplo, Miles Davies y Herbie Hancock estuvieron entre los primeros en abrazar el género, respectivamente con *On the Corner* (1972) y *Head Hunters*, del año siguiente. Paradójicamente, el funk se convirtió en fuente de inspiración estilística importante también para los artistas que iban a dar vida a un nuevo estilo completamente desprovisto de compromiso social. Un fenómeno que adoptaría el nombre de Disco Music y que se impondría como *mainstream* hasta principios de la década de 1980.

THE HEADHUNTERS
Cuando el jazz se encuentra con el funk

Después de haber sido despedido de la banda de Miles Davis en 1968, haber volado muy alto con los tres álbumes llamados *Mwandishi*, Herbie Hancock decidió que había llegado el momento de una música más directa, rítmica y sensual. De esta manera, siguiendo el ejemplo de su mentor Miles Davis, fundó Headhunters, un conjunto con el que fundió el idioma jazz con el groove funk. Con él estaban la sección de bajo/batería rhythm'n'blues formada por Paul Jackson y Harvey Mason, el percusionista Bill Summers y el saxofonista Bernie Maupin, único superviviente del sexteto de Hancock de los discos anteriores. En septiembre de 1973 salió el álbum de debut: cuatro pistas, una de las cuales («Watermelon Man») era la reedición de un tema hard bop de Hancock. Los riffs del sintetizador (véase la intro de «Chameleon») tocado por Herbie hacían reconocible todo el conjunto y contribuían al disfrute de la música. Los ritmos sincopados, la calidad de las actuaciones y el carácter agradable del sonido hicieron el resto: cuando el álbum se reimprimió en CD en 1992 resultó ser el disco más vendido en la historia del jazz.

LA FIEBRE DEL SÁBADO NOCHE

Del compromiso político a la evasión y al placer. La sociedad norteamericana estaba cambiando, y una nueva música hacía bailar a los jóvenes: su nombre era disco music.

A mediados de la década de 1970, una vez terminada la temporada de las luchas por los derechos civiles y por las demandas de carácter libertario, concluida ya la protesta por la guerra en Vietnam, las reivindicaciones de los afroamericanos parecieron calmarse. Y aunque el indiscutible crecimiento de la burguesía negra no había logrado eliminar las bolsas de pobreza que caracterizaban todavía ciertas periferias urbanas, las ideas de «revolución» se habían adormecido en gran medida. Quizás también por el descenso del soporte ideológico de los estudiantes blancos, que en la década anterior se había dejado sentir.

Las necesidades que emergieron en los años en los que el funk todavía era la black music del momento parecían orientarse de golpe más hacia el placer y la evasión que hacia el compromiso político y social.

Al menos en cuatro ciudades, Los Ángeles, Filadelfia, Miami y Nueva York, comenzaron a percibirse signos de nuevas necesidades creativas. Los artistas de color iban en busca de un cambio de ruta que, una vez más, parecía dictado por la nueva disposición social y económica. Y el negocio de la música no perdió la ocasión para adecuarse a estas necesidades.

Los únicos músicos black que se mantuvieron sólidamente en la cima de las clasificaciones son los que aguaron su sonido con notables inyecciones de pop, dejando tras de sí, como si fueran tan sólo un débil recuerdo, las actuaciones inflamadas de los años anteriores. Las mismas Tina Turner y Diana Ross estaban ya a punto de lanzarse hacia un pop con aroma a blanco, y Stevie Wonder acababa de publicar su *Talking Book*, obra maestra de refinamiento hecha a propósito para escalar las clasificaciones.

LA TRAGEDIA DE LOS BEE GEES

El primero fue Andy, el más joven de los hermanos Gibb. En 1988, Robin, Maurice y Barry ya no eran los «profetas de la fiebre del sábado noche», pero él, apenas con treinta años, murió de un infarto después de años de adicción a la cocaína. 25 años más tarde, Maurice Gibb (el más brillante de todos como arreglador) desapareció de repente en Miami: se estaba recuperando de una operación en el intestino, pero fue víctima de un paro cardíaco. Ni siquiera diez años más tarde, el 20 de mayo de 2012, también Robin Gibb alcanzó a sus hermanos: el cáncer lo mató después de dos años de sufrimiento atroz. El mayor, Barry Gibb (cuyo falsete había sido una marca de fábrica de los Bee Gees de «Stayin' Alive») vive entre Florida y la campiña inglesa. Quién sabe, de vez en cuando tal vez piensa en el texto de «Tragedy»...

En otros términos, parecía que la black music, a la que tanto costó suscitar el interés en el público blanco, no sólo hubiera encontrado el boquete para derribar las barreras, sino que había arraigado en los meandros del *business* hasta perder aquel mordiente que la había caracterizado siempre. De todos modos, en 1973, en Los Ángeles, nacía un emblema destinado a ser revolucionario: la 20th Century. Su creador fue Barry White, artista que desde muy joven se había encontrado cómodo en el mundo de la música. White tuvo la feliz intuición de hacer un soul sinfónico, acompañado por grandes orquestas a fin de valorar al máximo la vena melódica. De tal manera, gracias por otra parte a arreglos elegantes que recordaban los de Burt Bacharach, no se disminuía la «negritud» de un Isaac Hayes o de un Curtis Mayfield. Este osado proceso artístico estableció la ruta para lo que estaba a punto de convertirse en el fenómeno del momento: la disco music.

«Dios creó la disco music y con ello permitió que yo tuviera éxito.»

DONNA SUMMER

Uno de los primeros inventos de Barry White fue la Love Unlimited Orchestra, conjunto de cuarenta elementos cuya peculiaridad era la de hacer prevalecer el sonido de los instrumentos de cuerda sobre los otros instrumentos, y que acompañaba a las voces del mismo Barry y del trío femenino de la Love Unlimited, para la que escribió el célebre «Love's Theme» que, junto a «Rock You Baby» de George McCrae, «TSOF» de los Mother Father Sister & Brother y «Never Can Say Goodbye» de Gloria Gaynor puede ostentar la primogenitura del género disco.

STUDIO 54
La discoteca más famosa del mundo

En 1927, el edificio situado en el número 245 de West 54th street de Manhattan acogía la Gallo Opera House que, después de convertirse en el New York Theatre, fue transformado a mediados de la década de 1940 en los estudios de televisión de la CBS que acogían el show de Johnny Carson.

Treinta años más tarde, el 26 de abril de 1977, se inauguraba una nueva era: salvado y restaurado el mobiliario barroco original, los nuevos propietarios construyeron en su interior una pista de baile de casi dos kilómetros cuadrados iluminada por 57 efectos de luz diferentes y dieron vida a la discoteca más famosa del mundo. De esta manera nació el Studio 54, el local al que todos querían entrar (pero en la entrada la selección era despiadada), no sólo porque arte, moda y música iban de la mano: si uno estaba allí, la oportunidad de aparecer en las primeras páginas de los periódicos estaba casi garantizada. De esta manera, durante unos años, el Studio 54 se convirtió en sinónimo de discoteca y, en consecuencia, templo de la disco music. Resulta gracioso pensar que, entre los clientes habituales de la primera época, hubiera un gran icono del rock como Mick Jagger y el rey del Pop Art Andy Warhol. Cerrado por estafa en 1986, el Studio 54 es la sede de la compañía teatral Roundabout desde 1998.

White entendió que el secreto de su éxito se ocultaba en la implicación acústica y emotiva creada por la configuración orquestal que sostenía sus canciones y que, por sí sola, era capaz de apoyar a cualquier voz de buen nivel. Trabajando en este concepto, sólo en 1974 Barry llevó al éxito hasta siete álbumes. Al mismo tiempo que el corpulento músico californiano, otros productores estaban trabajando en la dirección que él había trazado.

En Filadelfia, por ejemplo, gracias a las nuevas ideas musicales de Kenny Gamble y Leon Huff estaba naciendo el Philly Sound, una idea musical en la que la gran orquesta seguía ostentando la parte principal aun apoyándose perfectamente en la sección rítmica. Melodías cautivadoras y arreglos sofisticados caracterizaron los primeros éxitos de artistas como Billy Paul y Teddy Pendergrass, y grupos del calibre de O'Jays, Three Degrees y Blue Notes, todos ellos acompañados por la house band, la ya citada MFSB (Mother Father Sister & Brother), que dio a conocer al mundo el sonido ideado por dos productores. El mayor éxito llegó en 1974 con «The Sound of Philadelphia», título programático de su filosofía, con el que los MFSB desbancaron las clasificaciones. En realidad, desde 1971, cuando sellos históricos como la Stax y la Motown estaban teniendo algunas dificultades para seguir las nuevas necesidades del público negro, el proyecto de Gamble y Huff, a pesar de ser todavía embrionario, había podido encontrar impulso con la creación de la Philadelphia International, que les había permitido trabajar con tranquilidad y autonomía hasta formalizar plenamente lo que tenían en la cabeza. El nuevo sonido quizás no era revolucionario, pero creó una receta acústica que funcionaba, uniendo a los viejos ingredientes Motown, constituidos por hábiles amasijos vocales y ritmos cautivadores, el formidable impacto orquestal que enfatizaba con elegancia la melodía. También en 1974, año fundamental para la explosión de la música disco, entró de forma poderosa en las clasificaciones estadounidenses el tema «Rock Your Baby» de George McCrae, artista procedente de Miami que llevaba de repente a primera fila lo que estaba sucediendo en Florida. Miami estaba en el centro de una encrucijada artística que recibía estímulos tanto de la vecina Memphis como del Caribe, también a pocas millas de distancia. Aquí el rhythm'n'blues se hizo eco de ritmos afrocubanos, reggae y calypso y otras infinitas variaciones musicales que los centenares de miles de inmigrantes regulares y clandestinos habían llevado a sus calles. Fue justamente este centelleante crisol de ritmos y colores lo que impresionó a Henry Stone, un empresario discográfico judío que unos diez años antes había creado la TK Records para buscar fortuna en las grabaciones soul y rhythm'n'blues.

«La disco music habría merecido mejor fama,
porque fue una forma de arte muy bella.»

BARRY WHITE

Stone olió el momento y comenzó a producir un sonido característico, rítmicamente suavizado pero hábilmente apoyado en los aromas del Caribe, arreglado de manera descarnada y muy alejado de la pomposidad del de Filadelfia, pero igualmente eficaz. Sí hubo quien no tuvo reparos en filosofar sobre el Philly Sound sosteniendo que se trataba más de una continuación original de la música soul que de una componente esencial de la música disco, nadie se atrevió a poner en duda la importancia de la TK Records a la hora de pilotar el rhythm'n'blues hacia la nueva música. Para demostrarlo, cabe citar las indiscutibles contribuciones a la causa de grupos como K.C. & The Sunshine Band y Jimmy Bo Horne. Si la discoteca nació sobre todo en Los Ángeles, Filadelfia y Miami, también es cierto que la ciudad en la que se bailaba de verdad era Nueva York. Hasta mediados de la década de 1970, a pesar de los éxitos de los temas citados, la disco music seguía siendo un fenómeno relativo: los grandes consensos que propiciarían que se convirtiera en una «manía» todavía tenían que llegar. Por el momento la escuchaban sobre todo minorías relacionadas con los negros, los hispanos y sobre todo los gays. En la Norteamérica conformista de la década de 1950, como también en la de la década siguiente, cuando el fenómeno homosexual comenzó a adquirir una proporción más amplia y a darse a conocer de forma más explícita, a menudo de modo provocador, a los gays se les prohibía toda manifestación afectiva en público. Justamente por ello en Nueva York comenzaron a nacer locales exclusivos, como el Flamingo, el Paradise Garage y el muy conocido Studio 54, en el que los homosexuales se podían encontrar para beber y escuchar música en gran parte procedente de las juke box. Para eliminar las pausas entre una selección y otra, y que imponían inevitables interrupciones en las conversaciones, se comenzaron a grabar en cintas recopilaciones sin solución de continuidad, que muy pronto fueron sustituidas por los disc jockeys capaces, con sus mensajes, de garantizar el mismo efecto. Estaban naciendo las discotecas, y gran parte de la música que acompañó aquellas noches era justamente la disco. En poco tiempo, las discotecas ampliaron de forma desmesurada el número de sus habituales sin poner límite alguno de raza, pertenencia social u orientación sexual; si Tony Manero, protagonista indiscutible de *Fiebre del sábano noche* encontraba en el baile una especie de rehabilitación social, gran parte de los habituales de estos nuevos locales iban a bailar con la única y explícita intención de divertirse. La disco se convirtió en una especie de banda sonora del propio hedonismo, de la consciente voluntad de evasión respecto a un mundo que durante demasiados años había exigido una participación crítica en los fenómenos sociales en vigor. Los tiempos estaban cambiando rápidamente: se empezaba ya a notar el olor a yuppies y a mujeres de carrera que habían decidido ganar dinero y gastarlo en objetos de lujo, totalmente efímeros, felices por no tener que rendir cuentas a una consciencia de clase, a una ética que no fuera la del placer. Para ellos y para muchos otros que querían ser o convertirse como ellos, la disco music era perfecta. Si alguien pensaba todavía en los jóvenes como en un fenómeno de cabellos largos que soñaba en California haciéndose un porro y escuchando rock, tenía que despertarse bruscamente porque delante se encontraba sobre todo a jóvenes vestidos de modo sofisticado, con brillantina, que esperaban el fin de semana para lanzarse a la pista de la discoteca para bailar una música nacida para las minorías negras pero que, paradójicamente, se estaba transformando en su exacto contrario. Aunque la disco perdió muy pronto la connotación original de «música gay», siguió relacionándose con el mundo de la homosexualidad en virtud de artistas como Sylvester y Village People, que no tenían problema alguno para declarar sus opciones sexuales. Por otro lado tampoco había quien subrayaba el placer de un sexo hetero gozoso, gracias a las manifestaciones explícitas de Barry White en «I'm Gonna Love You Just a Little more Baby» o a los gemidos orgásmicos de Donna Summer en «Love to Love You Baby». La industria del disco había entendido que las alusiones sexuales reportaban ganancias, y en consecuencia las propuso hasta desembocar en ocasiones en la vulgaridad, como en el tema «In the Bush», de los Musique, en el que se cantaba sin eufemismos «push push in the bush». Pero aquel tipo de alusiones no eran una prerrogativa del fenómeno disco: el sexo era un «producto» que vendía bien, hasta el punto que se apropiaron vorazmente de él también el cine y la literatura. El mismo rock contaba por entonces con personajes como Lou Reed, Iggy Pop, Freddy Mercury, Elton John y David Bowie, que estaban construyendo brillantes carreras apostando por una ambigüedad sexual. Si, en sus inicios, la música disco era un fenómeno sustancialmente negro, a partir de 1978 comenzaron a encaramarse en las clasificaciones también temas de músicos blancos, incluso no extra-

GIORGIO MORODER
El ingeniero de la disco

Hollywood, noche de los Oscar de 1978: la codiciada estatuilla para la mejor banda sonora recae en Giorgio Moroder por la música de *Expreso de medianoche*, del director inglés Alan Parker. Hansjörg («es mi verdadero nombre, pero todos me llaman Giorgio») Moroder, músico/productor italiano emigrado a Alemania, segundo italiano en vencer este Oscar (antes que él, Nino Rota con la banda sonora de *El padrino*) había sido el responsable del éxito internacional de «Love to Love You Baby» (1975), interpretado por la seductora voz de Donna Summer, y por el subsiguiente hit «I Feel Love», cantado también por Summer, que como explicaba el mismo Moroder, era «la primera pieza dance completamente sintética».

Moroder, auténtico genio de la electrónica, combinaba un brillante dominio de las nuevas tecnologías con un gusto musical superfino, olfato artístico y sensibilidad compositiva. A lo largo de los años ganaría dos Oscar más (uno por el tema de *Flashdance*, «What a Feeling» y el otro por «Take My Breath Away», tema estelar de *Top Gun*), tres Grammy y muchos otros reconocimientos. Alternando en su carrera entre música, cine y televisión, en 2013 sorprendió a todo el mundo con el monólogo *Giorgio Moroder*, en el afortunado álbum *Random Access Memories*, de los Daft Punk.

ños siquiera al pop o al rock. Estrellas consolidadas como Rolling Stones (véase el álbum *Some Girls*), David Bowie y Elton John, por citar tan sólo algunas, se dejaron influir fuertemente en sus trabajos del período por la música disco y contribuyeron ampliamente a difundir el género. Y como sucedió con el rock'n'roll de la década de 1950, que necesitó a un blanco como Elvis Presley que lo legitimase, también en la disco se tuvo que esperar a los Bee Gees para que estallara. Los hermanos Gibb, que en los años sesenta habían escalado las clasificaciones con un pop meloso, aunque de buena factura, a partir de 1975 se «convirtieron» a la disco con *Main Course*, álbum que convirtió al sencillo «Jive Talkin'» en un éxito mundial. En los años inmediatamente sucesivos, con piezas como «You Should Be Dancin'» y «Stayin' Alive», vendieron millones de copias en todo el mundo y contribuyeron decididamente a convertir a la disco music en un fenómeno planetario. En Europa hubo varios productores que trabajaron en el ámbito de la disco, pero sólo unos pocos obtuvieron auténticos consensos. Entre estos, Giorgio Moroder en Alemania, Cerrone en Francia e Imagination en Inglaterra: todos ellos difundieron una disco music con características muy diferentes a la estadounidense.

«La disco es música de baile. Y la gente bailará siempre.»

GIORGIO MORODER

Los sonidos ya no derivaban del funky o del rhythm'n'blues, sino que eran casi todos electrónicos, y los temas podían llegar a tener hasta veinte minutos de duración. El fenómeno disco duró hasta mediados de la década de 1980, luego comenzó a ceder el paso a la «música house», que se fue imponiendo en la discoteca con sus ritmos apremiantes dictados por samplers y drum machines. Se inauguraba la época de las «raves», encuentros ilegales en los que, entre cegadores juegos de luz, se recurría ampliamente al éxtasis y al alcohol.

Su mezcla con la psicodelia permitió el nacimiento del acid house y posteriormente apareció el tecno, que se diferenciaba por un sonido sintético generado por señales y no por vibraciones, una música destinada a dispersarse en mil ramas derivadas, como el trance, el electro y el hardgroove, que dominarían la escena musical de todos los años noventa.

AFRICA UNITED

Un ritmo a contrapié que partía de Jamaica e invadió el mundo. Nacimiento y evolución del reggae, la religión Rastafari y las raíces africanas durante el reinado incontestable de su majestad Robert Nesta Marley.

Cuando en 1973, Chris Blackwell, productor discográfico inglés que había pasado su infancia en Jamaica, publicó para Island el álbum *Catch a Fire* de Bob Marley, abrió el paso, quizás inconscientemente, a un género musical destinado a trastornar el mercado discográfico mundial de toda la década de 1970. A partir de aquel momento, el reggae experimentó un impulso tan extraordinario como impensable, que en poco tiempo lo llevó de ser una música marginal a un auténtico *mainstream*.

Blackwell había fundado su sello unos quince años antes con la idea de grabar en cinta justamente la música popular jamaicana, una expresión artística singular con un característico proceder sincopado que pronto pasaría a la historia con el nombre de ska y que, a través de mil evoluciones, daría origen al reggae. En aquellos años, los ritmos en Jamaica se modificaban continuamente en función de los humores y de las consiguientes demandas de la gente, que estaba viviendo un laborioso desarrollo socio–político.

En el momento de la independencia del Reino Unido, acaecida en 1962, la isla caribeña lo celebró en las plazas justamente a ritmo de ska, un género híbrido de rítmica hipnótica, que sustancialmente era una reinterpretación «a contrapié» del rhythm'n'blues que los autóctonos escuchaban a través de las frecuencias radiofónicas difundidas desde Miami o Nueva Orleans, mezclado con elementos de la música popular caribeña, como el mento y el calypso. Se trataba de una mezcla sonora alegre y liberadora que potenciaba el sentido lúdico de la música y era perfecta para celebrar un acontecimiento tan importante como este.

En las calles de Kingston, sonaban artistas como Prince Buster, Desmond De-

ONE LOVE PEACE CONCERT

22 de abril de 1978: en el National Stadium de Kingston sucede algo excepcional. Durante el concierto de Bob Marley, frente a decenas de miles de personas, dos líderes políticos que habían dado vida a una especie de guerra civil en Jamaica se estrechan la mano. Sucede mientras Marley canta «Jammin'», y es precisamente él quien propicia que Michael Manley, del People's National Party, y Edward Seaga, del partido laborista, se abracen públicamente. La manifestación, en la que participaron los 16 artistas más brillantes y populares, fue rebautizada por los medios de comunicación como «la Woodstock del tercer mundo».

kker, Toots & The Maytals, así como un joven Bob Marley, que militaba en un grupo que se hacía llamar The Wailers, junto a Bunny Livingston Wailer, Peter Tosh y Junior Braithwaite. Pero también se estaban dando a conocer cada vez más los *sound systems*, las instalaciones musicales móviles controladas por djs (*toasters*), que podían desplazarse de lugar según dónde se quería animar una velada. La característica de los *toasters* era la de hablar sobre el tema seleccionado, hasta improvisar incluso algún verso nuevo: era una forma expresiva que obtuvo cada vez un mayor éxito entre el público y que llevó al productor Duke Reid a concebir la versión sólo instrumental de la pieza, que se introducía como cara B del disco, a fin de poder dejar justamente al dj la máxima posibilidad creativa en su speech. Con el desarrollo del *toasting*, siguió una proliferación de nuevos sound systems, cada uno muy reconocible y en competencia con los demás en virtud de la orientación sonora elegida: era el caso del Coxsone Sound, del nombre de su fundador, Coxsone Dodd, productor y descubridor, entre otros, de Bob Marley y Burning Spear, y de Voice of the People, creado por Prince Buster, ambos en boga en los años sesenta.

Se estaba viviendo una temporada muy creativa que, aun en medio de mil dificultades, les infundía esperanza y optimismo. La música se vio enormemente beneficiada; en los años inmediatamente sucesivos, los ritmos se fueron ralentizando, las atmósferas se suavizaron y el sonido jamaicano se vio enriquecido por la introducción de nuevos elementos como el soul, el jazz y las baladas. Poco a poco fue tomando forma el rock steady, que se diferenciaba del ska por una sonoridad diferente, más orientada hacia la exaltación de las armonías y por los textos comprometidos que afrontaban cada vez más a menudo temas de naturaleza social y política. Alton Ellis, que fue uno de los intérpretes más significativos de este género, con su *The Rock Steady* parecía ser también el responsable del nombre de esta nueva tendencia. Pero las cosas en Jamaica nunca se estancan, y muy pronto la gente se dio cuenta de que todo el mundo que tuviera una cierta disponibilidad económica y un amor suficiente por la

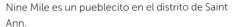

UN MAUSOLEO PARA MARLEY

Nine Mile es un pueblecito en el distrito de Saint Ann.

Aquí, el 6 de febrero de 1945 nació Robert Nesta Marley, y también aquí, el 21 de mayo de 1981, fue sepultado junto con su Gibson Les Paul después de un funeral en el que se mezclaron elementos de la ortodoxia etíope y tradiciones del rastafarianismo.

En Nine Mile se encuentra el famoso «cojín de piedra», con sus colores «rasta» (amarillo, rojo, verde y negro), en el que Marley apoyaba la cabeza en busca de inspiración mientras, en la pequeña iglesia de diseño etíope, está su tumba y la de su hermanastro, asesinado casualmente por la policía de Miami. El segundo mausoleo contiene los restos de Mama Marley: fue ella la que quiso que los dos hermanos fueran sepultados juntos. Toda el área la gestiona la familia Marley. La entrada cuesta 20 dólares.

música también era capaz de crear su propio sonido y contribuir a la evolución de la música de su país. Y de esta manera, prestando el oído a las nuevas expectativas juveniles, se fue imponiendo el Early Reggae que, aun insistiendo todavía en la importancia de la fase rítmica, se abría a nuevas presencias instrumentales como la guitarra y los teclados, capaces de dar vida a contrapuntos armónicos originales y de regalar matices más coloristas y, en ocasiones, más duros. Cuando la gente comenzó a preguntarse de qué música se trataba, alguien introdujo el término «ragga» para definir la tendencia «ruda» a la que remitían ciertos ritmos. El paso a la denominación «reggae» era sólo cuestión de tiempo y adoptaría un valor tan genérico que comprendió en sí incluso las influencias en las que se originaba, como el ska y el rock steady, pero también las derivaciones sucesivas como dub, dancehall y raggamuffin.

Después de la euforia de la independencia, los jamaicanos se dieron cuenta en seguida que la situación social no iba a mejorar de ninguna manera: los guetos, en particular, vivían las contradicciones de siempre, y la asociación con la mala vida se convirtió casi en una salida obligada de supervivencia. La protesta no tardó en expresarse, a veces con violencia: los jóvenes que vivían el drama de la desocupación abandonaron el optimismo del primer ska asumiendo cada vez más los contornos de la figura intolerante y pendenciera del teddy boy inglés de la década de 1950. Nacieron los «rude boys», una amplia subcultura que vivía del cuento, que a menudo los gestores de los sound systems usaron para molestar a sus rivales y destinada a desembocar en auténticos gangs que combatían en las calles. Ser un *rude boy* significaba ser alguien en el momento en que nadie lo reconocía a uno como individualidad, y para subrayar la propia especificidad de grupo se usaba el «dinero fácil», a menudo procedente del tráfico de marihuana, para vestirse de manera elegante y procurarse una improbable respetabilidad. Los *rude boys* viajaban armados, estaban fuera de la ley, y esta condición de desesperación social fue apareciendo en los textos de las canciones, cada vez más duras, con el bajo constantemente en primer plano, pero cada vez menos ritmado para conferir un mayor desencanto. Cuando el gobierno de Kingston ordenó entregar las armas, muchos *rude boys* se negaron a hacerlo y se pusieron bajo la protección de la delincuencia organizada. Para defenderlos y apoyarlos también había muchos productores y propietarios de sound systems, como Clement Dodd, que en aquella ocasión formó los Wailers, eligiéndolos entre los rude boys de su entorno.

A comienzos de la década de 1970, una película llamada *The Harder They Come* (*Caiga quien caiga*), con Jimmy Cliff como actor principal, ofreció un escorzo preciso de la situación social en Kingston, y presentó al mismo tiempo, gracias a una banda sonora extraordinaria, la nueva tendencia que estaba adoptando la música reggae en virtud de una adhesión cada vez mayor por parte de los jóvenes a la religión rastafari. Hasta entonces, los adeptos a este credo eran pocos y aislados en pequeñas comunidades en las

▶ 6 DE AGOSTO DE 1962

Jamaica obtiene la independencia respecto del Reino Unido. La población lo celebra a ritmo de ska, una música local nacida de la mezcla de ritmos populares y del rhythm'n'blues que se podía escuchar a partir de las radios de Miami y Nueva Orleans. De su evolución nacería el reggae.

▶ 18 DE ENERO DE 1968

Sale «Dance to the Music», de Sly and the Family Stone, sencillo destinado a causar estragos en la clasificación y que con su mezcla soul—funky—rock define el estilo psicodélico de la banda. En él se hallan ya los gérmenes de la disco music.

▶ 11 DE OCTUBRE DE 1972

Miles Davis publica *On the Corner*. Como Herbie Hancock, Davis abandona por un momento su habitual estética para acercarse al funk. Desde el punto de vista comercial es un fiasco, pero con el tiempo el disco se revaloriza a manos de la crítica y se considera una obra anticipadora de géneros sucesivos como el drum & bass y el hip hop.

▶ 13 DE ABRIL DE 1973

Por primera vez, un álbum de los Wailers, *Catch a Fire*, se publica en Inglaterra. Quien da el pistoletazo de salida al reggae es la Island Records, sello de Chris Blackwell, que piensa adaptar el sonido al público blanco con la adición de la guitarra de Wayne Perkins y los teclados de John «Rabbit» Bundrick.

▶ 15 DE NOVIEMBRE DE 1973

Es el día de la publicación del instrumental «Love's Theme», realizado por la Barry White's Love Unlimited Orchestra, considerado uno de los temas precursores de la disco music. Al año siguiente, la Love Unlimited hará también una versión vocal.

colinas, remanente de aquel nacionalismo negro que en el Harmel de los años treinta había dado origen al movimiento de los Abyssinians, como consecuencia de la coronación en Etiopía de Haile Selassie I, cuyo nombre era Tafari Makkonen Woldemikael. Descendiente en línea directa del rey Salomón y de la reina de Saba, el Ras Tafari (y de ahí el nombre de la religión) fue considerado el nuevo Mesías, encarnación de Jah, llegado a la Tierra para liberar a la población negra, como habían profetizado las Sagradas Escrituras y más modestamente, Marcus Garvey, cuando había invitado a todos los afroamericanos a volver a África para encontrar su dignidad cultural y espiritual. Atributos de la religión eran las *dreadlocks* o rastas, las largas trenzas que caracterizan la melena de muchos rastas, que remiten a la práctica nazirea y, en consecuencia, a abstenerse de la tonsura y del peinado (mito de Sansón), y el uso de la marihuana (ganja) para uso médico y meditativo, al ser sagrada porque crece espontáneamente sobre la tumba de Salomón. Los rastafari también tienen una fuerte disciplina moral, tienen un gran control de sí mismo y rechazan todo tipo de embriaguez. Es un estilo de vida alternativo y hace de la música y de simples prácticas cotidianas un modelo a seguir fielmente. Con la adhesión al rastafarianismo, también el reggae experimentó algunas modificaciones estructurales: ralentizó sus tempos y el sonido se hizo más relajado e hipnótico. Los textos cada vez más empezaron a ser portadores del verbo religioso y, en oposición al sonido más duro de sus inicios, por su nueva simplicidad y el retorno más marcado a las raíces africanas, se comenzó a hablar de roots reggae.

El símbolo más popular de esta última variación fue ciertamente Bob Marley. La influencia y el impacto que «el rey del reggae» tuvo sobre el mercado mundial fueron arrolladores, y con él, también la cultura rastafari atraviesa los confines de Jamaica para recalar, un poco por moda, un poco por auténtica búsqueda espiritual, en Occidente. El ya citado *Catch a Fire* obtuvo éxito, pero el siguiente, *Burnin'*, que contenía piezas como «Get Up Stand Up», «Rastaman Chant» y «I Shot the Sheriff» lo lanzó definitivamente en la órbita internacional.

Incluso cuando el grupo original de los Wailers se disolvió, dejando a sus componentes libres para moverse de manera independiente, Marley aumento todavía más su fama gracias a una aproximación a la balada de carácter soul–pop, con piezas como «No Woman No Cry», «Stir It Up», «Is It Love» y, posteriormente, con «Redemption Song», escrita cuando ya estaba enfermo, en la que insistía en su convicción acerca de la religión rastafari, e invitó a la gente a liberarse de todas las cadenas que la mantenían prisionera. El verso «Emancipaos de la esclavitud mental, nadie aparte de nosotros puede liberar nuestra mente» fue famoso.

Con Marley, el reggae se convirtió más que nunca en la voz de los oprimidos y de los desesperados, un apoyo para los derechos humanos no sólo en Jamaica, sino en todos los países en los que abundaban la pobreza y la corrupción. A imagen de la música de Marley, los elementos sociales y religiosos aparecieron también en las canciones de Burning Spear, Toots and The Maytals, Black Uhuru, Bunny Wailer, Peter Tosh y muchos otros que convirtieron al reggae en una auténtica bandera de libertad.

El reggae, gracias en parte a una fuerte emigración que tenía como punto de llegada principalmente Inglaterra, no tardó en hundir sus raíces también en Europa. Ya en los años inmediatamente posteriores a la independencia jamaicana se produjo un éxodo importante que afectó a la capital británica, y el ska se convirtió en consecuencia en la primera música

25 DE AGOSTO DE 1975 ◀

Sale «Love To Love You Baby» de Donna Summer, producido por Giorgio Moroder. La interpretación de hasta once minutos se caracteriza por gemidos orgásmicos que dan un fuerte carácter erótico al disco.

27 DE AGOSTO DE 1975 ◀

Muere Hailé Selassié, el negus negesti de Etiopía, considerado por los rastafaris jamaicanos el nuevo Mesías. Había concedido tierras para el retorno a África de todos los negros que se reconocían en su religión.

16 DE DICIEMBRE DE 1977 ◀

Debut cinematográfico de *Fiebre del sábado noche*, de John Gadham. La banda sonora de los Bee Gees, grabada seis días antes, se convierte en breve en el emblema de la disco music. El éxito es estelar y le vale hasta 15 discos de platino. Entre los temas del disco destacan «Stayin' Alive» y «You Should Be Dancing».

27 DE NOVIEMBRE DE 1978 ◀

Se publica el álbum *Love Tracks*, de Gloria Gaynor, que contiene el hit «I Will Survive», un clásico de la música disco, destinado a convertirse en una especie de himno de la comunidad gay. Vencerá el Grammy Award como mejor canción disco de aquel año.

11 DE MAYO DE 1981 ◀

Muere a los 36 años, a causa de un melanoma en el pie derecho, Bob Marley, el reconocido rey del reggae. Antes con los Wailers y posteriormente como Bob Marley & The Wailers llevará la música de su Jamaica a todo el mundo. Realizó quince álbumes y vendió millones de discos.

30 DE NOVIEMBRE DE 1982 ◀

Es el día de *Thriller* de Michael Jackson, el álbum más vendido en la historia de la música. Aunque no es una cifra confirmada, se habla de casi cien millones de copias.

caribeña en tener éxito y conquistar un cierto público en la Londres proletaria y periférica. En 1964, los jóvenes mods, fascinados por aquella variación rítmica particular del rhythm'n'blues, entonces muy de moda, estuvieron entre los primeros en hacer propia la música ska y en invitar a músicos jamaicanos para verlos actuar en vivo. La fiebre creció tanto que cuando llegó Prince Buster se generó un tal clamor que obligó a los organizadores a contratar un servicio de orden especial para defenderlo del asalto de los fans. Visto el creciente interés hacia esta música, nació también un sello, Blue Beat, que se ocupó de su importación y distribución en todo el territorio británico, permitiendo la creación de un mercado sin duda todavía marginal, pero también bastante rentable.

De todos modos, la influencia jamaicana sobre los jóvenes mods no se limitó tan sólo al a música ska; los rude boys, con su manera de vestir «elegante» y sus comportamientos de «duros» se convirtieron en un modelo perfectamente adecuado para oponerse no sólo a los tradicionales rivales rockers, sino también a la naciente franja hippie, teñida de un halo extravagante y colorista que frustraba toda la rabia y la violencia social de las que siempre se alimentaron los mods. Los propios barrios obreros y las periferias en las que los rude boys se encontraron con los mods se convirtieron, en la década siguiente, en el escenario del encuentro con los nacientes punks, y permitieron el nacimiento de una sintonía entre ambas corrientes. Merece mención en este sentido la influencia reggae experimentada por un grupo como los Clash, que llegó a elegir a Lee Perry como productor de su álbum *Complete Control*, o como los Police, que causaron estragos tomando prestado justamente el reggae.

PETER TOSH, LA GUITARRA DEL REGGAE

Junto a Bob Marley y a su amigo de infancia Bunny Wailer, Peter Tosh fue el corazón de los Wailers. Se dice que fue él quien inventó el sonido rítmico de guitarra del denominado Roots Reggae. Sin duda fue él quien escribió algunos hits del grupo como «Get Up Stand Up», «400 Years» y «No Sympathy». En 1976, después de comenzar una carrera como solista, publicó *Legalize It*, álbum y single de título inequívoco. Pero dos años más tarde, gracias a un acuerdo con los

Rolling Stones, Tosh se convirtió en una estrella mundial. El álbum *Bush Doctor* contenía una versión reggae de un tema de los Temptations («Don't Look Back») que Peter Tosh cantaba en el disco en dúo con Mick Jagger. El éxito fue instantáneo.

Ni siquiera diez años más tarde, Peter Tosh fue víctima de una encerrona: tres delincuentes lo acecharon, lo encerraron en casa, lo torturaron y luego lo mataron. Peter Tosh tenía 43 años.

DO THE RIGHT THING

Del Bronx neoyorquino a los guetos de Los Ángeles se difundió un nuevo lenguaje que hubo quien definió como «el CNN de los afroamericanos». La cultura hip hop, el rap y las contaminaciones entre música, política y sociedad.

Hacia finales de la década de 1960, el Bronx neoyorquino era probablemente la zona más explosiva de la ciudad. Pobreza y desempleo incrementaban la rabia y el descontento y propiciaban que muchos jóvenes negros proletarios se organizaran en bandas que vendían droga y se enfrentaban entre sí por el predominio de las zonas a controlar. Era una realidad de violencia palpable que alcanzó su punto más álgido cuando el ayuntamiento decidió aprobar el proyecto Moses para la construcción de la Cross Bronx Expressway, una vía urbana de seis carriles destinada a partir el barrio en dos y que requeriría unos nueve años a ser llevada a término. El proyecto preveía la expropiación de amplias franjas de terreno edificado que debía dejar lugar al monstruo de asfalto. Los habitantes, en gran parte negros, que vivían en aquellos edificios se vieron obligados a irse, con el consiguiente empeoramiento de la ya importante disgregación, que terminó con un incremento todavía mayor de la criminalidad en la ciudad.

«Éramos una comunidad sin nada que nos representara –decía el futuro productor Krs–One–, nos vimos obligados a apropiarnos de algo, transformando ese algo y volviéndolo a proponer como nuestra forma expresiva.» Y de esta manera, muchos clubs del Bronx se convirtieron en puntos de referencia de los gangs y la banda sonora que acompañó este contexto fue el funky, que muy pronto fue suplantado por la música disco. De todos modos no faltaba quien intentaba experimentar con nuevas ideas.

Entre estos estaba Clive Campbell, joven disc jockey de origen jamaicano, que comenzó su carrera emitiendo discos de hard funky, según la onda de lo que estaba haciendo James Brown en aquellos años, pero desarrollando una técnica de mezcla

FUCK THA POLICE

Corría el año 1988 y el caso de Rodney King todavía tenía que producirse. Pero el combo angelino de los Niggaz Wit Attitudes (N.W.A.) formado por Ice Cube, Eazy–E y Dr. Dre publicó un tema de protesta que, ya desde el título, dio a entender qué pensaban los tres de la policía y de la justicia de la América blanca. El tema era la crónica de un auténtico proceso a los «hermanos negros» culpables, según el juez, de todo tipo de crimen. Si, de un lado, «Fuck Tha Police» provocó una investigación del FBI acerca del grupo, del otro se convirtió en un eslogan que influyó a la cultura pop: se pudo encontrar en camisetas, pósters, adhesivos, pero también en los temas de grupos de épocas sucesivas como los «revolucionarios» Rage Against the Machine.

particular, el «switching». Con la simple utilización de dos platos y un mezclador, Clive comenzó a aislar una parte instrumental de un tema que enfatizaba el drum beat, el denominado break, para unirlo con el siguiente, que derivaba de otra parte instrumental del mismo disco, a fin de alargar a placer la duración de su programación. De ello se derivaba una rítmica potente y sincopada que se apropió en breve de los mejores breaks que el funk y la propia disco proponían. Campbell, que pronto adoptó el nombre de Cool Dj Herc, probablemente tenía en el oído lo que estaba sucediendo con los sound systems de Jamaica y creó su variante introduciendo las bases del hip hop. Siguiendo el modelo de lo que hacían los toasters jamaicanos, también Dj Herc comenzó a hablar sobre el tema producido por el switch para exhortar al público a bailar. Mientras hablaba mantenía el ritmo sincopado de la pieza que estaba emitiendo y creaba un nuevo estilo que adoptó el nombre de «rapping». A los jóvenes que bailaban sus ritmos los llamó b–boys y b–girls (la «b» significaba break), y muy pronto nació un nuevo fenómeno que permitió ocasiones de encuentro alternativas a las de los gangs. La break dance involucró a franjas cada vez más amplias de jóvenes negros, el rapping lo copiaron otros disc jockeys, y el hip hop se fue ampliando desmesuradamente. «En aquella época –dijo Grandmaster Flash–, la break dance era un fenómeno importante, casi un desafío en el que se retaban chicos y chicas.»

A pesar de que el rap nació como moda juvenil, algunos artistas negros «comprometidos» entendieron inmediatamente la extraordinaria interacción con lo social y lo político que llevaba consigo esta música. No es casual que los primeros en apoyar esta nueva expresión fueran figuras como Afrika Bambaataa, fundador de la Universal Zulu Nation, organización afrocéntrica nacida para la difusión del hip hop en el mundo, y el propio Grandmaster Flash, incansable organizador de fiestas

RICK RUBIN

Músico punk de escaso éxito, Frederick Jay «Rick» Rubin fundó en 1983 un sello independiente (Def Jam Records) con el fin de publicar un álbum de su banda. Muy pronto, entendió que le iría mejor hacer de productor discográfico. Captó el potencial de la naciente escena hip hop neoyorquina, produjo el debut de LL Cool J y se hizo amigo de los Public Enemy. También entendió que la mezcla entre rap y heavy metal podría ser explosiva. De este modo inventó a los Beastie Boys y unió al entonces improbable dueto Aerosmith/Run D.M.C.: «Walk This Way» creó un estándar en la historia del crossover. Con él despegaron los Black Crowes antes y los Red Hot Chili Peppers más tarde. En 1993 dejó morir a la Def Jam (incluido un funeral, ataúd y coronas de flores) y dio nacimiento a la American Recordings, que contribuiría a la resurrección artística de Johnny Cash.

Pero esta ya es otra historia...

hip hop en los parques de Nueva York, a quien al parecer le corresponde el mérito de haber inventado la escucha previa, técnica destinada a tener un gran éxito porque permitía que el disc jockey escuchara la pieza con los auriculares antes de enviarla a las ondas, a fin de posicionarla en su justo break.

La exigüidad de los costos del equipamiento necesario para el rap y la fácil accesibilidad a los conocimientos técnicos para usarlos potenciaron enormemente la posibilidad para crear «música hecha por uno mismo» y transformar la casa de uno en una especie de unidad de producción.

Ya a mediados de la década de 1970, el rap era un fenómeno que se fue implantando rápidamente, pero que todavía no tenía la consciencia que merecía y que, en sustancia, todavía tenía que crecer para hacerse adulto. Ciertamente, respecto a los inicios, las inscripciones en las paredes cada vez eran más comprometidas, y las formas de los grafitis adquirieron un valor artístico más centrado desde el punto de vista social, pero el fenómeno todavía se vivía como una moda por parte de la mayor parte de los jóvenes, y los textos que acompañaban a los ritmos todavía eran inconexos y demasiado poco significativos.

«Los grafitis eran una forma de arte –decía también Grandmaster Flash–, pero también un modo divertido de comunicar. Podéis escribir tu nombre en un vagón del metro y esperar que más tarde o más temprano transitara delante de ti: tu nombre atravesaba Nueva York...»

Entretanto, había raperos solistas como Kurtis Blow y Melle Mel que fascinaban a los jóvenes afroamericanos. «Melle Mel –recordaba Darryl MC Daniels de los Run DMC– fue el primer "break boy" rapper, es decir, el primer cantante con un auténtico disc jockey a su espalda ocupándose de los platos. Su mensaje era claro, tenía una bonita voz y cantaba rimando. Y luego su disc jockey (Flash) era fantástico...».

Hasta aquel momento, los raperos se vestían de manera excéntrica que recordaba a la de las estrellas del rock o de la disco music. Fueron justamente los Run DMC de Darryl Daniels, Joseph Simmons y Jason Mizell los que imprimieron un cambio también desde

15 DE ABRIL DE 1983 ◀

Llega a las pantallas cinematográficas *Flashdance*, la película de Adrian Lyne que gana el Oscar a la mejor canción, «What a Feeling», cantada por Irene Cara y producida por Giorgio Moroder. En la película hace su aparición el Rock Steady Crew, el famoso grupo de breakdance fundado en el Bronx en 1977.

4 DE MARZO DE 1986 ◀

Janet Jackson publica *Control*, producido por Jimmy Jam y Terry Lewis, considerado el primer disco de R&B, el rhythm'n'blues contemporáneo destinado a dominar en las clasificaciones durante más de un cuarto de siglo.

15 DE NOVIEMBRE DE 1986 ◀

Aparece *Licenced to Ill*, el primer álbum en estudio de los Beastie Boys, que abriría las puertas al éxito en masa del rap. Las mezclas de sonidos propias del hip hop con riffs de guitarra eléctrica atraen la atención de un público más variado: se venderán más de cinco millones de copias.

27 DE ENERO DE 1987 ◀

Es el día del álbum de debut de los Public Enemy (*Yo! Burn Rush the Show*), realizado para la Def Jam de Rick Rubin, que también se ocupa de la producción. Aunque se encarama de manera tímida en las clasificaciones, está considerado uno de los discos más influyentes en la historia del hip hop.

29 DE ABRIL DE 1994 ◀

El jurado de Simi Valley absuelve a los cuatro agentes blancos que habían propinado una paliza a Rodney King. Las minorías étnicas del gueto de Los Ángeles se unen y desencadenan una revuelta que dura cinco días y provoca 58 muertos y mil millones de dólares de daños. La prensa acusa a Ice Cube y a Ice T de haber fomentado la revuelta.

este punto de vista. El trío de Queens llevaba sombreros borsalino negros, chaquetas de cuero y zapatos sin cordones (como los de los presos). Este *look* «callejero» causó un gran impacto.

Pero sobre todo impactaba su sonido, mucho más rudo, agresivo y «ruidoso» que el de la vieja escuela. El single «It's Like That / Sucker MCs» (1983), que precedía a su álbum de debut del año siguiente, fue considerado por la crítica como el «punto cero» del nuevo rap.

Pero para asumir la aprobación del movimiento de masas, el rap precisaba de un detonador que el gueto no le podía dar: era necesario un eco extraordinario que sólo le podían proporcionar las clasificaciones. Para colmar este desfase se pensó una vez más en una banda blanca que, usando los mismos ritmos y contenidos, lograra la hazaña de llegar en un tiempo breve a la cumbre de las clasificaciones de música especializada, sino también de las pop. Fueron los Beastie Boys, un trío neoyorquino que nació como hardcore punk, pero que muy pronto, estimulado por Rick Rubin, productor y fundador del mítico sello Def Jam, se convirtió en imagen luminosa del hip hop. Después de escandalizar al público abriendo los conciertos del «Like a Virgin Tour» de Madonna en 1985, Mike D y sus socios, con el impulso que les dio el sencillo «(You Gotta) Fight For Your Right (To Party)», llevaron de forma increíble su *Licensed to Ill* (1987) a imponerse ante todos sus competidores.

Sólo en este punto, la componente más radical y comprometida de la comunidad negra hip hop pudo inserirse en un contexto de escucha más amplio, que hasta entonces le había sido imposible aprovechar, y dejarse oír realmente con todo el carácter

THE LAST POETS, LOS PRIMEROS RAPEROS

El nombre lo tomaron prestado de un escrito del poeta surafricano Keorapetse Kgositsile, que consideraba que vivía en una época en la que la poesía había tenido que ceder su puesto a las armas. El núcleo original era el trío Felipe Luciano, Gylan Kain y David Nelson, que se formó el 19 de mayo (el cumpleaños de Malcolm X) de 1968 en el Marcus Garvey Park de Harlem. Pero la formación que transformó The Last Poets en leyenda fue la de Jalaluddin Masur Nuriddin y Umar Bin Hassan. Su poética, orgullosamente política, como subrayaba el crítico Jason Ankeny, «creó una base para los futuros raperos. Sus ritmos intensos y la constante atención a la conciencia social de los afroamericanos serían una inspiración fundamental para la cultura hip–hop.»

problemático de sus textos que denunciaban una realidad social de ignorancia y de marginación.

Sólo entonces, por usar las palabras de Chuck D, «el rap se convirtió en la CNN del gueto». Serían artistas como Run–DMC, Public Enemy y, más tarde, Arrested Development los que coronarían el rap como bandera que airear contra la injusticia.

«En la hora de desorden de nuestro tiempo –predicaba Chuck D de los Public Enemy–, el mensaje exige claridad, lucidez y fuerza de convicción. Tenemos que reconocernos en una comunidad existente como todas las demás, y para ello tenemos que volvernos a apropiar de nuestra historia. Sin consciencia de las raíces no se hace nada. La dificultad de crear una organización política negra depende del hecho de que no tenemos el control de nuestra cultura. Si cada uno de nosotros supiera de dónde venimos entendería la importancia de estar juntos, mientras que si no se reconoce terminaremos negándonos a nosotros mismos. Para reforzarse, la comunidad negra necesita organización y autoeducación.»

Y justamente este era el mensaje, el lema, la síntesis: la instrucción, el punto clave de la prédica de Malcolm X y del significado de la escuela popular impulsada en los guetos por los Black Panthers en la década de 1960. Sólo así se podía desencadenar el ataque a las sociedades racistas y a los «niggers» colaboracionistas e integrados que las avalaban, a la autodestrucción de la violencia y de la droga. Con textos que hablaban de estos argumentos, se podían también crear sonoridades más cool que recuperaban el soul, el funk y el rhythm'n'blues, se podía dejar espacio también a ritmos más intrigantes que se insinuaban mejor en los oídos de todo el mundo, pero que una vez más tenían que dirigirse a la gente de la calle, tendiendo hacia un black english cada vez más marcado.

16 DE OCTUBRE DE 1995 ◀

Louis Farrakhan, líder de la Nation of Islam, organiza en Washington la Million Men March, considerada la mayor manifestación afroamericana de todos los tiempos. El objetivo es crear «un día sagrado de reparación y conciliación para los afroamericanos.»

13 DE SEPTIEMBRE DE 1996 ◀

En Las Vegas, el rapero Tupac Shakur es asesinado por cinco disparos procedentes de un coche en marcha, de un gang rival. Es el fin de uno de los raperos más influyentes de la década de 1990, con 24 álbumes en su haber. De su *All Eyez On Me* se han vendido más de 36 millones de copias.

9 DE MARZO DE 1997 ◀

Casi con la misma dinámica que lleva al asesinato de Tupac, también Notorious B.I.G. es «ajusticiado» a tiros por un gang rival en Los Ángeles. El gangsta rap sigue estando en el ojo del huracán.

21 DE SEPTIEMBRE DE 2001 ◀

Diez días después de la catástrofe de las torres gemelas, una veintena de estrellas del rock (y otras tantas estrellas de Hollywood) dan vida a *America: A Tribute To Heroes*, gigantesco telemaratón en directo por televisión que recauda más de 200 millones de dólares para las familias de las víctimas. Entre leyendas como Bruce Springsteen, Stevie Wonder o Willie Nelson, y clásicos como Sting y U2, se descubre a una fascinante cantante/pianista afroamericana. Canta un «Someday Will Be Free» escalofriante: se llama Alicia Keys y poco después Clive Davis lanza su álbum de debut.

25 DE JUNIO DE 2009 ◀

Muere en Los Ángeles Michael Jackson después de que su médico personal le administre Propofol, un anestésico con el que pretendía vencer su terrible insomnio.

Musicalmente era un momento difícil para los músicos rap, porque la continua apropiación de los ritmos de otros para realizar sus propias bases terminó provocando la comprensible reacción de quien no tenía los derechos. Se desencadenó de esta manera una lucha judicial que concluyó con la derrota de los raperos, que se vieron obligados a declarar los títulos de las canciones saqueadas y pagar a los autores lo que les correspondía. Pero el fenómeno rap ya estaba en pleno auge, y la revancha moral consistiría en vender tantos discos como para poder permitirse cualquier remuneración.

Entretanto resultó evidente que la cultura hip hop no abrazaba tan sólo la música, sino que se dilataba y dejaba espacio también a formas de arte paralelas como la danza y el «writing», que contribuían a crear identidades comunes entre los jóvenes afroamericanos y latinos que vivían en las periferias: era una nueva posibilidad para expresar la propia creatividad y las intuiciones de cada uno. La break dance alcanzó niveles coreográficos altísimos: lo que había nacido en las calles, al sonido de una radio que dictaba el ritmo a los chavales del barrio, dio un salto de calidad y de exposición impensable cuando los bailarines del Rock Steady Crew eclosionaron en *Flashdance*, la película de Adrian Lyne estrenada en 1983. Las paredes y los vagones del metro de Nueva York, entretanto, comenzaron a llenarse de firmas («tags») cada vez más elaboradas, realizadas con esprays que ejemplificaban la pertenencia a un grupo («crew» o «gang»). Eran grafitis que pronto evolucionaron hasta formas de auténtico arte nuevo, cada vez más complejo e interesante, que con frecuencia se ampliaba hasta crear murales que dominaban en las paredes de las periferias.

El impacto mediático de esta nueva cultura urbana permitió que el fenómeno atravesara el océano y se expandiera primero a Europa y luego, poco a poco, a todo el mundo. Se trataba de la «Old School», la vieja escuela del hip hop que sentó las bases para la

Desde su evolución a lo largo del sur del Bronx, la cultura hip hop se ha extendido a diferentes subculturas y comunidades de todo el mundo.

creación de desarrollos artísticos y sociales cada vez más sofisticados, que agitarían toda la década siguiente.

Si a finales de la década de 1980 llegaban de Nueva York y sus alrededores mensajes de paz y de reapropiación de la cultura africana por parte de grupos como los Boogie Down Production, Native Tongues y Public Enemy, en California el hip hop se estaba moviendo por caminos sensiblemente distintos. En Los Ángeles se fue imponiendo una nueva generación de artistas que abrazaba el nihilismo y la conflictividad y veía como única solución la guerra explícita contra quienes los obligaban a la marginación.

«En el momento en que América comienza a mostrar respeto por el rap –subrayaba el viejo Little Richard–, los raperos de la Costa Oeste se imponen con un mensaje todavía más duro: el "gangsta–rap". Para ellos se trata de algo normal: cuentan el mundo en el que han crecido, lo que han visto toda la vida. Pero cuando lo ponen en música y le dan un ritmo, nadie quiere oírlo. Pero ellos lo están diciendo de la única manera que conocen.»

Los escenarios estaban desatinados a estallar cuando en marzo de 1991 las televisiones transmitieron las imágenes dramáticas de la policía golpeando brutalmente a un automovilista negro (Rodney King), al que habían detenido sólo para un control. Un año más tarde, la absolución de los agentes (blancos) de aquella patrulla por parte de un jurado (de blancos) desencadenó en la ciudad incidentes espantosos que concluyeron con 58 muertos y daños muy importantes en los bienes. Músicos como Ice Cube y Ice T fueron acusados por la prensa conservadora de ser los impulsores de aquella revuelta. La regurgitación de odio y desprecio que emanaba de sus textos se convirtió en un «j'accuse» para toda la comunidad hip hop de la Costa Oeste. El endurecimiento de la opinión pública frente a la comunidad negra de los guetos no hizo más que aumentar la marginación, la rabia y la intensificación del conflicto que llevó al triunfo del «gangsta–rap» que, con sus tonos del mundo del hampa, se convirtió en la banda sonora de los gangs que se disparaban ya entre sí a plena luz del día. Cayeron bajo los disparos de los clanes rivales raperos famosos y apreciados como Tupac y Notorious B.I.G., mientras que los tonos encendidos de guerrilla siguieron siendo las tarjetas de visita de músicos como Dr. Dree, Snoop Doggy Dogg, Coolio y Puff Daddy.

Como ya había sucedido para los artistas negros de la década de 1960 que habían buscado en el Islam una nueva identidad, ahora también entre los raperos de la West Coast y sus adeptos se iba formando un nuevo interés hacia la Nation of Islam, un movimiento comandado por Louis Farrakhan, ex discípulo de Malcolm X, que llegó a organizar con éxito en Washington, en octubre de 1995, la Million Men March, la mayor manifestación afroamericana de todos los tiempos. En su discurso, Farrakhan insistió en que el objetivo principal de la marcha era el de crear «un día sagrado de reparación y reconciliación para los afroamericanos», y dirigió una invitación explícita a los manifestantes a inscribirse en las listas de voto para poder ejercer su derecho de elección política. Era un intento por responsabilizar a su gente, a fin de que adquiriera consciencia de su condición. El hip hop oscilaba de este modo entre la ostentación del crimen y la necesidad de redención. Se estaba asistiendo a una especie de retorno a la «Old School», que tuvo como consecuencia un nuevo florecimiento de rap, dance y aerosol art. La antigua figura del *griot*, poeta y cantor desde tiempos inmemoriales de las historias de África occidental, encontró en los raperos una figura equivalente que se movía en el moderno contexto urbano. A él le correspondía una vez más el cometido de identificar y trazar el recorrido para una nueva cultura, cuyos sonidos y ritmos fascinaban a muchos rockeros que luego lograron llevarlos a su música. La feliz intuición de Rick Rubin, que en 1986 había asociado a Aerosmith con Run DMC fundiendo de manera extraordinariamente natural al rock blues de los primeros con el rap de los segundos, creó un estándar, y «Walk This Way» se convirtió en el emblema del *crossover*.

SNOOP DOGGY DOGG, EL RAPPER ECLÉCTICO

Calvin Broadus nació en Long Beach. Desde pequeño, sus padres lo llamaban Snoopy porque se parecía al perro de los Peanuts. Tocaba el piano, se apasionó por el rap, formó parte del famoso gang de los Rollin' 20 Crips, entró y salió de prisión. En 1992, Dr. Dre se fijó en él y lo invitó a participar en su álbum solista *The Chronic*, antes de hacerlo debutar con *Doggy Style* para la Death Row Records. El

creciente interés hacia el G.Funk (el rap de la Costa Oeste), el enfoque vocal soft y sobre todo los sencillos «Who Am I (What's My Name?)» y «Gin and Juice» lo llevaron hasta la cumbre de las clasificaciones. Pero Snoop no dejaba de meterse en problemas, como lo demostró el documental *Murder Was the Case*: absuelto de la acusación de homicidio, no ocultaba su lado gangster. *The Doggfather* fue su segundo álbum, que no repitió el éxito del primero. Entre altibajos, cambios de nombre, conversiones rasta y bruscas marchas atrás, Snoop Dogg siempre ha estado en la cresta de la ola.

A lo largo de su carrera ha vendido más de 30 millones de copias.

UNA NUEVA ALMA NEGRA

El rhythm'n'blues se transformaba en R&B y se convertía en la banda sonora de la clase media negra. El afroamericano de finales del milenio buscaba el éxito y una música negra en la que identificarse: había llegado la hora de las «vírgenes de ébano», Alicia Keys, Erykah Badu, Mary J. Blige o Beyoncé.

En la década de 1990, cuando el funk y la disco music tan sólo eran un lejano recuerdo, se asistió al triunfo de una nueva alquimia que transformó el rhythm'n'blues en R&B, sigla que aparentemente parecía remitir a los mismos ritmos pero que, en realidad, ocultaba la fusión del género original con soul, funky, hip hop, dance y sobre todo pop. Una especie de mezcla que recogía en sí todo lo que la cultura afroamericana había producido hasta allí y que se había publicitado como «rhythm'n'blues contemporáneo».

En honor a la verdad, ya desde finales de la década de 1980, una nueva generación de productores, que por entonces ya eran los auténticos protagonistas de toda evolución discográfica, comenzó a introducir sintetizadores y drum machines en la música negra y a transformar su sonido.

Los primeros trabajos parecían orientar de modo decidido el rhythm'n'blues hacia sonoridades pop más amables y liberar los textos de toda veleidad socio–política. Los personajes que surfearon sobre esta nueva ola fueron, entre muchos otros, Michael Jackson y su hermana Janet, Luther Vandross, DeBarge, SOS Band y Marvin Gaye, que comenzaron a escalar las clasificaciones y a imponer un nuevo *mainstream*. Según cierta crítica, fue justamente el álbum *Control*, de Janet Jackson, aparecido en 1986, el que se aventuró por primera vez en el universo R&B. Sus productores, Jimmy Jam y Terry Lewis, acertaron en la mezcla justa con la introducción de *importantes* dosis de sonido sintetizado, percusiones y efectos sonoros sobre una base rítmica que se movía todavía en los tiempos del funk y de la disco. A veces aparecía algún suave recuerdo

CADILLAC RECORDS, HISTORIA DE UN MITO

A principios de la década de 1950, Leonard Chess, inmigrante polaco de origen judío, fundó la Chess Records, sello enteramente dedicado a la black music. En sus inicios, junto a su hermano Phil, vendió sus propios productos exponiéndolos en el maletero de su Cadillac... En cualquier caso fue él quien más tarde publicó los primeros discos de Muddy Waters, Howlin' Wolf, Willie Dixon, Bo Diddley, Chuck Berry y Etta James. En el papel de esta última, una magnífica Beyoncé Knowles, coproductora de una película que cuenta una historia musical fascinante de modo impecable.

rap, pero la presencia del hip hop sí era importante, en particular con las producciones de Teddy Riley, Bernard Belle y Babyface, que darían lugar al «new jack swing», y luego con el más explícito «hip hop soul», del que Mary J. Blige se convertiría en reina indiscutible.

Además del new jack swing y el hip hop soul, el tercer gran subgrupo del R&B fue el neo soul o, para decirlo con la jerga dominante, el NU Soul, que pretendía en primera instancia representar una especie de revival del soul original, pero que muy pronto se uniformizó con las exigencias de mercado, dejando un amplio espacio a todas las innovaciones tecnológicas del R&B. Desde mediados de la década de 1980 se señalaban ya en los Estados Unidos intentos de retomar el viejo soul con fuertes interacciones pop: personajes como Whitney Houston y Mariah Carey escalaron las clasificaciones, aguando abundantemente el antiguo significado. Pero hasta finales de aquella década no sucedió en los Estados Unidos algo ralamente nuevo, partiendo de lo que estaba sucediendo en Gran Bretaña. Allí, personajes como Sade, Caron Wheeler, Lisa Stansfield, Soul II Soul y Jamiroquai, algunos con sonidos sofisticados y elegantes, otros con leves influencias jazz, mostraron una clara propensión hacia la innovación de la música soul. Prince, Terence Trent D'Arby y Tony! Toni! Tonè!, grupo de Oakland capitaneado por Raphael Saadiq que se convertiría también en el codiciado productor de varios artistas nu soul, experimentaron aquella influencia y comenzaron a trabajar para profundizar en la nueva frontera y pavimentar el camino para inevitables epígonos que no tardarían en llegar. En 1995 se publicó *Brown Sugar*, de D'Angelo, un álbum que representaba un momento importante de esta nueva tendencia, como también *Urban Hang Suite* de Maxwell y *Baduizm* de Erykah Badu que aparecieron respectivamente uno y dos años más tarde. Ambos álbumes (y sus artistas) estaban producidos por Kedar Kassenburg, brillante mánager afroamericano, auténtico «inventor del nu soul». Pero sería *The Miseducation of Lauryn Hill*, de 1998, con sus dieciocho millones de copias vendidas y sus cinco Grammy Awards, quien dio visibilidad definitiva al género. El paso adelante efectuado por Lauryn Hill, que había formado parte del grupo hip hop de los Fugees, del que se acababa de separar, fue extraordi-

KEDAR MASSENBURG
El inventor del nu soul

Después de un breve período de aprendizaje como mánager de Pepsi Cola, Massenburg, brillante empresario afroamericano, se inventó una agencia de management artístico. Era el año 1995, y como base de trabajo eligió su casa: le bastaban un escritorio, un fax, una fotocopiadora y un teléfono portátil. En tan sólo un año facturó más de un millón de dólares. Luego contrató a Erykah Badu y a D'Angelo, a los que hizo firmar contratos discográficos de seis cifras. Convencido de que había espacio para nuevos caminos en la black music, pensó que la fusión entre rap, música electrónica y viejo rhythm'n'blues podía resultar eficaz. Llamó a la nueva fórmula «neo soul» (o nu soul), y la patentó. Los hechos le dieron la razón y, de 1994 a 2007, fue el nuevo presidente de la legendaria Motown.

nario, porque constituía uno de los pocos ejemplos de música de autor comprometida que finalmente se desvinculaba de aquel enclave de compositores profesionales que planificaba según las modas del momento y decidía qué tenían que hacer sus pupilos para alcanzar el éxito.

Los criterios de selección de las artistas femeninas, que en el nu soul constituyen la gran mayoría, hasta aquel momento, se producían marginalmente en función de la característica vocal: lo que importaba era sobre todo la belleza, el físico y la capacidad de moverse en escena. Aquellas eran las auténticas componentes destinadas a caracterizar al personaje que luego quedaba plasmado en el target impuesto por la casa discográfica.

Los años noventa recibieron como herencia de la década anterior el hedonismo y el deseo, por parte de la gente de color, de divertirse emulando la *way of life* blanca. Los guetos todavía estaban más marginalizados, y los propios negros que habían dado el salto de clase los miraban con conmiseración y fastidio. El *business* comercial cogió al vuelo este deseo de evasión y lo enfatizó con una serie de mensajes mediáticos calculados que implicaban a la radio y a la prensa escrita. Tuvieron gran éxito algunas sitcoms televisivas, como los Jefferson y sobre todo los Robinson, cuyos protagonistas eran familias burguesas de color con un núcleo constituido por padres universitarios e hijos ociosos que ni siquiera saben que existe una problemática racial. La clase media negra se convirtió en una franja social potencial a aprovechar desde un punto de vista comercial, y de esta manera se indujeron necesidades presentando a los personajes en sus salones elegantes, con vestidos que no se apartaban ni un milímetro de los de los blancos, con las comodidades y la ostentación del bienestar alcanzado. Los afroamericanos fueron representados de repente como una franja de población que podía acceder a los mismos privilegios blancos,

LA DESAPARICIÓN DE LAURYN HILL

En 1998 era la «reina del nu soul»: su álbum *The Miseducation of Lauryn Hill* acaba de revelarse como uno de los éxitos más clamorosos de la historia, adorado por el público y ensalzado por la crítica. Luego, nada. O casi. Reacia a aparecer en público, inconstante con los medios de comunicación, Lauryn se retiró de hecho de la escena.

En 2001, una vez satisfechas sus obligaciones contractuales con la publicación de un álbum *Unplugged* (fruto de la participación en el programa homónimo de MTV), Lauryn volvió a desaparecer.

Sus (poquísimos) conciertos a menudo resultan decepcionantes, y el intento de reunión con su ex novio Wyclef Jean, a fin de hacer resurgir la asociación Fugees, son un fracaso. En diciembre de 2003, en el concierto de Navidad en el Vaticano, antes de tocar acusa a la Iglesia y a los prelados de no querer posicionarse en el escándalo de los sacerdotes pedófilos: su actuación es anulada de la transmisión de televisión.

Casada y divorciada de Rohan Marley, hijo de Bob y ex jugador de fútbol americano, Lauryn tiene seis hijos. En 2013 fue condenada a tres meses de prisión por evasión fiscal.

apoyados por revistas satinadas como *Ebony*, que se ocupaban, según el modelo de lo que había hecho históricamente *Life*, de poner en evidencia historias de éxito de personas de color, que aparecían siempre en clave positiva.

La música no se quedó atrás, y el nu soul era la nueva banda sonora.

Las cantantes que fueron apareciendo se presentaban como auténticas venus negras, ya no portadoras de mensajes de esperanza y de emancipación, sino de banalidad y pasotismo, estereotipadas en sus personajes construidos en el laboratorio. Los *booklets* que acompañaban a los discos eran auténticos reportajes fotográficos que presentaban a las cantantes en todo su malicioso esplendor. Desde mediados de la década de 1990, muchas casas discográficas se lanzaron sobre el fenómeno emergente y lo fueron divulgando. Como sucede a menudo en estos casos, lo que aparecieron fueron sobre todo prometedores meteoros que no lograron ir más allá del éxito de un disco, pero naturalmente hubo personalidades que lograron imponerse. Arista Records propuso, entre muchos, a Toni Braxton, Blu Cantrell, Deborah Cox, Faith Evans, Angie Stone y Alicia Keys; la Motown se recuperó, acaso con mayor clase, gracias a Erykah Badu e India Arie, pero en la carrera por la primacía también se postularon las *majors* como BMG, que apostó por Michele Gayle, Kayah y Heather Small, la MCA que lanzó a Res y sobre todo a Mary J. Blige, la Sony que impulsó a las Destiny's Child, de las que se separó Beyoncé, la EMI, que presentó a Beverly Knight, y así sucesivamente. Las fronteras entre rap, rhythm'n'blues y soul, que en un primer lugar eran géneros bien distintos, ahora se fueron limando, interactuaron entre sí, desafiaron la catalogación para constituir un nuevo popurrí sonoro destinado a ensanchar cada vez más el círculo. Más allá de las obvias diferencias vocales, las interpretaciones se caracterizaban ahora por opciones instrumentales que podían ser clásicas, como en el caso de Alicia Keys, que utilizaba habitualmente el piano, o por su elección rítmica, una componente fundamental para la mayor parte de los artistas. La influencia hip hop encontraba una presencia cada vez más importante, y raramente faltaba un acento de este tipo en los temas nu soul. Emergieron personajes como Aaliyah, Macy Gray o Gabrielle, mientras que el mítico sello Def Jam impulsó a Ashanti, que pronto se publicitó como la princesa del hip hop y del rhythm'n'blues. El fenómeno prosiguió durante toda la primera década de los años 2000, y permitió la ascensión de otros personajes que catalizaron la atención, como John Legend, cantante y compositor que se dio a conocer tocando el piano para el sencillo de Lauryn Hill «Every Thing is Everything» y escribió posteriormente para Janet Jackson y Alicia Keys. Con una estupenda mezcla entre R&B, soul y jazz, también eclosionó en 2004 con el álbum solista *Get Lifted*, que contenía los hits «Used To Love U», en el que aparecía como invitado el rapero Snoop Dogg, y «Ordinary People».

Todavía hoy, con variaciones pequeñas y poco significativas, el nu soul se encuentra en lo alto de las clasificaciones. Personajes como Anthony Hamilton, Jill Scott y Raheem De Vaughn, que se describe a sí mismo como «R&B Hipppy Neo Soul Rock Star», siguen mezclando los viejos naipes para inventar un nuevo juego que todavía no ha sabido ser realmente original. También esta vez, la música, como por otra parte todas las formas de arte, para emanciparse necesitará que la sociedad le sugiera algo interesante en función de los placeres y, más a menudo, de las frustraciones a las que está sometida. Quien tenga las antenas particularmente sensibles para ser el primero en captar estas necesidades se convertirá en el nuevo profeta al que luego seguirán decenas de epígonos y millones de prosélitos.

FUNK

JAMES BROWN
Get Up (Feel Like A) Sex Machine
(King, 1970)

El álbum que contiene la canción homónima, de 11 minutos de duración. «Sex Machine» también fue el primer sencillo realizado junto a su nueva banda The J.B.'s, caracterizado por el potente riff de bajo y guitarra destinado a sustituir el anterior de viento.

SLY & THE FAMILY STONE
There's a Riot Goin' On
(Epic Records, 1971)

Sly abandona su soul psicodélico en favor de un funky más duro y mordaz que no busca ningún favor en el aspecto comercial. El disco desplazó a sus fans históricos, pero adquirió con el tiempo una gran reputación. Contiene el éxito «Family Affair».

TOWER OF POWER
Tower of Power
(Warner Bros., 1973)

El grupo de Emilio «Mimi» Castillo alcanza en este disco el máximo de su magia sonora. Con tres sencillos del calibre de «So Very Hard To Go», «What Is Hip» y «This Time Is Real» se abrió camino en las clasificaciones especializadas y vendió medio millón de copias.

FUNKADELIC
One Nation Under a Groove
(Warner Bros., 1978)

Producido por George Clinton, está considerado por la crítica como el mejor trabajo de los Funkadelic, el primero en ganarse el disco de platino. Puro funk liberado por una banda en plena madurez.

DISCO

GLORIA GAYNOR
Never Can Say Goodbye
(Motown, 1974)

Con «Never Can Say Goodbye», Gloria Gaynor fue una de las primeras artistas en dar inicio al fenómeno de la disco music. La pieza homónima, extraída versión de un tema interpretado por los Jackson 5, la lanzó al *top ten* de las clasificaciones estadounidenses y la llevó al éxito.

BARRY WHITE
Just Another Way To Say I Love You
(20th Century Records, 1975)

El cuarto álbum de Barry White llegó a las primeras posiciones de la clasificación arrastrado por dos sencillos, «What Am I Gonna Do With You» y «I'll Do For You Anything You Want Me To». Fue disco de oro.

VARIOS ARTISTAS
Saturday Night Fever
(RSO, 1977)

La banda sonora original de la película con John Travolta que transformó la disco en moda internacional. Con un Grammy en el bolsillo (único álbum de música disco que ganó uno) y 15 millones de copias vendidas, los Bee Gees entraron definitivamente en la historia del pop.

DONNA SUMMER
Bad Girls
(Casablanca Records, 1979)

El mayor éxito de Summer, que vendió más de 7 millones de copias. El punto fuerte es la pieza homónima y, sobre todo, «Hot Stuff». En la versión De Luxe (2003) destaca «No More Tears», en dueto con Barbra Streisand.

REGGAE

TOOTS & THE MAYTALS
Sweet and Dandy
(Jet Set Records, 1969)

Tercer álbum en estudio del grupo jamaicano, que marcó el paso de sonoridades de tipo ska al reggae propiamente dicho. Contenía, además de la pieza homónima, piezas como «54–46 That's My Number», escrita a propósito de la encarcelación de Toots por ser rasta, y «Monkey Man».

JIMMY CLIFF
The Harder They Come
(Island, 1973)

La banda sonora de la película homónima dirigida por Perry Henzell, que dio a conocer al mundo la problemática sociopolítica de Jamaica y al mismo tiempo contribuyó a hacer estallar el reggae como fenómeno musical.

THE WAILERS
Catch a Fire
(Tuf Gong/Island, 1973)

Cuarto álbum del grupo de Marley, Wailer y Tosh, pero el primero bajo la iluminada gestión de Blackwell. El productor de Island limpió el sonido jamaicano y estableció un nuevo estándar para la música reggae. Cabe recordar la cubierta original en forma de Zippo.

THE WAILERS
Burnin'
(Tuff Gong/Island, 1973)

Último disco de Marley con los Wailers y, al mismo tiempo, la obra que le dio celebridad. Contiene piezas como «Get Up, Stand Up», que se ha convertido en el himno de Amnesty International, y «I Shot the Sheriff», luego versionado por Eric Clapton.

RAP

RUN–DMC
Raising Hell
(Profile, 1986)

Marcó el fin de la vieja escuela y el inicio del mejor período del hip hop. Entre los sencillos que lanzaron al álbum cabe recordar «Walk This Way», realizado junto a Steven Tyler y Joe Perry de los Aerosmith, y «My Adidas», apología de una marca leyenda del rap.

PUBLIC ENEMY
It Takes a Nation of Millions To Hold Us Back
(Def Jam, 1988)

Fue el álbum en el que la «Bomb Squad» puso a punto el estilo inconfundible del grupo. Los Public Enemy, con sus textos comprometidos, se convirtieron legítimamente en «la CNN del gueto». Piezas como «Bring the Noise» y «Don't Believe the Hype» son fundamentales en el catálogo de la banda.

ICE T
O.G.: Original Gangster
(Sire, 1991)

Considerado por muchos como el experimento de metal rap que habría dado origen más tarde a Body Count, también fue el trabajo de mayor éxito de Ice T. Comprende «New Jack Hustler», tema escrito para la banda sonora de New Jack City, película de culto de Van Peebles, en la que actúa el mismo rapero.

TUPAC
All Eyez On Me
(Death Row/Interscope Records, 1996)

Es el disco que, con 37 millones de copias vendidas, constituye el récord de ventas en la historia del hip hop. También fue el primer álbum doble con material original que apareció en el universo rap y que se terminó en tan sólo dos semanas. El último trabajo antes de su trágica desaparición.

NU SOUL

ERYKAH BADU
Baduizm
(Kedar, 1997)

Su álbum de debut y al mismo tiempo el trabajo con el que entró con toda su potencia en el movimiento nu soul con el título de reina. Acaparó numerosos premios y vendió tres millones de copias sólo en los Estados Unidos. Destacan temas como «On&On», «Otherside of the Game» y «Next Lifetime».

LAURYN HILL
The Miseducation of Lauryn Hill
(Sony, 1998)

El álbum del debut como solista después de la aventura con los Fugees: es la auténtica obra maestra de Lauryn Hill, que le valió 18 millones de copias vendidas. Numerosos invitados, como Carlos Santana en «To Zion», Mary J Blige en «I Used To Love Him» y D'Angelo en «Nothing Even Matters».

ALICIA KEYS
Songs In A Minor
(J Records, 2001)

También en este caso se trataba de un debut que demostró ser estelar, con 12 millones de copias vendidas. En el álbum figuran piezas como «Fallin'» y «A Woman's Worth», en las que Alicia, además de su espléndido estilo vocal, exhibe una excelente técnica pianística.

INDIA.ARIE
Voyage To India
(Motown, 2002)

Segundo trabajo de estudio que salía para la Motown, en el mismo sello en el que había grabado su madre Joyce. Voyage to India ganó el Grammy como mejor álbum R&B y mejor interpretación de urban/alternative music del año.

El cantante de los U2 se encuentra en el *backstage* de Wembley. Al cabo de pocos minutos saldrá al escenario para participar en el mayor concierto de todos los tiempos. Está preocupado, porque el suyo es un grupo de palacios de deportes, no de estadios. Los U2 son famosos por implicar a los fans en un rito colectivo potente pero también íntimo.

¿Lograrán recrear su magia delante de 70.000 personas?

Durante la segunda canción, una pieza acerca de la toxicodependencia llamada «Bad», Bono efectúa un gesto inesperado, que los organizadores han prohibido expresamente. Mientras los músicos prolongan la parte instrumental del tema, Bono baja al espacio que se abre entre el escenario y la multitud para abrazar y bailar con una chica del público, algo no común en la época. El Live Aid es un concierto de beneficencia, no una pasarela para estre-

> «Como estrella del rock he tenido dos instintos: divertirme e intentar cambiar el mundo. En la década de 1980 tuve la oportunidad de hacer ambas cosas.»
> BONO

llas del rock exhibicionistas: ¿qué pensará la gente de aquel gesto? Las cámaras de televisión siguen al cantante en su excursión bajo el escenario y la escena la ven centenares de millones de personas, quizás hasta mil millones, en todo el mundo. Amplificado por el directo televisivo, aquel gesto de comunión entre intérprete y público captura el imaginario colectivo. Es tan sólo el inicio de una ascensión vertiginosa. En tan sólo dos años, los U2 se convierten en el grupo más famoso del mundo y Bono se transforma en el símbolo del músico de la década de 1980: el rockero ya no es un fuera de la ley, sino un sacerdote carismático que lucha por una buena causa. No se trata tan sólo de los U2: de Bruce Springsteen a Sting, pasando por los Dire Straits y los R.E.M., las clasificaciones están llenas de artistas animados por buenas intenciones.

El rock deja de ofender a los mojigatos y se dota de consciencia social.

IN THE NAME OF LOVE

EL ROCK EN LOS AÑOS OCHENTA

Las mil voces de una década multiforme

> «Los años ochenta estuvieron llenos de audacia y creatividad. Pero también fueron muy conservadores: tenías que ser valiente para imponer algo diferente.»
>
> CINDY LAUPER

VIDEO KILLED THE RADIO STAR

La primera televisión musical cambió las reglas del juego: la música ya no sólo se escuchaba, sino que también se miraba. Todos los artistas exclamaban: «I want my MTV».

Señoras y señores, rock'n'roll!

Era el 1 de agosto de 1981, y estas palabras fueron el punto de arranque para las transmisiones de un nuevo canal por cable estadounidense, MTV. En cierto sentido, el evento inauguró la década. La muerte violenta de John Lennon ocho meses antes fue un hecho decididamente más clamoroso y de fuertes connotaciones simbólicas –la desaparición de un Beatle, la muerte de un icono de los años sesenta, el fin de una época–, pero el advenimiento de MTV tendría un efecto más profundo y duradero en el mundo de la música. La sigla significaba Music TeleVision, y había sido elegida por delante de TV–M y TV–1. Las cosas cambiarían muy de prisa, pero en aquella primera encarnación las transmisiones de MTV no preveían ficciones, talk shows, películas, variedades, concursos u otras cosas. Sólo vídeos. La música desembarcó en televisión y como imagen–símbolo eligió el alunizaje del Apolo XI y el primer paseo lunar del astronauta Neil Armstrong, que sin embargo negó el permiso a usar el audio de su histórica frase: «Es un paso pequeño para el hombre, pero un paso enorme para la humanidad». El mensaje era claro: comenzaba una nueva época.

El primero de los 87 videoclips transmitidos aquel sábado 1 de agosto fue «Video Killed the Radio Star», de los ingleses Buggles. Era una elección profética. Al cabo de cinco años, MTV comandaría la clasificación de beneficios obtenidos por las cadenas por cable, revolucionando el modo de producir, comercializar y consumir música. Un cuarto de siglo más tarde, el logo de la cadena, una M sobre la que se había dibujado a mano la inscripción «tv», es uno de los más conocidos en el mundo. El canal llega a más de 400 millones de casas en 160 países diferentes.

La televisión musical nació de la necesidad de los dirigentes de la Warner–Amex Satellite Entertainment Company (sociedad formada en un 50% por Warner Communications y en el 50% restante por American Express) de llenar de contenidos la tele por cable. La música podía servir para dirigirse a un target joven. El primer movimiento consistió en confiar a Mike Nesmith la producción de una franja de media hora titulada *Pop Clips*, en onda en el canal para jóvenes Nickelodeon. Corría el año 1979, dos años antes de la inauguración de MTV, y el programa transmitía vídeos musicales alternados con sketches y presentaciones. Nesmith no era un novato. Había sido miembro de los Monkees, el grupo años sesenta creado a propósito para una serie de televisión estadounidense, y todavía estaba en activo escribiendo y produciendo música, pero sobre todo hacía de director y poseía una compañía de producción. El vídeo que dirigió para su canción «Rio» convenció a más de una persona de que aquel medio de comunicación tenía enormes posibilidades. *Pop Clips* estuvo en onda entre 1980 y 1981, y era tan sólo el aperitivo. La Warner–Amex atacó con un canal entero dedicado a los vídeos, una idea que el propio Nesmith había acariciado. El más convencido era el joven vicepresidente de la compañía, John Lack. Pensaba que los videoclips eran potencialmente vehículos promociona-

les importantísimos para las canciones y al servicio, pues, de la industria discográfica. «Seremos vuestra radio», dijo a los empresarios discográficos con el intento de convencerlos para que invirtieran en el nuevo medio. Y si en la radio estaban los deejays, en el vídeo estarían los veejays. La inversión inicial fue de 25 millones de dólares.

Naturalmente, MTV no había inventado el formato del videoclip, del que existían antecedentes que se remontaban hasta finales de la década de 1920, cuando las imágenes de Bessie Smith cantando «St. Louis Blues» fueron proyectadas en el cine. En la década de

EL PRIMER LYRIC VIDEO DE LA HISTORIA

Hablar hoy de «lyric video» (filmaciones musicales en las que aparece en sobreimpresión el texto de la canción) no tiene nada de sorprendente: desde hace años, por Youtube pululan los vídeos oficiales o los creados por los propios usuarios. Las cosas eran algo distintas en 1965, año en que Bob Dylan publicó *Bringing It All Back Home*, que contenía entre otras la célebre «Subterranean Homesick Blues». En una filmación de desconcertante simplicidad (dirigida por D.A. Pennebaker), el propio Dylan iba pasando una serie de carteles con inscripciones a mano que contenían el texto mientras que, detrás de él, se podía entrever al poeta beat Allen Ginsberg. Dylan, que en el video no movía la boca, dio vida a una especie de proto karaoke que demostró hasta qué punto siempre estuvo por delante respecto a los demás.

1960, tanto en los Estados Unidos como en Europa, había jukebox con imágenes. Incluso los Beatles produjeron vídeos con el fin de aparecer en las transmisiones televisivas sin tener que ir en persona; ya en 1965, Bob Dylan y el director D.A. Pennebaker se inventaron el *lyric video* con «Subterranean Homesick Blues». Y sin embargo, la mera existencia de un «contenedor» de vídeos accesible las 24 horas del día cambió las reglas del juego, invitando a artistas, casas de producción y sellos discográficos a realizar nuevos vídeos. Fue una auténtica revolución también en el plano estético. Se impuso la idea de que la televisión podía prescindir de los mecanismos narrativos tradicionales. La intuición de MTV fue que, exactamente como la música, también la televisión podía proponer un flujo no estructurado de emociones: la televisión dejaba de contar historias para proponer experiencias visuales. Los mismos clips no tenían que replicar la historia contada por el texto de la canción, sino evocar con las imágenes una atmósfera afín a las palabras o a la música. La otra intuición fundamental fue la asimilación de la estética de los contenidos (los vídeos musicales) a la de las interrupciones publicitarias, de modo que se evitaba la fuga de los telespectadores hacia otros canales. Al principio, la cadena tenía en su archivo tan sólo 250 vídeos que se iban mostrando con irritante repetitividad. Como si ello no bastara, los problemas técnicos no eran infrecuentes, y la televisión por cable todavía era una opción de élite. También la CNN, que terminaría por llegar a las casas de 100 millones de estadounidenses, estaba dando en aquellos años sus primeros tímidos pasos como canal vía cable de noticias. La intención de los dirigentes de MTV fue ofrecer un nuevo vehículo a través del cual los artistas que hasta aquel momento realizaban ventas modestas porque carecían del soporte radiofónico se podían dar a conocer. Esta fue otra intuición brillante. En tan sólo un año, los datos de venta de los artistas emitidos por MTV experimentaron un ascenso en las zonas en las que alcanzaba la televisión vía cable, pero no en otras áreas: era

PETER GABRIEL
y los efectos especiales

A pesar de la aguerrida competencia, compuesta por números uno absolutos como Michael Jackson, Dire Straits y Queen, la palma del vídeo más emitido en la historia de MTV corresponde a Peter Gabriel y a su «Sledgehammer», el sencillo más destacado de *So*.

Los méritos debían repartirse equitativamente entre el inmediato carácter audible del tema, en particular el estribillo, y el visionario y vanguardista videoclip: con una técnica innovadora que ensamblaba animaciones con personas reales (el propio Gabriel), aquellos pocos minutos cambiaron para siempre la concepción del arte visual aplicado a la música.

Dirigido por Stephen R. Johnson, el vídeo disfrutaba de los efectos especiales de Aardman Animations y de los hermanos Quay: ganó numerosos premios y proyectó a Peter Gabriel a una aventura multimedia que acompañó a su pasión por las músicas étnicas. Él sería uno de los primeros en experimentar con los CD–Rom, a estudiar soluciones inventivas en vídeo y en los espectáculos, logrando hacer convivir de manera magistral la tecnología futurista con la recuperación de tradiciones antiguas, música digital y sonidos acústicos.

un signo importante, en un mercado discográfico que en los Estados Unidos estaba estancado y carecía de las novedades que sí estaban animando al negocio en Gran Bretaña. Finalmente, los sellos discográficos decidieron invertir más recursos en el nuevo medio de comunicación y llegaron a ceder gratuitamente los vídeos que producían a su costa. En particular, MTV prometió dar relevancia a la new wave, la nueva ola de música procedente de Inglaterra y cuyos artistas eran más propensos a mesurarse con la videomúsica que los rockeros de la vieja guardia. Pero había otro problema: los espectadores eran pocos. Era preciso convencer a los gestores de los cables a llevar MTV a las casas de los norteamericanos. Sin su apoyo todo esfuerzo resultaba vano. Por ello se organizó una campaña publicitaria en la que músicos del calibre de Mick Jagger, David Bowie, Sting, Pete Townshend y Madonna aparecieron en espots acompañados por el eslogan «I want my MTV», invitando a los espectadores a contactar a las compañías que gestionaban la difusión de la señal. El efecto fue impresionante: una investigación de mercado estableció que los estadounidenses que conocían la nueva televisión musical ascendieron del 20 al 89%.

«MTV tuvo un impacto increíble: la rotación de los vídeos propició que discos de un millón de copias vendieran más de veinte millones…»

OZZY OSBOURNE

El auténtico giro se produjo en 1983, cuando MTV, hasta aquel momento un canal preferentemente «blanco», transmitió en alta rotación el videoclip de «Billie Jean» de Michael Jackson. Las ventas de *Thriller*, el álbum del que procedía la canción, aumentaron hasta la considerable cifra de 800.000 copias por semana. «Billie Jean» representó un salto de calidad de producción, pero no era nada en comparación con el vídeo dirigido por John Landis para la canción «Thriller». Se trataba de un auténtico cortometraje musical:

El vídeo musical *Thriller* de Michael Jackson tuvo un gran éxito y con casi catorce minutos de duración, es más largo que la canción.

14 minutos de duración, medio millón de dólares de coste que la casa discográfica se negó a desembolsar porque el álbum había salido hacía un año y era difícil que se vendiera más de lo que ya se había vendido. Al final, MTV se hizo cargo de los costes, cubriéndolos con la comercialización del videocasette que contenía el corto y un *making off*. Fue otro éxito: gracias al clip las ventas del álbum se triplicaron. En aquel punto, los vídeos ya no eran una publicidad a bajo coste para un álbum, sino un medio de comunicación con reglas estéticas y artísticas, un presupuesto que rondaba como promedio los 50.000 dólares y una clasificación oficial publicada por *Billboard*. En los balances de las casas discográficas aparecía de modo estable la voz «videoclip». Gracias al éxito de Jackson, finalmente, MTV abrió la programación a los artistas R&B y soul, contribuyendo a la afirmación de Prince y Whitney Houston. Los artistas que lograron vehicular una imagen cautivadora, independientemente de su valor, multiplicaron las ventas, y de esta manera se asistió a

Duran Duran es un grupo procedente de Reino Unido. Nació en el año 1978. La banda está formada por John Taylor, Nick Rhodes, Simon Le Bon y Roger Taylor. Su estilo está caracterizado como new romantic.

una nueva British Invasion comandada por los Duran Duran que, tras la estela del éxito de sus vídeos, en 1984 recalaron en la carátula de *Rolling Stone* (el chillido «Fab Five?» guiñaba el ojo a la «invasión» de los Beatles veinte años antes). También se beneficiaron de ello artistas más tradicionales, no sin algunas quejas: «Los videoclips —afirmaba Billy Joel— han destruido la vitalidad del rock'n'roll. Antaño la música decía: escúchame. Ahora dice: mírame». El rock se convirtió en música para ver, hasta los extremos descritos por Nesmith: La dinámica visual típica de la televisión ha entrado a formar parte de la psicología del público norteamericano hasta tal punto que resulta inaceptable escuchar la música sin el soporte de la imagen». Otro efecto fue la continua promoción de las modas. MTV se orientaba a un target eternamente joven: el imperativo era no perseguir a los espectadores que envejecían, sino sustituirlos por los que encaraban la adolescencia. En la escala de valores de la cadena, el primer puesto le correspondía al cambio.

Ya no existían artistas sin cara: para triunfar, era preciso tener una personalidad extramusical y saberla mostrar en la televisión. Tanto si se basaban en pequeñas historias coherentes o en escenas abstractas, en imágenes de la banda en el escenario o en efectos especiales coloristas, los vídeos se convirtieron en uno de los criterios de selección de quien tenía éxito. Tenían que ser dinámicos, irónicos, impactantes. Volvían a poner en movimiento al mercado discográfico, hacían prosperar la industria de los efectos especiales, guiñaban el ojo a las últimas modas, atraían la atención de directores de prestigio. Imponían una estética que preveía contrastes rápidos, encuadres oblicuos y narración fragmentada, una estética que se trasladó al cine, por ejemplo en las películas musicales como *Flashdance*, en las series televisivas como *Miami Vice*, o en la publicidad. MTV terminaría por influir también a la política que, para seducir a la platea juvenil adoptó su lenguaje formal. En las elecciones presidenciales de 1992 concurrían el demócrata Bill Clinton y el presidente saliente, George Bush. Sólo el primero apareció en MTV. «¿Bóxer o slip?» era una de las preguntas que le plantearon. «Habitualmente slip.» El público joven estaba de su parte, las elecciones eran suyas. Acompañando la difusión de los videoclips con campañas sociales y una programación generalista más amplia, MTV se convirtió en la única cadena capaz de dialogar con los jóvenes y de representar deseos y aspiraciones, suscitar debates y solicitar reacciones. Del mismo modo que quince años antes había existido una Woodstock Generation, en la década de 1980 nació la MTV Generation. Incluso los grandes del rock se vieron obligados a tenerla en cuenta.

EL VÍDEO QUE MATÓ A LA RADIO

El tema es de aquellos que entran de inmediato por el oído. Una lograda mezcla de sintetizadores, drum machine y coros amables («aua–aua»). Y sin embargo, incluso antes de ser una auténtica tormenta de sinth pop, «Video Killed the Radio Star» es la fotografía de una época. El vídeo del hit del dúo inglés Buggles (Trevor Horn y Geoff Downes) abrió las transmisiones del primer network musical de la historia. El tema apareció en septiembre de 1979, frecuenta las clasificaciones desde hacía casi un año, pero representó a la perfección el momento histórico que coincidió con el nacimiento de MTV. En efecto, la canción habla de una estrella de la radio que pierde popularidad con el advenimiento de la «música para ver»; concepto subrayado, en el vídeo, por la explosión de algunas radios. En definitiva, los tiempos estaban cambiando, y la televisión parecía haber ganado la partida.

LA ERA DEL SONIDO DIGITAL

La leyenda de los Dire Straits coincidió con el nacimiento del compact disc, el nuevo formato digital que proporcionaba mejor calidad sonora, más minutaje y una mayor longevidad al producto.

I *want my... I want my... I want my MTV.*

No era tan sólo el eslogan de la campaña publicitaria de la cadena de televisión estadounidense. También era el coro de uno de los mayores éxitos de los años 1985–1986: el sencillo fue primero en la clasificación en los Estados Unidos y cuarto en el Reino Unido, recibió un Grammy Award como mejor interpretación rock, y formó parte de un álbum del que se vendieron 30 millones de copias vendidas. La pieza se titulaba «Money for Nothing», salió en 1985 y aparecía en el álbum *Brothers in Arms*, uno de los *best sellers* de la década. El cantante que entonaba «I want my MTV» no era el líder del grupo, Mark Knopfler, sino Sting, y lo hacía calcando la melodía de «Don't Stand So Close To Me» de los Police.

«Money for Nothing» no era un himno en honor de MTV. Al contrario, era un arrebato anti MTV. El protagonista de la canción es un botones que lanza invectivas contra las estrellas del rock que aparecen en vídeo, gente que gana millones de libras esterlinas sin apenas cansarse.

Al parecer, Knopfler se inspiró en una conversación que oyó realmente en Nueva York. Paradójicamente, la pieza obtuvo una inmensa fortuna gracias al videoclip dirigido por Steve Barron, el director de «Billy Jean». Venciendo las resistencias de Knopfler, se produjo un vídeo que representaba el estado del arte, una mezcla de imágenes reales (el grupo en concierto) y grafismo computerizado (los botones que trabajan, similares a muñecos de Lego) que casaba perfectamente con la cadencia mecánica del riff tocado con una Gibson Les

VINILO, MON AMOUR

El nuevo soporte digital presentaba demasiadas ventajas respecto a los viejos elepés como para no causar la lenta desaparición de estos: dimensiones reducidas, ningún crujido, el CD colmaba todos los límites que el vinilo siempre había tenido. Por otra parte, la mayor capacidad permitía que los artistas pudieran incluir más temas sin tener que limitar su creatividad. Todo lo que parecieron puntos fuertes, en breve tiempo demostraron ser sus límites: los álbumes se llenaron de canciones que, en otra época, no habrían visto nunca la luz. Sin contar con la frialdad del sonido, tan alejada del calor que sí bañaba los viejos vinilos. El advenimiento de Internet dio el golpe de gracia: en tan sólo quince años, el CD tuvo el final de un soporte que había llegado a su fin, con una broma suplementaria: abandonado apresuradamente por las masas, el vinilo vuelve a vender más que su sucesor.

Paul combinada con micrófonos Shure y amplificadores Laney. Visto hoy puede parecer un vídeo rudimentario, pero en 1985, «Money for Nothing» era lo máximo que se podía obtener con la animación digital. Ganó el premio al mejor vídeo en los MTV Video Music Awards de 1986, y se empleó para inaugurar las transmisiones de MTV Europe en 1987, del mismo modo que seis años antes en los Estados Unidos se había usado «Video Killed the Radio Star». La televisión musical fagocitaba toda crítica con su ironía posmoderna. Nacidos en Londres en 1977, los Dire Straits eran la antítesis del punk que estaba barriendo las calles de la capital. La formación giraba en torno al talento del autor, cantante y guitarrista Mark Knopfler, un ex profesor de instituto que tocaba una Fender Stratocaster influido por los solos de Eric Clapton, el estilo sinuoso de J.J. Cale, los sonidos cinematográficos de Hank Marvin de los Shadows y las canciones de Bob Dylan, una mezcla personal de influencias británicas y norteamericanas. Su manera de tocar la guitarra eléctrica, sin plectro y torciendo levemente las cuerdas usando el pulgar y el índice, producía un sonido inmediatamente reconocible. «No usa pedales, ni saturación –explicó su coproductor e ingeniero de sonido Chuck Ainlay–, lo que sale de la guitarra es la expresión directa de su manera de sonar. Es increíble de cuántas maneras sus dedos hacen vibrar las cuerdas. El hecho de que no use plectro incrementa notablemente la gama dinámica.» El homónimo debut de 1978 de los Dire Straits se lanzó con el single «Sultans of Swing», el retrato de un grupo de jazzistas aficionados embellecido por una interpretación de guitarra espectacular. A partir de lo sencillos «Tunnel of Love» y «Romeo and Juliet», extraídos en ambos casos del álbum de 1980 *Making Movies*, Knopfler fue puliendo su estilo, redondeó las asperezas, amplió el instrumental, trabajó los acabados de la producción y escribió canciones más cautivadoras, conquistando a un público global. Knopfler era el antihéroe del rock de los años ochenta: su aspecto anónimo y la ausencia casi total en las crónicas extramusicales no le impidieron vender con el grupo 120 millones de discos. El ápice comercial estuvo marcado por el álbum de 1985 *Brothers in Arms*, acompañado por un tour mundial interminable: 247 conciertos en cuatro continentes, un récord absoluto, con hasta trece fechas en el Wembley Arena de Londres y veintiuna consecutivas en el Entertainment Centre de Sydney, Australia.

«Me encantan los lectores CD en el coche: sonido perfecto y mecanismo excitante.»

TOM WAITS

La gira de *Brothers in Arms* la esponsorizaba Philips, que estaba lanzando al mercado un nuevo soporte para escuchar música. Se trataba de un disco digital de 12 centímetros de diámetro llamado compact disc, que podía contener casi 80 minutos de música, contra los 40 de un elepé normal de vinilo. La leyenda reza que la longitud del CD se estableció para acoger la ejecución entera de la «Novena» de Beethoven. La música es leída por un rayo láser, y ya no por un cabezal en contacto con el soporte. El CD prometía por este motivo una duración mayor, deterioro casi nulo y una limpieza sonora inédita. Justamente por este motivo se eligieron como vehículo de demostración a los Dire Straits, banda conocida entre otras cosas por el exagerado cuidado por el sonido. Ideado en la década de 1970, fue desarrollado conjuntamente por técnicos de Philips y de Sony: ambos colosos se implicaron tanto en el frente del hardware (la producción de los aparatos de audio) como en el del software (la música que sonaría en aquellos aparatos) y en consecuencia tenían todo el interés en lanzar un nuevo formato. El CD se comercializó en Japón en 1982 y en Europa y EE.UU. en 1983 (el primero en producirse fue *The Visitors* de los ABBA), pero hasta 1985, en parte a causa del precio de los lectores, siguió siendo un objeto apreciado sobre todo para la escucha de música clásica, ya que la dinámica entre un pianissimo y un forte podía quedar arruinada por la presencia de crujido molesto. El primer álbum en vender más de un millón de copias en CD fue justamente *Brothers in Arms*, grabado enteramente con tecnología digital, y que en el nuevo formato en CD contenía versiones más extensas de las canciones del álbum en elepé. En 1988, el número de compact discs vendidos igualó a de los álbumes en vinilo, que quedó condenado a una rápida e inexorable obsolescencia por el nuevo formato digital. El advenimiento del nuevo soporte tuvo varios efectos: revitalizó el mercado discográfico; multiplicó las posibilidades de escuchar música con buena calidad de audio, superando a los audiocassettes como formato portátil; provocó una oleada de interés por la música del pasado que se reimprimía en CD; impulsó a los artistas a aprovechar toda o buena parte de su longitud en álbumes a menudo injustificadamente prolijos; permitió reimprimir viejos discos con pistas adicionales; eliminó el concepto de cara A y cara B. Y, factor no menos importante, obligó a los aficionados a gastar más para tener un disco (los precios al detalle de vinilo y CD eran significativamente diferentes) y permitió que las casas discográficas renegociaran los contratos con los artistas que se veían obligados a ceder una parte de los royalties para cubrir los ingentes gastos de grabación y producción digital. Finalmente, el CD impuso un sonido digital, más frío y «aséptico» que el del vinilo. La fortuna del compact disc se asoció a la capacidad de imponerlo como formato universal, al producirlo dos colosos como Philips y Sony, y aceptado por toda la competencia (otros formatos de audio digital ideados por multinacionales en competición, como el cassette digital DAT, de Sony, no tuvieron igual fortuna). «Es un día memorable para la historia del sonido —rezaba un anuncio publicitario del compact disc datado en 1983—, por primera vez, la música que escuchas en el salón será tan pura como la que podrías oír en una sala de conciertos, sin el ruido del cabezal en el surco, las partículas de polvo, los arañazos y las abolladuras.»

En veinticinco años se venderían 200.000 millones de ejemplares.

MARK KNOPFLER y la Strato roja

En Newcastle, al fondo de Salters Road, había una tienda de discos de blues, jazz y rock'n'roll. Este era el lugar preferido del viejo Kingsley y de su sobrino Mark. A Kingsley le gustaba el boogie woogie, tocaba el piano y había transmitido su pasión al hijo de su hermana Kathryn, el joven Mark Freuder Knopfler. Un día, en aquel escaparate, junto a las carátulas coloreadas de los elepés, expusieron una Fender Stratocaster roja.

Cada vez que podía, Mark se acercaba por la tienda y se quedaba con la nariz pegada al cristal: soñaba con aquella guitarra roja cada noche, y cada día estresaba a sus padres... «De acuerdo –le dijo un día su padre–, te regalo la guitarra. Pero no la Fender, que cuesta mucho dinero. Más bien una Hofner como la de Hank Marvin, el guitarrista de los Shadows.» «Mientras sea roja», concedió Mark.

El sueño «rojo» de Mark Knopfler no se agotó con la Hofner, que costó 50 libras esterlinas. Muy pronto logró abrazar una Stratocaster, que marcó la primera parte de su carrera con los Dire Straits. Es más. De las «mil» que posee, las guitarras a las que tiene más cariño son la Strato roja de 1961/2 con el mástil de acero y la de 1961 con el mástil de palisandro, su primera Fender de verdad, que todavía hoy toca en concierto.

REBELDES CON CAUSA

En la década de 1960, el rock representaba la rebelión de los «diferentes», en los ochenta se convirtió en la música de los «justos». Los rockeros combatieron por el hambre en África y los derechos del Hombre, por los agricultores estadounidenses y los desempleados irlandeses. Desde el Live Aid a las giras de Amnesty International; cuando el rock se vuelve bueno.

«**E**s mediodía en Londres, en Filadelfia son las 7 de la mañana y, en todo el mundo, es la hora de... ¡Live Aid!».

Era el 13 de julio de 1985: el anuncio de un presentador dio inicio al mayor concierto de todos los tiempos, así como el evento televisivo más ambicioso de la historia. Incluso el desembarco en la Luna palidecía frente al Live Aid: mil quinientos millones de personas en todas las partes del globo encendieron la televisión para seguir al menos un fragmento de las dieciséis horas transmitidas en directo desde el estadio de Wembley, en Londres, y el JFK de Filadelfia. El mundo del rock y del pop se dio cita para contribuir a una buena causa: prestar ayuda a la población de Etiopía diezmada por el hambre.

Se recogieron 200 millones de dólares. Fue un «jukebox global» que dos generaciones recordarían como uno de los acontecimientos más significativos de su vida. MTV y ABC, que transmitían el concierto en los Estados Unidos, obtuvieron audiencias espectaculares.

Por los dos escenarios desfilaron los artistas rock y pop más populares del momento (U2, Sting, Simple Minds, Dire Straits, Elton John, Madonna, Duran Duran) y viejas glorias (Beach Boys, Status Quo, Four Tops, Santana). Los Who y los Led Zeppelin se volvieron a reunir para la ocasión, David Crosby, Stephen Stills y Graham Nash volvieron a cantar con Neil Young. Mick Jagger hizo un dúo con Tina Turner, mientras que Bob Dylan se hizo acompañar por Ron Wood y Keith Richards, de los Rolling Stones. Los Queen recuperaron en una velada el tiempo perdido y se regeneraron en una especie de segunda juventud. Phil Collins se subió a un Concorde y, gracias al desfase horario entre ambas localidades,

UNA ACTUACIÓN PARA OLVIDAR

Para terminar de la mejor manera el más imponente concierto benéfico de la historia, Bob Geldof decidió dejar el escenario a quien representó el punto más álgido de los veinte años anteriores: Bob Dylan. ¿Quién mejor que él podría cerrar una fiesta de aquel tipo? Presentado por Jack Nicholson, Dylan salió al escenario junto a Keith Richards y Ron Wood. Los tres habían comenzado a beber desde la mañana: querían llegar cargados para el acto final del Live Aid. Parecía como si cada uno tocara temas diferentes, los tres se olvidaron de los textos y de los acordes de cada canción. El público estaba desconcertado, Geldof muy enfadado.

logró tocar en ambos estadios. Sólo faltaron Bruce Springsteen (que estaba de luna de miel y ofreció el escenario montado de Filadelfia), y los Beatles... En efecto, porque hasta el último minuto se había hablado de una reunión con Julian Lennon en el lugar de su padre John. Al final subió al escenario Paul McCartney (que hacía seis años que no actuaba en público) e hizo cantar al mundo entero «Let It Be». Lo había convencido el organizador del concierto: «Si cantas "Let It Be", un himno a los sueños que se desvanecen, el mundo llorará». Para convencer a los pendencieros Pete Townshend y Roger Daltrey a que subieran al mismo escenario, se les dijo que la presencia de los Who aseguraría una diferencia en la recaudación entre cinco y diez millones de libras esterlinas.

«Este es vuestro Woodstock», afirmó Joan Baez desde el escenario de Filadelfia. Si en torno a los tres días de paz y música de 1969 se había reunido un «pueblo» que compartía valores, experiencia y mensajes, delante del Live Aid se formó un público de telespecta-

BOB GELDOF
¿Rockero o profeta?

Después de trabajar como carnicero, peón y obrero en su Irlanda natal, se trasladó a Canadá para intentar hacer carrera en el periodismo musical. Cuando regresó a Dublín, en 1978, se diversificó en varios frentes: escribía en el NME y cantaba con los Boomtown Rats. Impresionado por la historia de Brenda Ann Spencer, joven californiana que en enero de 1979 prendió fuego a una escuela elemental cerca de San Diego (declarando a la prensa que lo había hecho porque «no me gustan los lunes»), Geldof escribió «I Don't Like Mondays», que se publicó el 21 de julio del mismo año. El tema se encaramó hasta el número 1 de las clasificaciones británicas, pero el grupo no acabó de despegar. Gel-

dof comenzó a adherirse a varios conciertos benéficos antes de quedar impactado por las dramáticas condiciones de los niños africanos. De este modo nacieron el Band Aid primero y el Live Aid más tarde. El éxito espectacular del mayor evento musical vinculado a una causa humanitaria condicionó la vida personal y profesional de Geldof. A partir de aquel momento, Bob fue la personificación del lado bueno del rock, aunque no faltaron polémicas acerca del destino real de los fondos recaudados. Su compromiso humanitario y social oscureció también un par de álbumes muy buenos en los que Geldof recuperaba las raíces irlandesas. Después de haber intentado revitalizar el Live Aid (en 2005, el treinta aniversario, se produjo el Live 8) terminó implicado en el trágico triángulo amoroso con Paula Yates y Michael Hutchence (ambos murieron en circunstancias nunca esclarecidas).

En 2014 murió su hija Peaches, de 25 años.

Hoy, el patrimonio estimado de Bob Geldof roza los 50 millones de euros.

▶ 11 DE MARZO DE 1980

Los U2 firman un contrato con Island Records, la casa discográfica de todos sus álbumes.

▶ 18 DE MAYO DE 1980

Se suicida Ian Curtis, cantante de los Joy Division, pocos días después de salir el segundo álbum de la banda, *Closer*.

▶ 5 DE JUNIO DE 1980

Por primera vez, en Atlanta, se hace público el síndrome de inmunodeficiencia adquirida, el SIDA, auténtica plaga de la década.

▶ 8 DE DICIEMBRE DE 1980

Mark David Chapman mata con un arma de fuego a John Lennon, una de las figuras más importantes de la música popular y de todo el siglo xx.

▶ 1 DE AGOSTO DE 1981

MTV, la primera televisión con programación exclusivamente musical, comienza sus emisiones. Es el comienzo de una nueva época.

▶ 11 DE MAYO DE 1981

Muere Bob Marley a causa de un tumor cerebral.

▶ 2 DE NOVIEMBRE DE 1981

Sale el primer *Greatest Hits* de los Queen, el álbum más vendido de la historia en el Reino Unido.

▶ 10 DE MAYO DE 1982

Sale *Rio*, de los Duran Duran, uno de los discos símbolo del movimiento New Romantic, que dio vida al mito de la banda de Simon Le Bon.

▶ 12 DE JULIO DE 1982

Peter Gabriel da salida al Festival World of Music, Art and Dance (Womad), con el que promueve la música del tercer mundo.

▶ 30 DE NOVIEMBRE DE 1982

Michael Jackson publica *Thriller*, que al cabo de poco se convertirá en el álbum más vendido en la historia de la música, llegando a superar cien millones de copias.

dores. El proceso iniciado con la aparición de MTV había llegado a sus consecuencias más extremas: la música pasaba cada vez más por la pequeña pantalla. Pero había más. Porque ciertamente Live Aid demostró que la globalización del rock era irreversible, pero también que en la década del hedonismo y del arribismo, los artistas eran capaces de unir las fuerzas por una buena causa. El doble concierto de Londres y Filadelfia fue la culminación de una época de renovado compromiso social que se prolongaría durante mucho tiempo. Todo comenzó una noche de otoño de 1984, cuando un rockero de carrera estancada se sentó delante de la televisión. Se llamaba Bob Geldof y era irlandés, de 33 años, líder de los Boomtown Rats, una de las muchas bandas nacidas después de la explosión del punk. A finales de la década de 1970, la formación había publicado dos sencillos que fueron número uno en Gran Bretaña («Rat Trap» y «I Don't Like Mondays»), pero después de seis álbumes había entrado en crisis. Geldof había actuado como protagonista en la película de Alan Parker *The Wall* (1982), inspirado en el homónimo doble álbum conceptual de los Pink Floyd, y sin embargo su carrera pasaba por un momento de estancamiento. Aquella noche la BBC transmitía un programa de Michael Buerk sobre la crisis humanitaria en Etiopía: decenas de miles de personas estaban muriendo de hambre. «Habría podido dar un billete de 5 libras o algo así —explicó Geldof—, pero no me parecía suficiente. Uno hace lo que es capaz de hacer, así que decidí componer una canción de Navidad». La escribió junto a Midge Ure, de los Ultravox, y luego comenzó una larga serie de contactos para convencer a las principales estrellas del Reino Unido a que cantaran una parte o hicieran un coro. La canción tenía que publicarse en un sencillo a tiempo para Navidad, a fin de recoger el máximo de fondos para Etiopía. Geldof era un outsider, y sin embargo la respuesta por parte de casi todos los artistas contactados fue positiva.

Grabada el 25 de noviembre y publicada en tiempo récord tres días más tarde, «Do They Know It's Christmas?» vendió un millón de copias en una sola semana. Fue el sencillo más vendido de todos los tiempos en el Reino Unido, hasta la llegada en 1997 de la versión para Lady Diana de «Candle in the Wind», de Elton John. La pieza se atribuyó a Band Aid, supergrupo que comprendía a Paul McCartney, Bono, Sting, Paul Weller, David Bowie, George Michael, Roger Daltrey, Phil Collins, miembros de Duran Duran, Spandau Ballet, Status Quo, Culture Club y otras dos docenas de cantantes e instrumentistas. La brillante producción musical y la intención benéfica conquistaron al mundo.

«Cuando las personas no tienen nada para comer mueren. O sea que, queridos políticos, dejad a un lado las tonterías y explicadme qué vais a hacer para evitar que vuelva a suceder.»

BOB GELDOF

En enero, los artistas estadounidenses, incluidos *superbig* como Bruce Springsteen, Bob Dylan, Stevie Wonder, Tina Turner y Ray Charles, grabaron el sencillo escrito por Michael Jackson y Lionel Richie «We Are the World», reunidos bajo la sigla «USA for Africa». Los canadienses respondieron con «Tears Are Not Enough». En unos pocos meses, la idea de que la música pop y rock podía incidir de modo concreto en la realidad se hizo más popular que nunca.

Si en la década de 1960 el rock se había nutrido del idealismo de las generaciones de Woodstock, y en la de 1970 había quedado conmocionado por el cinismo del punk, en los ochenta se asocia a una idea pragmática y apolítica de activismo. Proclamas beligerantes y tomas de posición abstractas se vieron superadas por recaudaciones de fondos de dimensiones cada vez más espectaculares. El rock ya no intentaba dividir, sino unir. Se volvió ecuménico y práctico. Ya no era una época de revoluciones, sino de acciones concretas. Las palabras ya no eran ladrillos lanzados con rabia contra los políticos. Es más, se colaboraba con ellos para que la acción benéfica fuera todavía más eficaz, y de este modo Geldof logró arrancar al gobierno Thatcher la promesa de desgravar la recaudación de «Do They Know It's Christmas?», de manera que llegara más dinero a los refugiados etíopes.

«¿El Live Aid? Sabía que lo hacía por una finalidad bien precisa, pero también para divertirme. Creo que conseguí hacer ambas cosas.»

MICK JAGGER

La cumbre de esta época llegó con el Live Aid. Desde el punto de vista artístico no fue una jornada memorable (muchas ejecuciones fueron incoherentes, un micrófono que no funcionaba arruinó la pieza de Paul McCartney, las actuaciones no se ensayaron lo suficiente), pero poco importaba: el impacto emotivo fue vasto y profundo. Resultó un evento clamoroso: hubo quien calculó que el 95% de los televisores encendidos en el mundo aquel día de julio estaban sintonizados con el concierto. Pero sólo era la punta del iceberg. Decenas de iniciativas transformaron el rock de la década de 1980 en una gigantesca máquina caritativa. Durante su actuación en el JFK de Filadelfia, Bob Dylan dijo que esperaba que una parte del dinero recogido por el Live Aid fuera a parar a los agricultores del Midwest estadounidense «ahogados por los intereses de los bancos». Parecía una declaración inoportuna, pero dio vida a otra serie de eventos benéficos. Willie Nelson, Neil Young y John Mellencamp recogieron la llamada de Dylan y el 22 de septiembre de 1985 organizaron en Illinois la primera edición del Farm Aid a favor de las familias de campesinos en dificultades. En mayo de 1986, los rockeros ir-

landeses, entre los cuales U2, Chieftains, Clannad, Van Morrison y Pogues se encontraron en Dublín para el Self Aid, un show en favor de los desempleados del país. El rock aprendió a reaccionar a los temas y las emergencias del momento. La opinión pública europea y norteamericana, por ejemplo, cada vez era más sensible a la causa de los negros surafricanos que seguían segregados y oprimidos por el odioso régimen del apartheid. La presión internacional sobre el gobierno surafricano cada vez era más fuerte. En 1983, las Naciones Unidas condenaron a Suráfica en la World Conference Against Racism. En 1984 el arzobispo anglicano Desmond Tutu, carismático opositor del apartheid, recibió el Nobel de la paz. En 1985, el régimen reaccionó declarando el estado de emergencia e ilegalizando una veintena de organizaciones antiapartheid. En 1986, los Estados Unidos y el Reino Unido se unieron a los países que llevaban a cabo formas de boicot y sanciones económicas sobre Pretoria. Las demandas de liberación del líder negro Nelson Mandela, encarcelado desde 1964, cada vez eran más apremiantes. En esta atmósfera, en febrero de 1985 Stevie Wonder fue arrestado mientras se manifestaba contra el apartheid delante de la embajada surafricana en Washington D.C. Un mes más tarde recibió un premio Oscar por la canción «I Just Called To Say I Love You», de la banda sonora de la comedia de Gene Wilder *La mujer de rojo*. Durante la ceremonia de entrega, dedicó el premio a Mandela. El gobierno surafricano reaccionó inmediatamente prohibiendo su música en la radio y la televisión. En septiembre salió el nuevo disco del antiguo niño prodigio de la Motown: se titulaba *In Square Circle*, se abría con el hit «Part–Time Lover» y se cerraba con «It's Wrong (Apartheid)», de tema inequívoco. Wonder no estaba solo en la lucha. En octubre, el ex guitarrista de Bruce Springsteen, Little Steven, reunió bajo la sigla Artists United Against Apartheid a un cast variopinto de músicos, que comprendía a Lou Reed, Miles Davis, Bruce Springsteen, Bob Dylan, Ringo Starr, U2 y varios jazzistas y raperos para el sencillo y el álbum *Sun City*. La finalidad era política: lanzar el boicot a las salas de concierto de Sun City, la ciudad de diversión de la Suráfrica prisionera del apartheid. La causa ganó cada vez más adeptos en el mundo del rock y del pop. Jerry Dammers, del grupo de revival ska Specials, que en 1984 había publicado el sencillo «Free Nelson Mandela», fundó la organización Artists Against Apartheid, y en 1986 atrajo a más de 200.000 personas en un concierto en solidaridad con los pueblos de Namibia y Suráfrica. Si Eddy Grant ocultaba detrás del ritmo bailable de «Gimme Hope Jo'anna» una metáfora antiapartheid, el jazzista surafricano

STING Y LA AMAZONIA

En la segunda mitad de la década de 1980, Sting fue uno de los artistas más comprometidos en el frente benéfico. El ex Police, además de participar en los más célebres «benefit concerts» de la época, promovió una campaña de sensibilización pública en favor de la Amazonia. Las poblaciones indígenas corrían el riesgo de perder sus tierras a causa de las insensatas obras de desforestación que amenazaban el futuro del pulmón verde del mundo. La implicación del músico inglés fue muy fuerte. Sting viajó numerosas veces a las tierras afectadas, apareciendo en primera persona frente a las televisiones internacionales. Creó la Rainforest Foundation y dio la vuelta al mundo junto a Raoni, jefe de la tribu Kayapo. A pesar de un poco de escepticismo y alguna polémica, de aquellos viajes nació *Amazonia lucha por la vida*, un libro que contaba las vidas de los indios y las razones (también científicas) que demostraban la locura de aquellos actos criminales.

▶ **1 DE OCTUBRE DE 1982**

Japón es el primer país en el mundo en el que se distribuyen los compact discs: *52nd Street*, de Billy Joel, es el primer álbum de música pop comercializado en el nuevo formato.

▶ **2 DE MARZO DE 1983**

Se presenta el primer compact disc en Europa. Al cabo de 5 años habrá suplantado al viejo vinilo.

▶ **21 DE MARZO DE 1983**

Los Pink Floyd publican *The Final Cut*. Poco tiempo más tarde, Roger Waters abandona el grupo para siempre.

▶ **9 DE JUNIO DE 1983**

Margaret Thatcher es reelegida primera ministra británica. Siempre será enemiga del rock.

▶ **4 DE MARZO DE 1984**

Después de la última actuación de la gira de promoción de *Synchronicity*, los Police deciden disolverse a causa de continuos desacuerdos.

▶ **4 DE JUNIO DE 1984**

Bruce Springsteen publica *Born in the U.S.A.*, álbum símbolo de una época y cambio absoluto en la carrera del Boss.

▶ **12 DE NOVIEMBRE DE 1984**

Madonna publica *Like a Virgin*, desencadenando en todo el mundo uno de los mayores fenómenos de imitación por parte de la adolescencia de la historia de la música.

▶ **20 DE DICIEMBRE DE 1984**

El PMRC arremete violentamente contra algunos textos de Prince, al que defienden colegas ilustres. Entre estos, Frank Zappa se halla en primera fila.

▶ **13 DE MAYO DE 1985**

Con más de 30 millones de copias, *Brothers in Arms*, de los Dire Straits, es el álbum más vendido de la década junto a *Thriller* de Michael Jackson y *Back in Black* de los AC/DC.

Hugh Masekela obtuvo un gran éxito con «Bring Him Back Home», sobre el caso Mandela. Al frente de un grupo interracial, Johnny Clegg dedicó «Asimbonanga» al líder encarcelado.

La temporada del compromiso antiapartheid culminó con el concierto del 11 de junio de 1988 organizado por Tony Hollingsworth en el estadio de Wembley, en Londres. Se celebraban los 70 años de Mandela, que en aquel momento era el prisionero político más famoso del mundo. Entre los 83 participantes figuraban Sting, Harry Belafonte, Stevie Wonder, Dire Straits, Tracy Chapman, Eurythmics, Jackson Browne, UB40 y Whitney Houston. Frente a una audiencia de televisión estimada en 600 millones de personas en sesenta países diferentes, los populares Simple Minds cantaron la inédita «Mandela Day»; Peter Gabriel entonó «Biko», dedicada a otro líder surafricano, Stephen Biko, asesinado en 1977 por la policía de Pretoria; Dammers propuso su «Free Nelson Mandela»; Little Steven llevó al escenario «Sun City». El impacto en la opinión pública fue notable. Según el activista Mike Terry, líder del movimiento anti-apartheid londinense, «antes del evento las perspectivas de una excarcelación inminente de Nelson Mandela se consideraban poco realistas. Y sin embargo, al cabo de veinte meses había sido liberado, y no tengo dudas de que aquel concierto ejerció un papel decisivo a la hora de posibilitar esta excarcelación». Dos meses después de la liberación del líder, que se produjo en febrero de 1990, se celebró un segundo concierto en Wembley en el que participó el propio Mandela, que realizó un vibrante discurso de más de veinte minutos. Su presencia era un reconocimiento implícito del papel que había tenido el rock en su excarcelación.

La otra gran causa apoyada por el rock en la década de 1980 fue la de los derechos humanos. Ya a mediados de los años setenta, la sección británica de Amnesty International había organizado captaciones de fondos durante veladas en las que se alternaban intervenciones de actores (entre los organizadores estaba John Cleese, de los Monty Python) y músicos. La edición clave fue la de 1981, en la que participaron Sting, Eric Clapton, Bob Geldof, Phil Collins y Midge Ure, es decir, algunos de los principales protagonistas de las iniciativas benéficas de la década. Su presencia atrajo una gran atención a las causas de Amnesty. Cuando en 1986, la organización cumplió veinticinco años, el director de la sección estadounidense, Jack Healey, concibió la gira A Conspiracy of Hope, en la que participaron las estrellas del momento, entre ellas Sting y los Police, U2, Peter Gabriel, Lou Reed, Bryan Adams: el rock abrazaba definitivamente a Amnesty. Lo seguiría en 1988 Human Rights Now!, una gira todavía más ambiciosa concebida en el cuadragésimo de la Declaración Universal de los Derechos Humanos, en la que tomaron parte Bruce Springs-

teen, Peter Gabriel, Sting, Tracy Chapman o Youssou N'Dour. Las causas por las que luchar y los problemas abundaban: la propagación del SIDA, que el público occidental conocía tras la muerte en octubre de 1985 del actor Rock Hudson; la desforestación de la Amazonia, causa defendida por Sting; la defensa del medio ambiente representada por Greenpeace y agudizada después del desastre en la central nuclear de Chernobyl en abril de 1986. Canciones y conciertos no servían tan sólo para recaudar fondos, sino también para movilizar energías y consciencia. Ora admirados como héroes modernos, ora acusados de ser millonarios complacidos en su propia bondad, en los años ochenta los artistas de mayor éxito pusieron su popularidad al servicio de una causa o una organización sin ánimo de lucro durante una canción o una velada, una práctica que proseguiría en las décadas siguientes produciendo otros eventos clamorosos, desde el tributo a Freddie Mercury en el Live 8 pasando por el Concert for New York City organizado inmediatamente después del 11 de septiembre de 2001. El paso siguiente sería pasar del plano de la caridad al de la iniciativa política. «Estoy orgulloso de formar parte de la generación consentida que produjo Band Aid, Live Aid y «We Are the World —declaró Bono—, ha gratificado mi orgullo. Sentíamos que habíamos abierto un camino. Los músicos podían triunfar allí donde los políticos fallaban. Con un concierto habíamos recogido 200 millones de dólares. Luego me enteré que África gasta 200 millones de dólares a la semana para colmar la deuda pública con los países de Occidente.»

BIGGER AND BIGGER

Los grandes conciertos benéficos relanzaron los megaeventos que parecían haber desaparecido con el advenimiento de la revolución punk. De los shows imaginativos de los Pink Floyd a la teatralidad de los Queen, pasando por los nuevos clásicos Bruce Springsteen y U2: el rock llenaba los estadios.

A pesar de las buenas intenciones de Bob Geldof y de todos los que, tras la estela del Live Aid, organizaron eventos análogos, los maxiconciertos de beneficencia ocultaban peligrosas derivas de consumo que, por desgracia, no tardaron en emerger. Junto con la inevitable desilusión, ello provocó como consecuencia el resurgir de un fenómeno que el movimiento de 1977 parecía haber liquidado: el de los shows concebidos como espectáculos de dimensiones cada vez más imponentes. Shows que, en la mayor parte de los casos, comenzaban a apartarse de la música en sentido estricto (en este período nació el término «multimedia») y que casi siempre eran autocelebrativos.

Hasta mediados de la década de 1970, los conciertos de rock incidían en el carisma, el físico o la habilidad de los artistas para transportar al público a otra dimensión sin el auxilio de elementos visuales y escenografías «cinematográficas». Así lo hacían Elvis, con sus sensuales movimientos de pelvis, Chuck Berry y su *duck walk*, los Who con la destrucción de los instrumentos o los Sex Pistols escupiendo a la cara de sus propios fans y del mundo entero. De repente, artistas como David Bowie en Gran Bretaña o Alice Cooper en los Estados Unidos, o grupos como Genesis y, sobre todo, Pink Floyd, comenzaron a concebir el directo como una experiencia cada vez más cercana al teatro o a las artes visuales. Tal vez en virtud de los estudios artísticos de tres de sus miembros, o bien por simple in-

ADIÓS WEMBLEY

En 2003, 80 años después de su construcción, Wembley, uno de los estadios más célebres del mundo, fue demolido. Escenario desde siempre de los mayores acontecimientos deportivos de Inglaterra, de los años setenta en adelante (en 1974 acogió la legendaria actuación de CSNY con The Band, Joni Mitchell y Jesse Colin Young), se convirtió en escenario para conciertos rock. Llenarlo era una empresa dificilísima, que lograban bien pocos: entre los afortunados, algunos de los nombres más celebrados de la década de 1980, como Genesis, Michael Jackson y U2. Pero Wembley terminó por convertirse en el estadio de los Queen, no sólo por los célebres conciertos inmortalizados en *Live at Wembley*, sino sobre todo por la actuación del Live Aid: en los veinte minutos de que dispusieron, Mercury y sus socios dejaron a los demás artistas al nivel de simples comparsas.

clinación personal, la banda de *The Dark Side of the Moon* mostró desde sus inicios una tendencia y un gusto únicos que, a través de artificios, efectos especiales y otros hallazgos escénicos, convirtieron a sus directos en una auténtica experiencia multisensorial que implicó al público más allá de toda imaginación. En este sentido, la puesta en escena de *The Wall* se podía ver como el antecedente de los megatours que invadieron toda la década de 1980 y la primera parte de la de 1990. Lo que inicialmente con Syd Barrett parecía un simple deseo de contaminación entre artes, diez años más tarde se transformó en algo de lo que sería difícil volver atrás y que de hecho terminó por llevar a la ruptura definitiva entre los miembros del grupo. Un muro enorme, símbolo de la distancia entre público y artista (construido y destruido durante la velada), una pantalla circular gigante que se convirtió en uno de sus símbolos más conocidos, luces estroboscópicas y, además del celebérrimo sistema cuadrafónico, un equipo capaz de adoptar proporciones inimaginables convirtieron este show en uno de los más costosos de la historia. Que, por otra parte, al no lograr equilibrar los gastos, se cerró de forma forzosa y anticipada.

«Podías haber hecho el concierto de tu vida, luego pasaban los Queen y nadie se acordaba ya de ti.»

STATUS QUO

El momento económico y cultura propicio, unido al clamor mediático subsiguiente a los megaeventos benéficos de mediados de la década volvieron a encender aquella chispa, quizás no exactamente amiga de la música, que la oleada punk parecía haber apagado para siempre. Las producciones mastodónticas retomaron su historia como si Johnny Rotten no hubiera existido nunca. Los protagonistas principales fueron, huelga decirlo, casi siempre los «héroes» del Live Aid. Y en particular, aquellos que, de forma inmediata, lograron obtener los mayores beneficios de aquel crisol de variables fueron sin duda los Queen: a punto de disolverse el día antes del evento organizado por Bob Geldof, la banda de Freddie Mercury fue la única capaz de levantar a todo el estadio de Wembley, demostrando que, en el escenario, tenían pocos rivales en el mundo, y entendiendo al mismo tiempo que podían replicar aquel show en gira por el mundo. Durante los siguientes doce meses la «Reina» se empeñó en destruir todo récord anteriormente establecido, tanto desde el punto de vista de los espectadores en el curso de un tour como de los países visitados, algunos de los cuales nunca habían podido asistir a un concierto de rock. En cualquier caso, a diferencia de los Pink Floyd, el «gigantismo» de Mercury y compañía se expresaba más en las dimensiones de los espacios ocupados que en los elementos extramusicales que aparecían en el escenario: Más allá de una estructura enorme, de las megapantallas y de un sistema de luces, del que siempre fueron precursores, los cuatro músicos sabían que su mejor arma la tenían en la ejecución de los temas, y la aprovechaban al máximo para lo que sería también su última gira mundial.

Fue diferente el caso de fenómenos pop millonarios como Madonna y Michael Jackson, cuyos shows llevaban al extremo la idea de espectáculo multimedia como lo entendía Roger Waters, aunque vaciándolo de la provocación y del concepto que estaba detrás de los proyectos de los Pink Floyd. En el mismo período, los espónsores se dieron cuenta de que la música pop rock todavía no había aprovechado su potencial publicitario y que podría ser uno de los vehículos de propaganda más eficaces. Pudiendo contar con la preponderancia que los medios televisivos habían obtenido también en el ámbito musical, las grandes marcas de productos dedicados a la franja de edad que va de los quince a los treinta años comenzaron a cortejar no sólo a las estrellas más populares, sino a todo lo que podía gravitar a su alrededor. Por ejemplo, una marca como Pepsi se convirtió en el mayor patrocinador de los conciertos de Michael Jackson, que a su vez era el rostro de la célebre bebida con gas (anuncios de televisión y campañas de prensa) en un intercambio mutuo de favores que permitía facturar a ambos centenares de millones de dólares. El propio MJ, en este sentido, representaba mejor que nunca la consciencia artística de aquel período. Por un lado sintió el deseo de estar cerca de las poblaciones con dificultades, mostró una sensibilidad con los más desfavorecidos y se prodigó en continuas acciones benéficas. Del otro, se empeñó en una serie de espectáculos y

VENECIA PINK

Cuando se habla de shows fuera de lo común, dominados por efectos visuales y sonoros al límite de la megalomanía y de audio cuadrafónico, la mente se va en seguida a los Pink Floyd. Sobre todo a los Floyd posteriores a la transposición en directo de *The Wall*. Aunque huérfana del genio visionario de Roger Waters, la banda inglesa fue capaz en los años ochenta de alcanzar cumbres autocelebrativas inéditas, y que tendrían pocos equivalentes en la historia del rock. La gira de *A Momentary Lapse of Reason*, la del retorno después de la ruptura con Waters, representó el vértice de la parábola artístico–tecnológica en lo referente a los directos concebidos hasta entonces: maxipantalla circular capaz de hipnotizar al público, sistema de luces futurista, escenografía de dimensiones nunca vistas. La apoteosis de la gira coincidió con el concierto más loco de su carrera: era el 15 de julio de 1989, y los Floyd decidieron tocar en Venecia. Un escenario flotante se situó frente a la plaza de San Marcos. A los 90 minutos de lo que para muchos resultó ser «el concierto del siglo», asistieron cien millones de telespectadores y un número nunca precisado de gente que llegó a la laguna con cualquier medio. La administración municipal infravaloró el alcance del evento, y quizás la ciudad no estaba preparada para una multitud de aquellas dimensiones, pero el show entró en la historia. Como también las polémicas subsiguientes: se precisaron tres días para volver a limpiar la ciudad de los desechos dejados por la invasión rock.

apariciones públicas cada vez más redundantes y autocelebrativas, hijas de una desazón interior que, después del éxito planetario de *Thriller*, terminarían por condicionar su vida y su carrera artística.

Aunque (clamorosamente) ausente del escenario del Live Aid y diametralmente opuesto a Michael Jackson, Bruce Springsteen fue un personaje emblemático del rock de la década de 1980. Si con *Born to Run* (1975) y *The River* (1980), el Boss fue elogiado por los medios de comunicación y venerado por los fans, gracias al éxito estratosférico de *Born in the U.S.A.* (1984) entró en todas las casas de Norteamérica. Sin apartarse de sus opciones artísticas de siempre (se concibió junto al anterior proyecto acústico *Nebraska*), el álbum insistía más que en el pasado en un rock clásico de barras y estrellas, potente y sin florituras, basado en estribillos de disfrute inmediato que hacían pasar a segundo plano la habitual complejidad de los temas. Esta fórmula propició que el disco se encaramara a lo más alto de las clasificaciones, situando una cantidad récord de sencillos en el Top 5 de Billboard y llevando a Springsteen y a su E–Street Band a tocar en cualquier estadio del planeta. No faltaban las polémicas por parte de sus primeros fans, que acusaban a Springsteen por haber guiñado el ojo al mercado: no gustaban los arreglos, considerados demasiado «comerciales». Tampoco gustaba el hecho de que, tras una declaración del presidente Reagan («el futuro de nuestra nación se halla en el corazón de todos nosotros. Pero también en las canciones de tantos artistas amados por los jóvenes estadounidenses: como las de Bruce Springsteen»). *Born in the U.S.A.* fuera considerado un tema enfáticamente patriótico. Al contrario, al menos en las intenciones de su autor, la pieza apuntaba a las políticas militares estadounidenses, hablaba del drama de los supervivientes de Vietnam y, como el resto del álbum, exhibía una consciencia política. A pesar de ello, en parte a causa del vídeo de «Born in the U.S.A.» (en el que agitaba una marea de banderas con barras y estrellas), los «spin doctors» de Reagan intentaron implicar a Springsteen para que apoyara la campaña presidencial, que se estaba desarrollando por entonces. El management del artista se negó, pero objetivamente, la popularidad del Boss creció todavía más y, a partir de aquel momento, ya no cedería. Sólo decayó cada vez que Bruce entraba en juego personalmente con iniciativas en las que exponía sus ideas: del tema «American Skin (41 Shots)», que narraba en detalle el «incidente» de un afroamericano acribillado por la policía (le valió el boicot de los policías neoyorquinos...) al «Vote for Change» de 2004 (gira de 40 actuaciones para formar contra la candidatura de George W. Bush y a favor de la de John Kerry). Hasta el bellísimo álbum/gira *We Shall Overcome – The Seeger Sessions* (2006) con Bruce cantando las canciones popularizadas por Pete Seeger. En los Estados Unidos, este último proyecto en particular no se vio con buenos ojos: Seeger era considerado un «comunista» y, como tal, antipatriótico. Resultado: gira y disco no funcionaron. Mucho mejor volver a pisar los escenarios de estadios de todo el mundo en compañía de la E Street Band...

Los que se beneficiaron del clamor mediático vinculado a los megaconciertos de los ochenta no fueron tan sólo los héroes del rock de la década anterior, o los nuevos ídolos del pop, sino también los protagonistas de todo tipo de música. En particular, los de la nueva oleada hard rock, que MTV había adoptado con convicción: grupos hair metal como Mötley Crüe o los primeros Bon Jovi, así como los nuevos pioneros de la música pesada Iron Maiden, Metallica o Guns N' Roses, que terminaron por convertirse en habituales de los estadios que hasta entonces habían sido patrimonio de bandas con al menos diez años de carrea a sus espaldas. En definitiva, aunque no se podía considerar una consecuencia directa del fenómeno, lo que para Geldof debía representar un despertador ideal para el mundo terminó por hacer arrancar una máquina de dinero de la que otra banda presente en el Live Aid, los U2, se convirtió en una especie de emblema.

Como la mayor parte de los grupos que se hicieron célebres en la década de 1980, la banda de Bono y The Edge comenzó a dar sus primeros pasos en un mundo musical que todavía se estaba lamentando las heridas del punk pero que, al mismo tiempo, se dejaba fascinar por las nuevas corrientes que habían nacido del mismo. No era casual que el primer álbum, *Boy* (1980), todavía inmaduro y vinculado a temáticas adolescentes, se resintiera de las fascinaciones post punk y new wave de bandas como los Joy Division, a cuyo líder, Ian Curtis, la banda irlandesa dedicaba la atormentada «A Day Without Me». A pesar de que las problemáticas ligadas a la adolescencia todavía estaban presentes, el siguiente *October* mostraba algunas de las características sobre las que se articularía la poética del grupo en los años siguientes: el deseo de cambiar continuamente su línea musical y la utilización contundente de temáticas religiosas y antimilitaristas. En particular, estas últimas fueron protagonistas del tercer disco de los U2, el de la madurez definitiva y de los primeros éxitos en la clasificación. *War* (1983) vio cómo aumentaban de manera exponencial los temas políticos y socioeconómicos que de ahí en adelante poblarían tex-

UNA REINA MÁS ALLÁ DEL TELÓN

Entre los récords batidos y las actuaciones fuera de lo ordinario, los Queen podían enorgullecerse de que, en el curso de su carrera, habían tocado en primer lugar en lugares donde ningún otro rockero se había atrevido: en los territorios situados detrás del telón de acero comunista. En efecto, el 27 de julio de 1986, cuando la caída del comunismo todavía estaba lejos, Freddie Mercury y sus compañeros actuaron en el curso de su «Magic Tour» en el Nepstadion de Budapest, infringiendo lo que para muchos todavía era un tabú sociopolítico, como sucedió con la Suráfrica bajo embargo a causa del apartheid. Con un show extremo, que presentaba incluso un tema popular húngaro, la banda extasió a un público (80.000 asistentes) que desde hacía décadas esperaba poder admirar a un grupo de rock occidental, de los que el régimen impedía incluso difundir los álbumes. El «Magic Tour» sería la última ocasión de ver a los Queen en concierto. En 1987 a Freddie Mercury se le diagnosticó SIDA, y el cantante se vio obligado a interrumpir las actuaciones en directo. El concierto de Knebworth del 9 de agosto de 1986 fue el último con los cuatro miembros del grupo presentes.

tos y «sermones» de Bono que, justamente en aquel momento, comenzó a construirse, aunque de modo inconsciente, su imagen de gurú para toda una generación. El tema más destacado del disco fue «Sunday Bloody Sunday», y se inspiraba en uno de los dramas de la historia irlandesa: el 30 de enero de 1972, en Londonderry, veintiséis protestantes recibieron los proyectiles del ejército inglés y trece de ellos murieron. Pero todo el álbum estaba articulado en torno a un antimilitarismo sincero a partir de la carátula que retrataba al mismo niño de *Boy*, pero esta vez con el rostro asustado y tumefacto: quizás uno de los actos de acusación más logrados por parte del rock desde la época de la guerra en Vietnam. Más allá del compromiso político, el grupo tenía grandes ambiciones y un objetivo bien preciso en mente: no quería quedar confinado al estatus de banda de culto, sino intentar llegar a las masas, aunque sin concesiones. Seguir siendo íntegros vendiendo tan sólo unos millares de copias no tenía sentido, pero todo parecía listo para que las puertas del éxito se abrieran para los U2. Faltaba algo al sonido de la banda, un toque de épica solemnidad que sólo el encuentro con Brian Eno y Daniel Lanois le podía dar. Si el tema principal de *The Unforgettable Fire* (1984) seguía siendo el rechazo a la guerra, esta vez con referencia a Hiroshima, el trabajo hecho por Eno en el sonido global del grupo resultó decisivo. Los U2 presentaban ahora un sonido más consistente y, al mismo tiempo, más etéreo gracias a la aportación contundente de los teclados. Del rock ingenuo, pero de impacto inmediato, de sus inicios, en cuatro años la banda logró transformarse en algo majestuoso sin perder una pizca de credibilidad y de honestidad intelectual. *The Unforgettable Fire* fue el primer disco de los U2 en alcanzar la cima de las clasificaciones y en demostrar que un cierto tipo de compromiso incluso podía gustar a las masas.

> «Los U2 eran casi desconocidos en aquel momento, pero recuerdo que mientras los miraba en el Live Aid, me dije: dentro de no mucho todos iremos a sus conciertos.»
>
> GEORGE MICHAEL

De todos modos, el álbum que les abrió el camino de los grandes estadios fue el siguiente *The Joshua Tree*, también producido por Eno y Lanois, cuyo título hacía referencia al célebre cactus presente en el desierto del sur de California, que los mormones bautizaron así para crear un vínculo con la tierra prometida de Josué. *The Joshua Tree* era una obra de madurez, que llevaba en sí todos los elementos sonoros presentes en el álbum anterior, pero con una consciencia artística, una variedad de estilos y una búsqueda melódica inéditas. La primera parte del disco transformó a los U2 de gran banda a mito del rock: «Where the Streets Have No Name», «I Still Haven't Found What I'm Looking For» y «With or Without You», junto al sucesivo «One», son algunos de los temas más conocidos de la banda irlandesa. El grupo no abandonó aquí su recorrido de búsqueda musical, y siguió cambiando de línea al menos hasta la segunda mitad de la década de 1990. Aunque comenzaba a observarse una cierta megalomanía, llevando a Bono y a sus socios a intentar superar constantemente sus límites, sobre todo en directo. Desde este punto de vista, *The Joshua Tree* no representaba tan sólo el punto de inflexión artístico–comercial del grupo, sino que dio vida a aquel proceso por el que todo tour debía ser más espectacular y costoso que el anterior. En los diez años siguientes, con la culminación ideal del «Pop Mart Tour», aunque seguían creando música importante y emocionar los ánimos, la imagen de la banda se alejó cada vez más de la de su compromiso antimilitarista inicial, para vincularse a otros aspectos más decadentes y típicos de las estrellas del rock clásicas. En definitiva, Bono y sus compañeros comenzaron a mostrar que estaban sujetos a las mismas tentaciones que el resto de la humanidad...

Quienes en cambio nunca ocultaron a su público que les encantaban particularmente aquellas tentaciones fueron los Rolling Stones y Grateful Dead, auténticos mitos para generaciones enteras, pero considerados dinosaurios por aquellos grupos que habían caracterizado la revolución de 1977. Para demostrar que probablemente el punk había muerto de verdad, a pocos años de la oleada que habría debido barrerlos para siempre, Stones y Dead se encontraban compitiendo en un terreno que pocos habría podido imaginar: el de las facturaciones obtenidas en directo. El grupo de Jerry Garcia fue el primero en entender que inundar el mercado de álbumes repletos de temas de relleno no tenía ningún sentido; mejor, pues, emprender una serie de directos sin fin, similar a la que inició su amigo Bob Dylan. Un auténtico «Never Ending Tour» del que surgieron numerosos álbumes en vivo y que demostraba, antes de que llegara Internet, que se podía vivir únicamente de los conciertos. Desde principios de la década de 1980 en adelante, una

Las influencias musicales de Grateful Dead variaron ampliamente, basándose en la música psicodélica de la época, combinándola con blues, jazz, rock and roll y bluegrass.

serie de interminables shows en el Radio City Music Hall de Nueva York y en el Warfield de San Francisco, así como otras actuaciones en históricos escenarios estadounidenses reportaron a Garcia y a sus compañeros cifras estratosféricas, que llevaron incluso al propio Dylan a pedirles ayuda para revitalizar una carrera que parecía llegada a su punto final. Justamente en aquel período, como si se encontraran en 1969 y no en 1989, los Dead rivalizaron con otra banda de «chavales», los Rolling Stones: después de la década más trabajada de su carrera, constituida por peleas, discos solistas y reconciliaciones, publicaron *Steel Wheels*, el álbum más inspirado desde hacía tiempo, y anunciaron que el tour que le seguiría sería el más fastuoso y costoso de siempre. A pesar de la decadencia y de los Spinal Tap, los Stones buscaron deliberadamente hacer retroceder las agujas del reloj, volviendo a proponer hasta la extenuación los viejos rasgos característicos del rock'n'roll que habían decretado su mito, y demostraron que tal vez se podía improvisar convertirse en artista, pero que una estrella de rock tenía que nacer como tal.

ESTILO LIBRE

El pop rock de los ochenta escapaba a toda regla. Desde el synthpop de los Depeche Mode al new romantic de Spandau Ballet y Duran Duran, pasando por los grandes fenómenos pop: Madonna, Prince y Michael Jackson.

En la década de 1980, no hubo un género dominante en torno al cual giraran todos los demás. Más bien existían miríadas de subgéneros capaces de convivir pacíficamente entre sí o, incluso, de evolucionar en simbiosis. Ninguna otra década produjo figuras tan diferentes pero, al mismo tiempo, absolutamente representativas del mismo período histórico como Depeche Mode y Duran Duran, Madonna y Michael Jackson, Bruce Springsteen, U2, Sting y Peter Gabriel, pero también Prince, AC/DC o Guns N' Roses. Todos (y no sólo ellos) podrían elegirse como artistas símbolo de una era y, al mismo tiem-

FUEGO EN LOS CABELLOS

27 de enero de 1984. Los Jackson Five (que ahora se llaman The Jacksons) se reúnen en el set de un anuncio publicitario para Pepsi Cola. Michael es la estrella pop más famosa del mundo y sus hermanos acaban de subirse al carro del vencedor para aprovechar su popularidad. La idea es simular un concierto delante de miles de fans, pero de repente, una chispa enciende los cabellos de Michael, que sufre quemaduras de segundo grado y la pérdida de parte del cuero cabelludo. Las intervenciones a que se ve obligado a someterse con el fin de ocultar las diferentes cicatrices lo obligan a consumir fármacos a los que se vuelve dependiente durante casi diez años. Recientemente se han subastado los cabellos que se quemaron en aquel accidente.

po, ninguno de ellos se podría inscribir en la misma casilla musical. En los años ochenta, rock y pop perdieron de vista sus límites; «new romantic», «synthpop» y decenas de oscuros gimoteos más del *underground* lograron convivir hasta la caída del Muro de Berlín (1989) sin robarse espacio vital. Todos ayudados por el hecho de que el público comenzaba a ser menos rígido y, mucho más que en el pasado, cuando era obligatorio tomar partido, se abrió a la experimentación. Entre finales de la década de 1970 y principios de la de 1980, algunas bandas británicas, influidas por las intuiciones de David Bowie y Roxy Music, comenzaron a introducir en el interior de canciones pop-rock fragmentos de música electrónica inspirada en el arte de personajes como Kraftwerk o Jean-Michel Jarre. La estructura de los temas siguió siendo sustancialmente la de la música popular, pero la contaminación llevó a la creación de un nuevo sonido, en el que los sintetizadores usados en los años anteriores para reproducir de manera artificial algunos instrumentos, se volvieron el eje central de las composiciones. Los solos de guitarra, que en los años setenta habían llegado a su punto culminante, se vieron sustituidos por los sintetizadores: el fascinante Moog y sus evoluciones comenzaron a ser más citados que las viejas Les Paul y Stratocaster. Artistas como New Order, Human League y Soft Cell escalaron las clasificaciones aunque la quintaesencia de lo que se llamaría «synthpop» fueron los Depeche Mode de Martin Gore y Dave Gahan.

En 1977, Andrew Fletcher, Vince Clark y Martin Gore dieron vida a los Composition of Sound, nombre acuñado después de haber escuchado una versión de «Heroes» de David Bowie cantada por un chaval de Essex, Dave Gahan. Aquel timbre cálido de barítono, unido a la elección de abandonar los instrumentos acústicos en favor de los sintetizadores, se convirtió en una de las marcas de fábrica del grupo. Como la mayor parte de las bandas encaprichadas por la electrónica, los Depeche Mode tenían un único punto de referencia: los Kraftwerk. A partir de su idea de sonido y de imagen nacieron las primeras composiciones del grupo. La deseada pero inesperada fama, madurada después de las primeras actuaciones, convenció a los cuatro de que aquel era el camino a seguir. El éxito fue inmediato, hasta el punto de que en el álbum de debut, *Speak & Spell* (1981) estaba presente uno de los mayores éxitos de su historia, «Just Can't Get Enough».

> «Quiero que la gente se divierta, que olvide el horror del mundo en que vivimos, y quiero hacerlo como artista total: bailando, tocando, cantando y, por qué no, actuando como actriz.»
>
> MADONNA

Aunque original, fresco y rico en detalles interesantes, el álbum no mostraba todavía a los Depeche Mode más marciales, melancólicos y otoñales que se afirmarían después del adiós de Vince Clark. Martin Gore, hasta aquel momento en segundo plano como autor, decidió tomar las riendas del grupo. Sus canciones, de estilo solemne y cerrado, obtuvieron un éxito tras otro: «People Are People», «Stripped», «Personal Jesus», «Enjoy the Silence», entraron en la historia. Capaces de cambiar de piel y de evolucionar con naturalidad, los Depeche Mode se adecuaron a los diferentes cambios sobreviviendo al inevitable declive que la música electrónica experimentó en la segunda mitad de aquella década.

Casi al mismo tiempo, hubo quien capturó elementos del synthpop para verterlos en una música sintetizada, bailable y de audición fácil que fue bautizada como «new romantic». Las cumbres de este movimiento fueron grupos como los Culture Club, pero sobre todo los Duran Duran de Simon Le Bon y los Spandau Ballet de Tony Hadley, protagonistas de una diatriba entre fans que recodaba a las que se desarrollaban entre Beatles y Rolling Stones. Influidos también por grupos como los Roxy Music, los «nuevos románticos» se apropiaron no sólo de algunos rasgos estéticos (maquillaje vistoso, cabellos cardados, indumentaria afeminada), sino también de las características musicales, creando un estilo basado en el carácter fácil y melódico de canciones con textos introspectivos.

A mediados de la década, cuando tanto Duran Duran como Spandau Ballet actuaron en Wembley como nombres destacados en el Live Aid, el new romantic estaba en el punto más álgido del éxito. También los Duran Duran, como la mayor parte de las bandas más célebres de los años ochenta, se formaron a finales de los setenta, cuando dos compañeros de instituto, Nick Rhodes y John Taylor, decidieron fundar una banda junto al batería Roger Taylor y al guitarrista Andy Taylor; curiosamente, no había ningún vínculo de parentesco entre los tres Taylor, y ni siquiera se habían conocido antes. El último en unirse fue el cantante, Simon Le Bon, que atrajo muy pronto las

FOREVER YOUNG: NEIL EN LOS AÑOS OCHENTA

Nombrado por algunas de las revistas más prestigiosas del mundo «Mejor Artista de los años setenta», Neil Young se afrontó la nueva década con mucha menos seguridad que la que habría podido imaginar. Impulsado más por la necesidad de ganar dinero para los cuidados médicos de sus hijos (con graves deficiencias mentales) que por la inspiración que lo había hecho célebre, Young pasó gran parte de la década experimentando sonoridades diversas, a partir del casi metal de *Re–act*, hasta llegar al rockabilly de *Everybody's Rockin'* y al R&B de *This Note's For You*, pasando por el rock electrónico con voz filtrada por un vocoder.

En realidad, esta vena incierta fue amplificada por la pésima relación con su nueva casa discográfica, Geffen, que lo contrataría con la intención de que se convirtiera en una copia descolorida de sí mismo: el resultado representaba hacer tocar los sintetizadores a los Crazy Horses.

Pero este período duraría poco: al cabo de pocos años, Neil Young fue adoptado por los rockeros de los años noventa, y se convertiría en el «padrino del grunge».

atenciones de público y medios de comunicación, convirtiéndose en uno de los sex symbols más admirados de la historia de la música. El nombre del grupo nació a partir de una idea de John Taylor que, después de haber visto *Barbarella*, se quedó impresionado por la figura del malo, el doctor Durand Durand. El grupo dio sus primeros pasos mezclando rock y electrónica, cosa que en aquella época se consideraba una blasfemia, con un ojo apuntando al inefable Bowie y el otro a los Japan de David Sylvian. A partir de estos últimos tomaron prestado el *look*, pero también las ganas de jugar con los sintetizadores, utilizados de manera menos agresiva y descarada que lo que era habitual en aquellos años. Pero la banda no sólo estaba influida por *inputs* ingleses: desde su debut mostró haberse apropiado también de las sonoridades disco procedentes de Nueva York y de los Chic de Nile Rodgers. Esta mezcla inédita de sonido, unida a la imagen de impacto seguro, recabó un éxito inmediato entre los adolescentes y escaló las clasificaciones mundiales. Paradójicamente, todo ello se convirtió en un arma de doble filo: la banda perdió el apoyo de la prensa especializada, reconquistado tan sólo en el curso del nuevo milenio. En un momento complicado a nivel sociopolítico, con el avance del «thatcherismo» y la elevadísima tasa de desempleo en Gran Bretaña, los Duran Duran terminaron de esta manera en el saco de la música de plástico, superficial y sin ningún valor social, en las antípodas de la nue-

Simon Le Bon, líder de la exitosa banda de rock Duran Duran.

va tendencia comprometida que sin embargo, a veces, ocultaba hipocresías y falsas vocaciones benéficas. La fuerza de la banda fue la de erigirse en pioneros en el uso del medio televisivo para sus vídeos musicales. Encontrarse en el lugar adecuado en el momento adecuado no es un factor que deba menospreciarse: MTV buscaba vídeos con músicos capaces de impactar al público también desde el punto de vista estético, y los Duran parecían perfectos. Es más, las localizaciones exóticas elegidas para sus filmaciones influían en un imaginario todavía por explorar en el mundo occidental. Finalmente, los clips de Simon Le Bon, llenos de ironía goliardesca, aprovecharon historias extraídas de películas como *En busca del arca perdida*, *Interceptor* o *Encadenados*.

Los Duran Duran fueron muy brillantes a la hora de avanzarse a los tiempos: utilizaron por primera vez una pantalla de vídeo gigante situada sobre el escenario con el fin de permitir una buena visibilidad del concierto incluso para quienes se hallaran en los puestos más alejados. En 1997 estuvieron entre los primeros en poner su música en venta en la red, publicando el divertido vídeo de «Electric Barbarella» (el nombre del que todo había arrancado).

Si hubo algo que contribuyó también al éxito de los Duran Duran fue la rivalidad con los Spandau Ballet, que ya estaban en el circuito cuando la banda de los Taylor todavía tenía que elegir nombre.

La leyenda reza que una mañana, John Taylor leyó en la revista *Sounds* una entrevista a un grupo que intentaba abrirse camino en el *underground* londinense: eran justamente los Spandau Ballet, que estaban comenzando a sacudir las noches chic de la capital. Lo que impactó más al músico fue el título del artículo, que por primera vez hablaba de un movimiento llamado «new romantic».

La historia de los Spands, como se les denomina en Inglaterra, comenzó un par de años antes que la de sus rivales, pero justo como ellos se produjo gracias al deseo de crear una banda por parte de dos compañeros de escuela: Gary Kemp y Steve Norman. A ellos se les sumaron John Keeble y Michael Ellison, sustituido pronto por Martin Kemp, y finalmente por el tenebroso cantante Tony Hadley, que en cierto modo como Simon Le Bon, catalizaba las miradas de las jóvenes fans y las críticas despectivas que veía a esta banda como un grupo inútil para chicas hambrientas de sexo. Para completar el cuadro, después de que el grupo hubiera comenzado a tocar en los suburbios londinenses, llegó Steve Dagger, amigo de la banda, que comenzó a ejercer de mánager: una elección muy acertada, ya que Dagger resultó decisivo para el éxito del grupo. En cuanto al nombre, las noticias son menos seguras: hay quien sostiene que el término se refiere a los movimientos de los jerarcas nazis en el momento de ser ahorcados, después del proceso de Nuremberg. Para otros, se refiere a un arma utilizada durante la Primera Guerra Mundial. Más sencillamente, parece que lo inspiraron unos grafitis vistos en un baño de una discoteca de Spandau, barrio de Berlín. Fuere cual fuere la idea de partida, hay una cosa indudable: el nombre creó curiosidad y era difícil de olvidar.

«Nunca estoy satisfecho con nada, soy un perfeccionista:
forma parte de mi manera de ser.»

MICHAEL JACKSON

A diferencia de otras bandas enamoradas de la electrónica, el género predilecto de los Spands era el R&B que se había unido al pop en la década de 1960 y que había encontrado en bandas como los Kinks una de sus más altas expresiones. Sin embargo, con el tiempo el reclamo de los sintetizadores y de sus infinitas posibilidades fue resultando cada vez más irresistible, justamente mientras comenzaban a convertirse en habituales en algunos de los locales en los que estaba cobrando vida el movimiento. Justamente en aquel período, en una de las muchas veladas transcurridas en el Blitz, el grupo se topó con los Kraftwerk y con su seductor «Krautrock». El clamor suscitado por las primeras salidas en vivo creó un fermento en torno al grupo, que comenzó a verse cubierto de solicitudes: la Chrysalys Records fue la primera en llegar. El primer sencillo, «To Cut a Long Story Short», alcanzó el número 5 en Inglaterra en una semana. El primer disco, *Journeys to Glory*, publicado en los primeros meses de 1981, se convirtió rápidamente en disco de oro, y está considerado aún hoy como la piedra fundacional de todo el género: sus sonoridades, caracterizadas por ritmos bailables, batería electrónica y estribillos cantables, definieron a la perfección aquel «new romanticism» gracias al cual también los rivales levantarían el vuelo. El siguiente *Diamond*, pero sobre todo el sucesivo *True* registraron una ligera modificación en el sonido, añadiendo elementos funky que demostraban el carácter poliédrico y que llevaban a singles como «Gold» o la misma «True», con referencias a la Motown, a los primeros puestos de las listas. También cambió el *look*: ahora la indumentaria era elegante, y ya no había maquillaje. En aquel momento comenzó la rivalidad con los Duran Duran, con los que la competición en la clasificación y en los periódicos estaba al orden del día.

Bob Geldof intuyó que para dar empaque a su concierto benéfico y al sencillo que tenía que lanzarlo, necesitaba tanto a Le Bon como a Hadley: eligió a ambos como voces principales de «Do They Know It's Christmas» para confirmar que los dos grupos habían alcanzado el estatus de superestrellas.

Entretanto, otra de las jóvenes protagonistas del Live Aid se encaraba con decisión a la palestra. Era de orígenes italianos y se llamaba Madonna Louise Veronica Ciccone, y su nombre artístico era sencillamente Madonna. Apasionada por la música y la danza, con veleidades de actriz, la joven Louise tenía las ideas muy claras. Su carácter, ya naturalmente fuerte, se vio templado por una adolescencia dura marcada por la muerte de su joven madre y por una violación sufrida fuera de la escuela de danza de Nueva York que frecuentaba a finales de la década de 1970. Se había trasladado allí para estudiar con el célebre coreógrafo Alvin Ailey, pero se quedó sin dinero y se vio obligada a hacer todo tipo de trabajos. Luego entró en contacto con Dan Gilroy, con el que decidió fundar los Breakfast Club. Inicialmente en la batería, luego en la redacción de los temas y finalmente en la voz, Madonna conoció la excitación que le podían infundir decenas de ojos clavados en ella. Tras abandonar a los Breakfast Club,

¿CON QUIÉN SE CASÓ SIMON LE BON?

En la cumbre de la «Duran Duran manía», en 1985, Clizia Gurrado publicó el *best seller Me casaré con Simon Le Bon*, que narraba la historia de una chica de dieciséis años, fan acérrima de la banda inglesa y en particular de su atractivo líder. A partir del libro se extrajo una película dirigida por Carlo Cotti que, en poco tiempo, se convirtió en un pequeño caso: aun sin aparecer nunca en primera persona, la figura de Le Bon era constantemente evocada por los protagonistas a través de la utilización de auténticas entrevistas (a menudo inéditas) y de videoclips del grupo. A pesar de una trama realmente memorable, *Me casaré con Simon Le Bon* quedó como una película para adolescentes que contribuyó a contar el clima de Italia en la época de pijos, Timberland, chaquetas Moncler y sintetizadores.

en 1980 fundó los Emmy, junto a su novio Stephen Bray, pero su vocación surgió pocos meses más tarde, cuando comenzó a componer temas para el circuito dance de Nueva York: su nombre comenzó a circular en el ambiente de los clubs más importantes. Y de esta manera, un día llegó la llamada de Seymour Stein, propietario de la Sire. Una vez firmado el contrato, salió el sencillo «Everybody» (1982), tan influido por la black music que hizo pensar a muchos que Madonna era afroamericana. En julio de 1983 llegó el momento de *Holiday*, el primer álbum. Madonna intuía que las ventas de los discos no podían prescindir de la visibilidad en MTV. Y de esta manera, con el apoyo de la diseñadora Maripol e inspirada en el *look* de Stevie Nicks (top y faldas de encaje, medias de redecilla, pantalones de tres cuartos, collares, brazaletes y pendientes con crucifijos), su nueva imagen creó sensación. Pero no bastaba para justificar los cinco discos de platino obtenidos por el primer álbum o los dieciséis sencillos que Miss Ciccone situó en el *top five* estadounidense. Madonna era muy brillante a la hora de leer los gustos del público: captaba los fermentos de vanguardia y contraculturales, y lograba traducirlos para las masas.

Con la explosión ya en el aire, Madonna fue capaz de dar en el blanco con un golpe definitivo: *Like a Virgin* (1984) se convir-tió en un caso mundial. La canción que da título al álbum, además de «Material Girl» y «Dress You Up» estaba entre los temas de mayor éxito de los últimos quince años. Bien sensual, bien irónica o traviesa, Madonna probó suerte también en el cine: en 1985 obtuvo el papel de protagonista de *Buscando a Susan desesperadamente*, que la llevó al a cima de la clasificación inglesa con «Into the Groove». La primera gira norteamericana y la participación en el Live Aid acabaron de marcar la definitiva consagración de la artista a escala mundial. El final de la década fue igualmente rico en satisfacciones: con el tercer álbum, *True Blue* (1986) entró directamente al primer puesto del Billboard (primera mujer en la historia). Las ventas estratosféricas de «Papa Don't Preach», que desencadenó un torbellino infinito de polémicas por su texto por aborto, y sobre todo «La Isla Bonita», que le dio popularidad también entre los «latinos», la transformaron en un fenómeno planetario. Sus nunca reprimidas veleidades de actriz y el matrimonio con Sean Penn la dirigieron de nuevo hacia Hollywood. Pero una serie de críticas feroces la hicieron desistir; se concentró entonces en su primera gira mundial, el *Who's That Girl Tour*, que abarcaba Japón, Europa y Norteamérica. Dos años más tarde publicó su cuarto álbum, *Like a Prayer* (1989), uno de los más ambiciosos de su carrera, enésimo punto de inflexión para la imagen mediática de la artista. Además de la presencia de Prince, la otra mega estrella del período, esta vez lo que suscitó más atención que los sencillos millonarios era el vídeo de la canción que daba el título al disco: en la escena clave, Madonna besaba la estatua de un santo de color que cobraba vida y se ponía a bailar con todos los estigmas a la vista. El videoclip fue juzgado sacrílego por numerosas asociaciones cristianas y por el mismo Vaticano, que se posicionó abiertamente contra ella, vetando sus discos y prohibiéndole que actuara en Italia. El clamor que se creó fue tan grande que Pepsi Cola, con la que Madonna había firmado un acuerdo por cinco millones de dólares pocas semanas antes, decidió rescindir el contrato anulando los espots programados y rechazando la esponsorización de la gira. En los años siguientes, las polémicas, tanto como los éxitos, fueron incontables, hasta el punto de que (según el Guinness de los Récords) Madonna es la artista femenina que ha vendido más en la historia: casi 400 millones de álbumes. Mucha gente comenzaba a referirse a ella como «Reina del pop», consorte ideal de otra de las figuras más influyentes desde siempre y, junto a ella, dueño de las clasificaciones de aquel período, Michael Jackson.

Cuando, a principios de la década de 1980, se encerró en casa para escribir los temas que al cabo de poco tiempo formarían *Thriller*, Jackson tenía un solo objetivo: convertirse en la mayor estrella pop de la historia y lograr vender cien millones de copias con un solo álbum. Michael era un tipo obsesivo, acostumbrado desde hacía tiempo a que todos los ojos lo miraran. Desde la más tierna edad, se vio obligado por su padre a actuar con los hermanos, los célebres Jackson Five, y a ensayar nuevas soluciones escénicas de la mañana a la noche. Esta impronta tan rígida condicionó su vida y su carrera pero, aunque pagando un precio elevadísimo, le garantizó el éxito.

Sin embargo, su carrera como solista arrancó mal: *Off the Wall* (1979), su álbum de debut, vendió mucho menos de lo previsto. Michael sufrió una depresión. Sólo tenía una manera de salir de ella: obtener un éxito sin precedentes. Bajo la dirección artística de Quincy Jones, llamó a Toto y pidió a su viejo amigo Paul McCartney que le diera una mano. Y de esta manera, Jackson dio a luz al «niño de oro», el álbum perfecto que hacía años que intentaba ensamblar. Disco de clase, con alma R&B, tocado por músicos estelares, *Thriller* fue el trabajo discográfico de la década: produjo una serie de hits que no tiene igual en la historia. Pero para dar un empuje mayor al álbum, Michael se inventó un hallazgo formidable. Junto al director John Landis (*Blues Brothers* y *Un hombre lobo americano en Londres*) engendró el vídeo de «Thriller», que se convirtió en piedra angular de MTV: se trataba de un auténtico cortometraje revolucionario con decenas de hallazgos capaces de atraer la atención tanto de los adolescentes como de sus padres. Jackson logró derribar las barreras: su música no era rock, pero las guitarras, incluida la de Eddie van Halen en «Beat It», estaban en primer plano, lo cual lo hizo simpático para los rockeros. El resto del público se inclinó por sus cualidades de hombre espectáculo muy brillante: el nuevo paso de danza, el «moonwalk» (Michael simulaba la marcha ralentizada en la atmósfera de la Luna) se exhibió durante la celebración por el 25º aniversario de la Motown: miles de presentes, pero sobre todo millones de telespectadores, se quedaron asombrados frente a los extraordinarios movimientos de un hombre que había logrado llegar justamente donde siempre había querido: a la Luna...

Aunque siguió recabando consensos al menos hasta mediados de la década de 1990, de *Thriller* en adelante, la frágil mente de Jackson sufrió el peor impacto posible. Como bloqueado por un éxito que había buscado durante tanto tiempo, Jackson se vio envuelto en acusaciones de pedofilia, escándalos, problemas financieros con una serie de consecuencias psicológicas que minaron su trabajo, su creatividad y su vida privada, con una sucesión de comportamientos que pusieron en duda su salud mental. Hombre sensible, Jackson se levantó muchas veces, como demostró el éxito de *Bad*, aparecido a cinco años de distancia de *Thriller*. A años luz de las ventas y de la sonoridad de su predecesor, *Bad* presentaba un sonido más agresivo y menos negro, justamente como la piel de Michael. Durante casi tres años, temas como «Smooth Criminal», «I Just Can't Stop Loving You», «Man in the Mirror» y la propia «Bad», acompañada por el enésimo vídeo hollywoodiense, fueron presencias fijas en las radios *mainstream* de todo el mundo, con consecuencias interiores muy fuertes para el ex niño prodigio: los primeros años de la década de 1990, constituido por muchas caídas estruendosas y pocas iniciativas que dieron en la diana, serían también los últimos en los que artísticamente Jackson tendría algo que decir.

Inexplicablemente comparado y sometido a competición por la prensa justamente con el propio Michael Jackson, con el que tal vez compartió el inicial enamoramiento por la disco music y las raíces negras, Prince Rogers Nelson provenía de la escena black norteamericana, pero también estaba fuertemente cautivado por el nuevo pop y por los estilos de guitarra de Jimi Hendrix y Frank Zappa. Artista poliédrico, exageradamente prolífico, capaz de publicar hasta diez álbumes de 1980 a 1990 que abarcaban con desenvoltura del funky al rock clásico, pasando por el rap y el pop, Prince fue uno de los personajes más queridos por sus colegas músicos. Si al final de la década de los setenta, el «duende de Minneapolis» ya daba que hablar por sus continuas comparaciones con Stevie Wonder y por el hecho de ser, con tan sólo veinte años, el productor más joven de la historia, en el curso de la década de 1980 su creatividad estalló. Después del fracaso de su álbum de debut (que costó a la Warner 180.000 dólares), con los primeros discos de la nueva década Prince cambió de registro. Ahora, su complejo *crossover* mezclaba de manera imprevisible géneros diferentes con textos que hablaban de perversiones sexuales e historias al límite de lo verosímil. *Dirty Mind* (1980) y, sobre todo, *1999* (1982) dieron vida a aquel sonido de Minneapolis cuyo inventor y portaestandarte fue el propio Prince. Sus fuentes eran Frank Zappa, Sly Stone, James Brown y la new wave: Prince se atrevía a todo, pero acertaba, recibiendo incluso los cumplidos de Miles Davis. Cuando más tarde, en 1984, los cines estadounidenses proyectaron *Purple Rain*, cuya banda sonora compuso, además de ser el actor protagonista, su vida cambió: alcanzó al mismo tiempo el número uno en las clasificaciones de sencillos, de álbumes y de películas: sólo los Beatles habían sido capaces de tanto.

La película, que sólo en su país recaudó 80 millones de dólares, ganó el Oscar a la banda sonora; del disco se vendieron catorce millones de copias tan sólo en los Estados Unidos.

> «Lo que se ha perdido para siempre en la música
> popular son las ganas de arriesgar.»

PRINCE

Fueron muchos los factores que contribuyeron a transformar a Prince de autor/músico apreciado a superestrella. Después de pasarse años trabajando solo en el estudio, Prince permitió que su banda, The Revolution, participara en las grabaciones. Además, decidió virar hacia una solución nueva para él: un rock clásico condimentado por baladas resultonas, espléndidos solos y las ya esperadas referencias sexuales. Del mismo modo, y quizás en mayor medida, que Michael Jackson, con *Purple Rain* Prince logró la hazaña de fundir dos mundos opuestos como el rock blanco y la «black identity», creando un híbrido inédito veteado de funky y R&B, pero también de melodías y tecnicismos típicos de cierto rock blanco: sólo Sly Stone lo había logrado antes que él. El gusto por la provocación y por el virtuosismo guitarrístico son los motivos por los que a menudo se asoció a Prince con Frank Zappa, pero no los únicos. Los textos de fondo sexual siempre fueron uno de los caballos de batalla de Zappa, que acogió con simpatía «Darling Nikki», presente justamente en *Purple Rain*. El tema, que hablaba de una especie de ninfómana siempre dispuesta al sexo, gustó mucho menos a Tipper Gore y la empujó a dar vida al famoso PMRC, exigiendo un mayor control sobre textos considerados escabrosos en el interior de un álbum. Un control que, de ahí en adelante, minaría para siempre la libertad de palabra de los artistas estadounidenses.

TODOS LOS SONIDOS DEL MUNDO

Occidente se enamoró de sonidos, ritmos y melodías exóticos: hay quien comenzó a hablar de «world music». Las mentes pop rock más iluminadas (Peter Gabriel, Paul Simon, David Byrne) fueron las primeras y más brillantes a la hora de crear mezclas nuevas y originales.

Harold Bellanfanti nació en Nueva York, hijo de un cocinero de Martinica y una camarera jamaicana. En 1934, cuando tenía tan sólo siete años, se fue a vivir con su abuela a Jamaica. Regresó a los Estados Unidos en la década de 1940. Era un apasionado del teatro, pero cantaba muy bien, trabajaba en los night club como cantante para pagarse los cursos de interpretación. Modificó su apellido, adoptando el de Belafonte y, después de algunas experiencias en los musicales de Broadway, en 1953 tuvo ocasión de grabar «Matilda», un tema de los años treinta revitalizado por un extraño ritmo sincopado, una atmósfera chispeante y sonidos exóticos. Resultó un éxito inmediato, y ni siquiera tres años más tarde, Harry Belafonte publicó *Calypso* (1956), primer álbum de la historia en vender más de un millón de copias. De repente, Belafonte era «el rey del calypso», seductora música caribeña que se puso de moda. En los Estados Unidos, ni siquiera tres años más tarde, otra música de matriz étnica aterrizó en Broadway: la voz principal del musical *King Kong* era el de una muchacha surafricana, Miriam Makeba. En su casa era una estrella: «Pata Pata», la canción con la que obtuvo un gran éxito en 1956, había invadido las ondas desde Johannesburgo hasta Ciudad del Cabo. Pero ella tuvo que dejar el país, víctima del cruel régimen del apartheid. No fue la única artista que pidió asilo político en los Estados Unidos: ese mismo año, en 1959, la reina de la música afrocubana Celia Cruz se negó

ONE WORLD ONE VOICE

En 1989, Kevin Godley, músico, director y productor inglés (antiguo miembro de los 10CC) tuvo una idea: formar una especie de «cadena musical» con unos cincuenta artistas internacionales para sensibilizar a la opinión pública acerca de diferentes temáticas ambientales. De esta manera, mandó una cinta multipistas a varios estudios de grabación pidiendo a músicos de culturas y tradiciones locales que añadieran sus respectivas partes. Se adhirieron muchos: de Laurie Anderson a los Chieftains, pasando por Egberto Gismonti, Peter Gabriel, Sakamoto, Salif Keita, Gypsy Kings, Bob Geldof, Robbie Robertson o Lou Reed. El resultado fue un formidable viaje de sonidos, ritmos y melodías desde los ángulos más remotos del mundo que se fundían en una fascinante sinfonía «world». El CD vino acompañado por un vídeo de todo el trabajo, que resultaba todavía más sugestivo.

a regresar a La Habana después de la revolución de Fidel Castro. Así que, antes incluso de que el movimiento del revival folk encendiera el interés del público y los medios de comunicación por las «músicas de las raíces», los Estados Unidos descubrieron sonidos y ritmos diferentes.

En los primeros años de la década de 1960, el etnomusicólogo Robert E. Brown, docente de la Wesleyan University de Connecticut, acuñó el término «world music», aplicándolo a algunos cursos de especialización en culturas musicales asiáticas y africanas después de invitar a artistas de diferentes nacionalidades para una serie de conciertos. Pero su «invento» no arraiga. El revival folk había redescubierto al mismo tiempo, además de las músicas de las raíces angloamericanas (folk, blues, gospel, bluegrass, cajun, etc.), también las procedentes de los rincones más remotos del planeta. En particular, aquellas con un índice ideológico y político elevado. Y de esta manera, escuchando los temas intensos de la «negra» argentina Mercedes Sosa o los de los «héroes» de la nueva canción chilena (Violeta Parra y Víctor Jara) o cubana (Silvio Rodríguez y Pablo Milanés), los revivalistas estadounidenses, con Joan Baez y Pete Seeger a la cabeza, pudieron conocer repertorios, estilos, protagonistas e instancias sociopolíticas ignoradas hasta aquel momento. En otras frecuencias, también Brasil estaba mandando señales importantes: mientras que la bossa nova y la samba flirteaban con el jazz, los «tropicalistas» Caetano Veloso y Gilberto Gil firmaban una canción de protesta original, comba-

LA «CREUZA» DE DE ANDRÉ

«*Crêuza* fue el milagro de un encuentro simultáneo entre un mundo musical y una lengua literaria, ambos inventados. Usé la lengua del mar, un esperanto en el que las palabras tenían el ritmo de la boga del marinero que tira las redes y empuja los remos. Pero en realidad, me gustaría que *Crêuza* fuera un vehículo para dar a conocer a los genoveses (y no sólo a ellos) aquellos sonidos étnicos que pertenecen a nuestra cultura mediterránea.» Con estas palabras, Fabrizio De André describía *Crêuza de mä*, es decir, lo que para David Byrne fue uno de los diez álbumes más importantes de la década de 1980. Ideado, producido y ejecutado por Mauro Pagani, *Crêuza de mä* está considerado por mucha gente como el primer ejemplo real de «world music» a nivel internacional, hasta el punto de que la fecha de salida (1984) resultaba anterior incluso a la de *Graceland* de Paul Simon. En el vigésimo aniversario de la obra, Pagani publicó una versión revisada y corregida de *Crêuza* (2004, *Crêuza de mä*), con sonoridades y arreglos todavía más «world», y la adición de tres temas no presentes en la edición original.

tiente y fascinante al mismo tiempo. A pesar de los esfuerzos del profesor Robert E. Brown, nadie hacía referencia a estos universos sonoros con el término de «world music». Como máximo se hablaba de folk internacional. O bien se apelaba a tradiciones específicas. Como la india, que gracias a George Harrison y a los Beatles, dio a conocer al mundo la música clásica de la India, sus particulares estructuras (raga), sus instrumentos autóctonos (sitar y tabla) y sus brillantes protagonistas (Ravi Shankar). Tras la estela de Harrison, otras estrellas del rock de los sesenta se acercaron al

mundo de las músicas étnicas. Y si Jimi Hendrix frecuentó Marruecos para ir de vacaciones, su amigo Brian Jones estaba literalmente seducido por las atmósferas de Tánger, hasta el punto de visitar esta ciudad a menudo entre 1967 y 1969. En particular se contagió de los Master Musicians of Joujouka, un grupo de músicos de historia centenaria, que vivía recluido en las montañas del Rif y tocaba percusiones y ghaita (un oboe popular en todo el mundo islámico). La noche del primer encuentro, Jones grabó la música del grupo durante un ritual que duró toda la noche. Al volver a Lon-

UN ZEPPELIN EN MARRAKECH

Agosto de 1994: en Jemaa El–Fna, la gran plaza de la ciudad marroquí, las cámaras de televisión están filmando a dos estrellas del rock inglesas que vuelven a proponer *Gallows Pole* junto a un conjunto de músicos locales. Las dos estrellas son Jimmy Page y Robert Plant, corazón y alma de los Led Zeppelin. Están allí para grabar algunos temas que terminarán en el álbum *No Quarter: Jimmy Page and Robert Plant Unledded*. Fascinados por sonidos y ritmos del norte de África desde los años sesenta, Page y Plant habían emprendido numerosos viajes a Marruecos que condicionaron su manera de escribir canciones. Con la excusa de reinventar el repertorio de los Led Zeppelin, siguiendo la moda de los «unplugged», ambos vuelven a sumergirse en un mundo que en otra época sólo habían rozado. De ello nace uno de sus álbumes más celebrados, a todos los efectos un disco de world music.

dres intentó en vano implicar a los otros Stones en el proyecto. El álbum que produjo, *Brian Jones Presents The Pipes of Pan at Joujouka*, se publicó dos años después de su muerte: una mezcla fascinante de los ritmos y de las músicas hipnóticas de los Master Musicians embellecida por salpicaduras psicodélicas. Gracias a Brian Jones, otros rockeros ingleses (con Led Zeppelin en primer lugar), comenzaron a mostrar un creciente interés por el universo sonoro norteafricano. En la década de 1970, entretanto, el flujo migratorio de África, de Asia (India en particular) y de las islas del Caribe hacia Londres y París, propició que en las dos capitales europeas se comenzaran a desarrollar intrigantes escenas a medio camino entre lo social, lo político y lo artístico. Ya se ha hablado del éxito de Bob Marley y del extraño vínculo entre reggae y punk; en los mismos años, artistas africanos como el nigeriano Fela Kuti (que estudió en Londres) o el camerunés Manu Dibango (que recaló en París) lograron cautivar tanto el mundo del jazz como el del rock. Se crearon de este modo nuevas e interesantes mezclas rítmico–sonoras que en la década de 1980 se desarrollaron de modo definitivo. En definitiva, veinte años más tarde, la definición del profesor Robert E. Brown entró finalmente en el uso común: en los nuevos sectores de las tiendas de discos, en las clasificaciones de Billboard o en las revistas especializadas, al hablar de «world music» se identificaba la producción de músicos que pertenecían a mundos diferentes al anglosajón. Pero también las operaciones de contaminación entre artistas pop rock jazz occidentales y sonidos y ritmos de tradiciones ajenas. El primero y el más brillante a la hora de entender que aquel acervo cultural y artístico podía ser una fuente de inspiración infinita fue el ex Genesis Peter Gabriel. Como líder del célebre grupo progresivo, Gabriel se había distinguido ya por la creación de un art rock visionario y por una curiosidad intelectual sin límites. Como solista, su voluntad de experimentar no se apagó, sino que simplemente se orientó de diferente manera. En el curso de la década, su recorrido artístico apareció como una lenta aproximación a la integración entre world music y electrónica. Si en los primeros tres álbumes comenzó a mostrar el deseo de abrirse a sonoridades exóticas (*So*, en primer lugar, sigue siendo su *best seller*), con *IV* y *Passion*, banda sonora de la película *La última tentación de Cristo*, de Martin Scorsese, Peter dio en el blanco. La instrumentación étnica ya utilizada en el tercer disco, que trataba temáticas sociopolíticas vinculadas a los mismos países en los que Gabriel se inspiraba a nivel musical, se completaba de esta manera. Con *IV* y con la casi contemporánea creación del festival «Womad» (World of Music and Dance), concebido para celebrar músicas, artes y danzas de todo el mundo, su visión musical se concretaba.

IV mostraba un equilibrio perfecto entre activismo social (hacía años que Peter estaba comprometido en una campaña de apoyo a las poblaciones menos afortunadas) y promoción de la diversidad a través de la música. Cada vez más convencido de que el arte no sirve para reproducir lo que todo el mundo ve con sus propios ojos sino que tiene el cometido más ambicioso de mostrar también todo lo que permanece oculto a la mayoría, Gabriel reunió a músicos procedentes de países asiáticos y africanos (entre los cuales el formidable violinista indio L. Shankar y el potente *griot* senegalés Youssou N'Dour) para tocar las músicas de *Passion*, acaso el punto más álgido de su recorrido por el interior de las «músicas del mundo». Culturas y músicas diferentes como las de Pakistán, Turquía, Egipto y Nueva Guinea terminaron por confluir en un trabajo bellísimo y emblemático que iba más allá de la estética musical o la mezcla de culturas y tradiciones diversas. Gabriel, deus ex-machina de todo el proyecto, quiso que, además de los objetivos artísticos, la música de *Passion* representara un intento concreto de unir filosofías de pensamiento, creencias espirituales y religiosas a menudo en las antípodas las unas respecto de las otras. El ejemplo más vistoso en este sentido era el tema que daba título a la obra: el canto muecín se fundía con el sacro qawwali sufí del pakistaní Musrat Fateh Ali Khan y con las vocalizaciones afro de la «étoile de Dakar», Youssou N'Dour. Al cabo de unos pocos años

BATH Y LOS ESTUDIOS DE REAL WORLD

Un molino de agua de doscientos años de edad, una de las campiñas más fascinantes de Inglaterra, jardines floridos y torrentes. Añadamos a todo ello una construcción de madera y vidrio y tres salas para tocar música de conjunto y grabar con los aparatos más sofisticados del mundo. Estos son los Real World Studios de Bath, en Wiltshire (a 200 km al oeste de Londres). Peter Gabriel se enamoró de la propiedad, la adquirió en 1988 y contrató a cinco arquitectos para que realizaran lo que tenía en mente: una «recording unity» vanguardista que respetara el medio ambiente y la privacidad de los artistas. Ni siquiera dos años más tarde, los estudios ya eran operativos y durante un tiempo acogieron las Real World Recording Weeks, sesiones abiertas en las que los músicos occidentales y de todo el mundo interactuaban para dar vida a álbumes originales. Peter Gabriel siguió estando al frente de la iniciativa; en los estudios trabajan hoy más de ochenta personas pero, actualmente, más que músicos world, quien transita por aquí es el gotha del pop rock, como por ejemplo Placebo, Beyoncé, Kanye West, Muse o Kylie Minogue.

Gabriel realizó en Bath los estudios de grabación Real World (proyecto situado a medio camino entre la innovación tecnológica y el respeto por el medio ambiente) y al mismo tiempo dio vida a la Real World Records, sello discográfico con el que contribuyó a hacer más conocidos para el gran público a artistas procedentes de todos los rincones del planeta, con particular atención a los del Tercer Mundo. Un recorrido en ciertos aspectos similar, aunque madurado en circunstancias diferentes, fue el de Paul Simon. Fascinado desde siempre por la unión de géneros diferentes, una vez terminada su asociación con Art Garfunkel, Simon se lanzó a una carrera solista que, después de sus primeros éxitos fulgurantes, conoció, a principios de la década de 1980, un momento de flexión. Después de tres álbumes en los que ya habían aparecido tímidamente sonoridades menos convencionales como reggae y jive, sufrió el fracaso total del proyecto *One–Trick Pony* (álbum y película), obtuvo buenas críticas por *Heart and Bones* pero también un pésimo resultado comercial del mismo disco. En definitiva, Simon se encontraba entre la espada y la pared. Un día escuchó un cassette que le había prestado su amigo y colaborador Heidi Berg. Se llamaba *Gumboots: Accordion Jive Volume II*, y contenía, entre otros, un instrumental que hipnotizó al cantautor neoyorquino. Tenía un ritmo diferente, y aquel sonido de acordeón inspiró a Paul, que escribió un texto para el tema y quiso grabarlo. De esta manera nació el proyecto artístico que volvió a lanzar la carrera de aquel al que en una época se había llamado «Rhymin' Simon». Aquella música venía de África del Sur, y Paul quiso saber algo más. Contraviniendo el embargo de la comunidad artística internacional, Simon viajó a Johannesburgo para captar el alma de aquellos sonidos y ritmos que lo habían encantado. Conoció a Ray Phiri (guitarrista de la banda Stimela) y se convenció de que él sería el líder de la banda del nuevo proyecto que tituló *Graceland* (1986). A través de Phiri reclutó a los mejores músicos surafricanos (como el bajista Bakithi Kumalo o el coro zulú de Ladysmith Black Mambazo) y, junto a una superbanda enriquecida por sus ídolos Everly Brothers, su amiga Linda Rondstadt y los «roots rockers» Los Lobos y Buckwheat Zydeco, Paul Simon creó una obra de arte capaz de competir a la par, si no superar, la poética «eco–solidaria» de Peter Gabriel. Las temáticas humanitarias exentas de las ambigüedades de los conciertos benéficos, la total ausencia de retórica y populismo, el respeto por una cultura diferente unido a una búsqueda sonora extrema orientada a facilitar a todos el acceso a un mundo de sonidos y ritmos todavía no desvelado, convirtieron a *Graceland* en un manifiesto casi más político que artístico. Paradójicamente, en una época marcada por fuertes conflictos sociales, hasta un disco imposible de interpretar erróneamente como *Graceland* sufrió la ira del movimiento antiapartheid, que acusó a Paul Simon de haber quebrado el embargo que la comunidad artística había establecido con África del Sur. Una polémica que no impidió que el álbum se convirtiera en un pilar del rock que ha fascinado a generaciones de músicos y de apasionados. Paul

Simon prosiguió con su proyecto: en la gira que dio la vuelta al mundo embarcó a «Mama Africa» Miriam Makeba, a su ex marido Hugh Masekela y a Ladysmith Black Mambazo, con quienes concluía cada show de «Graceland, the African concert» con el himno panafricano «N'Kosi Sikeleli Africa».

El tercer vértice del gran triángulo artístico que, en nombre de la world music, unió en la década de 1980 a tres de las mentes más iluminadas del pop rock de todos los tiempos, fue el ex Talking Heads David Byrne. También él, después de la disolución de la banda de origen, y gracias a las intuiciones artísticas de Brian Eno, impulsó las coordenadas de su propia creatividad hacia sonidos y visiones innovadores, precursores de centenares de álbumes futuros. En 1981, quien escuchaba *My Life in the Bush of Ghosts* no se encontraba simplemente frente al primer álbum compuesto a cuatro manos por dos de los sujetos de mayor talento del negocio de la música. El disco abría una puerta al futuro de la experimentación sonora y la contaminación entre géneros. Un *melting pot* de sonoridades en el que, por primera vez, electrónica y espiritualidad, músicas de países lejanos y plegarias del Corán convivían en canciones de sabor afro como «Help Me, the Carrier», arabizante y trip hop veinte años antes del Bristol Sound, o bien «Regiment», marcado por el canto libanés de Dunya Yusin y anticipador del noventa por ciento de los temas etno rock de los años siguientes. Si los sucesivos *The Catherine Wheel*, banda sonora para el ballet de la coreógrafa Twyla Tharp inspirado en la figura de Catalina de Siena, y *Music for the Knee Plays*, escrito para *The Civil Wars*, de Robert Wilson, parecían ir en direcciones diferentes a las de la world music, con *Rei Momo* (1989) Byrne alcanzó uno de los ápices de todo el género. Todavía no satisfecho por lo experimentado hasta entonces, y siempre en busca de nuevos estímulos, «la cabeza pensante de las Cabezas Parlantes» encontró lo que buscaba en América Latina, y más precisamente en Brasil. De ello surgió un álbum de sonidos gozosos en el que merengue y salsa, pero también chachachá y mambo, se fundían en una obra dedicada a una de las figuras paganas más queridas por los brasileños: el dios del Carnaval carioca. El entusiasmo fue tal que llevó al artista a fundar (un año antes que Peter Gabriel) un sello propio de world music, la Luaka Bop, demostrando una vez más que era un faro para el público y para sus colegas. Con el tiempo, el término *world music* terminó por indicar tanto la música creada por músicos occidentales contaminada por otros mundos, como la de artistas africanos, suramericanos y asiáticos descubiertos y producidos por sellos nacidos con aquella finalidad pero que generalmente seguían el camino inverso: partiendo de las propias tradiciones musicales, intentaban adaptarlas al público europeo y norteamericano. Demostración de que probablemente el primer ejemplo de globalización había nacido justamente a partir de ahí.

UP FROM THE UNDERGROUND

No todo eran estrellas pop, sonidos étnicos, música para ver o conciertos de rock de estadio. Los años ochenta vieron nacer nuevos fermentos desde el underground. El rock de Smiths, Cure, Nick Cave y R.E.M. influyeron en sonidos y actitudes a la década siguiente.

A comienzos de la década, en el mismo momento en que las clasificaciones se veían infestadas por «música de plástico», tocada con sintetizadores y condimentada con textos insípidos y banales, y mientras las estrellas del rock de los años sesenta y setenta buscaban reinventarse en vano, en el *underground* británico y norteamericano comenzaban a coger forma nuevos fermentos artísticos. Los artífices de esta revolución subterránea, destinada a influir en las modas y los modos de la década siguiente, eran jóvenes enamorados ya no de la música de Beatles y Rolling Stones, sino del movimiento punk que había intentado, sin lograrlo totalmente, barrer oropeles y poses de estrella que los setenta habían prodigado. Formaban parte de una generación desilusionada, con ideales opuestos a la de sus padres pero, al mismo tiempo, frustrada por el declive de un movimiento en el que habían logrado reconocerse. La rabia de estos jóvenes, agudizada por una situación política al límite de la esquizofrenia, se vio canalizada hacia expresiones sonoras y conceptuales (hardcore) todavía más violentas y radicales que el propio punk, o hacia una forma aparentemente más resignada y nihilista (new wave), pero igualmente rupturista. Muchos de los protagonistas de ambos movimientos entraron en la historia del rock con una característica en común: la de ser recordados como artistas influyentes sin haber

MICHAEL STIPE, VINILMANÍACO

Según *Rolling Stone*, es una de las 25 tiendas de discos más bonitas de los Estados Unidos. Fundada en 1976 en Athens, Georgia, apenas dos años después Wuxtry Records abrió una tienda gemela en Decatur, en los alrededores de Atlanta. En aquellos años, uno de los vendedores más serios y preparados del local de Athens se llamaba Peter Buck. Había nacido en Berkeley, California, se había licenciado en la Universidad de Georgia y tocaba muy bien la guitarra. En enero de 1980, justo en el interior del Wuxtry, conoció a un joven habitual del lugar (Michael Stipe), hijo de un militar, que tenía sus mismos gustos musicales: les gustaban Patti Smith, los Velvet y los Television. «Sólo más tarde descubrí que quería comprar los mismos discos que Peter se guardaba para sí», recuerda Stipe al hablar de aquellos días. Los dos se hicieron amigos y al cabo de poco, con Mike Mills y Bill Berry, dieron vida a los R.E.M.

saboreado nunca el éxito de masas. Si el hardcore estadounidense de grupos como Black Flag y Hüsker Dü apostaba por acentuar hasta el extremo el sonido y los textos del punk, otros géneros admitieron sus propias debilidades. Post punk y new wave, por ejemplo, no mostraron en efecto una voluntad de lucha análoga, pero en el plazo de unos pocos años, produjeron bandas que marcaron para siempre la historia del rock, como Joy Division, Cure, Smiths, Nick Cave & The Bad Seeds. Enamorados rápidamente de los Sex Pistols pero, desde siempre, fascinado por iconos del rock como David Bowie y Jim Morrison, así como de las obras de los poetas románticos del siglo XIX, Ian Curtis era un «aspirante a cantante» de Manchester, de tonos de barítono casi melodramáticos. El encuentro entre sus poesías y la visión musical del guitarrista y teclista Bernard Sumner, llevó al nacimiento del sonido oscuro y obsesivo de los Joy Division. Un sonido en equilibrio entre la voz glacial de Curtis y los fantasmas que poseían a su mente retorcida, obligada a luchar contra un enemigo solapado: la epilepsia. En sus dos únicos álbumes, uno de los cuales póstumo, se inmortalizaron algunos de los textos más lúgubres jamás oídos en el ámbito rock, llenos de una carga introspectiva exasperada que expresaba una total desconfianza. Caracterizadas por esta misma rabia devastadora que vinculaba a Curtis con sus ídolos punk, las canciones de los Joy Division estaban llenas de desesperación personal y dejaban presagiar el trágico final de la historia: el 18 de mayo de 1980, Ian Curtis se colgó en la cocina de su casa. Sus compañeros de aventura respetaron el pacto

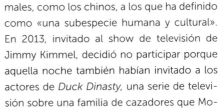

MORRISSEY, ANIMALISTA AVANT LA LETTRE

Es vegetariano desde los once años. Pero sus posiciones en cuanto a los derechos de los animales y contra el consumo de carne se fueron radicalizando con el paso del tiempo. En 1985 decidió titular el segundo álbum de los Smiths *Meat Is Murder* («La carne es homicidio»), impidiendo que los otros miembros del grupo se dejaran fotografiar o grabar mientras comían carne. Llegó incluso a declarar que «quien come carne es un criminal de la misma calaña que un pedófilo». En 2009 bajó del escenario del Coachella Festival, en California, porque (declaró) «el olor de carne quemada que hay en el área de restauración me está sacando de quicio». Tampoco se anda con chiquitas con quien no respeta a los ani-

males, como los chinos, a los que ha definido como «una subespecie humana y cultural». En 2013, invitado al show de televisión de Jimmy Kimmel, decidió no participar porque aquella noche también habían invitado a los actores de *Duck Dinasty,* una serie de televisión sobre una familia de cazadores que Morrissey definía como «un grupo de serial killers». Unas semanas antes, había logrado convencer a los promotores de su concierto en el Staples Center de Los Ángeles que acogieran únicamente puestos de comida vegetarianos.

A partir de la década de 2000 es la imagen de PETA, la organización para el tratamiento ético de los animales.

establecido un tiempo atrás: si uno de ellos abandonaba el grupo, los otros debían volver a comenzar desde cero con un nuevo nombre y un género diferente. Así nacieron los New Order: Peter Hook, Bernard Sumner y Steve Morris volvieron a arrancar utilizando demos compuestas poco antes de la muerte de Curtis. Con la entrada de Gillian Gilbert, novia de Morris, la banda se orientó hacia nuevos territorios musicales, desplazando el eje hacia el synthpop.

> «No me interesaba ser famoso: sólo quería hacer la mejor música que nunca se hubiera creado.»
> ROBERT SMITH (Cure)

También en Manchester, quizás la ciudad inglesa más influyente de la década, comenzó a dar sus primeros pasos otro personaje que encarnaba la incertidumbre emotiva de los jóvenes del período, Steven Patrick Morrissey. La infancia del futuro líder de los Smiths no fue traumática como la de otros rockeros de su generación, pero después del divorcio de sus padres, sus capacidades de relacionarse con el mundo exterior se vieron comprometidas. Este período de aislamiento, que transcurrió en su mayor parte leyendo de manera obsesiva, fue determinante para la creación de su personalidad. Morrissey entendió que tenía cualidades como autor poco comunes, y terminó por identificarse con los escritores de los que se había vuelto un lector empedernido. A diferencia de los grupos del período, convencidos de que la única manera para expresar la desazón de uno fuera apostar por una experimentación a veces exagerada, los Smiths se convirtieron en una especie de megáfono generacional utilizando estructuras melódicas simples y limpias, mostrando que se podía criticar duramente a la sociedad sin tener que gritar a toda costa. La poética de Morrissey no se inspiraba tan sólo en las lecturas, sino que también ahondaba en el pasado musical de artistas como Marianne Faithfull, así como en el presente más ambiguo y lascivo de rockeros glam como Bowie y los Roxy Music, pero sobre todo los New York Dolls, sus grandes ídolos junto a los T–Rex de Marc Bolan. El resto lo ponía el punk rock de los Sex Pistols, frente al cual Morrissey tomó distancia después de haberlo tratado con sarcasmo e ironía. El encuentro que cambió su destino fue el de Johnny Marr, hijo de inmigrantes irlandeses crecido escuchando el rock clásico de los Byrds, Rolling Stones y Neil Young. Ambos descubrieron que tenían muchas afinidades y una visión musical común. El hecho de recalar en el joven sello Rough Trade y el primer sencillo «Hand in Glove» llegaron al cabo de poco y, además de permitir que el grupo coleccionara una serie de actuaciones prestigiosas (entre las cuales una incendiaria exhibición en el programa de radio de John Peel en la BBC) desencadenaron polémicas a causa de sus textos ambiguos, que trataba temáticas homosexuales, y por la carátula que retrataba a un hombre desnudo de espaldas. Sin preocuparse por los ataques, la banda prosiguió publicando una serie de sencillos que escalaron clasificaciones como «This Charming Man» y «What Difference Does It Make», a los que siguieron las primeras triunfales apariciones televisivas en Top of the Pops. En tan sólo tres años, a partir del debut homónimo hasta llegar a *Strangeways, Here We Come*, pasando por *The Queen Is Dead*, los Smiths se convirtieron en los portavoces más creíbles de un sentimiento de intolerancia frente a las políticas sociales y económicas británicas. Es más: la banda de Morrissey y Marr actualizó la forma de canción que había caracterizado la obra de Beatles, Byrds y Kinks. Aunque infravalorados por los medios de comunicación y a veces olvidados incluso por la prensa especializada, los Smiths tuvieron un notable impacto en la cultura británica y terminaron por influir de manera determinante a todo el movimiento Brit Pop que nacería justamente en Manchester en la década de 1990.

«El rock ha cambiado la vida de muchas personas, y la ha cambiado para mejor.»

NICK CAVE

Entretanto, en Blackpool, se hacía notar un tipo que parecía tener rasgos en común con Ian Curtis: su nombre era Robert Smith, tocaba la guitarra, escribía canciones y acababa de fundar los Cure. Robert no tenía tan sólo en común el amor por la literatura y la música minimalista. Su actitud destacada por una melancolía decadente lo llevó, como Ian, a escribir textos dramáticamente desesperados. Ambos tenían características diferentes: si Curtis estaba sujeto a tendencias autodestructivas, Smith parecía tener una doble personalidad: una parte sensible y vulnerable y otra resuelta, arrogante, llena. Cuando fundó los Cure, Smith apenas tenía dieciocho años, y el punk era el movimiento al que arrimarse. Pero desde las primeras actuaciones, mostró una vena melódica inexistente en muchas bandas de punk del período. Los primeros sencillos, aunque alejados del sonido que les aportaría el éxito, dieron a entender la orientación sonora de la banda: «Killing an Arab», pero sobre todo la cara B, «10:15 Saturday Night», poseían ya algunos de los rasgos que se convirtieran en marcas de fábrica de la poética de Smith. *Boys Don't Cry* (1979) fue la verdadera tarjeta de visita del grupo, capaz de poner en valor las cualidades melódicas de su líder unidas a la melancolía dark que caracterizaría todos sus mejores trabajos.

Con el segundo álbum, el oscuro *Seventeen Seconds*, enriquecido por el sencillo de éxito «A Forest» (1980), los Cure comenzaron a construir los cimientos de su nuevo estatus artístico. El bajista Simon Gallup había entrado a formar parte del grupo: su relación de amor y odio con Smith dio vida a las composiciones más célebres. El cuarto álbum, *Pornography* (1982) fue el de la madurez: Smith se lanzó a crear los temas más dramáticos de su carrera, con la guitarra subrayándolos con riffs implacables. De aquí hasta el final de la década, los cambios interiores y estéticos del líder marcaron todos los álbumes siguientes. A partir de 1983 cambió de aspecto físico, transformándose en uno de los iconos más célebres de la historia del rock. Si su *look* inspiró a directores como Tim Burton (*Eduardo Manostijeras*) y a Paolo Sorrentino (*Un lugar donde quedarse*), pop, psicodelia, new wave y ritmos bailables representaron la extraña mezcla que permitió que álbumes como *The Top* y *The Head on the Door* se convirtieran en *best sellers*, pero que sobre todo dio a la banda aquella madurez que llevó al nacimiento del último gran disco de la década, aquel *Disintegration* (1989) por el que todavía se conoce a los Cure.

> «Hubo un momento en el que la crítica pretendía que nosotros teníamos que cambiar el mundo porque los Sex Pistols habían fracasado.»
>
> MICHAEL STIPE (R.E.M.)

Aun proviniendo de Australia, tampoco el *background* cultural y musical de Nicholas Edward Cave se apartaba demasiado ni del de sus coetáneos ingleses, ni de las bandas norteamericanas. También él tenía en común la obsesión por el punk, que en su caso se desarrolló en la brillante experiencia con los excéntricos y desgarbados Birthday Party. Desde el principio, Cave dio a entender que detestaba los esquemas, especialmente los de un género que había hecho de la falta de reglas su propio caballo de batalla. La experiencia de los Birthday Party sólo era punk en su espíritu: el batiburrillo de sonidos producido perturbaba todo dictamen musical, hasta rozar en más de una ocasión la cacofonía. Con la fundación de los Bad Seeds, las diferentes almas de Cave se dirigieron a un punto de encuentro. Sus obsesiones acerca de la religión, la muerte y la violencia, su deseo de modificar el blues hasta hacerlo irreconocible, sus repentinos cambios de estilo y sonoridad, pero sobre todo su capacidad de explorar los abismos de la mente hasta los confines de la locura, lo convirtieron en uno de los cantautores más influyentes de las décadas de 1980 y 1990. Y álbumes como *The Firstborn Is Dead*, *From Her to Eternity* y *Your Funeral, My Trial*, siempre capaces de iluminar y aterrorizar, de desconcertar y conmover, han quedado entre los más significativos de la historia del rock.

En los Estados Unidos, justamente como el hardcore, también el llamado «college rock» tuvo una extraordinaria influencia sobre el rock alternativo de la década de 1990, hasta el punto de que ambos términos terminaron a menudo por ser utilizados como sinónimos. A diferencia del hardcore, aquí la transgresión era un factor lúdico, vinculado al mundo de la diversión adolescente, y tenía poco que ver con la protesta frente a la sociedad. Los símbolos reelaborados con ironía por las bandas de los colleges, dotadas de los instrumentos culturales necesarios para leer la realidad con sarcástica inteligencia y una cierta distancia, fueron los del consumismo y del mundo de los adultos (sobre todo el de los padres y de la escuela). Lanzado por las radios de las facultades gestionadas por los estudiantes más emprendedores, el fenómeno se dirigía en primer lugar a quienes frecuentaban la universidad, principales exponentes de la que se definiría como «alternative nation». En 1980, en Athens, Georgia, se formaron los R.E.M., iconos generacionales, pioneros del college rock e inspiradores juntamente con Husker Du, Pixies y Sonic Youth del nuevo sonido rock de la década de 1990. Cuando, en 1991, eclosionaron a nivel mediático con *Out of Time*, llevaban ya una carrera de años a sus espaldas y, en el circuito independiente, ya eran «objeto de culto» desde hacía tiempo.

Su historia corrió pareja con la evolución de los gustos musicales en el período 1980–1992, el que coincidió con los mandatos presidenciales de los republicanos Ronald Reagan y George Bush. Cuando los R.E.M. comenzaron su aventura artística, el gran público no logró metabolizar sus textos peliagudos y su música onírica, hipnótica, suspendida en el límite del subconsciente. Los R.E.M. eran una banda de college nacida en una pequeña ciudad universitaria en la que, además de asistir al nacimiento de múltiples grupos (por ejemplo los B–52's), se respiraba una atmósfera rica en fermentos artísticos y contraculturales. La banda de Michael Stipe y Peter Buck hizo suyas estas «buenas vibraciones» que luego transmitió, de forma más o menos voluntaria, a las generaciones siguientes. Como en el punk, también el gesto creativo contaba más que la técnica pero, en el caso de los R.E.M., había una destacada vena poética y una transversalidad artística que recordaba a

MADCHESTER, CAPUT MUNDI

Entre antiguas áreas industriales y desazón juvenil, mucho antes de la invasión Brit Pop, nació el «Manchester Sound», que se convirtió en el eje de la nueva Inglaterra musical gracias al impulso innovador de bandas como los Joy Division de Ian Curtis y de su mutación en New Order, pero también de los Buzzcocks y de los Smiths de Morrissey.

En la segunda mitad de la década de 1980 fueron muchos los grupos procedentes de «Madchester» que la ciudad fue considerada el centro neurálgico de la discografía inglesa: Stone Roses, Happy Mondays, The Charlatans o Primal Scream fueron las bandas que abrieron el camino a uno de los nombres más importantes de la década de 1990, los Oasis.

El club de referencia se llamaba Hacienda. Abrió en 1982, y nació de una idea de Tony Wilson (mánager de la Factory Records) y de los New Order. Situado en el interior de un antiguo almacén de ladrillos rojos, el local se encontraba en el centro y acogió inmediatamente varias actuaciones de los Smiths, pero también el primer concierto de Madonna en Inglaterra (1984). A finales de la década de 1980, combinó la escena de «Madchester» con veladas de música house.

En 1989, según *Newsweek,* era el club musical más famoso del mundo; ni siquiera diez años más tarde cerró sus puertas.

la de los Sonic Youth. Ambas bandas parecían enlazar idealmente la escena alternativa de los años setenta (con Patti Smith en primera línea) y la de los años noventa que, sin ellos, nunca habría existido, al menos en los términos en los que la habíamos conocido.

Las monocordes, angustiantes melodías de *Murmur* (1983) eran demasiado cacofónicas y asimétricas para poder ser apreciadas por la América reaganiana, en busca de un integrismo sólido y simplista. Así como las de *Reckoning* (1984) y de *Fables of Reconstruction* (1985) que, aunque musicalmente más accesibles, podían entenderlas sólo los que entreveían las áreas encrespadas, ocultas y retorcidas de la resplandeciente fachada del gran imperio estadounidense. Y justamente aquella nebulosa e indefinida área de sombra era la que aparecía en el tema de *Lifes Rich Pageant* (1986) «Begin the Begin», donde la voz de Stipe vibraba al sonido de estas palabras: «Comencemos de nuevo, comencemos desde el principio. Comencemos de nuevo como Martin Luther Zen. La mitología comienza desde el comienzo».

Los cuatro muchachos de Athens (Michael Stipe, Bill Berry, Peter Buck y Mike Mills) tuvieron el coraje de hablar de progreso («Fall on Me»), de cargas y esperanzas juveniles («These Days»), de una nueva nación («Cuyahoga» y de búnker («Underneath the Bunker»), invirtiendo las certezas y los lugares comunes. Se atrevieron a grabar en «Hyena» una idea que, aunque concebida en tiempos de Guerra Fría, hoy demuestra ser de sorprendente actualidad: «Lo único de lo que debes tener miedo es de la falta de miedo. Cuanto mayor es el arma, mayor es el miedo».

No tardaron en desgarrar el velo de la ley del silencio acerca de la guerra de Guatemala («Flowers of Guatemala») o a lanzar admoniciones que para los Estados Unidos de la década de 1980 sonaban como maldiciones: «He empezado la hora de levantarse. Sería mejor que te reorganizaras». («Finest Worksong», *Document*, 1987.) En temas como «Welcome to the Occupation» (contra la política estadounidense en Centroamérica), «Exhuming McCarthy» (sobre las nefastas obsesiones del maccartismo que nunca desaparecieron del todo), «Disturbance at the Heron House» (sobre la ecología), «It's the End of the World As We Know It» (sobre el sentido de apocalipsis urgente) chocaron contra el establishment de manera crítica y, en consecuencia, no fácilmente identificable, pero por este motivo todavía más penetrante y eficaz. También en *Document* se encuentra el primer hit de verdad, «The One I Love».

No es casual que *Green* (1988) saliera para la Warner, y algunas malas lenguas comparó el color «verde» del título con el de los billetes que el grupo pretendía ganar. En honor a la verdad, *Green* representó un punto de inflexión hacia tonalidades menos oscuras, además que la demostración de que se podían aprovechar las ventajas de una *major* (una mejor distribución) sin por ello renunciar a la autonomía artística. Los tonos se fueron volviendo ligeramente menos comprometidos (como en los eslóganes «Get Up» y

«Stand») y personales («World Leader Pretend»), sin por ello rehuir del habitual estilo vagamente impresionista que contagiaría a la escritura de sus hermanos menores, con Cobain en primer lugar.

Las paredes estaban cayendo, las oscuras cortinas de la Guerra Fría se iban aclarando: había llegado el momento de salir al descubierto.

NICK CAVE, malas semillas y baladas homicidas

Corría el año 1983 cuando la banda de rock The Birthday Party, de la que formaban parte Nick Cave (cantante) y Mick Harvey (poliinstrumentista), se disolvió. Pero ambos tenían ya un «plan B»: crear otro grupo que ejerciera de apoyo a la carrera solista de Cave. Nacieron así los Bad Seeds, o mejor dicho: «Nick Cave and The Bad Seeds», subrayando justamente que no podía existir otro líder que él. La historia confirmaría los hechos. Su presencia inquietante, una cara pálida y demacrada que contrastaba con sus cabellos negros azabache, contribuyó a que sus baladas oscuras y obsesivas que lo coronaron como poeta maldito del rock fueran todavía más intensas. Desde las primeras actuaciones en las tabernas de Melbourne, desembarcó en Londres para alcanzar el éxito mundial. Y lo consiguió. En 1996, el álbum *Murder Ballads* le llevó una nominación a los Grammys, que él rechazó: «Mi música es algo íntimo y no quiero que se incluya en este tipo de competición».

En el disco, Cave cantaba historias de asesinatos y homicidios.

«Siempre me atrajeron las fuerzas destructivas —contaba—. En Melbourne, un río divide la ciudad: en un lado están los barrios residenciales; en el otro, la zona de los drogados. Yo siempre estuve en la segunda.»

JAQUE AL REY: LA REVANCHA DE LAS MUJERES

En la década de 1980, la música fue mujer. Y no era tan sólo Madonna: de Cyndi Lauper a Annie Lennox, pasando por Whitney Houston o Laurie Anderson, el pop rock conoció a nuevas y extraordinarias reinas.
Los extraños casos de Bonnie Raitt y Sinéad O'Connor.

«Cuando estás en el escenario no hay sexo. Puedes ser hombre, mujer o... Michael Jackson: bajo los reflectores eres una estrella, y las estrellas no tienen sexo, no sufren discriminaciones, sólo experimentan gratificación. Pero, apenas bajas el escenario, la cosa cambia. Y nosotras, las mujeres del negocio de la música, terminamos inmediatamente en segundo plano.»

Joan Baez nunca tuvo pelos en la lengua: incluso cuando contaba de qué manera ella, reina del folk, se había prestado a promover la música de Bob Dylan en gira por el mundo, a veces en compañía de los Beatles... «Intentad imaginar la escena: Dylan, los Beatles, y una servidora... ¿Qué creéis que hacía? Preparaba litros de té y lavaba las camisas sucias de Bob...». Antes y después de Joan Baez, las mujeres del mundo de la música no han tenido una vida fácil.

De hecho, el negocio de la música ha sido siempre misógino y sexista, y para una artista femenina, darse a conocer resulta muy fatigoso. El riesgo es el de quedar aplastada en el interior de mecanismos que consideran a las mujeres objetos del deseo masculino o, en la mejor de las hipótesis, musas inspiradoras más que brillantes intérpretes, compositoras sensibles o incluso líderes de una banda.

Y sin embargo, como se dice a menudo, no existe ningún rey sin reina y, a veces, justamente ella es el personaje más impor-

LOS OJOS DE BETTE DAVIS

La canción la escribieron en 1974 Donna Weiss y Jackie De Shannon, y la grabó esta última el mismo año. La pieza no dejó huellas hasta que, en 1981, Val Garay la redescubrió para proponerla a la artista cuyo nuevo álbum estaba produciendo: la californiana Kim Carnes. Fue el teclista Bill Cuomo quien inventó el riff en torno al cual se desarrollaba el tema que, en la convincente interpretación de Carnes, se convirtió en un éxito espectacular. En 1982 ganó dos Grammy (canción y grabación del año) y del álbum *Mistaken Identity*), que contenía el tema, se vendieron más de ocho millones de copias. La protagonista de la historia era una mujer de dos rostros, agresiva pero también dulce, que podía hacer lo que quería porque tenía «los ojos de Bette Davis», grandes y expresivos. La propia Davis recogió el cumplido y declaró ser «feliz por haberme convertido en parte de la generación rock».

tante. Sucedió también en la historia de la música del siglo xx, donde hubo soberanas tan apreciadas, amadas y reverenciadas que se las llamó simplemente por su nombre; y, como en el cine, sólo hay una Marilyn, en el pop rock se podría decir lo mismo de Janis, Joni, Tina, Aretha, Amy y otras «majestades reales» de las siete notas. Intérpretes tan brillantes, carismáticas e influyentes que cambiaron la historia misma de la música. Y no sólo porque eclipsaron el talento de sus colegas varones; más bien porque trazaron nuevas trayectorias estilísticas y, sobre todo, porque fueron capaces de desarrollar un enfoque original capaz de expresar, entre ritmos y melodías, los mil pliegues de la feminidad.

Comenzaron a principios del siglo pasado. Eran formidables «mamies» negras que cantaban blues: ellas fueron las primeras estrellas de la música moderna. Exuberantes, pasionales y explícitas, las blueswomen de los primeros años del siglo xx escandalizaban a todo el mundo. También a los progresistas. Y eran envidiadas por la mayoría. La más brillante se llamaba Bessie Smith, tan brillante que más que reina se la definió «emperatriz» del blues. Con su voz hechizó a hombres y mujeres incluso cuando cantaba que «en el momento en que las cosas van mal, ya no hay amigos. *Nobody knows you when you're down and out*».

Como hizo Bessie Smith en el blues, también Billie Holiday primero y Ella Fitzgerald y Sarah Vaughan más tarde dejaron una huella indeleble en la historia del jazz, abriendo las puertas a centenares de otras muchachas, intérpretes fabulosas de música negra. Y si en las décadas de 1950 y 1960, mujeres como Ruth Brown, Etta James, Aretha Franklin o Tina Turner hicieron la historia del R&B y el soul, en los años ochenta la reina indiscutible del género fue Whitney Houston. En la misma década, el fenómeno Madonna provocó (con sus mil contradicciones) que los focos apuntaran al universo artístico femenino aunque, antes de ella, se estaba comenzando a imponer una chica de Queens, enamorada de Judy Garland y de los Beatles que, en 1977, sufrió una importante operación en las cuerdas vocales. Los médicos le dijeron que ya no podría volver a cantar. Pero ella no se rindió y, gracias a la ayuda de la entrenadora vocal Katie Agresta, un año más tarde estaba de nuevo frente a un micrófono. Se llamaba Cyndi Lauper y, en 1983, debutó con *She's So Unusual*, que contenía dos sencillos de éxito: el emblemático «Girls Just Want To Have Fun» y la deliciosa balada «Time After Time». Vista inicialmente como artista new wave, Cyndi Lauper demostró en el curso de una carrera de más de cuarenta años que era una auténtica reina del rock. Como también Annie Lennox, escocesa de Aberdeen, que a mediados de la década de 1970 conoció a Dave Stewart, guitarrista y compositor, con quien dio vida a los Eurythmics. En sus inicios parecían un dúo synthpop, pero luego evolucionaron encadenando, ya con el segundo álbum, una lista de éxitos extraordinarios. «Sweet Dreams (Are Made of This)» (1983), «Would I Lie To You» (1985), «There Must Be an Angel (Payin' with My Heart)» (1985), «Missionary Man» (1986), «I Need a

Man» (1987) fueron tan sólo algunos de sus grandes éxitos. Impresionaba la calidad de las canciones de Dave, así como el fenomenal talento interpretativo de Annie y su *look* sensacional. Un *look* andrógino que Lennox impuso contra las tendencias de la imagen femenina de los años ochenta.

> «Nunca he pensado en la música como hecha por varones o mujeres, negros o blancos. Para mí sólo hay buena música o música deficiente.»

> BONNIE RAITT

Quien siempre estuvo «fuera de la moda» fue Laurie Anderson, artista de vanguardia prestada al rock que, de repente, en 1981 situó un tema («O Superman») en la cumbre de las clasificaciones británicas. Laurie, nacida cerca de Chicago pero neoyorquina de adopción, creció en el ambiente *cool* de la Gran Manzana junto a Andy Warhol, John Giorno, William Burroughs y Philip Glass. En 1986 produjo una película concierto (*Home of the Brave*), que le valió el aplauso de la crítica y un notable éxito de público. Personaje único en el panorama musical, Laurie Anderson representa el prototipo de artista intelectual, de mujer inteligente, creativa y sensible que, incluso cuando se une a una estrella de rock famosa (Lou Reed) no pierde ni un centímetro de su estatura humana y artística.

En definitiva, gracias no sólo a Madonna, en la segunda parte de la década de 1980 creció la atención hacia artistas que no se limitaban a interpretar temas ajenos o a bailar medio desnudas, sino que eran capaces de experimentar de manera sofisticada, escribir temas capaces de competir con los de los colegas varones e imponiéndose también desde el punto de vista comercial. La imagen de la «chica con la

EL EXTRAÑO CASO DE MICHELLE SHOCKED

Kerrville Folk Festival, Texas, verano de 1986. Pete Lawrence, empresario discográfico inglés de la Cooking Vinyl, ha llegado para buscar nuevos talentos. En el área de acampada escucha a una cantante folk que atrae su atención. Voz importante, canta viejos temas de Leadbelly y piezas autobiográficas que hablan de violencias personales y sociales: lleva un corte de cabello *a la garçon* y una expresión fuerte. Lawrence graba sus temas en una pequeña grabadora Sony Walkman. Luego vuelve a Londres.

Pocos meses más tarde, aquella muchacha (que ha elegido el nombre artístico de Michelle Shocked) descubre por un amigo que su álbum ha aparecido en las clasificaciones en Inglaterra. «¿Qué disco?» pregunta ella atónita. Lawrence lo ha publicado como *The Texas Campfire Tapes*: recoge aquellas grabaciones muy «básicas» hechas con su Walkman (con los grillos de fondo incluidos) en Kerrville. El álbum causa sensación y Michelle Shocked, de ser un *squatter* se convierte en una estrella internacional. A lo largo de los años firma un contrato con la Mercury y publica álbumes muy bellos de folk rock con una ética muy fuerte. Su espíritu «indie» la lleva a polemizar con las *majors* hasta que, a finales de la década de 1990, vuelve a entrar en posesión de todo su repertorio.

guitarra», inspirada en la época folk de los años sesenta, vio el enésimo revival gracias al arte «clásico» de Suzanne Vega, Tracy Chapman, Michelle Shocked o al más extravagante de Tanita Tikaram y Toni Childs. En cambio, en el frente del rock, dio que hablar una fan de Bruce Springsteen: una chica de Kansas, declaradamente lesbiana, que proponía versiones del Boss pero también temas originales. Se llamaba Melissa Etheridge, debutó en 1988 con el álbum homónimo cuyo sencillo «Bring Me Some Water» recibió una nominación al Grammy. Debería esperar algunos años para obtener el éxito que merecía, pero en 1993, con *Yes I Am* (que contenía «Come to My Window»), Melissa hizo saltar la banca y vendió seis millones de copias.

Así, pues, si Etheridge no fue la clásica «meteoro», otras mujeres rock de los años ochenta obtuvieron un éxito efímero para luego desaparecer. Fue el caso de Kim Carnes (su «Bette Davis Eyes» fue, según Billboard, el sencillo de más éxito de los años ochenta), Alannah Myles («Black Velvet» fue número uno en las clasificaciones) o The Bangles (que dieron en la diana con «Manic Monday» y «Walk Like an Egyptian»).

En la década de 1980 se vivieron dos casos clamorosos, diferentes entre sí, pero ambos altamente emblemáticos que llevaron a la palestra a dos grandes reinas del rock. En 1989, la Capitol publicó *Nick of Time*, el décimo álbum de Bonnie Raitt. Aparecida en los primeros años de la década de 1970, fruto de la gran escuela de la Costa Oeste pero, al mismo tiempo, blueswoman convincente y guitarrista slide prodigiosa, Bonnie fue una artista apreciada por sus colegas y adorada por los críticos. Pero el público parecía ignorarla. Raitt cayó en una depresión y fue víctima del alcohol. Por otra parte, en 1983, la

k.d. Y LAS MUJERES DEL 49º PARALELO

Año 1987: sale el álbum *Angel with a Lariat*, que consagra el talento de k.d. lang, la nueva Patsy Cline. Nativa de Edmonton, Canadá, k.d. tiene una voz formidable, una presencia catalizadora, es sensible y, al mismo tiempo, tiene una fuerte consciencia social y política. No oculta su homosexualidad ni su compromiso animalista. Su «cow punk» de los inicios es arrollador, pero no le basta. k.d. lang (quiere que su nombre se escriba en minúsculas porque odia el divismo) es demasiado brillante como para quedarse confinada en un único género. En 1988 está entre los intérpretes de la ceremonia de clausura de las Olimpiadas de invierno en Calgary, y al año siguiente Roy Orbison la quiere a su lado para un dúo en «Crying». Resulta un éxito, y lang publica álbumes fabulosos uno tras otro: *Shadowland* (1988), *Absolute Torch and Twang* (1989), antes del triunfal *Ingenué*, que contiene el éxito «Constant Craving». Nacida más allá del 49º paralelo (el de la frontera entre Canadá y los Estados Unidos), k.d. sólo es una de las muchas «estrellas del norte». Antes que ella, Buffy St. Marie, Jann Arden y Joni Mitchell. En su misma década, debutó una quebequesa de voz cristalina (Céline Dion) y una rockera de Toronto (Alannah Myles), con garra como el Boss. Luego, en los años siguientes, harán su eclosión, entre otras, la cantante de jazz Diana Krall, la deliciosa cantautora Sarah McLachlan, la nueva estrella del country Shania Twain, la pop punker Avril Lavigne y la superestrella Alanis Morisette. Como dicen por aquella zona, «canadian girls rule».

Warner Bros rescindió su contrato: Bonnie Raitt estaba al borde de la catástrofe. Pero Don Was creyó en ella, la llevó a la Capitol y la guió en su álbum triunfal, *Nick of Time*, en el momento adecuado: nunca un título pareció más acertado. Bonnie cumplía por entonces 40 años, y se dirigía a sus coetáneas con un álbum enteramente femenino que tocaba las cuerdas justas. El disco obtuvo cuatro Grammys y se subió a lo alto de las clasificaciones. Con casi veinte años de retraso, Bonnie Raitt recibió los merecidos reconocimientos y se convirtió en un clásico de la música de final del milenio.

Desde el otro lado del océano, en Irlanda, surgió una chica de voz increíble y de *look* muy original. Completamente afeitada, con la mirada gélida y una garganta incomparable, comenzaba la leyenda de Sinéad O'Connor. Nacida en 1966 en Dublín, Sinéad vivió una infancia complicada, marcada en primer lugar por la separación de sus padres y luego por los abusos de su madre alcoholizada, que murió cuando su hija todavía no había cumplido los veinte años, poco antes de su debut discográfico. Justamente la relación con su madre, junto a la igualmente laboriosa con la religión católica, serían los dos pernos en los que giraría toda la poética de O'Connor. Expulsada varias veces de la escuela, y después de terminar en un reformatorio, la muchacha encontró refugio en la música, su gran pasión, la única que nunca la traicionó. Un talento vocal (natural) enorme, una ambición desenfrenada y un carácter arrogante y combativo fueron los puntos fuertes de Sinéad. Pero la joven irlandesa era un «sujeto de riesgo». Autodestructiva, polémica y en las fronteras de la personalidad bipolar, Sinéad O'Connor se tenía que manejar con cuidado, personal y artísticamente. Desde sus inicios, a finales de la década de 1980, cuando alternaba el post punk con el hip hop, propuso éxitos de gran clase como

Sinéad O'Connor se convirtió en ídolo de masas en los noventa por sus canciones y por su osadía de raparse la cabeza.

«Nothing Compares 2 U» (compuesta por Prince) y al mismo tiempo modos provoca-dores, polémicas inútiles, actitudes pendencieras. Su rabia reprimida se expresaba en comportamientos públicos que, para bien o para mal, terminaban por entrar en las leyen-das rock tanto como sus temas. Entre los episodios más conocidos, el que se produjo en Nueva Jersey cuando Sinéad se negó a abrir su concierto con el himno estadounidense, o bien el de la famosa aparición en el «Saturday Night Live», cuando desgarró delante de las cámaras de televisión una foto del papa Juan Pablo II, como respuesta a las políticas de la Iglesia católica en Irlanda. Estas y otras bravuconadas, en ocasiones calculadas pero casi siempre fruto de su ánimo atormentado, incapaz de encontrar la paz salvo en sus propias contradicciones, terminaron por minar una carrera que se parecía cada vez más a la loca carrera de unas montañas rusas, con ascensiones rapidísimas y picados igual-mente repentinos como cuando, una semana después de su desafortunada actuación en el «Saturday Night Live», Sinéad aceptó la invitación a participar en el Madison Square Garden en la gran fiesta por el 30º aniversario de la carrera de Bob Dylan. Muy silbada por el público, en vez de cantar, O'Connor recitó de modo despectivo el texto de «War» de Bob Marley, tema ejemplar contra las diferencias raciales, políticas, sociales y religiosas. Quizás espoleados justamente por esta nueva generación de reinas que veía en ellas sus puntos de referencia absolutos, o tal vez sólo por una simple broma del destino, en 1989, Neil Young, Paul McCartney y el propio Bob Dylan fueron protagonistas de tres de los retornos más espectaculares de la historia del rock. En el curso de la década habían pro-bado de un lado sacarse de encima la etiqueta de ex estrellas del rock aburguesadas, y del otro buscar nuevas ideas y sonoridades diferentes. En este sentido, Neil Young se mostró particularmente activo, mostrando el deseo de ir más allá de los límites (con el riesgo de irritar a su propia casa discográfica) con álbumes como *Reactor* y *Trans*. Lo mismo hicieron Paul McCartney con *Tug of War* y Bob Dylan con *Down in the Groove* que, ob-jetivamente, no se podían incluir entre lo mejor de su carrera. El ex Beatle, cuyos únicos éxitos de la década fueron la participación en *Thriller* de Michael Jackson y la triunfal actuación en el Live Aid, decidió confiar en la frescura compositiva de un gran admirador suyo, Elvis Costello. La elección resultó idónea: Costello tenía fama de ser un músico, compositor y productor inteligente y preparado. De esta manera, su labor de rejuvene-cimiento de la música (y los textos) de McCartney dio los frutos esperados y *Flowers in the Dirt* se convirtió probablemente en el mejor álbum del ex Fab Four desde los tiempos de *Band on the Run*. El disco renovaba entusiasmos adormecidos, Paul decidió hacer las paces con su pasado y, gracias a giras en las que proponía los viejos éxitos de los Beatles, se vio compensado por un éxito sensacional de público y crítica, que volvió a ensalzarlo como no sucedía desde hacía años.

Neil Young se cansó finalmente de hacer la guerra contra David Geffen, el empresario discográfico y amigo que lo acusaba de componer música que no estaba a la altura de su nombre. En efecto, Young, después de abandonar su histórico sello (Reprise) por un contrato multimillonario con Geffen, había publicado álbumes que voluntariamente se separaban de cualquier cosa que hubiera compuesto en el pasado. El resultado de la polémica fue la publicación de un puñado de discos que, sin solución de continuidad, iban de la música electrónica al rockabilly, pasando por el country tradicional y el R&B. Hasta los fans más empedernidos que le habían perdonado los primeros experimentos, con el tiempo terminaron por abandonarlo, así como el propio David Geffen después de una larga batalla legal. Como si quisiera concluir con la más cruel de las bromas, una vez volvió a su vieja casa discográfica, Neil dio a luz su álbum más bello y apreciado desde los tiempos de *Rust Never Sleeps*. El disco, probablemente en elaboración desde hacía unos años, se titulaba *Freedom* y calcaba incluso la estructura del álbum legendario con los Crazy Horses. La canción más representativa abría el disco en un arreglo acústico y lo cerraba con uno eléctrico y distorsionado. «Rockin' in a Free World» se convirtió de esta manera en uno de sus himnos intemporales y permitió que Neil Young fuera elevado al papel de padre putativo de aquella Generación X que al cabo de poco revolucionaría el mundo de la música.

De todos modos, el caso más espectacular de todos fue el de Dylan. Fuera de todos los circuitos desde hacía diez años, ridiculizado por su «giro cristiano», el «Picasso del rock» se encontró en la más clásica de las últimas playas. Lo más preocupante parecía ser la vena compositiva, tan poco consistente que parecía irremediablemente agotada, hasta el punto de que para algunos, las últimas dos pruebas en el estudio carecían tanto de interés que parecían el triste epitafio de la figura más importante de la música de autor de todos los tiempos. Y en cambio, como todos los grandes personajes, Dylan todavía tenía cartuchos por disparar: necesitaba simplemente una ayuda exterior que le permitiera mostrarle cómo usarlos. Para resolver esta demanda se llamó a Daniel Lanois, el productor canadiense que estaba detrás del éxito estratosférico de *So* y que, junto a Brian Eno, había firmado las últimas producciones de los U2. Lanois triunfó en la empresa que Mark Knopfler sólo había rozado con *Infidels*: demostrar a Robert Zimmerman que todavía era Bob Dylan. Huelga decir que ni siquiera un excelente productor como Lanois no podía hacer un gran disco él solo: temas desgarradores que trataban de la vida y el amor con gran madurez, como «Most of the Time», «What Was It You Wanted?» o, sobre todo, «Man in the Long Black Coat», que entró de pleno derecho entre los mejores jamás escritos por Dylan, hicieron brincar de alegría a todos aquellos que habían decretado prematuramente su muerte artística. *Oh Mercy* se convirtió en uno de los episodios más intensos e interesantes desde el punto de vista del sonido de la larga carrera de Bob Dylan, que cerró de manera gloriosa una de las décadas más extraordinariamente variadas de toda la historia del rock.

JOY DIVISION
Closer
(Factory, 1980)

Dos meses después de la muerte de Ian Curtis, sus compañeros publicaron una pieza fundamental del «post punk». Caracterizado por textos lúgubres y atmósferas alienantes y obsesivas, *Closer* llevaba a su punto más álgido el contenido de su álbum de debut, definiendo el género.

DURAN DURAN
Rio
(Emi, 1982)

Los Duran del segundo álbum cambiaron respecto al debut. Tras aumentar la confianza en sus propios medios, la banda se impulsó hacia nuevos territorios musicales. En la época, la crítica lo definió como un buen álbum de pop, pero con el tiempo, *Rio* convenció hasta a los escépticos.

MICHAEL JACKSON
Thriller
(Epic, 1982)

Para algunos, el «disco de los discos», para otros, un buen álbum que aprovecha el momento de oro de la discografía. *Thriller* es un producto casi perfecto. Michael estaba en lo mejor de su forma, y eligió colaboradores estelares: Quincy Jones en la dirección artística, Toto como backing band, Eddie Van Halen para el solo de «Beat It» y Paul McCartney. ¿Se puede pedir más?

NEW ORDER
Power, Corruption and Lies
(Factory, 1983)

Lo habían prometido, sin Ian, los Joy Division no seguirían. Los fragmentos no eran fáciles de ensamblar. Luego, poco a poco, se produjo la emancipación: este fue el primer álbum auténtico de los New Order. Aun siendo electrónico y marcial, rezumaba profunda humanidad: la alianza más lograda entre el hombre y la máquina.

POLICE
Synchronicity
(A&M, 1983)

Considerado el álbum más maduro y significativo de los Police, fue concebido en el peor momento de la banda. Una vez abandonada para siempre la influencia reggae, el trío compuso un álbum pop rock casi perfecto, construido en base a las teorías de Jung y con uno de los sencillos más conocidos de la historia, «Every Breath You Take».

BRUCE SPRINGSTEEN
Born in the U.S.A.
(CBS, 1984)

El Boss llevaba diez años de carrera a sus espaldas y un nutrido número de adeptos, pero todavía no era una superestrella planetaria. Lo acabó siendo a partir de aquí, con su álbum más conocido (y más discutido por los fans). La canción que le da título, «Dancing in the Dark», «I'm On Fire» y «Glory Days» son tan sólo algunos de sus sencillos. De ahí en adelante sólo lo veríamos en los estadios.

PRINCE
Purple Rain
(Warner, 1984)

Uno de los casos musicales más espectaculares de la década. Alabada por público y crítica, la banda sonora de la película homónima dio celebridad a un artista hasta entonces apreciado casi tan sólo por colegas y profesionales. Soul, rock, pop y un puñado de baladas de clase fueron la clave del éxito.

MADONNA
Like a Virgin
(Sire, 1984)

Producido por el fundador de los Chic, Nile Rodgers, el segundo álbum de Madonna fue el que le abrió de par en par las puertas del éxito mundial. La mezcla entre new wave, dance y synth pop seguía presente, pero ahora el estilo ya era más maduro y refinado que en el pasado. Del disco surgieron sencillos de éxito, como la canción que le da nombre, «Material Girl» y «Angel».

DIRE STRAITS
Brothers in Arms
(Warner, 1985)

Con 40 millones de copias vendidas a día de hoy, sigue siendo uno de los discos de mayor éxito de la historia. Knopfler llegó con el quinto álbum a la síntesis perfecta entre blues, pop y roots rock que dio vida a temas memorables como «So Far Away», «Money for Nothing» y «Walk of Life»

QUEEN
A Kind of Magic
(Emi, 1986)

Nacido como banda sonora de *Highlander*, fue considerado un álbum propiamente dicho porque no todos los temas se concibieron para aquel proyecto. Antes de ir como invitados al Live Aid, los Queen estaban al borde de la disolución, pero después de convertirse en sus protagonistas absolutos se precipitaron al estudio y grabaron «One Vision», primera pieza de uno de sus álbumes más conocidos.

DEPECHE MODE
Black Celebration
(Mute, 1986)

Quien consideraba a los Depeche Mode un grupo synth pop para adolescentes tuvo que revisar sus juicios con *Stripped*. De ahí en adelante, la banda inglesa emprendió un intenso viaje hacia el interior de sus pesadillas. No resulta sorprendente que el disco del cambio se concibiera en Berlín, ciudad estimulante para mentes inquietas como la de Martin Gore.

PETER GABRIEL
So
(Geffen, 1986)

Probablemente sólo en la década de 1980, un disco que mezclara pop, electrónica y música étnica podía escalar las clasificaciones y vender millones de discos. Y no es porque *So*, no sea un gran álbum, sino porque justamente artistas como Gabriel han contribuido a lo largo de las décadas a abrir la mente del público hacia nuevos horizontes sonoros.

PAUL SIMON
Graceland
(Warner, 1986)

Antes de *Graceland*, el término World Music no estaba de moda. La curiosidad de Simon, fascinado desde siempre por sonidos y ritmos exóticos, unida a un momento de cansancio de su carrera, llevaron al nacimiento de su álbum más interesante y logrado, fruto de una chifladura artística por las «prohibidísimas» culturas y tradiciones de Suráfrica.

U2
The Joshua Tree
(Island, marzo 1987)

Los U2 a la conquista de América. Acompañados por Eno y Lanois, Bono y sus compañeros exploraron las raíces de la música estadounidense. El contacto entre cultura irlandesa y norteamericana dio vida a un espléndido híbrido que abarca varios géneros.

SINEAD O'CONNOR
The Lion and the Cobra
(Chrysalis, 1987)

El álbum de debut de la excéntrica cantautora irlandesa puso en evidencia las peculiaridades de la artista: ante todo, su increíble dominio vocal, capaz de pasar de tonos punk a melodías suaves. El resto lo hicieron los textos turbadores y una carátula que creó polémica.

R.E.M.
Green
(Warner Brothers, 1988)

El college rock se fundía en el *mainstream*. Fue el álbum que precedió al éxito intemporal de *Out of Time*, y dio a conocer al mundo el talento de Peter Buck y Michael Stipe. «Stand» y «Orange Crush» fueron los sencillos de éxito, pero no rehuyeron las duras críticas a la política reaganiana.

CURE
Disintegration
(Fiction, 1989)

Último capítulo de la denominada trilogía dark. Influido por la habitual melancolía de Smith y por reflexiones sobre el éxito alcanzado, fue el álbum de los Cure más vendido de entre todos. Onírico y visionario, su sonido estaba influido por el uso de drogas psicodélicas.

PAUL McCARTNEY
Flowers in the Dirt
(Emi, 1989)

Paul convocó a Elvis Costello y compuso con él algunos de sus mejores temas desde hacía diez años: la poética de Costello se fundía a la perfección con las armonías beatlesianas de McCartney. La guinda del pastel, la presencia de David Gilmour.

BOB DYLAN
Oh Mercy
(Columbia, 1989)

Abandonado por los fans en su período cristiano y en crisis en los años siguientes, Dylan coincidió con Daniel Lanois y volvió a encontrar el entusiasmo y la creatividad. Público y crítica se quedaron de piedra frente a temas intensos como «Man in the Long Black Coat» y «Most of the Time».

NEIL YOUNG
Freedom
(Reprise, 1989)

Tomando como referencia *Rust Never Sleeps*, Young creó una joya que, como entonces, comenzaba y terminaba con el mismo tema, uno de sus últimos clásicos: «Rocking in a Free World». A pesar de la presencia de Frank Sampedro, lo único que le falta a *Freedom* son los Crazy Horse.

Nueva York,
Sony Music Studios, 18 de noviembre de 1993.

La banda de rock del momento está a punto de subir al escenario del famoso «MTV Unplugged». Sólo dos años antes, estos tres chicos de Aberdeen han llevado a cabo un milagro, transformando la música alternativa en mainstream.

Habían desbancado del primer puesto de la clasificación al rey del pop, Michael Jackson. Es más, con *Nevermind*, los Nirvana habían propiciado que la cultura *underground* del Noroeste de los Estados Unidos, tierra de frontera con el peor clima de la unión, se convirtiera en la capital mundial del rock.

Ahora estaban allí, armados de guitarras acústicas, preparados para cantar canciones que se convirtieron en himnos para los jóvenes de finales del Milenio. Pero que transmitían emociones y sentimientos auténticos. El escenario estaba engalanado con lirios blancos y velas negras, «como si se tratara de un funeral».

> «Durante unos años, Seattle fue como San Francisco durante el Summer of Love: una escena artística formidable, una auténtica capital de la música y de la cultura rock.»
> KURT COBAIN

Porque aquello, para ellos, era un funeral emblemático del grunge.

Ni siquiera seis meses más tarde, se celebraría un funeral de verdad: el de Kurt Cobain, que se suicidó a los 27 años. Él, el rubio ángel de Nirvana, había sido el icono de una expresión artística que sintetizó de manera admirable las inquietudes de toda una generación antes de transformarse en moda planetaria.

Seattle fue, en la década de 1990, lo que Londres y San Francisco habían sido en los años sesenta y lo que Nueva York y el propio Londres habían representado de nuevo a finales de los años setenta: centros revolucionarios de la historia del rock, y de algo más. En aquella tierra en las fronteras con Alaska y Canadá, el rock dio su último coletazo auténtico. Y lo hizo gracias a chicos ingenuos, puros pero muy frágiles, que volvieron a llevar (pagando un alto precio por ello) el espíritu rebelde original en una música contaminada ya por el *business*.

SMELLS LIKE TEEN SPIRIT

TERREMOTO GRUNGE

Seattle y la Generación X: el rock alternativo entra en las clasificaciones

(por Barbara Volpi)

«¿Quién lo habría dicho? Una escena underground, una mezcla de punk y de metal, ninguna veleidad de éxito... Y sin embargo, el grunge se convirtió en un fenómeno planetario.»

CHRIS CORNELL
SOUNDGARDEN

UNA AMÉRICA ALTERNATIVA

El advenimiento de Ronald Reagan, el neoliberalismo y las nuevas fronteras de la tecnología fueron sólo un lado de los Estados Unidos en los años ochenta. La «Me Generation» de los yuppies contrastaba con una «Alternative Nation» que tenía en el indie rock de Husker Du y Sonic Youth su principal forma de expresión.

8 de diciembre de 1980: John Lennon cae bajo los disparos de un mitómano llamado Mark David Chapman, y su estertor se parece al de un país que respira jadeante. El sueño de la «Gran Sociedad» de Johnson quedó sepultado entre las masacres de Vietnam, mientras las políticas posteriores a Nixon no se habían revelado adecuadas para afrontar las complejas problemáticas del período de después de la crisis energética.

En el umbral de la nueva década, los Estados Unidos se enfrentaban a un escenario difícil: fuerte inflación, altísimo índice de desempleo, debilidad económica. Por otra parte, seguían ahí los viejos problemas de integración entre blancos, negros y latinoamericanos, que creaban bolsas de criminalidad. El 4 de noviembre de 1980, «el último cowboy de Hollywood», el recién elegido presidente Ronald Reagan, prometió reverdecer los fastos ideológicos de la tradición estadounidense como tierra de libertad y democracia, como «land of equal opportunity», intentando anular la sensación de pérdida y fracaso que deprimía al país. El escenario no era precisamente bueno: la exacerbación de los fanatismos islámicos, la intensificación de la Guerra fría con la invasión soviética de Afganistán y la competencia comercial de Japón y de los países del Sureste asiático eran amenazas serias. Por otra parte, los Estados Unidos tenían que enfrentarse a una crisis interna debida a una profunda transformación tecnológica, económica, social, espiritual y política. Los Estados Unidos de la década de 1980 abandonaba la vieja era industrial para pasar a la telemática. El advenimiento del ordenador personal penetró a fondo en el tejido social, modificando su estructura y la idea utópica de que tal informatización pudiera dar lugar a un nuevo tipo de democracia social creadora de una subterránea capa de optimismo. La reacción a la frialdad de la recién nacida red de relaciones y conexiones llevó a una nueva forma de sensibilidad y humanización. La publicidad mostraba imágenes de pastos verdes y de tiempos perdidos en los que todo parecía fresco, genuino e incontaminado y, en el estado de California, que siempre ha creado tendencia, emergieron los fenómenos de dietética y fitness, que podían ser interpretados como una prueba del retorno a la vida «natural», respecto a la alienación de la era industrial e informática. Los gimnasios se multiplicaron, y la exigencia de la forma física se transformó, de simple necesidad de cuidado y salud a un dogmático estilo de vida que parecía el intento del hombre de ejercer el control sobre sí mismo en un momento en el que la realidad parecía escapársele de las manos. La imagen cada vez era más importante: la habilidad ya no residía en el ser, sino en el convencer que se era. Y de esta manera, en 1984, aprovechando sus habilidades de comunicador, Ronald Reagan ganó las elecciones. Su política económica, concebida sobre la idea de equilibrar el balance federal mediante la disminución de la presión fiscal y el aumento del gasto militar, no estaba exenta de evidentes contradicciones. Y sin embargo, la mayor parte de los estadounidenses se vio seducida por la nueva personificación del «American Dream» y por la promesa de reconquistar el liderazgo mundial. La televisión amplificó la creación de estos «monstruos culturales» y la mayor parte de los jóvenes que absorbieron sus valores, cambió radicalmente. Se formó una generación de jóvenes rígidos, conservadores, conformistas, que se sentían seguros gracias a los valores

hedonistas y materialistas y que preferían la figura de celuloide de Rambo a la del Che Guevara. La suave tolerancia de los jóvenes de Woodstock cedió el paso a la línea dura del cuerpo de los Marines; el pacifismo se vio reemplazado por un engreído militarismo, por la conquista de Grenada, por el bombardeo de la tienda de Gadafi, por la guerra sumergida contra Nicaragua y por el proyecto del escudo espacial para protegerse de las inminentes «Guerras de las Galaxias». Pistolas, rifles y armas semiautomáticas se ponían a la venta en las tiendas de armas con licencia gubernativa, mientras se difundía la utilización de los esteroides, droga legalizada cuyo uso no se consideraba nocivo por cuanto potenciaba el vigor y la eficiencia, y de fármacos para adelgazar que se convirtieron en protagonistas de una sociedad técnica en cuanto al cuerpo pero frágil en cuanto al alma. Mientras que los jóvenes chinos de la plaza Tiananmen y de Europa del Este ponían en práctica el idealismo aprendido de Woodstock, la mayor parte de los jóvenes estadounidenses se volvió

RONNIE
COWBOY ANTI–ROCK

«Un hippie es un individuo que se parece a Tarzán, camina como Jane y apesta como Chita...» En 1966, con esta frase, el futuro gobernador de California comentaba las manifestaciones en la Universidad de Berkeley. Una vez elegido presidente de los Estados Unidos, su actitud frente a la «nación rock» no cambió. Y aunque Neil Young dijo varias veces que «Reagan no sólo ha hecho daño», la comunidad rock se postuló a menudo contra él. Después de publicar *Born in the USA* (con un videoclip en el que ondeaban banderas con barras y estrellas), la Casa Blanca entró en contacto con el management de Springsteen. Se quería usar la canción como tema de la nueva campaña electoral. Bruce se negó, pero Reagan, durante un mitin, declaró: «El futuro de América está en nuestros sueños y en los mensajes de esperanza que canciones como las de Bruce Springsteen comunican a los jóvenes».

materialista, orientada a la carrera y poco inclinada hacia las cuestiones sociales. La generación de los jóvenes perteneciente a las capas que no habían sufrido la recesión se transformó en «young urban professionals», y de ahí el término yuppie, sosteniendo valores orientados al arribismo, al hedonismo, al mero individualismo. Millones de estadounidenses entre veintidós y cuarenta años aparecieron como una raza nueva, como la primera generación de la sociedad telemática, compuesta preferentemente por gente instruida, así como por consumidores altamente selectivos que condicionaron con sus exigencias los dictados de la publicidad y del mercado. Los modelos de comportamiento de la década de 1980 premiaban la performance, la mejora de uno mismo, el training, la planificación y la excelencia personal, dando origen a la que Frith y Goodwin definieron como «Me generation». Los yuppies tenían gustos refinados, les gustaba lo bello y lo high tech, se ocupaban de su aspecto de manera casi maníaca, disfrutando de los nuevos centros de fitness y UVA, frecuentaban lugares de moda, preferían la comida exquisita y los complementos vitamínicos, los primeros teléfonos móviles, los mandos digitales, los videojuegos, los lectores de compact disc de sonido impecable, el ordenador personal y el jacuzzi. El mood de estos individuos estaba influido por el uso de la cocaína, con fuertes subidones que rozaban el delirio de la omnipotencia, e increíbles bajones manifestados en síntomas maníaco–depresivos. El hecho de tener que estar siempre a la altura, siempre al máximo de la eficiencia y de la forma psíquico–física reflejaban los modelos de las revistas, producía niveles de estrés explosivos, para los que la sociedad del bienestar se volvió cada vez más enferma, desarrollando patologías como la bulimia, la anorexia, diferentes formas de nuevas dependencias y disturbios psíquicos que llevaban al abuso de fármacos y de sustancias sintéticas legales. La socialización se reducía a rituales de pura presencialidad sin auténtica comunicación y las emociones parecían vividas como en una pantalla, sin una real participación en la

LYDIA LUNCH

Espíritu rock

Cantante, escritora, poetisa y actriz, Lydia Lunch está considerada una de las diez intérpretes más influyentes de la década de 1990.

Llegó a Nueva York en 1975 a los dieciséis años, con un abrigo, una maletita roja y unas ganas locas de darse a conocer. Todavía usaba su verdadero nombre, Lydia Anne Koch: fue Willie De Ville quien la apodó «lunch», porque solía robar la comida a sus amigos Dead Boys, un grupo de punk de Cleveland. Cuando frecuentaba el Max's Kansas City dio vida a la banda de no wave de los Teenage Jesus and The Jerks.

Luego comenzó en solitario. En la década de 1980 fundó su empresa editorial y fotográfica, la Widowspeak Production, y realizó proyectos de colaboración con, entre otros, Sonic Youth, Nick Cave o Einstürzende Neubauten. Capaz de pasar con naturalidad de la música al cine, de la poesía al teatro, Lydia siempre ha estado en constante búsqueda de experimentación. Desde 2004 vive en Barcelona.

vida, que parecía como una tela vacía. Presa entre la muerte de los ideales y la crisis económica, la nueva generación no sólo perdió la confianza en el futuro típica de los hippies, sino también el estímulo a protestar de sus hermanos mayores punk. Era una generación que moría de inanición, consciente de su propia impotencia, perennemente aburrida y disgustada con la realidad, indiferente a las suertes de la sociedad, cínicamente vencida por su propia cotidianidad mediocre. El materialismo imperante no podía más que deprimir a los intelectuales que quedaban, ya no perseguidos por el sistema, sino simplemente ignorados, abandonados a su destino de perros callejeros entre los escombros de la sociedad del bienestar, con el terror de ser ya obsoletos en una civilización que había sustituido el debate por el disfrute pasivo de los medios de comunicación y el comentario crítico por el *advertising*.

El advenimiento de la política liberal del reaganismo dejaba progresivamente a las capas medias bajas en medio de la jungla de los cambios sin ninguna red de protección. A ello se añadía la tendencia, favorecida por la descentralización de las empresas, que llevaba a las capas acomodadas a emigrar desde las grandes ciudades industriales a las pequeñas realidades urbanas y rurales, causando una agudización de las diferencias raciales y de clase en su distribución territorial. Las metrópolis, abandonadas por la clase media, se convirtieron cada vez más en el territorio de los pobres inadaptados y marginalizados, transformándose en auténticos guetos de decadencia y criminalidad. La situación sería fundamental para el nacimiento de escenas musicales locales, que se comunicaban entre sí a través de la naciente red telemática, y para la germinación de fenomenologías peculiares de la desazón en el interior de las grandes realidades urbanas como Nueva York y Los Ángeles. Favorecida por la compartimentación del web y decepcionada por las políticas federales, la sociedad estadounidense parecía querer reconstituirse «a partir de abajo».

El espíritu del DIY («Do It Yourself») y del hardcore extrajeron linfa vital de estos acontecimientos. El nuevo lema «eres donde vives» se difundió desde el Atlántico hasta el Pacífico, mientras que ciertos estereotipos iban hundiendo cada vez más sus raíces en la realidad. En el estado de Washington, esta especie de aislacionismo cultural y social demostró ser el humus adecuado para la génesis del grunge. El declive de las industrias manufacturera, automovilística y pesada, concentradas sobre todo en los estados del Midwest, marcados por la pérdida de competitividad frente al sureste asiático, que podía servirse de mano de obra a bajo coste, crearon una auténtica migración hacia el nuevo Eldorado californiano de Silicon Valley, dejando las realidades urbanas de los estados centrales en condiciones de profunda indigencia. Tales situaciones de desocupación y pobreza se convirtieron en el terreno más apto para la «revuelta» de los jóvenes de la clase media blanca, que se hallaban cada vez más viviendo una condición de «white trash» proletaria. El movimiento hardcore de Minneapolis y Saint Paul, con Replacements y Husker Du en primera línea, venía generado precisamente por este malestar. Las ciudades californianas cada vez estaban más contaminadas, y eran más caóticas y llenas de tráfico, el precio de los alojamientos sufrió un incremento exponencial y, en consecuencia, la calidad de vida en la tierra de los «hijos de las flores» se transformó en un auténtico infierno. La plaga de la toxicodependencia (no por casualidad, la uso de la cocaína y la heroína se sumó el más económico del crack, sobre todo en el interior de los guetos suburbanos negros) extendió sus capas transversalmente en el interior del tejido social y el uso de sustancias estupefacientes ya no era una búsqueda para abrir las «puertas de la percepción», como en el pasado, sino una reacción neurótica de autodestrucción y de caída en el olvido, ante el urgente sentimiento de desazón y alienación. También el SIDA comenzaba a asumir las dimensiones de una nueva peste, surgiendo en los márgenes de la comunidad toxicodependiente y homosexual para difundirse capilarmente, provocando una histérica reacción de neopuritanismo. Esta sensación de amenaza creó una contradicción en la visión de la vida, que se limitaba cada vez más al propio microcosmos y que se reflejaba en la cultura y en la música, llevando a la suspensión de muchísimas escenas individuales y peculiares distribuidas en todo el territorio nacional unidas por su inclinación al DIY. La actitud anarcoide del punk se insinuaba perfectamente en este tejido neotribal para dar vida a la autarquía horizontal del hardcore antes y al sentido de nueva tribu de la nación alternativa más tarde.

«Norteamérica está matando el arte.»

DIAMANDA GALAS

En el terreno musical, pues, más allá de los masificados fenómenos *mainstream* como Madonna (el emblema de la transgresión transformada en comercialización de la imagen pop) y Michael Jackson, se asistió a una diferenciación de nuevos géneros. El vientre oscuro de los sótanos neoyorquinos creó fenómenos como la no wave y la minimal wave, engendradas en el vientre de la Gran Manzana que, en cuanto a megalópolis, manifestaba de modo peculiar y agravado los síntomas del malestar. Nacidas sobre las huellas dejadas por la Blank Generation en el páramo del sotobosque neoyorquino, se trataba de fenómenos de vanguardia que exploraron en poco tiempo todos los extremos de la expresión artística de la depresión, tanto en la música como en las artes visuales. Descendencia de las vanguardias de la década de 1960 y del pop art warholiano en cuanto a perenne necesidad de renovación y exaltación de la negación y de la crítica, se convirtieron en el catálogo de las frustraciones del individuo que vivía en la alienación y en el estruendo de la metrópolis. En todo el resto del suelo de la gran madre estadounidense nacieron muchos pequeños hijos bastardos, fruto del incesto de diferentes estilos y actitudes, entre ellos hardcore, industrial, heavy metal, punka-billy, psicodelia, grass–roots, pop, funk, blues y rap. Fueron los precursores de los grandes fenómenos del *crossover* y del grunge. En realidad resultaba difícil reducir a una única clasificación la infinidad de corrientes musicales y artísticas que reflejaban los humores contrastantes de los años ochenta, pero lo que genéricamente se definió como New Wave expresaba en general el descontento y los lados oscuros de la otra cara de la resplandeciente Norteamérica reaganiana. Representada por artistas que se exhibían en performances visuales musicales en el Kitchen o en el Public Access Synthetizer Studio de Nueva York, la no wave reaccionó a las convenciones doctrinarias del rock y del punk que también se estaba institucionalizando cada vez más. La furia y la concisión de este último se hicieron más extremas y se trasladaron a la atonalidad, su necesidad destructiva se volvió algo más sutil, perverso y minuciosamente programado, su rechazo nihilista se vio empujado a las situaciones borderline de la psicopatía y de la negación de las cualidades humanas. Esta se expresaba sobre todo como una depresión de autor elitista e intelectual y tomaba cuerpo en locales como el Danceteria donde, en las Art Attack Nights, artistas como Philip Glass y Diamanda Galas escenificaban performances neoexpresionistas. Entre los principales exponentes estaban las Theoretical Girls de Glenn Branca, fundador del Bastard Theatre, cuyas representaciones contenían elementos de dadaísmo, ofen-

sas en pleno estilo punk al público y noise rock. La corriente de la minimal wave se caracterizaba por su parte por un minimalismo más acentuado, y en ella destacaban

los salvajes y anfetamínicos Pussy Galore de Jon Spencer y los influyentes Dinosaur de Massachusetts (luego Dinosaur Jr.), capitaneados por J. Mascis que, con su estética constituida por pop noise y melodías al límite de la catalepsia reanimadas por vituperaciones punk, definían los cánones musicales del pre grunge junto a sus amigos Sonic Youth. Justamente estos últimos, fundados por Thurstone Moore, imprimieron a la transversalidad artística típica de la no wave (su bajista, Kim Gordon, también era una apreciada artista visual) y a su total libertad para reescribir los códigos musicales un impulso totalmente innovador, pervirtiendo la música al límite del noise con ritmos de bajo hipnóticos, arrebatos furiosos de índole hardcore y ética del DIY. Los Sonic Youth se convirtieron de esta manera en el ejemplo clave para numerosos jóvenes armados tan sólo con su desdén y sus guitarras, a la fuga del mundo de los simulacros y en búsqueda de un nuevo sentido de integridad moral y sonora. Estos influyeron muchísimo a la naciente escena hardcore y fueron los auténticos padrinos de la escena grunge, que heredó sus erupciones perturbadoras, al tiempo que fomentaron el nacimiento de una infinidad de sellos independientes que irían a nutrir la indie music de los primeros años noventa. La paradoja querrá que los mismos Sonic Youth, con su paso a la Geffen, seguido por el de Nirvana, fueran también los primeros en ofrecer en bandeja de plata al mercado caníbal de las multinacionales la valencia del alternative rock.

KIM & THURSTON, PAREJA SÓNICA

Se conocieron en la Gran Manzana en 1981. Ella tocaba el bajo con las CKM, él junto a Lee Ranaldo tenía en mente crear un grupo de rock en la vena de la no wave neoyorquina. La «juventud sónica» nació cuando Kim Gordon y Thurston Moore se establecieron como pareja fija. Tres años más tarde publicaron uno de sus álbumes más importantes (*Bad Moon Rising*), y se casaron. Al cabo de diez años los dos se convirtieron en padres de Coco Hailey, una hermosa niña destinada como papá y mamá a la carrera artística.

En 2011, a treinta años de distancia de su encuentro artístico/sentimental, después

de haber sido una de las «parejas rock» más unidas y longevas de la historia, Kim y Thurston anunciaban su divorcio. «Hemos intentado tener una relación normal en un mundo de locos –declaró Kim–, y de hecho ha terminado de una manera muy "normal": él tenía otra...».

Thurston Moore admitió la traición: ella se llamaba Eva Prinz y trabajaba en Londres, en una editorial. «Después de tantos años, las cosas pueden cambiar –dijo el músico norteamericano–, pero la música de Sonic Youth quedará para siempre.»

EL SONIDO DE LA GENERACIÓN X

El fracaso de la «Reaganomic», el retorno del «Do It Yourself» y la ascensión del hardcore. El rock de Minutemen, Black Flag, Pixies, Dinasour Jr. y Sonic Youth intentaba mitigar los dolores de una nueva generación con la incógnita del futuro.

En la segunda mitad de la década de 1980, la «Reagonomic» comenzó a revelar todas sus grietas y el malestar social se hizo todavía más palpable y perceptible a nivel capilar. Cada vez menos personas estaban dispuestas a dejarse encantar por la imagen optimista y confiada de «Ronnie, el cowboy». En una sociedad cada vez más inicua, la fenomenología musical comenzó a expresar aquellos sentimientos de rabia, abuso, injusticia y desesperación de manera cruda y violenta. Este aullido rabioso provenía de los guetos de las minorías de color, pero también de aquellos que, aunque de piel blanca, se sentían aplastados por la injusticia. Eran los perdedores, los desempleados, los marginados, los hijos de la clase media tocada de muerte, los cabreados de una traidora «land of opportunities». Si las minorías negras e hispánicas comenzaron a exorcizar sus frustraciones con el idioma del rap, la «white minority» intentaba salir del aislamiento de los bajos fondos metropolitanos y de la indolencia de la provincia con el grito salvaje de un punk revisitado: nacía así el hardcore, una música ruidosa, rabiosa, que rompía con el establishment y canalizaba los sentimientos de negación de la América reaganiana.

CICCONE YOUTH

En la década de 1980, MTV desempeñó un papel importante en la difusión de la cultura musical a escala global. Los Sonic Youth, en lugar de sentirse amenazados por esta nueva cultura pop, decidieron abrazarla, aunque de una manera totalmente personal y con una actitud puramente warholiana. De esta manera, tras sentir curiosidad por el fenómeno Madonna releído en clave pop art, fundaron Ciccone Youth, un tributo posmoderno a Veronica Louise Ciccone, reelaborando su hit «Into the Groove» en clave punk rock. De esta manera pretendían representar la pérdida del valor discrepante de la cultura *underground* en el momento en que esta se fundía con la cultura de masas. Sólo un grupo procedente de las cenizas del pop art neoyorquino podía recoger profundamente el valor de todo esto.

Al menos inicialmente, el hardcore era una escena cerrada y compacta, cuyo irritante bombardeo sonoro, de pose antiintelectual, se diferenciaba de la pretenciosa escena del art rock neoyorquino. Al final, sin embargo, el hardcore punk llegaría a cambiar las raíces de la escena *underground* incluso en Nueva York, aunque la gran ciudad de decadente vanguardia siempre fue considerada poco cool, hasta el punto de que el lema de la escena era «Fuck New York».

Las ciudades más pequeñas gozaban de una mejor consideración, ya que el hardcore predicaba «pensar en grande y actuar en pequeño», y también porque la Gran Manzana representaba la capital del establishment. En realidad, en las aburridas ciudades de provincia de la América profunda, donde el máximo de la ilustración cultural equivalía a un paseo por la calle mayor, los chicos buscaban nuevos estímulos para sacudirse el torpor y expresar su desacuerdo frente a los valores reaganianos. La misma sensación de confinamiento y alienación alimentaría el sotobosque del estado de Washington, generando el humus adecuado para el nacimiento del grunge. Este último no sólo tomó prestado del hardcore la actitud ruidosamente salvaje y de negación sino, sobre todo, la fuerza social subcosnciente que combatía la imagen eufórica, cinematográfica y postiza de la América reaganiana.

El hardcore retomaba la ética punk del «Do It Yourself» para reafirmar la total libertad creativa, oponiéndola a los valores de la mera comercialización discográfica. El hecho de tener presupuestos limitados para grabar discos, de manera que fueran accesibles a todos, se convirtió en una regla, así como la organización propia de las giras, a fin de evitar aumentar los ingresos del promotor. La actitud hardcore favoreció la autopromoción, concepto muy estadounidense en cuanto elemento clave de la iniciativa privada y de la libertad de expresión. El canal principal a través del cual se expandió el hardcore fueron los fanzines, es decir, impresiones u hojas telemáticas que contenían noticias, contrainformaciones, fechas de los conciertos, etc. Casi como una red de cultura subterránea alternativa y a veces antagonista respecto de los circuitos oficiales.

La posición del hardcore, retomada por algunos grupos grunge y por la escena alternativa, fue extremadamente «anticelebridad», en plena coherencia con la idea punk según la cual el reconocimiento de la masa conllevaba un desprecio a la creatividad y una traición de los valores originarios. Este integrismo, en ocasiones era tan rígido que confinaba a una especie de autoguetización, a veces esnob, que llevaba a rechazar a priori toda forma de compromiso con los medios de comunicación y con la cultura *mainstream*. Por este motivo, los grupos hardcore difícilmente aceptaron que las *majors* distribuyeran sus discos; más bien apuntaban a la autoproducción y distribuyeron ellos mismos sus trabajos directamente al público durante los conciertos. Este tipo de mentalidad determinó el desarrollo de pequeños sellos independientes (*indie*), entre los cuales destacaba la SST, con base en el sur de California, que publicó los primeros discos de grupos de culto como los Minutemen y los Black Flag. Procedentes de Los Ángeles, estos últimos se convirtieron, con el adrenalínico Henry Rollins como solista, en la erupción emblemática del homo anti establishment. Parecía casi imposible que del paisaje casi paradisíaco de California pudieran crecer algunas de las bandas más violentas de la escena estadounidense. Formar parte de un grupo hardcore coincidía a menudo con una elección de vida alternativa, alejada de

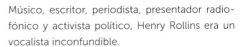

HENRY ROLLINS

La voz del hardcore

Músico, escritor, periodista, presentador radiofónico y activista político, Henry Rollins era un vocalista inconfundible.

Capaz de manejarse entre estilos diferentes, emergió de la escena hardcore de Washington. El crítico musical Michael Azzerad describía su canto como «un emocionante aullido ronco». Y si con su primera banda State of Alert «escupía versos como un subastador », con los legendarios Black Flag adoptó un estilo similar, aunque añadió un poco de swing porque, como decía, «es importante seguir las vibraciones de la música». Con el tiempo, se convirtió en un formidable intérprete de «spoken word». La revista *Rolling Stone* lo definió como una «chillona máquina de odio», e identificó su marca de fábrica como «asalto de improvisación violenta».

los excesos opulentos de las estrellas de rock del pasado, de la mirada afectada de los new wavers y de las poses amables del glam rock. El hardcore iba en busca de esencialidad, una especie de limpieza interior respecto de un mundo que cada vez más premiaba la ficción y la mentira. Los grupos hardcore no proporcionaban respuestas, dado que el cinismo y un rabioso nihilismo se lo impedían; pero se convirtieron en testigos de aquellas sensaciones de desaprobación dando salida en sus conciertos a las frustraciones de todos los que eran como ellos. El hardcore straight edge, que se desarrollaba en Washington D.C. y en Boston, que adoptó el nombre de un tema de los Minor Threat contenido en el homónimo EP de 1981, estaba vinculado a rígidos valores éticos y morales. Pero no aspiraba a ser una conformación absurda a las normas, sino más bien una reacción de desapego frente a los tópicos tan manidos del star system rock, como toxicodependencia, sexo promiscuo, lujo y autodestrucción. Esta disciplina del «stay safe» también buscaba reaccionar a la imagen nihilista punk y post punk, reducida ya a pose estética. La disolución en 1983 de los Minor Threat llevó a continuación a un componente de la banda, Ian Mac-Kaye, a fundar los Fugazi, uno de los grupos fundamentales de la escena alternativa a caballo entre los años ochenta y noventa. Aun proviniendo de la vanguardia neoyorquina de la minimal wave, los Sonic Youth adoptaron inmediatamente actitudes sustancialmente hardcore, condensadas en música con sonidos hipnóticos y cabreados, y, en los textos maníacos, herméticos pero llenos de poesía; uniendo el lirismo de los Velvet Underground, la prepotencia sónica de los Stooges y los sonidos anárquicos del noise rock. Nacidos del encuentro entre Thurston Moore y Lee Ranaldo, los Sonic Youth fueron determinantes a la hora de dar voz al sincretismo de la minimal wave y del hardcore, creando un híbrido desconcertante que alternaba ritmos histéricos con melodías hipnóticas y catatónicas, un módulo estilístico que influiría enormemente la música de la Generación X, hasta el punto de que serían considerados más tarde como los padres putativos de los Nirvana y de muchos otros grupos de la escena alternativa. Tras cobrar experiencia en la ecléctica y elitista escena artística neoyorquina evolucionaron apresuradamente abrazando la nueva subcultura hardcore, más viva, rabiosa y todavía en proceso de desarrollo. Sobre todo Thurstone Moore quedó completamente capturado por aquel sentimiento discordante y por aquella forma de energía primordial al límite del noise que reelaboraba en un estilo único, irrepetible y sucesivamente muy limitado. La búsqueda y el deseo de experimentación de la banda no eran tan sólo sonoras. También intentaban extrapolar los verdaderos humores ocultos en el interior de la psique de las capas medias de los Estados Unidos, convirtiéndolos a veces en un factor social y colectivo, otras veces en un abstruso concepto de tonos psicoanalíticos, estrechamente conectado con los meandros oscuros de la mente de cada individuo. En la foto de carátula del álbum *Bad Moon Rising* (1985) parecía un espantapájaros en llamas con una calabaza en lugar de la cabeza, fotografiado con un crepúsculo en Manhattan como fondo. La metáfora de la calabaza simbolizaba los miedos, los prejuicios y los tabúes de la sociedad estadounidense, como si se dijera: «Esto es la América media, ¿hay algo que no funciona?». Inicialmente grabaron para la pequeña Homestead y sólo más tarde se pasaron a la más famosa y organizada SST, preludio al sucesivo paso hacia las *majors*, cuando estas comenzarían, a finales de la década, a darse cuenta del potencial comercial de la escena independiente y a cortejar a las bandas alternativas. En realidad, hacia finales del período reaganiano (años 1987–1988), ello no era simplemente un capricho, sino una auténtica confirmación del cambio de clima; en aquellos años, el yupismo, el consumismo desenfrenado y la deliberada ignorancia llegaron al límite del exceso y el crack de Wall Street de 1987 proporcionó un signo tangible de que el reaganismo rampante ya estaba decayendo y, con él, todo

aquel sistema de valores por el que se regía. Las nuevas generaciones de una nación cada vez más afligida por los problemas sociales y cada vez más enferma en el alma comenzaron a rechazar el consumismo orientando su interés a los problemas ambientales, desempolvando los viejos valores de la generación hippie y renovando el sentido por la comunidad y lo social y el rechazo del anterior individualismo exacerbado. Esta generación, llamada Generación X por su falta general de objetivos concretos y por la carencia de una identidad destacada, aborrecía de los productos propios de las clasificaciones como Madonna, y en cambio apreciaba la escena indie, en cuya música reconocía sus angustias y su descontento. Resulta difícil establecer hasta qué punto fue el *business* discográfico el que se acercó a la indie music o viceversa; lo que interesa es que un gran número de bandas punk rock se encontraron formando parte del naciente mercado del rock

LITERATURA X

El nuevo fermento juvenil encontró sus voces literarias en Timothy Leary (el gurú de la psicodelia de los años sesenta), William Gibson y Douglas Coupland, escritores por antonomasia de la Generación X, definida posteriormente Slacker Generation. A Leary le gustaba crear nuevos sincretismos y paralelismos entre «viejas» experiencias lisérgicas y «nueva» realidad virtual, mientras que Gibson, autor de novelas cyber punk como *Neuromante y Mona Lisa acelerada*, profetizó un mundo en el que experiencias neuronales electrónicas sustituirían a las humanas y se contaminarían de estas. Douglas Coupland, el autor de *Generación X* y *Planeta Champú*, publicó los dos libros entre 1991 y 1992, cristalizando una generación «suspicaz, secreta y hostil a los flashes de los fotógrafos», en busca de cambios que pudieran dar un significado a la vida, que encontraba tan sólo los detritos de la memoria cultural norteamericana.

alternativo. Entre estas cabe citar a los Pixies de Boston, ciudad universitaria por excelencia donde, justamente gracias a la estimulante vida universitaria y al circuito de las

«college radios», se originaron algunos de los grupos más influyentes y característicos de
toda la música de los años noventa. Los Pixies nacieron en 1986 gracias a la iniciativa de
un sujeto cuyo nombre ya era todo un programa, un tal Charles Michael Kittridge Thomp-
son alias Black Francis, apasionado por los cometas y por los viajes especiales, así como
estudioso de antropología. Irónicos, desacralizadores y muy ruidosos, con su alternancia
de explosiones sonoras y melodías, inauguraron un estilo que duró más de una década.
Oficialmente inspiradores de Kurt Cobain y de muchas otras bandas de la década de
1990, los Pixies atrajeron la atención del jefe de la 4AD Ivo Watts–Russell que, al llegar a
Boston para asistir a un concierto de las recién contratadas Throwing Muses, decidió fi-
charlos. Además de Francis estaban Joey Santiago a la guitarra, David Lovering a la batería y la sacerdotisa de la escena alternativa Kim Deal al bajo, contratada mediante un
anuncio. El resultado fueron los ocho temas de *Come On Pilgrim* (1987). La sucesiva
alianza con Steve Albini generó *Surfer Rosa* (1988), piedra de toque del indie rock. En
1989 comenzó la colaboración con Gil Norton, que los guió hacia el reconocimiento *mainstream* de *Doolittle* (1989), *Bossanova* (1990) y *Trompe le Monde* (1991), antes de su
disolución en 1993. Gracias a su mezcla post punk, que mezclaba bullicio y melodía, distorsiones y vocalidades desagradables, siguieron siendo una especie de gurú para toda

una generación de músicos. También en Boston, capital intelectual y patria de bandas como los Cars y los Modern Lovers, se definió paradójicamente un sonido que embelleció el noise neoyorquino con un gusto típicamente disonante por la melodía y la psicodelia. Muy influyentes, sobre todo para la genética del grunge, fueron los Dinosaur Jr. Su líder, J. Mascis, procedente de una familia acomodada de Massachusetts, representaba para sus detractores el prototipo del hijo burgués aburrido que puede concederse el lujo de pensar en el deporte y en la música. En realidad, confinado en un íntimo y solitario lirismo, el joven Joseph no finge el malestar existencial que lo atenaza, ni la hipersensibilidad que lo llevará a somatizar la mayor parte de los síntomas morbosos de la Slacker Generation y a acuñar un título elocuente como «I Feel the Pain of Everyone». Tras formarse originariamente como un power trio inspirado también por el country punk psicodélico de los Meat Puppets (Cobain diría que ambos fueron sus puntos de referencia), los Dinosaur se distinguirían en seguida por una «psicodelia deprimida» y por su molesto volumen de ruido. «You're Living All Over Me» (SST, 1987) retomaba el formato de la balada tradicional, vituperándolo en una desconexión de sonidos, como era propio en el estilo del período. Las melodías de Neil Young y la simbología onírica de los R.E.M. fueron modificados en un tumulto violento, emotivamente desapegado y abúlico. Después de un cambio de formación, Mascis se convirtió en el as de la melodía deformada en distorsión, como confirmaron trabajos como *Green Mind* (1991), *Where You Been* (1993), *Without a Sound* (1994), *Hand It Over* (1997).

> «El hardcore es una canción de treinta segundos
> con la que un adolescente mata a Reagan.»
>
> THURSTON MOORE

En fin, no se puede hablar del bagaje grunge sin hacer referencia al heavy metal. Por ósmosis o por contraste, el grunge absorbió algunos de sus códigos musicales rechazando en cambio sus valores y poses estéticas. Retomó tanto el estilo de guitarra vinculado a los años setenta como una cierta influencia sabbathiana y zeppeliniana. En Seattle, bandas como Angel, Queensrÿche y Metal Church, que dejaron su espacio a Green River, Soundgarden, Mudhoney y Nirvana, entre otros, pescaron del heavy metal el gusto por el trasfondo pesado y las atmósferas «doom», por la exaltación del público y por los cabellos largos y desordenados, pero aparte de esto (actitud nihilista y tortuosa, tendencia al minimalismo y al DIY), tomaron más del punk y del hardcore. Pero sobre todo, las bandas grunge tenderían a huir de las reglas revalorizando el carácter instintivo del sonido y la despreocupación por el aspecto estético, aunque en breve tiempo su estilo casual de leñadores andrajosos se convertiría en el último grito en términos de moda.

WELCOME TO SEATTLE

La ciudad del Space Needle se mudó de piel: la nueva economía se combinó con una contracultura que se expresaba a través de la música. Melvins, Green River, Mudhoney, Soundgarden, la Sub Pop Records y los primeros gimoteos del grunge.

C apital del extremo Noroeste, conocida como «Emerald City» por el verde de los bosques que la rodean, Seattle fue durante casi doscientos años «la puerta de entrada» hacia Canadá y Alaska. Pero, en la década de 1980, la economía local sufrió un cambio. La carrera armamentística impulsada por Reagan llevó a Boeing (la empresa más importante de la ciudad) hacia un nuevo boom. Microsoft, fundada en 1975 por el vástago de buena familia Bill Gates, elaboraba el MS–DOS para el nuevo PC IBM y, al cabo de cinco años, crecía hasta el punto de contar con una plantilla de ocho mil personas. Compañías locales del sector de la moda como Generra y Unionbay, gracias a la ayuda de la mano de obra asiática a bajo coste, llenaban los centros comerciales con sus productos. Howard Schultz adquiere la pequeña Starbucks con una intuición que lo llevaría a crear «el imperio del cappuccino», mientras que Nike, en el vecino Oregón, se convertía en una institución global.

Al mismo tiempo, los modelos ganadores del reaganismo, cada vez más distantes de las clases menos acomodadas y de la sensibilidad radical de punks y perdedores, llevaron a lo que acabaría siendo la generación del grunge a desarrollar el gusto por las situaciones marginales y minimalistas y a rechazar la estética impuesta por los medios de comunicación. Los jóvenes de la Generación X habían heredado de la contracultura de los años sesenta la forma de

EL JARDÍN DE LOS SONIDOS

Es una de las cinco instalaciones artísticas en el campus de la National Oceanic and Atmospheric Administration, cerca del lago Washington. Ideado y realizado por el escultor Douglas Hollis en 1982–1983, A Sound Garden consta de doce torres de acero en cuyo interior hay tubos de órgano de diferentes dimensiones que producen sonidos graves cuando el viento entra en las estructuras o las roza desde fuera. .En la parte superior de las torres, unas banderolas horizontales de acero envían el viento hacia el interior de los tubos de órgano. En 1984, la recién nacida banda de rock formada por Chris Cornell, Kim Thayil y Hiro Yamamoto decidió llamarse Soundgarden en honor a la obra artística de Douglas Hollis.

pensamiento alternativo a los must del establishment y el gusto por los experimentos a los umbrales de las «puertas de la percepción». De los beatniks les venía un malestar vagabundo orientado a explorar la poética de las carreteras de la vida. Al contrario que sus tíos y padres, estos jóvenes abandonaban la ingenuidad de los hippies y la actitud elitista de los beats en favor de un nihilismo punk poco dado a la construcción de un mundo diferente o mejor. La juventud de Seattle, como muchas de una generación que había crecido en base a cereales y a los consejos del doctor Spock, no tenía el sistema inmunitario enfrentado para afrontar el mundo y su conflictividad. Replegada en una especie de oscura resignación que le permitía rehuir el estado de las cosas, deprimida por el clima oscuro y claustrofóbico del Noroeste, parecía flotar en una especie de autismo cuyo único canal de comunicación era la música. Pero cuyas expresiones extremas nunca eran explosivas y furiosas como las de sus hermanos mayores punk, sino más bien introvertidas y dolientes, llevadas a reconstruir el limbo perdido mediante la creación de estados fluidos y anestesiados. La compañera habitual de esta búsqueda catártica era la heroína, sustancia fácil de encontrar en Seattle, dado que el incremento del comercio con Asia la llevaba a raudales al puerto de la ciudad, última frontera yanqui antes del viraje hacia las pendientes del continente asiático.

La sensación de perdición creada por el derrumbe de los valores familiares, el rechazo a las instituciones y el sentimiento de desilusión, unido a la renuncia y al cambio, crearon una estirpe poco adaptada a la lucha. Pero determinaron bolsas de hermandad en la que compartir estos sentimientos con sus semejantes.

En Seattle, la necesidad de pertenencia se veía facilitada por las condiciones climáticas, frías y húmedas, que llevaron a los jóvenes a mantenerse a cubierto en las cafeterías o en las tabernas. ¿Qué mejor ocasión para hablar de música con los amigos y comenzar a tocar? En este contexto se crearon muchas bandas unidas por un sentimiento de amistad y hermandad fuera de lo común. Los grupos de rock eran las nuevas tribus que reforzaban la identidad en la consciencia de ser outsiders y establecieron las raíces de un manifiesto generacional diferente.

A mediados de la década de 1980, el llamado «rock of the Eighties» parecía estar al borde del declive, y en Seattle muchos locales que solían acoger aquel rock vigoroso y un poco excesivo estaban a punto de cerrar las puertas. Nacía un nuevo escenario, el Rock Theatre, formado por dos auditorios: el Gorilla Gardens, especializado en punk, y el Omni Room, especializado en metal. El local publicaba también un fanzine llamado Subcharge.

«Seattle está tomando consciencia de su identidad musical vinculada al aislamiento geográfico. Las bandas pueden crecer sin sacrificar la pureza de sus intenciones. En las otras ciudades es más difícil: hay más contaminación y todo cambia rápidamente.»

JONATHAN PONEMAN (Sub Pop)

Bandas punk y metal comenzaron a tocar allí, y los jóvenes descubrieron que sólo les diferenciaba el peinado y, cuando esto sucedió, el sonido grunge comenzó a tomar forma. En el Rock Theatre actuaban también los Butthole Surfers de Austin y los Violent Femmes de Milwaukee: los primeros hacían un rock desacralizador y desquiciado, los segundos tenían una actitud punk moteada de melódico romanticismo. Ambos actuaban en el subconsciente del grunge que estaba germinando. También los Guns N'Roses de su conterráneo Duff McKagan actuaban en el Omni Room, aunque la banda de Axl Rose y Slash representaba todo lo que los jóvenes de Seattle estaban rehuyendo inconscientemente: el histrionismo, el exhibicionismo, la ostentación de poses y excesos más cercanos al glam rock que a la descarnada esencialidad de la ética punk.

En el mismo período también llegaron a Seattle los Husker Du y Circle Jerks, que contaminaron con su consciencia hardcore la escena local, constituida por la proliferación de numerosas bandas que, entretanto, se ejercitaban en los garajes y en los naves abandonadas de los viejos edificios comerciales.

De hecho, en este período, Seattle ya era un crisol de talentos diversos, reunidos por una atmósfera de mutua aceptación de las diferencias, que creó una mezcla estilística y de actitudes importante y única. Grupos de art rock, punk y metal se intercambiaban la atención de un público devoto y sustentado por una pasión auténtica, dispuesto a afrontar la lluvia y el hielo con tal de estar presente en los conciertos, en una transversalidad democrática y fraternal muy diferente respecto a la segmentada y sectaria escena californiana.

Los nuevos grupos eran rabiosos y cínicos, irónicos y antimachistas, según una revisión de todos los estereotipos clásicos del rockero de pelo largo; sus melenas despeinadas llevaban más el mensaje contracultural de los hippies que el misógino de los metaleros.

El híbrido punk metal creó en el área de Seattle su más alto sincretismo, fruto de la mezcla entre la potencia vulgar del sonido metal y la actitud punk. El cantante Chris Cornell era un buen ejemplo de ello. Nacido en la parte norte de Seattle, había sido camello, ladrón de automóviles y había ejercido muchas otras actividades al límite de la legalidad antes de comenzar a cantar con la banda de versiones de los Shemps a los 17 años, junto al bajista Hiro Yamamoto. Posteriormente se sumó a la banda el guitarrista Kim Thayil. Los tres compartían una sensibilidad punk y una pasión visceral por el hard rock de la década de 1970. En 1984 dieron vida a la banda llamada Soundgarden, nombre que provenía de una instalación situada cerca de Magnuso Park. En otoño de 1985, Thayil invitó a un concierto de la banda en el Rainbow a su paisano de Illinois Bruce Pavitt, estudiante del Olympia College que, en 1979, había dado vida al fanzine Subterranean Pop. Más tarde, Pavitt recordaría que «en aquel período, en la escena punk de la que formaba parte no podías aflojar el ritmo... Los Soundgarden fueron de las primeras bandas de Seattle que rechazaron esta filosofía y sostuvieron que escuchar, por ejemplo, a los Black Sabbath, estaba bien. Tenían un sonido único, una especie de punk metal *crossover*, y yo los encontraba grandiosos. Los punk los odiaban mientras que los metaleros de la provincia no tenían la oportunidad de asistir a sus actuaciones».

LA AGUJA ESPACIAL

Es el símbolo de Seattle, inaugurado en 1962 para la World's Fair; se trata de una torre observatorio de 184 metros que durante años fue la estructura más alta al oeste del Misisipi. Cada año más de dos millones de visitantes suben por los ascensores que llevan al nivel superior desde el que se puede admirar una vista extraordinaria de la ciudad, de la bahía de Elliott y las islas colindantes. En 2012, para su cincuentenario, el techo del nivel superior se volvió a pintar de color dorado, exactamente como en la versión original de 1962. Cada año, en la noche de fin de año, el Space Needle acoge un show de fuegos artificiales a ritmo de música. «La aguja espacial» es el corazón del Seattle Center, el parque de la ciudad donde, el 10 de abril de 1994, Courtney Love presenció el funeral en memoria de Kurt Cobain. También en el Center, desde 2000, se yergue el Experience Music Project, fundado por Paul Allen e ideado por el célebre arquitecto Frank Gehry. El edificio, que recuerda una guitarra eléctrica achatada, acoge un museo del rock con la mayor colección en el mundo de recuerdos, fotos y filmaciones de los músicos de Seattle, con Jimi Hendrix y Nirvana en primer plano.

La fotografía de este período de incubación fue la compilación *Deep Six*, de enero de 1986, grabada por iniciativa de Chris Hanzsek en los Ironwood Studios para la C/Z Records, y que contenía temas de U–Men, Skin Yard, Soundgarden, Malfunkshun, Green River y Melvins. Justamente estas dos últimas bandas resultaron ser decisivas para el nacimiento de la nueva escena musical. Los Green River, fundados por el cantante y guitarrista Mark Arm y por el bajista Jeff Ament (que luego formaría parte de los Pearl Jam) con el disco *Come On Down* (1985) anticiparon todo lo que el grunge tendría que decir, uniendo la oscuridad sulfúrea de los Black Sabbath con el boogie obsceno de los Stooges. Lo que hicieron fue retomar la inclinación garage rock por las convenciones y la volvieron a proponer en forma de un salvaje rechazo de las reglas, de los valores morales, de las ideologías, de la política, de la vida burguesa y de los buenos sentimientos. Este se convertiría, en cierto sentido, en el manifiesto de la Grunge Generation. Pero el aspecto de los Green River todavía estaba relacionado con los viejos estereotipos del glam rock, como el uso de corpiños excéntricos, panties, purpurina y maquillaje al estilo de Kiss. Su disco de 1987, *Dry As a Bone* (Sub Pop) lanzó el fenómeno Sub Pop y dio inicio a la saga de Seattle.

JACK ENDINO

El sonido del grunge

En 1985, junto a Daniel House, fundó los Skin Yard, banda de rock cuyo sonido resultó ser muy influyente para la naciente escena grunge: también estaban en la recopilación *Deep Six*. Junto a Chris Hanzsek, ingeniero de sonido de *Deep Six*, Endino fundó los Reciprocal Recording, en los que grabaron varios grupos de Seattle y donde, en 1988, los Nirvana grabaron su álbum de debut, *Bleach*

(treinta horas de estudio con un coste total de 606 dólares y 17 céntimos). En unos pocos meses, la línea en los créditos «recorded by Jack Endino» se convirtió en una marca de garantía, detrás de la cual estaba el sonido distorsionado del indie rock de aquel período. Su áspera «trademark» nacía del deseo de las bandas de tocar duro, pero también de la actitud de Endino de trabajar sin pausas, lo cual lo llevó a reservar una sesión de grabación tras otra sin preocuparse demasiado por detalles y acabados. «En realidad –revelaba Endino– aquel sonido tosco que luego se puso de moda se debía a la falta de tiempo, de dinero y al efecto de las ocho pistas...».

«Sabía exactamente cómo grabar una guitarra grunge, porque yo fui el primero en tocar de aquella manera. A pesar mío, creé una nueva estética. Lo que al principio sonaba desquiciado, luego se convirtió en una moda.»

JACK ENDINO

En aquel mismo año, los Melvins, que se habían formado en la vecina Aberdeen y se inspiraban en el sonido potente y grave de los Black Sabbath y en el de los Black Flag, publicaron *Gluey Porch Treatments* para el sello californiano Alchemy. El power trio originariamente formado por Buzz Osborne, Dale Crover y Matt Lukin representaba, gracias a ritmos lentos y obsesivos, un proceder psicótico y catártico, una ironía desacralizadora y alucinada, el instinto primitivo del sonido de Seattle. Tras hacerse famosos en las fiestas del instituto de su ciudad natal por sus actuaciones a volúmenes intolerables en las que se divertían rompiéndolo todo, los Melvins impactaron en el imaginario de su joven conciudadano Kurt Cobain. En ellos, Cobain encontró no sólo un punto de referencia musical sino también a la familia que había perdido tras la separación de sus padres.

Después de haber surcado durante mucho tiempo la escena indie, los Melvins obtendrían un contrato importante con la Atlantic en 1993, para reconvertirse de nuevo al verbo independiente y, en cualquier caso, sin hacer nunca ninguna concesión comercial. Con su psicodelia poderosa y extravagante, y sus reiteraciones obsesivas, se convertirían en un grupo fundamental que influyó también a una de las escenas más auténticas post grunge, la del stoner rock que tendría en los Kyuss a sus padres fundadores.

«La diversión nos la teníamos que inventar: estábamos dispuestos a recorrer muchas millas bajo la nieve con tal de tocar juntos.»

MARK LANEGAN

Otra banda fundamental de este momento clave del nacimiento del grunge fueron los Mudhoney, nacidos en 1988 de las cenizas de los Green River, con Mark Arm y Steve Turner (también ex guitarrista de los Green River), que se unieron a Matt Lukin con la intención de expresar una irreductible vena satírica y el amor por los riffs sucios, tortuosos y distorsionados. Los ritmos psicóticos, virulentos y retorcidos, de los que emanaba la misma energía primitiva de MC5, Stooges y Blue Cheer, eran evidentes en el sencillo «Touch Me I'm Sick», publicado por la Sub Pop. «Superfuzz Bigmuff», «Every Good Boy Deserves Fudge» y «Piece of Cake» proponían sonidos excitados, llenos de rítmicas hardcore, de reverberaciones y *feedbacks* garage y de peligrosas ralentizaciones de blues psicodélico que llevaban a la banda a disfrutar de sorprendentes reconocimientos y a encontrarse entre los primeros grupos en realizar una gira por Europa. La prueba del hecho de que el grunge nació como una derivación y, luego, como una reacción al rock de la década de 1980, era evidente en la apariencia glam rock de muchas bandas que posteriormente vestirían las clásicas camisas de franela. Entre estas estaban Alice in Chains, del guitarrista Jerry Cantrell y del cantante Layne Staley, que actuaron por primera vez en 1988 con el nombre de Diamond Lie. La banda, a la que pronto se sumaron el bajista Mike Starr (a continuación reemplazado por el ex miembro de la banda de Ozzy Osbourne Mike Inez) y el batería Sean Kinney, en principio vestía según un estilo que Staley definía irónicamente como «full glam regalia», con accesorios excéntricos y melenas cardadas. Más adelante la banda se pasó a las camisas a cuadros y a los cabellos largos pero despeinados, y Layne fue el primero en dejarse crear la famosa perilla. Dotados de una energía increíble y bendecidos por la catártica y altamente emotiva voz del cantante, Alice in Chains recalaron en segui-

da en Columbia con *Facelift*, su álbum de debut para la *major*, lleno de un grunge amenazante que rezumaba metal con tonalidades sabbathianas, y que desde el círculo de las college radio fue catapultado a las emisoras de rock clásico hasta convertirse en un disco de oro.

Unánimemente reconocido como auténtico pionero de la escena de Seattle, Jack Endino comenzó su carrera como productor en 1985, improvisando un estudio de grabación muy simple en el sótano de su casa, lugar de peregrinación de muchas bandas en busca de una demo. En junio de 1986 abrió los estudios Reciprocal Recording dedicándose a su actividad de ingeniero de sonido y convirtiéndose en el artífice de un sonido tosco y directo que crearía escuela. Mientras que Endino iba soltando sus rugidos roncos, Bruce Pavitt, inspirado por

UN MAUSOLEO PARA JIMI

El 1 de octubre de 1970 se celebraron los funerales de Jimi Hendrix en la iglesia baptista de Dunlop. El cuerpo fue sepultado en el cementerio de Greenwood, en Renton, en la parcela de la familia. Una lápida pequeña y sencilla reza: «Forever in our hearts» (para siempre en nuestros corazones). Casi treinta años más tarde comenzaron las obras para un mausoleo deseado por el padre del guitarrista, Al Hendrix, que entretanto había vuelto a adueñarse de los derechos de las obras de su hijo. El 27 de noviembre de 2002 (con ocasión de los sesenta años del nacimiento de Jimi), pocos meses después de la muerte de Al, se inauguró el monumento cerca de la entrada del mismo cementerio: una imponente obra de mármol de tres columnas que acogió los restos del guitarrista, de su padre, de su abuela y de su madre adoptiva. En los paredes se grabaron algunos textos de los temas más famosos de Jimi Hendrix.

Deep Six, en otoño de 1986 dio vida a la recopilación *Sup Pop 100*. El disco, subtitulado con el eslogan «To K–Tel With Love», era una colección amateur de temas art–pop tomados prestados de las college radios, con la presencia de Sonic Youth, Steve Albini, Naked Raygun, Skinny Puppy, Shonen Knife, U–Men y Steve Fisk. Spine lo definió como : «The new thing, the big thing, the God thing: a multi–national conglomerate based in the Pacific Northwest». Después de *Sub Pop 100* (el primer trabajo para el sello homónima), al que siguió *Dry As a Bone*, de los Green River, Kim Thayl, de la banda Soundgarden presentó a Bruce a Jonathan Poneman, dj y músico. Ambos, unidos por la visión de crear una caja de resonancia para las bandas de talento de aquella escena, se empeñaron a fondo para convertir a la Sub Pop en un punto

de referencia no sólo local. El primer single de la Sub Pop fue «Hunted Down/Nothing To Say», de los Soundgarden, los cuales poco más tarde grabaron el EP *Screaming Life*, que atrajo a su alrededor y al sonido de la Sub Pop la atención de la SST y de las *majors*. Después del éxito de *Sub Pop 100* y de los EP de Green River y Soundgarden, la actividad de la Subpop se siguió incrementando, hasta el punto de que, en abril de 1988, Pavitt y Poneman tuvieron que transformar el sello de Seattle en una sociedad comercial a todos los efectos, con distribución nacional. El negocio Sub Pop, emblemático del desarrollo del mercado indie del período, comenzó a expandirse, y la promoción se sirvió también de la impresión de camisetas con la inscripción «Losers», un alegato contra la obsesión yuppie de tener que ser unos «winners». Muy pronto aquella inscripción se convirtió en el manifiesto de la época. Hoy, la Sub Pop intenta todavía alcanzar sus objetivos de la misma manera que en los años de Nirvana y Soundgarden. Poneman afirma que el entusiasmo sigue siendo el de entonces: «Quizás en el resto del mundo se comportan de manera diferente. Pero nosotros comenzamos nuestro recorrido siempre con la misma premisa: ¡esto es jodidamente grande, esto es la hostia!».

UN CULTO LLAMADO GRUNGE

Ascenso y caída de la Sub Pop y génesis de una nueva música. Nirvana, Soundgarden y Pearl Jam, a punto para levantar el vuelo, y el grunge, de fenómeno alternativo pasaba a convertirse en una moda planetaria.

Bruce Pavitt y Jonathan Poneman lograron crear en seguida en torno a la Sub Pop una adecuada imagen «hype». Pavitt había entendido que un disco era, al mismo tiempo, visión, documento y objeto que creaba conexión emotiva con el oyente. Y por otra parte conocía bien el valor de mercado del coleccionismo. De esta manera, cada producto Sub Pop, hasta el single de una banda desconocida, se trató como un objeto de culto: promoción en prensa limitada, vinilos de colores, grafismo y fotos de cubierta espectaculares. Aquella política inteligente (y astuta), más que favorecer el boom comercial del sello, contribuyó a hacer de ella una marca de difusión cultural elitista. Y si el sonido Sub Pop se distinguía por timbres ásperos y fangosos, su dirección creativa era profesional y de gran impacto. Bruce y Jonathan se convirtieron en los consentidos de la prensa *underground* estadounidense y británica, incluso antes de alcanzar resultados considerables en términos de ventas. En octubre de 1988 lanzaron el Sub Pop Singles Club, en el que se pagaba por adelantado para adquirir discos de 45 rpm de colección en vinilo. La primera operación de este tipo fue la impresión de mil copias de la versión de los Schocking Blue «Love Buzz» por parte de los Nirvana. El infalible olfato de Poneman había percibido ya el increíble potencial de Cobain, como lo testimoniaría a continuación Eric Amrine, ex de los Color Anxiety: «Poneman llegó a casa de mi novia con aquel cassette y estaba entusiasmado. Me decía: oye la personalidad de la voz de este muchacho... es mejor que Paul Westerberg. Y escucha también sus canciones...».

La actitud de los Nirvana era la antítesis del cock rock. En la naciente cultura grunge no existían barreras de género: la única regla ética era la honestidad de ser sí mismos mientras caían los muros en torno a

GRUNGE QU'EST–CE QUE C'EST?

La palabra «grunge» se deriva de «grungy», que en el argot estadounidense significa «mugriento». Muchos atribuyen a Mark Arm, cantante de Green River y de Mudhoney, la paternidad del término. Se dice que lo usó por primera vez en 1981 en una carta enviada a «Desperate Times», un fanzine de Seattle, definiendo a su banda, Mr. Epp & The Calculations, como «pure grunge, pure noise, pure shit». Si Arm usó «grunge» de forma descriptiva, fue Bruce Pavitt, de la Sub Pop, unos años más tarde, quien utilizó el término para identificar aquel género musical, un híbrido entre punk y metal, que su sello popularizaría.

los prejuicios sexuales y raciales, al abuso a la infancia, a los valores morales institucionales. Gracias a las luchas por la adquisición de los derechos civiles de las minorías y a la fuerza de ruptura del movimiento punk y hardcore, los grunger pudieron personificar la libertad de ser gente outkast e ironizar sus prejuicios. No es casual que algunos de los grafitis preferidos por Kurt Cobain fueran «Homo Sex Rules» y «God Is Gay», y él mismo jugaría durante mucho tiempo con su presunta bisexualidad. Incluso fue arrestado por estas inscripciones anticonformistas (la mentalidad de Aberdeen, la población de la que procedía, era muy cerrada y provinciana, basada en una especie de machismo de leñador). Por su parte, sus amigos de bromas, Buzz Osbourne y Krist Novoselic, lograron abrirse camino. Novoselic, procedente de Compton, en California, llegó a Aberdeen en 1979 con su familia de origen croata. Pocos años más tarde conoció a Cobain y se convirtió en su batería. A continuación, después de una breve separación, la alianza con Kurt se consolidó más. Entretanto, en 1985, Cobain produjo una demo con el bajista Dale Crover con el nombre de Fecal Matter. A este respecto, Cobain recordaría al Chicago Tribune: «En torno a 1985/1986, la escena hardcore nos parecía acabada... Todo era aburrido, por lo que comenzamos a volver a dar valor a la música con la que habíamos crecido: Alice Cooper, MC5, Kiss. Era un tabú admitir una cosa semejante en aquellos años, pero nosotros nos dejamos crecer los cabellos diciendo: a tomar por saco lo que piensan los demás, nosotros hacemos lo que queremos. Rendíamos homenaje a toda la música que nos había gustado siendo niños, sin renegar de la energía punk que nos inspiró siendo adolescentes».

Esta alianza entre metal y punk, metabolizada por la nueva sensibilidad generacional y por la peculiaridad territorial y geográfica de Seattle, sentó las bases de su música. Kurt Cobain, Chris Novoselic y el batería Aaron Burckhard tocaron en directo, por primera vez, en una fiesta en el Grays Harbor County de Raymond. La amistad con los Melvins facilitó el debut de la banda en público en la primavera de 1987, en el Community World Theatre de Tacoma, delante de trece personas. Fue necesario esperar al 24 de abril de 1988 para ver la primera actuación en Seattle, en un show esponsorizado por la Sub Pop, preludio de la grabación del single «Love Buzz».

> «Al principio, éramos felices haciendo aquello en lo que creíamos. Y nos las apañábamos bien. La escena de Seattle, pura e inocente, se agotó en 1989: el éxito de las bandas lo arruinó todo.»
>
> JACK ENDINO

En cualquier caso, no todos los artistas decidieron entregar su talento a la indie autóctona. Los Soundgarden, por ejemplo, se fueron amistosamente a causa de algunas divergencias acerca de la distribución de sus discos en Europa. En otoño de 1988, realizaron

Ultraomega OK para la SST. El siguiente *Louder Than Love*, de 1989, que publicó la A&M, tenía un atractivo mucho más comercial, sostenido siempre por el inmenso talento vocal de Cornell. Los Soundgarden se dispusieron a convertirse en un auténtico fenómeno, y Cornell, que se presentaba en el escenario sólo con bermudas negros y botas militares, parecía estarse transformando en el próximo dios pagano del rock'n'roll después de Jim Morrison. El *Los Angeles Times* escribió en 1990: «Esta joven banda de Seattle tiene los papeles en regla para convertirse en el grupo de estadio de los años noventa. Chris Cornell es tan sexy que se impone a la competencia de Bon Jovi, mientras que la sección rítmica, sin alejarse de la viril potencia del hardcore, es tan groovy y sensual como para conquistar al público *mainstream*». Entretanto, Yamamoto dejaba la formación para terminar la carrera de química y ciencias en la UW, sustituido primero por Jason Everman (que había tocado como segundo guitarrista con los Nirvana) y luego por Ben Shepard, amigo de Stone Gossard desde hacía tiempo.

> «Los Nirvana convirtieron al grunge en un fenómeno mundial,
> pero los que lo empezaron todo fueron los Mudhoney.»
>
> EDDIE VEDDER

SCREAMING TREES, FASCINACIÓN GRUNGE

Los Screaming Trees, que se formaron en 1985 en Ellensburg, Washington, eran una banda de garaje que mezclaba actitud punk, rock de los años setenta y psicodelia de los sesenta. Se les considera entre los «Padrinos del Grunge», y después de haber realizado cuatro discos para la SST y un doble sencillo para la Sub Pop, publicaron en la Epic *Uncle Anesthesia* y *Sweet Oblivion*, alcanzando un discreto éxito comercial.

Guiaba a los «Árboles aulladores» el vocalista Mark Lanegan, cuya voz sulfúrea y ruda de crooner negro, caracterizada por una vena romántica siniestra, era el auténtico valor añadido, así como el rasgo distintivo de la banda. Posteriormente Lanegan emprendería una significativa carrera solista con atmósferas sombrías y espectrales, a imagen de Tom Waits y Nick Cave.

Como respuesta, en 1989 la Sub Pop publicó los álbumes de los Swallow, los TAD y los Nirvana. Estos últimos, con Chad Channing a la batería, engendraron la pequeña obra maestra que fue *Bleach*, nombre que respondía a la campaña anti Sida en la que se pedía a los toxicodependientes que desinfectaran las agujas antes de su uso. El álbum se grabó bajo los auspicios de Endino por seiscientos dólares, y se convirtió en una de las obras maestras del grunge antes de su explosión comercial, terminado inmediatamente en el Top 20 de las college radios. Así describió *Bleach* el catálogo Sub Pop, en su lanzamiento promocional: «Una energía hipnótica y de impacto para estas estrellas del pop de Olympia. Son jóvenes, tienen furgoneta propia, ¡y nos harán ricos!». Efectivamente, dado que Cobain vivía en Olympia, Novoselic en Tacoma, pero los conciertos se desarrollaban sobre todo en Seattle, los Nirvana fueron de las primeras bandas de la escena grunge en poseer una furgoneta propia con todo el equipamiento.

Fueron teloneros de Mudhoney y TAD en el primer lame Fest de la Sub Pop, el 9 de junio de 1989, que se celebró en el Moore Theatre. El público reaccionó de tal modo que los Mudhoney tuvieron que interrumpir el show hasta tres veces. La tensión era alta, y la atmósfera vibraba con una energía llena de una fuerza nueva y embriagadora, que no se había percibido jamás hasta entonces: el pueblo grunge recibía su bautismo.

Entretanto, la Sub Pop prosiguió su política: presupuestos insuficientes y una construcción detallada de la identidad del sello. Los grupos debían caracterizarse por poseer un sonido ruidoso y muy tosco de tipo post punk y una actitud apolítica, de perfil bajo y anti star system. Debían representar la imagen del label: cabellos largos y lisos en cabezas que se balanceaban agitadas, slam dancing y stage diving en los conciertos, cerveza, cinismo, vínculos de solidaridad

16 DE MARZO DE 1990 ◄

Andrew Wood, cantante de los Mother Love Bone, muere a causa de un colapso y por la toxicodependencia.

16 DE ABRIL DE 1990 ◄

Aparece *Spanky Machine* de las Babes in Toyland, producido por Jack Endino. La banda entra de golpe en la escena oficial del riot grrrl movement, bendecida también por los Sonic Youth, que las quieren como teloneras para la gira europea.

28 DE AGOSTO DE 1990 ◄

Facelift, de los Soundgarden, aparece publicado por la Columbia, y es uno de los primeros discos que atrae al público metal y hard rock hacia la escena de Seattle.

1 DE SEPTIEMBRE DE 1990 ◄

Las L7 publican en la Sub Pop *Smell the Magic* y crean la asociación «Rock for Choice» en defensa de los derechos de las mujeres.

17 DE ENERO DE 1991 ◄

Después de la invasión de Kuwait por parte de Saddam Hussein, tras expirar el ultimátum de la ONU, la coalición internacional ataca Irak en la primera Guerra del Golfo. En Seattle, más de 30.000 personas efectúan una marcha contra el ataque aéreo estadounidense en Irak, anticipando ocho años, en cuanto «pueblo de Seattle», el encuentro antiglobalización de 1999.

30 DE ABRIL DE 1991 ◄

Los Nirvana firman para la Geffen.

18 DE JULIO DE 1991 ◄

Debut del festival itinerante Lollapalooza, que mezcla por primera vez música blanca y negra para el público de la Alternative Nation.

27 DE AGOSTO DE 1991 ◄

Los Pearl Jam entran con vehemencia en la escena con *Ten*, un disco que define con éxito la vertiente más rock clásico de la escena grunge, mientras que «Alive» se convierte en un himno generacional.

24 DE SEPTIEMBRE DE 1991 ◄

Los Nirvana publican *Nevermind*.

y camaradería en el interior de la «familia», *feedback*, ruido, humo, nada de política, ningún intelectualismo, cero fashion, nada de R&B, nada de mujeres en primer plano (sobre todo en los vídeos). La poderosa prensa británica, que crea tendencia mundial, quedó capturada por aquella estética y contribuyó a convertirla en un fenómeno de moda mundial. También Poneman contribuyó en ello, consciente de que el Reino Unido era un gran mercado potencial, no tanto discográfico como de modas y estilos. En consecuencia, contrató para la Sub Pop al agente inglés Anton Brooks para que se ocupara de promover el sello en tierras británicas. Brooks intentó transmitir el mensaje de que los grupos Sub Pop eran la alternativa al pretencioso art rock neoyorquino y al rock de más allá del océano, considerado en general «ignorante y palurdo» por parte de los esnobs ingleses. Por otra parte, de acuerdo con el sello, Brooks envió a un periodista de Melody Maker, Everett True, a Seattle, para que documentara la «grunge explosion», término cuya paternidad él mismo reivindicaría. En marzo de 1989 apareció un artículo sobre los Mudhoney en el que se hablaba de Seattle como de una «ciudad pequeña e insignificante de la Costa Oeste que produce la música más increíble e impresionante aparecida de diez años a esta parte». De ahí en adelante, las crónicas y noticias sobre el fenómeno grunge se fueron sucediendo, difundiendo el hype en el resto de Europa y, de rebote, en todos los Estados Unidos. Pronto, lo que pretendía ser una actitud anti *show business* se convirtió en el *show business* por excelencia.

Después de la explosión a nivel comercial, la Sub Pop se convertiría incluso en una marca generacional, cortejada por los medios de comunicación y símbolo de una estética sonora y de actitud. A partir de entonces, todo lo que procedía de Seattle se convertía en el último grito, aunque la explosión mundial debió esperar al estallido de *Nevermind*. Como corolario de este proceso, los Mudhoney, los Nirvana y los TAD fueron enviados en otoño de 1989 al Lame Festival de Londres, y la «Seattle Invasion» impactó a Europa con actuaciones de muchos otros grupos (entre ellos Soundgarden, Beat Happening y Metal Church). El público europeo, acostumbrado a las postizas secuelas posteriores a la new wave, al *mainstream* pop, al sonido del sintetizador o a las exageraciones del último hard rock, se quedó fulminado por esta música descompuesta y primitiva, encabronada como el punk y rugosa, carente de poses que no fueran un retorno primordial a las guitarras, al sudor, a la vocalidad visceral y llena de un pathos áspero e instintivo. También la Europa joven, que salía de un período de reflujo de carácter reaganiano–thatcheriano lleno de conflictos sociales y que ya no podía con el hedonismo yuppie, encontró en el grunge una nueva manera y un nuevo estilo. Tras acabar de vivir la caída del Muro de Berlín, acaecida justamente en noviembre de 1989, que abatió las barreras políticas y culturales llevando nuevos vientos de libertad y esperanza, la juventud del Viejo Continente lograba acoger y asimilar profundamente el significado de la música del Noroeste estadounidense.

«Muchos de nosotros crecimos con pan, Black Sabbath, Aerosmith y Kiss. El interés por el punk se relacionaba sólo con el gozoso carácter transgresor de los Ramones.»

JEFF AMENT (Pearl Jam)

La juventud del mundo occidental se veía unida, como en una especie de sentimiento global *avant la lettre*, por el mismo malestar y por la misma necesidad de cambio, aunque apocalíptico y carente de toda ideología, que el pueblo de Seattle representaba tan bien. La Sub Pop surfeó esta ola y siguió suscribiendo acuerdos de distribución con algunas *majors*, manteniendo al mismo tiempo fiel con su línea independiente, que le ayudó a no perder credibilidad entre la fauna alternativa. La actitud indie se extrapoló entonces a la comercialización de los discos con su marca únicamente a través de envío postal y de unas pocas tiendas especializadas situadas sobre todo en las ciudades universitarias. A pesar de ello, el sello comenzó a gastar más de lo que ganaba, y en 1991 se encontró al límite del colapso financiero. Comenzaron a circular muchas leyendas urbanas sobre la relación contradictoria de la Sub Pop con sus artistas. Según una de estas, una noche, Chris

Las principales casas de moda se apropiaron del «*look* grunge» vendiéndolo como estilo de vida del joven cool y transgresor. Botas militares, camisas a cuadros de leñador, cabello largo y desordenado, bajo gorras de lana de pescador, tejanos desgarrados, calzoncillos a la vista bajo montañas de capas y chaquetas desgarradas de talla grande pasaron de las tabernas de Seattle, donde la gente «who didn't care» convertía el *look* andrajoso en una forma de desafección a las reglas de la apariencia, a las cubiertas de las revistas glamour de medio mundo. En el número de diciembre de 1992, *Vogue* dedicó al grunge todo un reportaje titulado *Grunge & Glory*, con carísimos modelos de Ralph Lauren y Calvin Klein.

Novoselic, bajista de los Nirvana, llegó borracho a la casa de Pavitt reclamando un contrato mejor para los Nirvana, cosa que podía garantizarse. De esta manera, cuando David Geffen quiso fichar a la banda para su sello, suscribió un acuerdo con Pavitt y Poneman que comprendía dinero contante y sonante, la presencia del logo Sub Pop en los dos álbumes siguientes y el 2% de royalties en el caso de que las ventas del grupo ascendieran a 200.000 copias. El acuerdo, junto con los ingresos de *Bleach* y de *Every Good Boy Deserves Fudge* y a la inyección financiera que había llegado con el nuevo distribuidor Caroline Records, salvaron a la Sub Pop de la quiebra.

Entretanto, los focos seguían apuntando a Seattle, que comenzó a obtener una mayor cobertura mediática mediante la participación de algunos músicos en shows televisivos populares y mediante la presencia del famoso director de cine David Lynch en el estado de Washington para rodar su inquietante *Twin Peaks*. Nacieron nuevos locales, como The Off Ramp, para dar espacio a las cada vez más numerosas actuaciones de grupos más o menos conocidos. Entretanto, el 24 de marzo de 1990, la ciudad entera se encontró en el Paramount para lamentar a su primer muerto célebre: Andrew Wood, líder de los Mother Love Bone. La banda había firmado hacía bien poco por la PolyGram, después de haber tocado menos de catorce veces en directo delante de audiencias de ni siquiera cincuenta personas. El carisma de estrella del rock de Wood, que se presentaba en el escenario con un sombrero enorme sobre su larga cabellera rubia y con gafas enormes al estilo de Elton John, unido a una actitud que era la parodia del cock rock, hicieron el resto. En su vida cotidiana, Andrew era un muchacho tímido procedente de los suburbios de Bainbridge Island, introversión acentuada por el consumo de heroína. Wood, murió de sobredosis en vísperas de la salida del primer álbum, *Apple*, y de las cenizas de los Mother Love Bone nacerían a continuación los Temple of the Dog primero, comandados por Chris Cornell, y los Pearl Jam más tarde, con Eddie Vedder como cantante. En efecto, el problema de la heroína, convertida ya en «the new drug of choice», era intrínseco al círculo grunge. La actitud introspectiva, la fuerte indolencia y la total falta de cuidado por el aspecto exterior reflejaban la estética del yonki incluso en el caso de quienes solían usar esta sustancia. En cierto modo era como la cerveza para el fan del heavy metal, la marihuana para los neohippies, la cocaína para los yuppies, el crack para los raperos y el MDA para el punk de los años ochenta. La misma carátula de *Nevermind*, que representaba a un recién nacido bajo el agua, simbolizaba a la perfección la nostalgia por el encanto infantil perdido y la predilección por un mundo uterino en el que las emociones, sobre todo dolorosas, pudieran ser atenuadas y amortiguadas por el líquido amniótico. Entretanto, las bandas de la escena de Seattle seguían creciendo: el debut de los Soundgarden en las *majors* se saldó con una nominación en los Grammy como Best Hard Rock Album, los Mudhoney y los Screaming trees causaron estragos en las college radios, y *Facelift* de los Alice in Chains era uno de los diez mejores discos elegidos por la revista *Spin*. Mientras muchas bandas de Seattle alcanzaban cifras de ventas inesperadas con las *majors*, los productos con el sello Sub Pop mantenían su prestigio pero también su carácter independiente. En cualquier caso, hubo quien consideró que la actitud de Poneman y Pavitt era esnob, y añoraba el viejo punk. Mia Zapata, que se había trasladado a Seattle desde Ohio, era una de estas. Con los miembros de su grupo The Gits, vivía en una casa de Capitol Hill llamada The Rathouse. De ser una simple la vivienda, la casa pronto se transformó en un punto de reunión y en una sala de ensayos para muchas bandas, entre las cuales las Seven Year Bitch. Pronto la pandilla organizó un sello propio llamada Rathouse, que debutó con la recopilación *Bobbing For Pavement*. Mia Zapata expresaba sus disensiones acerca de la actitud de la Sub Pop en «Slaughter of Bruce», un tema al parecer dedicado a Bruce Pavitt: «Algunos locos han venido hasta mí y me han dicho que me habría convertido en una estrella con aquella banda. Les he contestado: no lo hacemos por este motivo, ¿por qué carajo no lo entendéis?».

Mientras que muchos jóvenes estadounidenses acudían a Seattle para formar parte del nuevo «pueblo grunge», y mientras que algunos como Mia Zapata comenzaban a acusar el absoluto carácter estereotipado y la falta de originalidad de la escena, Jeff Ament, Stone Gossard, Chris Cornell y Matt Cameron se unieron para grabar algunos temas en memoria de Andrew Wood. Estas sesiones se convirtieron a continuación en el álbum *Temple of the Dog*, que publicó en 1991 la A&M y que adoptó el nombre de un verso de la canción de Wood «Man of Golden Words». El disco, producido por Temple of the Dog junto con Rick Parashar, era un espléndido compendio de baladas consideradas como la quintaesencia del grunge melódico, y encerraba, además de piezas dedicadas al amigo desaparecido, también temas que el Cornell más intimista no podía utilizar para los Soundgarden. El guitarrista de estas sesiones, Mike McCready, era un antiguo conocido de Gossard, mientras que McCready y Ament habían tocado juntos en 1990. Los tres se unieron con la presencia de Dave Krusen a la batería. Antes de encontrar a Krusen, Ament y Gossard habían enviado una demo a Jack Irons, ex Red Hot Chili Peppers, pidiéndole que se uniera al grupo y de que les aconsejara un buen cantante. Irons declinó la invitación pero aconsejó un cantante al que había conocido en San Diego. Se llamaba Eddie Vedder, era un chaval de Illinois que había formado parte de los Bad Radio y que ahora trabajaba en una gasolinera. Vedder escribió y cantó las partes vocales de la demo y la volvió a enviar al remitente en Seattle. Pocos días más tarde se encontró en Belltown con el resto del grupo. Ensayaron cinco días y actuaron en el Off Ramp. Al principio, la nueva banda se llamaba Mookie Blaylock, a causa del nombre de un campeón de baloncesto, deporte que era la gran pasión de Ament, pero para evitar malentendidos y problemas legales, los componentes de la banda eligieron otro nombre: Pearl Jam. El título del primer álbum, *Ten*, era el número de la camiseta con la que jugaba Blaylock. La banda consiguió en seguida un contrato para la Epic/Sony, para la que grabó los temas en los London Bridge Studio, en el norte de Seattle, y emprendió una gira extenuante por los cuatro rincones del globo. Resultó un triunfo, sobre todo porque las actuaciones en directo de la banda resultaban únicas y de gran espectacularidad, gracias a las cualidades de Vedder.

«El grunge es una versión románticamente hippie del punk.»

MARC JACOBS

Mientras que en 1991 la nueva música comenzaba a difundirse a través de las radios más comerciales, saliendo definitivamente del circuito *underground*, los Soundgarden produjeron el segundo álbum para la A&M, *Badmotorfinger*, compendio perturbador y reflexivo sobre las ansias y la desazón de aquella generación. En el mismo período, el director de cine Cameron Crowe comenzó a rodar *Singles*, una comedia ligera que se limitaba a un análisis superficial sin indagar en el *background* artístico y cultural del grunge, pero en la que participaron Chris Cornell, de los Pearl Jam y los Alice in Chains, tanto en la película como en la banda sonora, que comprendía también temas de otras bandas de la escena grunge. La película no fue muy valorada en el ambiente *underground*, porque se consideró un embarazoso equilibrio con el *mainstream* y con el star system hollywoodiense, pero sirvió como vehículo publicitario impulsando las ventas de todas las bandas implicadas en la banda sonora.

SINGLES, CONTROVERTIDA PELÍCULA SOBRE EL GRUNGE

En el ambiente hollywoodiense, Cameron Crowe (que no en balde había sido periodista musical de *Rolling Stone*) fue el primero en darse cuenta de lo que estaba pasando en Seattle. Y de esta manera homenajeó a la ciudad y al movimiento musical que allí se estaba implantando dirigiendo *Singles*, tercer título de su filmografía. La película se estrenó el 18 de septiembre de 1992. Detrás del argumento, una banal historia de amor entre adolescentes, está el Seattle del grunge con sus protagonistas: Pearl Jam, Alice in Chains, Soundgarden, TAD. Algunas escenas se rodaron cuando Stone Gossard, Jeff Ament y Eddie Vedder todavía se hacían llamar Mookie Blaylock, como un jugador de baloncesto de la NBA. En cualquier caso, esta comedia sin pretensiones con Bridget Fonda y Matt Dillon logró dar una idea de la escena grunge. Y sin embargo, la película desencadenó las iras de los puristas, que sostenían que la película no tenía nada que ver con la auténtica naturaleza del movimiento. Mientras tanto, los Nirvana, excluidos de los cameos, insultaron a los Pearl Jam tildándolos de «vendidos» al *music business*. Para muchos, *Singles* pasaría a la historia como la primera traición contra el grunge.

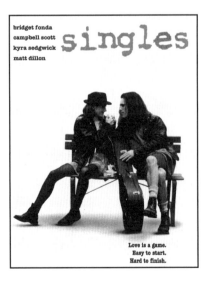

«NEVERMIND»
EL NIRVANA DEL GRUNGE

El rock alternativo se situaba en el primer puesto de la clasificación, desbancando a Michael Jackson. El grunge estaba siendo un éxito mundial: de Finlandia a Argentina, de Japón a la India, los jóvenes escuchaban a Nirvana y a Pearl Jam y se vestían como leñadores del «Timberland».

En Seattle, siempre que uno no actuara como una estrella del rock, la ética grunge consideraba en definitiva que el éxito comercial era aceptable. No sucedía lo mismo en la vecina Olympia.

En la capital del estado de Washington, más conocida como una de las ciudades universitarias más efervescentes de los Estados Unidos, ni siquiera se legitimaba pensar en la música como a una posible carrera. En efecto, la escena artística de Olympia en los años ochenta presentaba vínculos muy estrechos con la escena hardcore de Washington, D.C., cuya actitud compartía.

Uno de los grupos más conoci-

NIRVANA VS PEARL JAM

A finales de 1992, *Ten*, de los Pearl Jam, se convirtió en uno de los cien álbumes más vendidos de todos los tiempos. Cobain inició en seguida una polémica con ellos, que no compartían ni su característica ambigüedad ni su sarcasmo nihilista. Según él, los Pearl Jam estaban simplemente «saltando al carro del vencedor», representado en este caso por la escena alternativa. A este respecto, Ament declaraba: «Para estar tan frustrado este chaval debe tener profundas inseguridades. ¿Se cree que estamos surfeando la ola? Si quisiéramos ponernos a su nivel podríamos contestarle que los Nirvana han hecho los discos con el dinero que la Sub Pop ganó con los Green River».

dos en la capital estadounidense eran los Scream, con Dave Grohl a la batería que, como fan de los Melvins, había comenzado una densa correspondencia con su cantante y guitarrista Buzz Osborne. Cuando los Scream se disolvieron, Buzz puso en contacto a Novolesic con Grohl. De esta manera, los Nirvana contaron al fin con un batería fijo después de tres años de cambio. La banda de Cobain estaba pensando si pasarse a una *major*, pero no sabía cómo hacerlo. Susan Silver, mánager de los Soundgarden y esposa de Chris Cornell, tuvo un papel decisivo y les presentó a varios mánagers y abogados del sector. El 25 de no-

viembre de 1990, un montón de operadores musicales acudieron al Off Ramp de Seattle para verlos en acción. Y a principios de 1991, la banda firmaba para la DGC Records de David Geffen y la Goldberg's Gold Mountain Entertainment, famosa sociedad de management de Hollywood, y comenzó a trabajar en el nuevo disco. La gestación del álbum no careció de conflictividad. La Geffen insistía en productores como Scott Litt (antiguo colaborador de los R.E.M.), Don Dixon o David Briggs (Neil Young), mientras que los Nirvana querían a Butch Vig, más cercano al mundo del punk y de los sellos independientes. Kurt, Chris, Dave y Vig entraron en los Sound City Studios, en la periferia de Van Nuys, en California, en mayo de 1991, con un presupuesto de 65.000 dólares, y permanecieron allí durante casi un mes. Cobain estaba sereno: para una persona que padecía las meteorologías adversas, el sol de L.A. servía de antidepresivo, y la capacidad de Vig a la hora de saber capturar la energía en directo de la banda sin desnaturalizarla encajaba con la visión del grupo. La atmósfera era distendida, y no se resentía ni de los problemas de alcoholismo de Krist, ni de los notables saltos de humor de Kurt, que tendía a cantar a chorro vomitando el alma y consumiendo y consumiendo sus cuerdas vocales hasta quedarse afónico (el remedio era una dieta a base de jarabe para la tos con codeína y Jack Daniel's). Así, a menudo Vig se veía obligado a grabar también los calentamientos vocales de Cobain, mezclando luego las diferentes partes mediante sobregrabaciones (sobre todo en los estribillos), aunque la grabación se realizaba prácticamente por toma directa. Las guitarras se añadían en un segundo momento, y las partes vocales al final, para capturar la energía tosca del grupo y la misteriosa belleza de la voz cruda de Kurt. La energía persuasiva de «In Bloom» se entendió en seguida, «Breed» se grabó con el amplificador al máximo para distorsionar el bajo, mientras que «Polly» jugaba con la alternancia bien–mal, víctima–verdugo, varón–hembra, con los cambios de perspectiva necesarios para leer la realidad. La canción se grabó entrada la noche, entre la suspensión silenciosa

GARY GERSH, el empresario discográfico de NEVERMIND

Según Kurt Cobain, *Nevermind* habría tenido que contener más piezas melódicas, pero el director artístico de la Geffen, Gary Gersh, se opuso: le parecía una concesión comercial. El episodio habla a la perfección del ambiente que rodeaba al fenómeno grunge: según las leyes del marketing es preciso no parecer nunca comercial, sino serlo de verdad.

Gersh se había dejado convencer por Thurston Moore, de los Sonic Youth, había ido a oír a los Nirvana a Olympia y se había quedado encantado por su sonido tosco. Había llamado a Andy Wallace, «el ingeniero de sonido más brillante del mundo» y, después de un trabajo extenuante, se había convencido de que podía publicar un álbum revolucionario.

Inicialmente se imprimieron 50.000 copias en los Estados Unidos y 40.000 en Gran Bretaña, pero las ventas del disco superaron ampliamente las expectativas y, en pocos meses, el álbum se encaramó al número uno.

de pensamientos y humores, sólo guitarra y voz, y fue una de las pocas piezas que no se retocó a continuación por voluntad de la Geffen, justamente en virtud de su descarnada esencialidad, que resultaba de una potencia devastadora. En cambio, «Something in the Way» tuvo un parto laborioso. Butch Vig sugirió a Cobain hacerla siguiendo únicamente su instinto. De este modo, Kurt, sentado en el sofá de la sala de grabación con los cabellos enmarañados sobre la cara, comenzó a susurrarla con un murmullo apenas perceptible, acompañado por las cuerdas de su guitarra acústica. Vig logró captar el encanto del instante grabando la canción de aquella manera. Poco tiempo después de las sesiones de *Nevermind*, la DGC decidió remezclar el disco a cargo de un mago de la suavidad como Andy Wallace, y organizó para los Nirvana una gira de siete meses en la que los tres hicieron todo lo posible por profesar su fe punk rock, destruyendo los instrumentos en el escenario, peleándose con los gorilas de los locales e incitando al público a la revuelta. Todo ello en polémica con Soundgarden, Alice in Chains y Pearl Jam que, según ellos, emulaban la actitud de macho de las estrellas de rock de éxito. Por el mismo motivo rechazaron la atractiva propuesta de hacer una gira con los Guns N' Roses y los Metallica. A decir verdad, las exigencias de Cobain y Novoselic no eran banales: los Nirvana se convertían en una vía de escape del inconsciente colectivo de la Generación X que estaba escribiendo de modo igualitario los códigos de las relaciones entre hombres y mujeres.

Para celebrar la salida de *Nevermind*, la banda organizó una fiesta en el Re–bar de Seattle, último evento en el que Cobain logró ser lo que siempre había querido, es decir, un punk rocker. La fiesta terminó con una batalla de tartas en la cara, y el último recuerdo de Kurt para algunos de sus amigos sería el del cantante sonriendo con la nariz manchada por un poco de salsa para ensalada...

El 24 de septiembre de 1991 se publicaba *Nevermind*, y de ahí en adelante el mundo del rock ya no sería igual nunca más.

Nevermind tenía el mérito de presentar la impetuosa energía del punk en un formato más domesticado, adaptado al gran público, con explosiones rabiosas intercaladas por episodios de gran aliento melódico al estilo de los Pixies. Destilaba furia en una esencia pura y cristalina, convirtiendo la desesperación en desobediencia, la depresión en urgencia, la rudeza en belleza.

«Smells Like Teen Spirit» se convirtió en el himno de todos los jóvenes de principios de la década de 1990, ignorados, frustrados, sin una identidad precisa y ninguna visión de futuro. En su trama se encerraba el espíritu de una generación impotente, cabreada y desilusionada. Ni los Pearl Jam, ni los Soundgarden o los Alice in Chains poseían un sentido tan agudo de la paradoja y del sarcasmo frente a los estereotipos de la clase media. A pesar del éxito inesperado, Kurt Cobain se declaraba insatisfecho por el trabajo, a causa de su carácter comercial pop. Pero, a decir verdad, no se opuso al trabajo de cincel de Andy Wallace, ni rechazó el dinero que ganó, los premios que obtuvieron o las nominaciones a los Grammy, como confirmación de un evidente espíritu contradictorio frente a la fama.

La actividad de la banda pasó a ser de repente mucho más frenética, y al cabo de muy poco tiempo los Nirvana se convirtieron en teloneros de los Red Hot Chili Peppers junto a los Pearl Jam y actuaron en el popular Saturday Night Live del 11 de enero de 1992 con una versión punk, desquiciada y ruidosa (como si quisieran desmentir el mito) de «Smells Like Teen Spirit». Pero mientras tanto, la presión del mundo de la música comenzaba a agudizar los problemas de salud de Kurt y su toxicodependencia. En Belfast fue ingresado en un hospital, oficialmente por una úlcera: admitiría que la heroína se le había vuelto indispensable porque era la única sustancia capaz de calmar sus misteriosos, desgarradores y perennes dolores de estómago. Entretanto, el éxito de *Nevermind* llenaba Seattle de cazadores de talento lanzados por las *majors* en busca infructuosa de los nuevos Nirvana. Al mismo tiempo, también los Pearl Jam entraron en el Olimpo del grunge. *Ten* salió el mismo mes que *Nevermind*, pero le costó un poco más captar

PERFUME DE ESPÍRITU ADOLESCENTE

Kathleen Hanna, vocalista de las Bikini Kills, tuvo el mérito de «inventarse» el título «Smells Like Teen Spirit», que luego se convertiría en un auténtico himno generacional. Según la leyenda, había garabateado la inscripción «Kurt Cobain smells like teen spirit» en su casa, después de una noche que habían pasado juntos dibujando grafitis dando vueltas por Olympia. «Teen Spirit» era el nombre de una marca de desodorante, que Cobain sostuvo más tarde que nunca había usado, pero que parecía perfecto para describir el estilo de toda una descendencia.

al público. El disco, uno de los mejores álbumes de rock de todos los tiempos, mostraba el estilo vocal catártico, sedante e intensísimo de Eddie Vedder, sostenido por los riffs poderosos de Ament y Gossard, en un espléndido equilibrio entre fuerza, melodía y vulnerabilidad. El histrionismo atlético de Vedder en el escenario contribuía a que las actuaciones del grupo fueran memorables, así como algunas de sus canciones, que condensaban la necesidad de sobrevivir de una generación dolorida y desorientada. Esta capacidad de surfear las olas del tormento existencial, recalando en la orilla de la salvación, estaba bien simbolizada por «Alive», inspirado por el descubrimiento de Eddie de que su verdadero padre era un amigo de la familia. «Jeremy» tocaba el mismo sentimiento de alienación juvenil pero hablando de un niño que se pega un tiro en clase. De todos estos temas brotaba un sentimiento de soledad y desesperación que atrapaba a los individuos en su propia incapacidad de comunicar. En esta introversión emotiva, la música representaba el único elemento vital de una expresión, justamente como la continuidad de las olas que chocaban contra los horizontes trágicos de la vida parafraseada en «Ocean».

A pesar de intentar en todo momento no olvidar su integridad, el grunge y, más en general, el rock alternativo, se dirigían inexorablemente hacia el *mainstream*. Este hecho quedó sentenciado por las treinta y nueve actuaciones del Lollapalooza de 1992, a las que acudieron más de medio millón de personas: las presencias del rapero Ice Cube y del grupo británico femenino de las Lush extendieron el fenómeno a una transversalidad racial y geográfica.

La fiebre del *mainstream* contagió también a los Mudhoney, considerados una de las bandas menos comerciales de Seattle: Arm llegó a declarar que la Warner ofrecía mayor libertad creativa que la Sub Pop... Ya nadie intentaba siquiera disimular sus auténticas aspiraciones (dinero y fama) con una actitud de banda independiente, entre otras cosas porque nadie podía negar el hecho de que *Ten* y *Nevermind*, en un solo año, habían vendido más de diez millones de copias, convirtiéndose en un fenómeno planetario.

Seattle era un «state of mind» vendible como producto publicitario/meta turística: su proverbial aversión por el establishment se transformó en la mejor marca para el propio establishment, que neutralizaba así su valor subversivo residual. Hasta el tan difundido uso de sustancias estupefacientes y los importantes problemas de toxicodependencia de muchas bandas se convirtieron en garantía de trade–mark. Los mismos jóvenes vestidos ahora con el uniforme homologado compuesto por vaqueros desgarrados, camisas de franela y gorras de béisbol endosadas al revés veían en la triste esclavitud química de sus ídolos (y también en su sucesiva mortandad) un aval de su validez. Los tiempos estaban maduros para disfrutar del boom del mercado juvenil. La Nirvana Generation se convirtió en el nuevo target no sólo para la industria musical, sino también para la Coca Cola, la Pepsi, el casualwear y todos aquellos productos que pretendían difundirse entre los consumidores juveniles. El valor inicial de malestar, de descontento y de rebelión intrínseco del fenómeno se transformó en una moda y se produjo como producto de consumo, perpetrando la gran ilusión de la publicidad. Los jóvenes, al comprar los discos de sus ídolos y al vestirse como ellos, se vendían de forma inconsciente a la «nueva estafa del rock'n'roll», adquiriendo la percepción de asemejarse a sus favoritos y formar parte de un único pueblo transgresor, que se movía contra las reglas. Los grupos, que habían alcanzado ya el estatuto de multimillonarios, se prestaron a un juego ambiguo, en parte intentando desvincularse de las trituradoras encarnadas en las leyes del mercado, en parte guiñando los ojos a los beneficios palpables, en su mayor parte ocultos detrás de la frase: «Es preciso formar parte del sistema para poderlo combatir desde dentro». En este contexto, bandas como los Soundgarden extendieron su popularidad como una mancha de aceite. En 1994, *Superunknown*, tras la estela de los temas «Spoonman» y «Black Hole Sun», se convirtió en un éxito internacional. Pero cuando el grunge estalló mediáticamente, la escena originaria en realidad ya estaba agotada. Entretanto, el éxito comenzó a dejar entrever sus efectos negativos, aunque las bandas intentaban rechazarlos con todas sus fuerzas. Después de *Nevermind*, los Nirvana declararon tener la intención de sacar un álbum totalmente punk. *Incesticide*, de 1992, era un conjunto de viejas piezas de la Sub Pop con la adición de grabaciones radiofónicas y diferentes demos de unos años antes. Hacia mediados de 1993, la banda estaba a punto para su tercer álbum de verdad, *In Utero*. Ya en la primera semana de la aparición del disco, producido por Steve Albini, alcanzó el número uno de la clasificación de Billboard y, en menos de un año, se vendieron más de un millón y medio de copias del mismo. Rolling Stone lo nombró mejor álbum, y a Nirvana la mejor banda, mientras que a los Pearl Jam les recayó el título de artista del año, mejor cantante masculino y mejor carátula de álbum, y a los Alice in Chains el de mejor banda de metal. En 1993, con el Endfest, el Grunge Fest I y el Lollapalooza, el fenómeno grunge se transformó cada vez más en una moda global, Seattle se llenó de turistas europeos y japoneses, con sus botas militares y la guía turística en la mano, en busca de locales que ya no existían. Muchos artistas comenzaron a hacer alarde de su procedencia de la ciudad, lo cual, en aquel contexto, representaba una garantía de éxito. De todos modos, algunas bandas punteras comenzaron a oponerse a la política de las multinacionales y a su maquinaria promocional. El segundo CD de los Pearl Jam, *Vs*, salió sin los habituales clamores: sólo alguna entrevista en la prensa especializada, alguna participación radiofónica, algunas actuaciones estivales como teloneros de la gira de Neil Young y la auténtica gira en invierno. El grupo se negó también a participar en un reportaje de Time titulado «All the Rage», que se permitía en cualquier caso definir al combo como «jóvenes rockeros rabiosos que dan voz a las pasiones y a los miedos de una generación». A pesar de los pronósticos que daban por muerto el «fenómeno Seattle», se vendieron un millón de copias del disco en Norteamérica en la primera semana, lo cual obligó a Sony a darle absoluta prioridad, retrasando la salida de otros discos. En 1994, la banda anunció en Billboard que tenía la intención de mantener bajos los precios de las entradas de los conciertos y del merchandising, y de boicotear todas las políticas de excesivo recargo de los locales y de las sociedades organizadoras de eventos. Ello los llevó a ser boicoteados por una acción dirigida por la multinacional Ticketmaster. A pesar de los esfuerzos de muchas bandas por mantenerse coherentes e íntegras respecto del espíritu originario, la burbuja ya se había hinchado demasiado y la situación se les había escapado de las manos. El grunge, último movimiento musical enraizado en una transformación generacional endógena, no era el pop art warholiano, sino un arte pobre. Engendrado por una mezcolanza caótica de jóvenes vulnerables crecidos en un rincón lluvioso del Occidente civilizado, cuando la sustancia artística se transformó en moda y se descontextualizó, perdió su significado originario.

¡HAN VUELTO LAS BRUJAS!

Se hacían llamar Riot Grrrl, y eran las herederas grunge de Joan Jett, Patti Smith, Blondie y Chrissie Hynde. Cabreadas, indomesticables y más radicales que sus colegas masculinos, querían recuperar siglos de sumisión y discriminación. Olympia era su base.

Cuando en 1997 estalló el punk, las mujeres habían sido parte integrante del movimiento y de su visión poética y social. Personajes como Patti Smith, Lydia Lunch y Exene Cervenka, por citar tan sólo a unas pocas, habían sido protagonistas del nacimiento del movimiento y de su visión poética y social. La ética del DIY y los ataques contra el sistema concordaban con la lucha por la autonomía femenina, a veces combatida en el interior de la propia comunidad punk que,

aun acusando a los metalhead de machismo, a su vez era misógina. Cuando, en los represivos años ochenta, el punk adoptó la forma del hardcore, parecía realmente como si ya no hubiera espacio para las mujeres. Aparte de las ya nombradas, pocas en aquella década lograron dejar sus huellas: Kim Gordon de los Sonic Youth, Thalia Zedek de los Uzi y de los Live Skull, la bajista de los Black Flag, Kira Roessler, Julia Cafritz de los Pussy Galore y Kim Deal de los Pixies.

Olympia, patria de los Nirvana, de la K Records y del Ever-

LA PRIMERA VEZ DE KURT & COURTNEY

Hay quien dice (Michael Azzerad), que Love y Cobain coincidieron por primera vez en el Satyricon, un club de Portland, en 1989. Charles Cross confirmó el lugar pero sostenía que fue el 12 de febrero de 1990, y que Kurt había hecho caer al suelo a Courtney, en broma, después de que esta se burlara de él diciéndole que se parecía a Dave Pirner de los Soul Asylum. El ex novio de Love, así como guitarrista de las Hole, Eric Erlandson, dijo que él y Courtney habían sido presentados a Kurt Cobain en 1991, en el parking del Palladium, en Hollywood, después de un concierto de los Butthole Surfers. Courtney juraba que el lugar fue el Dharma Bums de Portland, donde ella había hecho un *spoken word*. En todo caso, todo el mundo está de acuerdo en algo: el idilio entre ambos comenzó en otoño de 1991 y desembocó el 24 de febrero de 1992 en su boda en la playa de Waikiki.

green College, con su innovador programa de estudios feministas, fue el ambiente natural en el que germinó el movimiento punk post feminista. Hacia finales de la década de 1980, el fundador de la K Records, Calvin Johnson, acuñó el término «love rock» para definir la estética antimachista de bandas como los Lois, los ingleses Heavenly y sus Beat Happening. El love rock se proponía neutralizar las diferencias entre los sexos no a través de la guerra, sino de la dulzura y el amor. Aunque este romanticismo iba contra la idea feminista de la mujer independiente y autosuficiente, las jóvenes descubrieron que este rock regresivo podía tener excelentes efectos. A principios de la década de 1990, la socióloga Carol Gilligan publicó un estudio sobre hasta qué punto las adolescentes perdían su patrimonio emotivo y su fuerza (en términos de autoestima, inteligencia, seguridad, confianza) para adecuarse a los roles sexuales de la edad adulta. Con sus cursis horquillas para el pelo, las cestitas para la merienda y los temas bubble punk en los guateques adolescentes, las love rockers intentaron resistir aquella especie de normalización forzada perseverando en actitudes púberes. Entretanto, una auténtica fiebre revolucionaria comenzaba a invadir las calles de Olympia: las love rockers se transformaron rápidamente en extremistas y activistas mucho menos dispuestas a hacer concesiones de carácter romántico. El sello Kill Rock Stars dio forma a este espíritu revolucionario con la salida de una recopilación de los grupos del IPU (el festival de bandas indie) y con la formación de una escudería que incluía, al menos al principio, a Bikini Kill, Bratmobile, Huggy Bear o Heavens To Betsy, bandas todas ellas consagradas a una relectura crítica y mordaz de la realidad femenina, alineada contra el uso poppy y girlish de la música femenina.

En verano de 1991, las «angry young girls» invadieron Olympia al grito de batalla de «Revolution Girl Style Now!».

Entretanto, Kathleen Hanna, Tobi Vail (dos alumnas del Evergreen College de Olympia) y Kathi Wilcox formaron las Bikini Kill, que debutaron en vivo en 1991 en Olympia. Su formación era abierta, e incluyó para la ocasión al ex novio de Tobi, Kurt Cobain, además de Dave Grohl y a Joe Preston, ex de Melvins. El organizador de las veladas de Olympia era una estudiante de arte que había llegado de Boston y que se hacía llamar Tinuviel. Pronto comenzó a trabajar en el sello de Slim Moon, el Kill Rock Stars (cuyo nombre ya era, de por sí, un programa), para la cual salió la homónima recopilación que contenía piezas de Steve Fisk, Seven Year Bitch, Some Velvet Sidewalk, Bikini Kill, Nirvana y de una banda de Olympia capitaneada por Lois Maffeo (una de las voces más cortantes y discrepantes del movimiento riot) rebautizada Courtney Love en honor a una cantante y habitual de las parties que, después de haber vagado por Portland a Los Ángeles, de Minneapolis a Liverpool, se convertiría en la mujer de Kurt Cobain. En 1989, en Los Ángeles, Courtney había dado vida a las Hole junto al guitarrista Eric Erlandson. Después del sencillo «Dicknail» para la Sub Pop, la banda debutó para la Caroline Records con *Pretty on the Inside*, producido por la bajista de los Sonic Youth, Kim Gordon. El álbum, ejemplar punk rock cáustico, salvaje y sin medias tintas, fue muy bien acogido por la prensa británica, lo cual alimentó su popularidad.

> «Desde siempre preferí tocar con otras chicas y frecuentar a otras chicas. Desde siempre soy una feminista.»
>
> COURTNEY LOVE

Los grupos de estas denominadas «riot grrrl» formaban parte de la escena grunge desde el principio, y en cierto sentido eran uno de sus pilares. Thurston Moore, de los Sonic Youth, acuñó el término «foxcore» para indicar a una serie de bandas exclusiva o preferentemente compuestas por mujeres, que interpretaban punk rock o rock duro afrontando de manera polémica y provocativa temáticas relativas a la feminidad. Las bandas de riot grrrl de Olympia y de Washington D.C. todavía eran más cabreadas, extremistas y radicales que sus colegas masculinos, como si quisieran exacerbar y recuperar siglos de sumisión y discriminación. Con más de cincuenta fanzines y bandas repartidas en todo el territorio nacional y en el Reino Unido, dieron vida a un auténtico movimiento activista y militante, alimentado por la proliferación de la red informática. El intento de crear una alternativa cultural espontánea, divertida, que debía poseer una alma consciente y terriblemente sincera, diferente tanto de las copias viriles de ciertas bandas femeninas de hard rock, como de las melodías flower power de la protesta con tonalidades pastel de las cantantes folk de los años setenta. Los precursores fueron bandas como Lunachicks, Plasmatics, Reamers y Pulsallama, mientras que los ejemplos a evitar eran las Bangles (tipico girlish group de

COURTNEY LOVE
Alma rebelde

Courtney Love, personaje egocéntrico y controvertido, es hija de Hank Harrison, un hippie que trabajaba en el círculo de los Grateful Dead y de Linda Carrol, una psicóloga que fue noticia en 1993 al haberse visto implicada en la historia de la asesina evadida Katherine Ann Power. Courtney creció entre Portland y Nueva Zelanda junto a su madre y un infinito número de padrastros. En cierto momento, la madre decidió enviarla a una escuela especial para jóvenes problemáticas para intentar domar su indómito espíritu rebelde, pero sin éxito. Courtney comenzó a vagar por el mundo convirtiéndose en una joven prostituta y viviendo de trabajillos; comenzó por ejemplo a trabajar como stripper en ínfimos locales de la periferia, formó parte durante un breve período de la banda Faith No More, y actuó en la película *Sid and Nancy*, donde interpretó el papel de una de las amigas de Nancy Spungen, y *Straight to Hell*, de Alex Cox.

Después de haber protagonizado idilios con Julian Cope, Eric Erlandson y Billy Corgan, y casarse con James Moreland (de quien se divorció afirmando que era un travesti), conoció a Kurt Cobain, se casó con él en las islas Hawai en 1992 y ambos tuvieron una hija, Frances Bean.

los años ochenta) y Blondie (más punk en la imagen que en sustancia). Las verdaderas precursoras eran, en cambio, Joan Jett (de las Runaways), Tara Key (de los Antietam), Lydia Lunch (desinhibida poetisa de la estética punk más extrema), Exene Cervenka, Chrissie Hynde y Patti Smith.

Pero el foxcore propiamente dicho había visto la luz en 1985 en San Francisco, el día en que Kat Bjelland, Courtney Love y Jennifer Finch (luego L7) habían constituido las Sugar Babydoll, artífices de un *look* de inocencia malograda, de candor vilipendiado, de infancia abusada (las efigies eran las baby dolls rasgadas de Kat Bjelland, el lápiz de labios corrido y las bragas a la vista de Courtney Love).

En 1988, después de la experiencia en las Sugar Babydoll, la guitarrista y cantante Kat Bjelland formó en Minneapolis las Babes in Toyland junto a la bajista Maureen Herman (luego sustituida por Michelle Leon) y la batería Lori Barbero. Eran un ejemplo de rock enérgico y femenino pero no necesariamente feminista, empapado de sonoridades llevadas al límite del colapso psicológico. Bjelland había crecido sin

LIZ PHAIR SIN PELOS EN LA LENGUA

«I want to fuck you like a dog / ... / I want to be your blowjob queen», «I can feel it in my bones / I'm gonna spend another year alone / It's fuck and run» son sólo algunos de los ardientes versos de la cantautora norteamericana Liz Phair. Su álbum de debut, *Exile in Guyville* (1992) dejó claras las cosas en seguida: era feminista, intencionadamente ofensiva, tan provocativa que sus excesos convertían a Courtney Love en una principiante. En las intenciones de la autora, el álbum era una contrapartida a *Exile on Main Street*, de los Stones, y ella se declaraba anti Jagger, respondiendo, tema tras tema, a los acosos del cantante. Aunque odiada por muchos, Liz Phair tuvo el mérito de haberse forjado, más que ninguna otra, la figura de la estrella del rock feminista.

siquiera conocer a su madre, en condiciones familiares tan infelices que la empujaron a dejar Portland por San Francisco en busca de una vía de fuga de sus traumas interiores. La solución salvadora sería la música. Por su parte, Barbero tenía a sus espaldas una vida entre Minneapolis y Nueva York consumida entre drogas, sexo, alcohol y trabajillos en night clubs de ínfima categoría. Después de un single para la Sub Pop, las Babes in Toyland captaron la atención de los mentores de la escena indie, Sonic Youth, que las querían consigo para una gira europea. Luego vendría una colaboración con el gurú del sonido abrasivo y distorsionado, Jack Endino, que en 1990 produjo *Spanking Machine*, compendio catártico contra la fealdad de la existencia sostenido por el aullido psicótico de Bjelland y los tribalismos percusivos de Barbero. El posterior *Fontanelle* (con Lee Ranaldo, de los Sonic Youth, en la producción), no mostró ningún signo de concesión al *mainstream* y ofreció una obra maestra del melodrama psíquico como Bruise Violet, apogeo de la esquizofrenia consumido entre el deseo de una infancia no vituperada y las tragedias del mundo adulto.

Entretanto, en agosto de 1991 tuvo lugar la «K's International Pop Underground Convention», una reunión que pretendía coaligar la escena independiente para mantener vivo su espíritu. Los lemas de la convención fueron: el espíritu cuenta más que la profesionalidad, los 45 rpm son mejor que los CD, la diversión cuenta más que el dinero, y «corporate–rock–star attitudes suck». Entre las bandas presentes estaban los Fugazi, los Melvins, las Bratmobile, los Mecca Normal, las L7 y los Solomon Grundy. El aspecto más interesante de la «K's IPUC» era que más de la mitad de las bandas tenían al menos una componente femenina, mostrando los primeros síntomas de virulencia del Riot Grrrl Moviment, corriente artística–cultural que se mantendría cada vez más pura, radical e integrista respecto a su contrapartida masculina. Al tener que defender sus derechos como una auténtica minoría, y al tener que sostener importantes exigencias, las chicas cabreadas de la Generation X hacían pocas concesiones y se mantenían militantes, indomesticables y rabiosas, acusando a sus colegas masculinos de bajar los brazos frente a las lisonjas del *mainstream*.

Después de una serie de vinilos y una gira europea, las Bikini Kill se convirtieron en un fenómeno mediático antes en Gran Bretaña que en los Estados Unidos. Tras volver a la patria, y hacerse populares por textos llenos de extremo antagonismo frente a los hombres, unieron sus fuerzas con Joan Jett, que les produjo el sencillo «New Radio» / «Rebel Girl». En noviembre de 1993 realizaron finalmente el primer CD, *Pussy Whipped*. Lo que Bikini Kill y Nirvana tenían en común era la animadversión frente a la actitud de macho de estrellas del rock, típica del cock rock, que sin embargo se había infiltrado en parte en el punk y en la escena alternativa.

A diferencia de la rebelión postiza de ciertos grupos masculinos, la de las grrrl se fundamentaba en problemáticas existenciales reales, debidas en su mayor parte al hecho de tener que vivir en el interior de una sociedad más o menos sutilmente machista. El canto

SLEATER–KINNEY, LAS NUEVAS FEMINISTAS

Tras formarse en 1994, las Sleater-Kinney adoptaron el nombre de una calle situada en Lacey, cerca de Olympia, donde se hallaba su sala de ensayos. El primer álbum se convirtió en objeto de culto gracias a una visceral intensidad condensada en complejas tramas melódicas acompañadas por textos provocadores y con fuerte carga política. Las Sleater-Kinney se demostraron capaces de franquear los límites extremistas y sectarios del movimiento riot para comunicar una consciencia femenina más apaciguada, pero también sonoridades cercanas a las indie. Temáticas como las crisis de identidad, la cuestión del control y de la libertad personal tocaron el corazón de muchas jóvenes no extremistas que se reconocían en ellas. El éxito crecería todavía más con los álbumes *Call the Doctor* (1996), que tendría el mérito definitivo de romper de una vez por todas con el predominio masculino del mundo indie, y *Dig Me Out*, su debut para el label Kill Rock Stars, de 1997.

bullicioso al límite del carácter primordial reflejaba una actitud en la que la sustancia y los contenidos tenían que prevalecer sobre la forma. Así llegaba a su fin el mito de la vocalidad femenina limitada a timbres elegantes, clásicos y virtuosos. Gritar sin límites la rabia, el desdén y la frustración era un acto liberador, y la visión de las riot grrrl no arremete tan sólo contra una cierta manera de ver machista, sino también contra las mujeres que no mantenían alta la dignidad de su género, como las modelos y las cantantes rock *mainstream*, promotoras de la competición y de la envidia en el interior del propio mundo femenino.

Una de las expresiones más primitivas del movimiento fueron las Bratmobile, que bebían de los residuos de la escena punk para originar un esquema compuesto por melodías fáciles y transgresiones rupturistas. Gracias a un puñado de sencillos, el álbum *Pottymouth* (Kill Rock Stars, 1993) y el EP *The Real Janelle*, insuflan en la escena de las college radios un garage rock actualizado según los nuevos esquemas. Mucho más famosas resultaron ser las L7 (nombre onomatopéyico que remitía a «hell's heaven»). Tras empezar en 1986 en Los Ángeles, fueron el primer grupo asimilado al fenómeno riot grrrl que obtuvo respeto y reconocimiento por parte de los desconfiados y misóginos ambientes punk y metaleros.

Figura notable en las escenas punk y grunge de los años noventa como la vocalista de Hole, Courtney Love atrajo atención pública por su presencia desinhibida en el escenario y por su matrimonio con Kurt Cobain.

«Me gustaría que todas las chicas del mundo agarraran una guitarra y se pusieran a gritar bien fuerte.»

COURTNEY LOVE

En 1988, la banda firmó con la Epitaph, con la que sacó su primer álbum homónimo. Con *Smell the Magic* (Sub Pop, 1991) y la creación de la asociación «Rock for Choice» se construyeron la fama de banda punk consciente, entregada a la defensa de los derechos de las mujeres. *Bricks Are Heavy* (Slash, 1992), producido por el gurú de *Nevermind*,

Butch Vig (luego fundador de los Garbage), intentaba transformar su sonido descompuesto, especie de híbrido metal punk, en una sonoridad de moda que llevaría a las L7 a convertirse en una especie de Nirvana en femenino. *Hungry for Stink*, de 1994, fracasó en el intento de expandir la popularidad de las muchachas, a pesar de su participación en el Lollapalooza. En el mismo período se formaron las Sleater–Kinney, entre las primeras bandas asimiladas a las grrrl que salieron del gueto para acabar siendo apreciadas tanto por el público de tendencia como por los críticos.

El Riot Grrrl Movement tenía células repartidas en todo el territorio nacional, y se alimentaba de una toma de consciencia creciente. Encontró su epicentro en el estado de Washington, pero no se constituyó en una estructura organizada, ni lo guiaban dogmas o una ideología propia. Se trataba simplemente de un sentido de solidaridad entre «hermanas» en las que reconocerse y con las que socializar en grupos de autoayuda contra la violación y la violencia doméstica, o de lucha contra la filosofía reaccionaria de la década de 1980. Las riot grrrl tenían grandes ideales, pero para su difusión utilizaban medios acordes a la ética del DIY: fanzines, proyectos artísticos, mítings y spoken words.

Después de un artículo de Emily White en LA Beckley lleno de consideración por el movimiento, la prensa y la televisión concedieron mucho espacio a las riot grrrl contribuyendo a incrementar su fama. Por desgracia no se trataron los *backgrounds*, los contenidos y las razones de vida del movimiento. En consecuencia, los medios de comunicación, entre los cuales *USA Today* y *Newsweek*, desactivaron su potencial subversivo transformándolo todo en una tendencia para chicas atraídas por una transgresión presunta. Al mismo tiempo, las grrrl fueron atacadas por la prensa *underground* porque se las consideraba sectarias y demasiado politizadas.

LILITH FAIR
El festival de las mujeres

Antaño, sólo Joni Mitchell cantaba cosas de mujeres vistas con ojos de mujeres. Luego hubo algo que cambió: «Es la hora de la independencia», había vociferado Sarah McLachlan. Y a esta declaración le siguieron los hechos. Fue justamente esta joven cantautora canadiense la que, en 1997, tuvo una idea brillantísima: «¿Están de moda los festivales itinerantes? Pues bien, voy a crear uno sólo con mujeres». Y de este modo nació el Lilith Fair, que durante tres años (con un éxito extraordinario) dio la vuelta a los Estados Unidos en primer lugar y al mundo después, a lo largo y a lo ancho, presentando cada noche un cast formado por las más intrigantes protagonistas de la escena musical, desde Emmylou Harris a Meredith Brooks, pasando por Alanis Morissette y Chrissie Hynde. Viejas y nuevas reinas de la música se exhibían ante un público heterogéneo unidas por las ganas de hacer música y por una sensibilidad plenamente femenina. El festival funcionó durante tres años, ingresando más de diez millones de dólares (entregados a la beneficencia). En 2009 llegó por sorpresa el anuncio de Terry McBride, histórico mánager de McLachlan: volvía el Lilith Fair. Las etapas totales serían 18, con Corinne Bailey Rae, Erykah Badu, Mary J. Blige y Sheryl Crow entre las estrellas más esperadas.

«Este verano habrá una revuelta femenina...
tenemos que iniciar inmediatamente una Revolution Grrrl Style.»

JEN SMITH

No fue, pues, casualidad que las Bikini Kill comenzaran a distanciarse del movimiento, y que las Bratmobile se disolvieran a causa del desacuerdo sobre hasta qué punto la política debía estar presente durante los conciertos. Courtney Love declararía sarcásticamente al *Melody Maker* que: «Una grrrl no tiene menstruaciones ni orgasmos: es un marimacho. Una grrrl no es amenazante a causa de una falta de tacto y por su incapacidad: sobre todo es joven y vanidosa. Siempre me he denominado grrrl, pero a partir de ahora dejaré de hacerlo».

Las chicas intentaron responder torpemente a las alabanzas esquivando a los medios de comunicación (en vez de usarlos a su favor para difundir el mensaje) y rebatir las críticas encerrándose en un quejumbroso victimismo, parapetándose detrás de una estéril posición defensiva. Llegaron a asumir una actitud esnob, pedante y antipática sobre todo con las recién llegadas, formando unas contra otras y contribuyendo de esta manera a la extinción del fenómeno. Courtney Love, en cambio, aun recibiendo críticas por parte de las antiguas hermanas del *underground*, demostraría que mediante el aprovechamiento mediático de la propia imagen se podía incrementar el poder personal y artístico y, en consecuencia, el control sobre los propios trabajos. Como una astuta y ambiciosa Madonna del mundo alternativo, Courtney Love supo usar todos los instrumentos a su alcance para escandalizar, amansar, provocar, contradecirse, atrayendo hasta sí la atención mundial y construyendo de modo astuto su propio personaje.

¿QUIÉN MATÓ A KURT COBAIN?

¿Suicidio u homicidio? ¿Accidente o complot? Los misterios que se ocultan tras la muerte de Kurt Cobain no esconden el significado de su trágica y prematura desaparición. Con él murió toda una generación y (quizás) el último gran icono del rock.

El 7 y 8 de enero de 1994, la banda de Cobain actuó en Seattle por última vez. Los Nirvana aceptaron hacer la gira europea de *In Utero* porque Kurt parecía mantener momentáneamente bajo control sus problemas con la heroína y con su estómago. Tocaron por última vez en Munich el primero de marzo. En plena actuación, Kurt perdió la voz y los médicos lo obligaron a tomarse un período de vacaciones. El cantante anuló las actuaciones que quedaban de la gira y se reunió con Courtney en un hotel en Roma. Desde aquel mismo hotel, el 4 de marzo llamaron a una ambulancia para socorrer a un joven estadounidense cuya vida corría peligro. Courtney se había despertado y había encontrado a su marido echado en el suelo en estado comatoso por culpa de una mezcla de tranquilizantes y champaña. Tras llevarlo de urgencia a un hospital, Cobain recobró el conocimiento al cabo de cinco horas. Apenas se despertó,

EL NIRVANA CENSURADO

La cadena Wal-Mart se negó a exponer el álbum *In Utero* de los Nirvana entre sus estantes, con el pretexto de la falta de demanda por parte de sus clientes. En realidad, pretendía «censurar» la carátula del disco, en la que, de un lado, aparece una figura femenina alada con haces musculares y vísceras a la vista, y en el otro unos fetos que yacen sobre una alfombra de flores, rodeados por símbolos neopaganos.

pidió un batido de fresa. A pesar de que se intentó hacer pasar lo sucedido como un accidente, la realidad era otra: Kurt había ingerido cincuenta píldoras y había dejado una carta de despedida.

Los cónyuges Cobain volvieron a Seattle y encontraron refugio en su nueva mansión, junto al lago Washington, en la exclusiva zona de Madrona Park. Durante el período de recuperación, Kurt interrumpió el tratamiento para participar con Nirvana en el Lollapalooza de 1994, y volvió a frecuentar los lugares donde podía procurarse heroína sin demasiadas dificultades.

El 18 de marzo, Courtney, a causa de algunas amenazas de suicidio por parte de su marido, llamó a la policía, que le incautó una pistola y droga. Kurt explicó que se había refugiado en la habitación para huir de los excesos de su mujer y que la pistola se hallaba allí por casualidad. El 22 de marzo, ambos se pelearon de forma violenta en un taxi. A Kurt no le había gustado que Courtney se hubiera comprado un SUV. El taxista sostuvo que había visto cómo la mujer, muy nerviosa, engullía varias píldoras.

Pocos días más tarde, la señora Cobain organizó una «intervention» para su marido, es decir, una técnica según la cual el toxicodependiente se confrontaba directamente con amigos y expertos. Estaban presentes Novoselic, Grohl, el fundador de la Gold Mountain Danny Goldberg y el mánager de los Nirvana, John Silva. Posteriormente, Goldberg afirmaría que Kurt se mostró reacio y poco colaborativo, negando su tendencia autodestructiva, aunque aceptó participar en un programa de rehabilitación en un centro californiano. La propia Love se dirigió a Los Ángeles para derrotar una dependencia a los tranquilizantes, para frecuentar a un terapeuta muy caro y al mismo tiempo promocionar el álbum de las Hole *Live Through This*.

> «Después de varios meses de investigaciones, he llegado a la conclusión de que Courtney Love y Michael Dewitt, el canguro de la casa de los Cobain, están implicados en un complot que ha llevado al homicidio de Kurt Cobain.»
>
> TOM GRANT

Cobain, que tenía que partir el 25 de marzo, perdió el avión y regresó a Seattle para pasar el día con algunos amigos toxicómanos. La mañana del 30 de marzo, Kurt se hizo acompañar por su inseparable amigo Dylan Carlson a una tienda de armas, le dio 300 dólares y le encargó que comprara un rifle de caza. A continuación pasó por su casa para esconderlo antes de salir para el centro de desintoxicación Exodus Treatment Centre de Marina del Rey, donde recibió la visita de la pequeña Frances, acompañada por la canguro. Poco tiempo después de entrar en el instituto de rehabilitación se escapó saltando el muro exterior y volvió a Seattle. En el avión se encontró sentado junto a Duff McKagan, de los Guns N' Roses y, a pesar de las animadversiones entre las bandas, ambos comenzaron a hacerse confidencias, sobre todo acerca de la dificultad común de desenganchar-

MIA ZAPATA, UN FINAL MUY FEO

El final de la escena de Seattle encontró su símbolo fatal en la misteriosa muerte de la cantante de los Gits, Mia Zapata, a la que encontraron estrangulada en un callejón en julio de 1993. Su asesino fue arrestado al cabo de unos meses. Con Mia, joven poco interesada en la fama y en el dinero, se iba definitivamente el espíritu de los primeros movimientos punk, donde únicamente contaban la integridad y la esencia: el lema de aquellas últimas barricadas puristas era: «You trendy people suck».

Sus textos llenos de un lirismo visceral y sin concesiones, sus pinturas y su lucha por los derechos de las mujeres seguirían sobreviviendo y representando un testimonio indeleble de lo que los jóvenes, crecidos en la sombra de la década de 1980, querían. En su memoria se celebró un concierto de beneficencia y en su honor, las Seven Year Bitch titularían su segundo álbum *Viva Zapata!*

se de la heroína. Tras volver a Seattle, Cobain se dirigió a los lugares que frecuentaba antaño: los recovecos del norte de la ciudad donde se encontraba su camello preferido, el motel de ínfimo orden donde, en paz y sin tener que sufrir las presiones de amigos, familiares y mánagers, podía consumir el *fast food* que envenenaban su pobre estómago sanguinolento pero que le recordaban la comida que solía consumir cuando era un chaval. En verdad nunca aceptó tener que crecer, sobre todo después del trauma de la separación de sus padres, que había desintegrado su cálido y seguro nido familiar. Durante el resto de su vida intentó reproducir aquel nido de felicidad persiguiéndolo en la ilusión narcótica de los paraísos artificiales sin lograr jamás metabolizar el hecho de que el acto mismo de vivir lleva en sí intrínsecamente el desgarro de la pérdida.

Kurt no logró aceptar que la vida requería el riesgo cotidiano de salir del torpor del útero para afrontar las trampas de lo desconocido. Por esta razón, la alegría inocente de su hija Frances, en lugar de tranquilizarlo, siempre lo devastó: sus sonrisas cándidas, llenas de confianza en el futuro, no hacían más que condensar en él el preludio al desencanto y a la traición. Así que decidió irse. A pesar de que todo el mundo lo estaba buscando, logró esconderse y huir de los controles. Después de que lo acompañaran en taxi para comprar unas balas, se ocultó en una dependencia de la casa. Courtney, en busca desesperada de su marido, contrató al detective Tom Grant, de Los Ángeles, que rastreaba los lugares que Kurt solía visitar y también la casa, pero obviando el único lugar en el que podría encontrarlo, es decir, en el local situado sobre el garaje. Aquí Kurt preparó con cuidado el rifle, la última jeringa y los trapos para quien tuviera que recoger su sangre. Se fumó el último Camel Light escuchando las notas de «Automatic for the People», de los R.E.M. y bebió un sorbió de cerveza sin alcohol antes de inyectarse una dosis de heroína que ya de por sí tenía que ser letal. Se acercó el cañón del rifle al paladar y disparó.

LA MANSIÓN DE LOS MISTERIOS

«We are so trendy, we can't even escape ourselves», había dicho una vez Kurt Cobain, respondiendo a las preguntas de un entrevistador.

Quién sabe si justamente porque era esclavo de su estatus, había optado por adquirir una mansión en un área, Denny Blaine, a orillas del lago Washington, que seguramente sigue siendo trendy ahora, poblada como está por ricos ejecutivos de Starbucks y Microsoft.

Allí, en el número 171 del Boulevard East se encuentra la mansión que Courtney Love y Kurt Cobain adquirieron en 1993 por una cifra inferior al medio millón de dólares. Hoy vale casi seis.

Situado cerca de Viretta Park, el elegante edificio sigue igual pero la parte del garaje, con la habitación superior en la que se encontró el cuerpo sin vida de Kurt, ha sido derribada.

La mansión, que Courtney Love vendió en 1997, sigue siendo hoy meta de fans. Especialmente en los días que coinciden con el aniversario de la muerte de Kurt.

Un banco de madera, situado en la zona verde pública que flanquea la mansión, acoge grafitis, mensajes y ramos de flores.

▶ 11 DE ENERO DE 1992

Los Nirvana aparecen en el popular programa de televisión *Saturday Night Live* y hacen una versión punk, distorsionada y casi irreconocible de «Smells Like Teen Spirit». *Nevermind* está en lo más alto de la clasificación.

▶ 24 DE FEBRERO DE 1992

Kurt Cobain se casa con Courtney Love en Waikiki, Hawaii, en una ceremonia privada.

▶ 18 DE AGOSTO DE 1992

Nace Frances Bean, hija de Kurt y Courtney. La pareja debe emprender una batalla legal por la custodia de la niña, ya que Courtney es acusada de haber consumido heroína durante el embarazo.

▶ 18 DE SEPTIEMBRE DE 1992

Se estrena la película *Singles*, rodada en Seattle por Cameron Crowe. Es una comedia romántica con la participación de miembros de Pearl Jam y de Chris Cornell. En la película también aparecen los Alice in Chains cantando «Would?».

▶ 29 DE SEPTIEMBRE DE 1992

Se publica *Dirt*, de los Alice in Chains, álbum totalmente dedicado a la toxicodependencia. Es un gran éxito.

▶ 20 DE ENERO DE 1993

William Jefferson «Bill» Clinton es elegido en la Casa Blanca.

▶ 7 DE JULIO DE 1993

Mia Zapata, cantante de los Gits y artífice de la pureza *underground* de la música es encontrada estrangulada en un callejón de Seattle. Para muchos, su fallecimiento representó el final de la escena de Seattle.

▶ 13 DE NOVIEMBRE DE 1993

Los Nirvana actúan «unplugged» para MTV. Las sesiones *Unplugged in New York* serán el último testimonio de Kurt vivo, y el disco se publicará póstumamente al año siguiente.

El 6 de abril, Courtney Love telefoneó al 911, el número de emergencia, desde su habitación de hotel de Beverly Hills, afirmando que había tenido una reacción alérgica a unos fármacos, pero la policía la detuvo por sospecha de posesión de sustancias estupefacientes. La llevaron al hospital y luego a la cárcel, pero todas las acusaciones contra ella más tarde se sobreseerían. El 7 de abril, *USA Today* y *Los Angeles Times* publicaron noticias acerca de una posible disolución de los Nirvana y acerca de la voluntad del cantante de colaborar únicamente con el vocalista de los R.E.M., Michael Stipe, que entretanto se había hecho amigo suyo y que en aquel período intentaba desesperadamente estar cerca de él.

Pocas palabras, la última aguja en la vena, un disparo y luego el vuelo, el definitivo... Esta vez sin planear, sin el consuelo de la música, de su música, la que una generación entera había elegido como manifiesto. Aunque fuera tan sólo por el amor vehemente que sentía por Courtney y por su niña Frances Bean, Kurt habría tenido que decidir permanecer en vida al menos para perpetrar su cántico doliente, dándolo una vez más al mundo. Se dice que el alma del universo está oculta en una vibración, la de Cobain sin duda lo estaba. Lástima que en su espectacular manifestación se disolviera la energía misteriosa que lo mantenía en vida. Cobain dejó cerca de su cuerpo exánime una carta que se cerraba melancólicamente con la cita de un tema de Neil Young: «Ya no siento entusiasmo... y por esto, recordad que es mejor quemarse rápidamente que apagarse lentamente. Paz, amor, compasión. Kurt Cobain».

> «Cuando mueres eres feliz y tu alma sigue viviendo. No tengo miedo a morir: me gusta la idea de la paz eterna después de la muerte.»
>
> KURT COBAIN

El viernes 8 de abril a las 8 y 40 minutos de la mañana, un electricista llegó a casa de los Cobain para instalar un nuevo sistema de alarmas. Vio un cuerpo tendido en el suelo a través de la ventana del local situado sobre el garaje. La puerta estaba cerrada por dentro. Kurt se había matado de un disparo de rifle en la cara el martes por la tarde anterior, después de inyectarse aquella dosis masiva de heroína y de haber tomado Valium, como establecería posteriormente el forense. Su innato sentido de la compasión lo llevó incluso a preparar trapos limpios. Puso la carta de despedida, escrita con tinta roja, con un bolígrafo en el interior de un vaso. El rifle había quedado posado sobre su pecho; junto al cuerpo había una caja de cigarros con todo lo necesario para hacerse una dosis. Antes de telefonear al 911, el electricista llamó a su empresa para contarles que había encontrado un cuerpo. Desde ahí, alguien llamó a la emisora de radio KXRX, que dio inmediatamente la noticia del hallazgo. En pocos minutos, muchos fans desesperados acudieron al pequeño parque cercano a la mansión de Kurt y Courtney junto al lago, y en los días siguientes, algunos de ellos seguirían trágicamente el ejemplo de su ídolo. La «Kurt Generation», que se había identificado en él y había encontrado un sedante contra el malestar existencial, veía de cara su propio final: muchos decidieron que igual merecía la pena morir, justamente como su ídolo–amigo, otros decidieron sobrevivir y aceptar la transformación en una nueva entidad todavía no identificable. En cualquier caso, se cerraba un período para siempre, y la historia del rock ya nunca sería la misma. El estilo generacional que Cobain había encarnado también tenía que transmutarse para no quedar sepultado por sus propias cenizas. Había llegado para todo el mundo la hora de crecer.

«Kurt tenía una estúpida tendencia suicida. Si hubiéramos logrado derrotarla, habríamos superado cualquier otro problema.»

COURTNEY LOVE

La noche del 8 de abril, los Pearl Jam y los Mudhoney actuaron como estaba previsto en Fairfax, en Virginia. El escenario estaba iluminado por una corona de velas encendidas. Vedder se dirigió al público diciendo: «Algunas veces, lo quieras o no, las personas te llevan a lo más alto. Luego es realmente fácil caer. Pienso que ninguno de nosotros estaría ahora aquí de no haber sido por Kurt Cobain».

En los meses siguientes se sucedieron voces que ponían en duda si se había tratado de un suicidio. El detective Tom Grant, participando en un programa de radio en el mes de diciembre afirmó que Cobain había sido asesinado por alguien que tenía interés en realzar el valor de sus grabaciones. De ahí en adelante, las teorías de un posible complot y asesinato se multiplicaron, y hubo quien llegó a acusar a su mujer de haber organizado el

crimen. La prueba de estas suposiciones estaría en la carta–testamento de Kurt, con su anuncio del abandono del negocio de la música con la intención de cambiar de vida, lo cual demostraría que, en efecto, no tenía intención alguna de quitarse la vida.

Afirmar que fue tan sólo el desamor que sentía por sí mismo lo que obligó a Kurt a identificarse con la actitud nihilista del punk rock resultaría una simplificación psicológica y, en el caso de Cobain, nada podría apartarse más de la realidad que las simplificaciones. Kurt era, ante todo, una contradicción viviente. Sostenía que deseaba la sombra tranquilizadora del anonimato, pero perseveraba en sus actitudes egocéntricas. Sentía disgusto por sí mismo, pero llenaba sus diarios de detalles corporales hasta límites inimaginables, perdido en una especie de morbosa complacencia. Amaba visceralmente a su mujer y a su hija, pero no había tenido la fuerza de luchar contra sus demonios por ellos. Anhelaba la sinceridad total, pero luego era el primero en ser un mentiroso impenitente, capaz de manipu-

COME AS YOU ARE
KURT Y LA PASIÓN POR LAS ARMAS

«The last shooting» era la muestra que reunía las últimas fotografías realizadas a Kurt Cobain por el fotógrafo Youri Lenquette. En casi todas las imágenes, el líder de los Nirvana jugaba con una pistola, apuntándola hacia sí mismo o hacia el objetivo. Dos meses después de aquellos retratos, Kurt se disparó un tiro en la boca. La pasión de Cobain por las armas de fuego ya era conocida por todo el mundo (al parecer tenía una colección importante). Quien sabe hasta qué punto le perturbó el hecho de que su madre, delante de él, hubiera intentado matar, sin éxito, a su padrastro con una pistola. Pistolas siempre presentes incluso en sus canciones: «Load up all guns, bring your friends», cantaba en «Smells Like Teen Spirit». Y «And I swear that I don't have a gun» en «Come As You Are». Para poner fin a sus días, y también a los de Nirvana, eligió un Remington M–11.

lar la realidad para su provecho como sólo saben hacer muchos toxicodependientes. Despreciaba las actitudes pijas y de cara a la galería en boga en los años ochenta, pero se había convertido él mismo en un creador de tendencia, icono de moda y belleza. Se compadecía a sí mismo y se hacía la víctima ante su supuesta incapacidad de reaccionar ante los acontecimientos, pero cuando decidía hacerlo sabía ser absolutamente obstinado y combativo. Se definía como potencialmente bisexual, pero estaba casado con una mujer de feminidad no precisamente ligera. Detestaba ser siempre el centro de atención, pero en el fondo era un poco narcisista, aunque un narcisista diferente a los parámetros clásicos. Afirmaba que odiaba el éxito pero entraba en pánico si un vídeo de Nirvana no se emitía por MTV. No toleraba la arrogancia de las *majors*, pero su banda había sido una de las primeras de la escena de Seattle en firmar por la Geffen. Afirmar que aquel disparo de rifle se dirigiera más a su destino burlón más que a su nunca aplacado sufrimiento existencial puede parecer algo forzado, y sin embargo existe una vena tragicómica en toda esta historia: el vástago dorado de Aberdeen que quería ser el profeta del indie rock, se convirtió en cambio en el emperador del *mainstream*. Entre la voluntad de Cobain y lo que el mundo hizo de él jugando una partida trucada y sin salida de emergencia se encontraba el giro musical y generacional de la Norteamérica de la década de 1990, la que gritaba contra Bush padre, se

TOM GRANT
y la teoría del complot

Si el suicidio dejaba de ser la explicación de su muerte, inevitablemente Courtney Love se convertía en la sospechosa principal. ¿Mató a Kurt Cobain?

Los defensores más serios de la tesis del complot fueron Max Wallace e Ian Halperin, autores de dos libros sobre el tema, y asesores de la controvertida película documental de Nick Broomfield *Kurt & Courtney*. Su as en la manga era Tom Grant, el investigador privado contratado por Courtney Love para encontrar a su marido desaparecido y que, una vez terminada la relación laboral, siguió investigando por su cuenta, gastándose todo su patrimonio para financiar sus complejas indagaciones.

Grant no albergaba ninguna duda. Courtney tenía un móvil: Kurt quería el divorcio. Además, varios personajes sospechosos, que rodeaban a Courtney, murieron en circunstancias misteriosas. Entre estos, Eldon Doke, llamado El Duce, rockero de Los Ángeles que declaró haber recibido una oferta de 50.000 dólares en metálico además de una cita sexual con la propia Courtney a cambio de un favor: la muerte de su marido, Kurt Cobain. Y luego estaba la pequeña profecía que ella misma, cuando era adolescente, había revelado a su padre: «Un día me casaré con una estrella del rock y la mataré». Finalmente, muchos, demasiados detalles poco claros en la escena del crimen: ausencia de huellas en el rifle, una carta de despedida que parecía escrita por varias manos, un elevadísimo índice de heroína en la sangre del «suicida». Pero a pesar del dolor evidente de la mujer, que cuando llegó a la mansión junto al lago, sumergió las manos en la sangre y lanzó un grito desesperado, Tom Grant sostuvo que tenía las pruebas: había grabado todas las conversaciones telefónicas con Courtney Love y seguía su batalla con una esperanza, la de volver a abrir el «caso Cobain».

amansaba con Clinton y se preparaba para manifestarse como «pueblo de Seattle» antes de la elección de Bush hijo, en una cuadratura del círculo verdaderamente sorprendente.

La muerte de Kurt Cobain fue tan sólo el corolario de una rendición de la música al *business* que ya se había iniciado exactamente en 1991, con el paso a las *majors* de muchas bandas *underground*.

No se puede comprender correctamente a Kurt Cobain en su valor simbólico y generacional sin considerar sus múltiples contradicciones y matices, su afilado sarcasmo, su pasión por las paradojas, su personalidad infantil e incompleta, su hipersensibilidad y su depresión y, sobre todo, su matrimonio con la ética punk rock.

Kurt Cobain, el perdedor por excelencia de la vitaminada e hipertrófica sociedad reaganiana, el marginado de los marginados, el inadaptado de los inadaptados, había encontrado en el punk rock su verdadera familia, y se había convertido, a su pesar, en el nuevo profeta generacional. No pudo aguantar aquel papel porque en su interior, pese a los millones, el éxito y la veneración global, seguía estando el chico rubio disfuncional de siempre, destrozado por sus propios conflictos, que declaraba: «Los Nirvana no saben decidirse si ser punk o R.E.M. A veces la indecisión puede matar a un grupo, y los Nirvana tienen tendencias suicidas». Si el idioma de los Nirvana no hubiera contenido aquel atractivo pop y comercial que lo había hecho repentinamente comprensible, Cobain nunca se habría convertido en el último icono generacional. Sus textos impresionistas, herméticos, nunca definitivos, permitieron que cualquiera pudiera identificarse, mientras que su música, que mezclaba el punk–rock con la melodía, resultaba rebelde sin ser demasiado urticante. Kurt, bendito y maldito por el destino, se convirtió en un ídolo porque era la persona adecuada, en el lugar adecuado, con la adecuada dosis de desazón, la justa belleza mediática y la fuerza de exhibir su propia vulnerabilidad.

> «A Kurt no le importaba que los otros lo amaran,
> porque él no se amaba lo suficiente a sí mismo.»
>
> DAVE REED (padrastro de Cobain)

Su voz sabía cristalizar el sentido de impotencia y la confusión de toda la Slacker Generation, y por ello se había convertido en su mesías y en su símbolo. Este papel nunca lo había querido del todo, y en parte por esta razón no logró gestionar la onda de choque. Sus problemas de toxicodependencia habían amplificado las alargadas sombras de los fantasmas interiores, que sólo se podía salvar con la música, pero a los que nunca se afrontó realmente. Incapaz de convivir con aquello en lo se había convertido, eligió el suicidio, dejando sin embargo la duda de si se había tratado del extremo acto de coherencia y pureza (como el escrito que había dejado tendería a hacer creer) o del trágico acto de cobardía de un niño que se negaba a crecer y a asumir sus propias responsabilidades.

¿ALTERNATIVOS O NEOCLÁSICOS?

En la década de 1990 se produjo una proliferación de artistas y grupos que, partiendo del indie y del underground, alcanzaron el éxito. Desde Bush y PJ Harvey hasta Smashing Pumpkins y Primus, pasando por Red Hot Chili Peppers y Jane's Addiction o Rage Against the Machine. Sin olvidar al stoner rock.

La explosión del grunge, que ratifica la superposición entre indie y *mainstream* que ya se había producido con R.E.M. y Sonic Youth, marcó el inicio de una nueva era: la cultura alternativa se convertía en un fenómeno de masas.

En 1991, al escuchar «Smells Like Teen Spirit», diez millones de jóvenes norteamericanos experimentaban las mismas emociones, se reconocían en aquella canción y redefinían a pesar suyo el concepto de *mainstream*. Y si los Nirvana destronaron de las clasificaciones a artistas como Michael Jackson, U2 y Guns N' Roses también era porque lograban encarnar el espíritu de toda una generación. La esencia de su arte, que hubo quien intentó clonar sin éxito, resultaba inaferrable, ya que era hijo de un momento histórico totalmente par-

ticular. A pesar de ello, el formidable éxito del grunge y el nacimiento de una «escena alternativa» paralela representaron un auténtico terremoto artístico y cultural. Las secuelas de aquella onda que impactó en todo el mundo, la última conectada a una revolución generacional, fueron tan largas que extendieron su influencia hasta el nuevo milenio. Muchas bandas nacidas a caballo de los primeros años de la década de 1990 se vieron influidos por el sonido de Seattle sin por ello compartir su timbre estilístico, su actitud o su origen geográfico. En Europa, por ejemplo, deben señalarse los londinenses Bush, nacidos en 1992 a causa de la obsesión del cantante Gavin Rossdale por el grunge, que con *Sixteen Stone* (1994) se ganaron el respeto de crítica y público a ambos lados del océano. Sin embargo, en Gran Bretaña,

LOLLAPALOOZA DAYS

La apoteosis celebrativa del nuevo pueblo del rock alternativo se manifestó con el nacimiento del festival itinerante ideado en 1991 por Perry Farrell, de los Jane's Addiction, y bautizado «Lollapalooza», un nombre que en el argot estadounidense significa «formación fantástica». Nacido como expresión sincera de lo que estaba sucediendo entre los jóvenes en los Estados Unidos de los primeros años de la década de 1990, representaba el Woodstock de la Alternative Nation. Pero pronto se transformó en una caravana circense subvencionada por la «MTV Generation» que el propio festival había contribuido a crear. Criticado o ensalzado, el Lollapalooza tenía en cualquier caso el mérito de haber dado espacio a bandas muy diversas entre sí, contribuyendo a crear una transversalidad en la música que no se había visto nunca antes en la historia del rock.

la artista que representó más que cualquier otra el emblema de la «chica de fin del milenio» consagrada al exorcismo de sus propios demonios se llamaba PJ Harvey. Su música frágil pero incisiva y sus canciones rock fascinantes, pero tan sinceras que resultaban violentas, trataban temáticas relacionadas con la nueva conflictividad femenina. Con el tiempo, las vivas tonalidades grunge y punk–rock evidentes en trabajos como *Dry* (1992), *Rid of Me* (1993) o *To Bring You My Love* (1995) se fueron atenuando para abrirse a una dimensión musical más vasta. Y los siguientes álbumes confirmaron a Polly Jean como a una de las artistas de mayor calado de la escena rock internacional.

> «El ambiente indie no me quiso, y el mainstream me trató
> como a un extraterrestre: aquí estoy, en el limbo entre dos mundos.»
>
> BILLY CORGAN

En los Estados Unidos, los grupos proto o post grunge abundaban.

El éxito comercial del rock de Seattle desgarra el velo sobre la escena *underground* para trasladarla a un contexto menos integrista. De repente, adquirir visibilidad ya no significaba traicionar los contenidos, sino reservarse un espacio más amplio para que lo pueda oír un mayor número de personas. El instrumento indispensable de este proceso fueron las «college radios», repartidas capilarmente por todo el territorio nacional y artífices, pues, de una escena musical fraccionada en subescenas locales conectadas por el poder de los nuevos medios telemáticos. El estilo musical reflejaba la parcelación geográfica, ofrecía más matices, y contornos cada vez menos definidos. En común encontramos un minimalismo inspirado en Neil Young y una narcolepsia al estilo Lou Reed, unidos a un cierto gusto por el perfil bajo, por la afirmación a la luz del sol de los valores que el punk–rock primero y el grunge más tarde habían manifestado. Entre las bandas más significativas de esta tendencia destacaron los Lemonheads, nacidos del tedio existencial de un vástago de familia de alta burguesía, Evan Dando, que canalizó pesimismo y depresión para desahogar sus ansias, inseguridades y problemas de toxicodependencia en *Hate Your Friends* (1987), *Creator* (1988) y *Lick* (1989), auténticos fundamentos de la «college culture». En la misma longitud de onda encontramos a los Pavement, nacidos en 1989 en Stockton, California, y formados por Stephen Malkmus y Scott «Spiral Stairs» Kannberg. Se convirtieron en el emblema indie de los noventa con *Slanted and Enchanted*, su álbum de debut de 1992, que les llevó a abrir la gira de los Sonic Youth de *Dirty*. Su música, aunque de perfil bajo, tenía un impacto potente y parecía acuñada entre una lección de experimentación y otra de melodía. A pesar de estar alejada de los tonos fuertes y rabiosos del grunge, lograba fascinar sobre la adormilada, perezosa y desilusionada Slacker Generation.

Los Smashing Pumpkins fueron bastante más influyentes. Procedentes de Chicago e hijos perfectos de su época, se definieron como una mezcla entre Beatles y Black Sabbath, con la adición refinada de las canciones de Billy Corgan, adecuadas al gusto de las college radio. En 1991 publicaron *Gish*, producido por Butch Vig, pero fue con *Siamese Dream* (1993) cuando lograron representar la quintaesencia del rock de los años noventa gracias a baladas intensas y románticas (*Disarm* y *Rocket*) y lirismos llenos de poesía que condensaban los sentimientos de una nueva «Alternative Nation».

En un período de revanchismo de las instancias racistas, muchísimas bandas dieron vida al sincretismo entre música blanca y negra: un *crossover* cuya intención era derribar barreras y diversidades que para las nuevas generaciones, crecidas en barrios mestizos y en los que se podía disfrutar de cualquier género musical, ya no tenían razón de ser. Entre los más originales y estrafalarios se encontraban el fenomenal bajista Les Calypool y sus Primus, grupo *crossover* formado en San Francisco en 1984: era como si la excentricidad de Pere Ubu y Butthole Surfers se hubiera fundido, con la bendición de Frank Zappa, para dar origen a una mezcla sonora asimétrica, surrealista y disonante que dejaba sus huellas en *Frizzle Fry* (1991) y *Pork Soda* (1993). De San Diego, California, llegaban los Stone Temple Pilots, comandados por el histriónico cantante Scott Weiland. Aunque no eran innovadores desde el punto de vista estilístico, dieron en el blanco: su álbum de 1992 *Core*, integrado por temas como «Plush» y «Creep», era una bomba. Pero el laboratorio por excelencia de las tendencias que luego se difundieron por el resto del país fue Los Ángeles. Una ciudad centrada en el dinamismo y en el éxito personal, en la presencia pública y en el anonimato privado, en el hedonismo y en la salud física; pero también una megalópolis atestada de gente medrosa, incapaz de abrir los ojos para ver la miseria en las esquinas de las calles, indiferente a lo que sucedía en el barrio vecino.

La creciente vorágine entre bienestar y pobreza transformó la ciudad de Los Ángeles en una metrópolis de locura urbana, en el epicentro promiscuo de razas, culturas y religiones, en la capital de la violencia.

KURT Y JEFF, ALMAS GEMELAS

En el cóctel sonoro que se desarrolló en los primeros años noventa, el heredero más directo de Cobain, no tanto estilísticamente (Kurt provenía del punk rock, Jeff de un enfoque musical más vinculado a la tradición y, de algún modo, a la figura de su padre, Tim), fue Jeff Buckley, que en 1994 publicó su obra maestra titulada *Grace*. Buckley compartía con Cobain la encarnación de una melodía frágil, vulnerable hasta el límite de la ruptura. Pero también de un sentido de desconcierto generacional, de un lirismo denso de poesía reanimado por explosivos episodios de desesperación existencial, de un tormento del alma que surgía de las vísceras, en un acto extremo de catártica liberación.

Por desgracia, Kurt y Jeff compartieron también un final precoz que se los llevó en el momento culminante de su capacidad expresiva: Buckley murió el 29 de mayo de 1997 en Memphis, ahogado en el Misisipi, víctima de circunstancias desafortunadas y misteriosas.

El fenómeno de las bandas, financiado por los ingentes beneficios del tráfico de heroína, transformó zonas enteras de L.A. en confederaciones de territorios libres, dominados y protegidos por los gangs, en los que la policía no era capaz de penetrar. El territorio era el mismo del rap, aquella zona de sombra de la «land of freedom and opportunity» que demostraba ser un reflejo vivo del Sueño Americano. A este ambiente llegó Perry Farrell, futuro líder de los ofensivos Jane's Addiction, dejando a su familia judía de la clase media de Nueva York en busca de algo que pudiera hacerlo sentir realmente vivo. Allí comenzó a frecuentar los bajos fondos, a conocer a inadaptados y marginados asumiendo la misma actitud cínica y cruel que tenía como único objetivo la supervivencia. Todo ello emergió en la música de su banda, que expresaba rebelión sonora, catarsis instrumental, poesía divagante, que la convirtió en un grupo fuera de la ley del nuevo Far West de la América de Reagan. Junto al guitarrista Dave Navarro, los Jane's Addiction de Farrell, con *Nothing's Shocking* (1988) dieron vida a una música llena de humores tóxicos, hipnóticos y psicóticos al límite extremo del punto de ruptura y de la desviación, hasta el momento de su disolución en 1991. A continuación, Perry Farrell daría vida a los Porno For Pyros y sería el artífice principal del Lollapalooza.

También los Red Hot Chili Peppers fueron el producto y al mismo tiempo la negación de la burbuja de jabón que encerraba el sofisticado estilo de vida del sur de California. Herederos del beach punk, de aquella actitud constituida por rebelión, solaridad y retorno a la libertad del ser, Flea y sus socios se presentaban tatuados e inicialmente eran todo lo contrario al establishment, representando al pueblo de los outsiders. Tenían un *look* salvaje y una energía

LA FÁBULA DE JACK FRUSCIANTE

En mayo de 1992, en vísperas de una gira por Japón, John Frusciante, guitarrista de los Red Hot Chili Peppers abandonó la banda. El hecho inspiró al joven escritor Enrico Brizzi la novela *Jack Frusciante se ha ido del grupo (una majestuosa historia de amor y de rock parroquial)*. Frusciante, que dejó a los Red Hot en el ápice del éxito, encarnaba la figura de la persona que da un salto fuera de un círculo. Justamente como Alex, el protagonista de la novela de Brizzi, una historia de adolescentes en la Bolonia de la década de 1990. En el centro, un amor complicado pero también conflictos generacionales e incluso un suicidio. Las citas rock son muy numerosas: R.E.M., Sex Pistols, Beatles y muchos otros constituyen la banda sonora del relato. La novela fue un caso editorial: se publicó en 24 países y, dos años más tarde, se convirtió en una película.

ENRICO BRIZZI

Jack Frusciante ha dejado el grupo

C O N T R A S E Ñ A S

EDITORIAL 𝕸 ANAGRAMA

indómita que expresaban en sus actuaciones en vivo. Tenían ganas de divertirse y de burlarse de las instituciones. Pero los textos evidenciaban las contradicciones existentes entre la mitología de las barras y estrellas y una realidad bien diferente a la del «sueño americano». Para confirmar su credo de la integración y la igualdad, también su música era una mezcla de hardcore, funk y rap. Antes de perder su vigor anticonformista, transformándose en una mera banda pop rock de estadio, publicaron álbumes de nivel absoluto, como *Mother's Milk* (1989) y, sobre todo, *Blood, Sugar, Sex, Magic* (1991).

Las bolsas de minoría y disensión, que encontraban en Los Ángeles una localización de guerrilla urbana, se traducían en un *crossover* que expresaba plenamente la interpretación del sistema como máquina vampirizante que chupaba sangre, sudor y lágrimas de los oprimidos para enriquecer a unos pocos privilegiados que ostentaban el poder. El perfecto emblema de

COACHELLA
El festival en el desierto

En 1993, los Pearl Jam fueron los primeros en elegir este lugar, en el Colorado Desert, en Indio, California. Aquí celebraron un concierto para protestar contra el monopolio de Ticketmaster. Seis años más tarde, nació el Coachella Valley Music Festival, pero la primera edición (1999) fue un tal fiasco que los organizadores decidieron no repetir la experiencia. Pero en 2001 volvieron a intentarlo, y hoy el Coachella se encuentra entre los eventos rock más esperados y más famosos del mundo. Al mismo tiempo también es el más odiado por los puristas, hasta el punto de ganarse el apelativo de «anti-Woodstock». Cada año, hacia finales de abril, miles de personas de todo el mundo llegan a Indio para tres días de música en el interior del Empire Polo Club, localización idealmente alejada de los campos embarrados de los festivales de los años sesenta y setenta. La entrada oscila entre los 375 y los 799 dólares, y el elenco de bandas es una mezcla de varios estilos, desde bandas históricas hasta los grupos indie del momento.

este sentimiento fueron los Rage Against the Machine, comandados por el cantante Zack De La Rocha, personaje con un pasado hardcore en los Inside Out que había respirado política y cultura desde niño, ya que su padre era artista y activista. El guitarrista Tom Morello, de orígenes keniatas, ex líder de los Lock Up, era hijo de una madre activista del movimiento Parents for Rock and Rap y de un madre miembro de los Mau Mau contra el dominio británico en Kenia. Se licenció cum laude en Harvard en estudios sociales, pero la iluminación por el punk lo llevó hacia la música. Los R.A.T.M. debutaron en 1992 con *Rage Against the Machine*, y se convirtieron en el emblema del activismo político explícito, sostenido por un empeño real en favor de iniciativas de carácter sociopolítico. Temas como «Bombtrack», «Killing in the Name», «Bullet in the Head» y «Freedom» fueron el grito subversivo de los hijos de la clase media que reaccionaban con regurgitaciones potentes y rabiosas, tomando prestado del hardcore la disensión furibunda y del rap la denuncia violenta de los textos. Su música militante se perfeccionó luego en *Evil Empire*

(1996), *Battle of Los Angeles* (1999) y *Renegades* (2000), pero los sinsabores entre los miembros de la banda y la voluntad de La Rocha de sacar un álbum solista determinaron la disolución del grupo.

> «A veces me siento como si mi único amigo fuera la ciudad en que vivo,
> la ciudad de Los Ángeles, sola como yo... juntos lloramos.»
>
> RED HOT CHILI PEPPERS

El estilo musical de los Red Hot Chili Peppers fusiona el funk tradicional con el rock y el rock alternativo incluyendo elementos de otros géneros como el rap, pop rock, heavy metal, dance, punk, hip hop e indie rock.

También fue emblema de la Generación X Beck Hansen, que creció en Kansas pero que, en 1989, a los 17 años, llegó al East Side neoyorquino y comenzó a respirar los vapores del punk mezclándolos con los ácidos de la psicodelia y con los rústicos del country blues. Todo ello en un territorio urbano recorrido por la escena autóctona hip–hop. Tras trasladarse de nuevo a Los Ángeles, su ciudad natal, Beck comenzó a publicar sencillos de sabor artesanal pero con textos sarcásticos y punzantes, como «MTV Makes Me Want To Smoke Crack», convirtiéndose a pesar suyo en el símbolo de la «hipster kid generation» (es decir, hijos de artistas y músicos que habían gravitado en torno a la escena beat y definidos como «hipsters»). Habitual de la tribu de los outsiders desapegados e irónicos, sin teatrales veleidades de estrella del rock autodestructiva, Beck se convirtió en un icono generacional con el tema «Loser», gesto de burla desencantado de la corriente antiestablishment de principios de los noventa. «I'm a loser baby, so why don't you kill me» fue el anatema posterior a «Smells Like Teen Spirit». La indie nation se reconocía en su modo cabreado y casual, aunque *Mellow Gold* (1994) fue publicado por la *major* Geffen. Duende de la experimentación, se movía libremente entre peregrinas y desoladas baladas folk–blues («One Foot in the Grave») hasta acariciar los territorios del funk y de la psicodelia, revelándose como uno de los músicos más eclécticos y de mayor talento de la década.

Entre los grupos que nacieron de las cenizas del grunge y se acreditaron entre sus herederos más autorizados destacaron los Creed, liderados por Scott Stape, cuya voz recordaba la de Eddie Vedder. Originaria de Florida, la banda se formó en 1995, cuando los focos sobre Seattle ya se habían apagado desde hacía cierto tiempo, y trasladó las sonoridades grunge hacia un rock melódico más tradicional y radiofónico, hasta el punto de que álbumes como *My Own Prison* (1997) y *Human Clay* (1999) se convirtieron en *best sellers*. La música de los Creed, fuertemente emotiva, se apoyaba en textos potentes que cargaban sus trabajos de gran personalidad y nunca eran banales.

«Habría podido ser un cantante folk,
pero el reclamo del rap era demasiado fuerte.»

BECK

Herederos del grunge, no tanto en sentido estilístico sino en modo directo fueron los Foo Fighters del batería de los Nirvana Dave Grohl, fundador y cantante de la banda. *Foo Fighters* (1995) reveló inmediatamente el enfoque desenfadado del grupo que se distanciaba del engorroso fantasma de Kurt Cobain. Grohl dio rienda suelta a sus pasiones, llenas de espíritu hardcore y de un carácter solar al estilo de los Beach Boys. También estaban vinculados al grunge los grupos que preservaron el espíritu originario de la escena de Seattle, haciéndolo sobrevivir en la eterna espiritualidad del desierto de Joshua Tree, a 200 kilómetros al oeste de Los Ángeles. Fueron los protagonistas del «stoner rock», también llamado «desert rock». Si bien musicalmente menos deudor del punk y de la psicodelia, el stoner rock conservaba la misma actitud fluida y horizontal, constituida por un espíritu comunitario que se manifestaba en largas jam sessions. La banda más pionera de la escena fue la de los Kyuss, que se formó en 1990 bajo el liderazgo de John Garcia y Josh Homme, este último procedente de los Screaming Trees. Después de crearse un público apreciable, despertaron la atención del productor Chris Goss, que produjo los superlativos *Blues for the Red Sun* (1992) y *Welcome to the Sky Valley* (1994). La banda se disolvió poco después, pero de ella nacieron varios grupos entre los que cabe destacar los Queens of the Stone Age, nacidos en 1996 en Palm Desert, California, gracias a la iniciativa de Josh Homme y a una colaboración con los Screaming Trees. Después del epónimo álbum de debut de 1998, y el sucesivo *Rated R*, alcanzaron la máxima expresión con

Songs for the Deaf (2002), en la que se encontraron dos monumentos de Seattle como Mark Lanegan y Dave Grohl. Los Queens of the Stone Age fueron coronados «herederos del grunge», demostrando con sus álbumes sucesivos, a partir de *Lullaby for Paralyze* (2005) que merecían este título.

GREEN RIVER
Dry as a Bone
(Sub Pop, 1987)

Fue el segundo álbum producido por la Sub Pop. Punto de encuentro entre punk, hard rock proletario de los setenta y ética de Do It Yourself, marcó el inicio de la epopeya grunge.

PIXIES
Surfer Rosa
(4AD, 1988)

Perfección pop aplicada a canciones indie tortuosas pero excelentes. En este álbum, Black Francis perfeccionó las dinámicas stop–start, los textos desacralizadores y acentuó las aristas. Uno de los discos preferidos de Kurt Cobain.

DINOSAUR JR.
Bug
(SST, 1988)

La guitarra rock encontró en John Mascis uno de sus padrinos más inspirados: deudor tanto de las canciones de Neil Young como del ruidismo guitarrístico más exagerado, Mascis añadió el rasgo inconfundible de su timbre vocal lacónico y narcoléptico.

MUDHONEY
Superfuzz Bigmuf
(Sub Pop, 1988)

Secuela ideal del trabajo de los Green River; las guitarras en overdrive y la voz lasciva de Arm llevaron por primera vez el grunge fuera de las fronteras de Seattle: el sencillo «Touch Me I'm Sick»

causa estragos en las listas indie británicas.

SONIC YOUTH
Daydream Nation
(Enigma, 1988)

Una de las obras maestras del *underground* de los años ochenta, que consagró a la juventud sónica como numen tutelar de toda una generación de rockeros. Dignos herederos de la estética ruidosa de los Velvet Underground, fundían intrincadas partituras instrumentales con distorsiones desenfrenadas.

JANE'S ADDICTION
Nothing's Shocking
(Warner, 1988)

Una de las primeras bandas en franquear la frontera del *underground*. El carisma del líder Perry Farrell, las excelentes cualidades técnicas del guitarrista Dave Navarro y una hábil mezcla de metal, punk y rock progresivo los convirtieron en uno de los primeros experimentos satisfactorios de mezcla entre géneros diversos.

NIRVANA
Bleach
(Sub Pop, 1989)

El primer álbum de la banda de Kurt Cobain pagaba un peaje al hard rock de los setenta, con Black Sabbath en primer lugar, con sonoridades oscuras y metálicas y pocas concesiones a la melodía. La única excepción era la joya pop «About a Girl».

La banda todavía no estaba madura, pero la voz desesperada de Cobain estaba enteramente presente.

NIRVANA
Nevermind
(Geffen, 1991)

El disco de rock más importante de la década de 1990: el matrimonio entre punk y rock llevaba al *underground* a la cima de las clasificaciones, redibujaba connotaciones del *mainstream* y vendía millones de copias. «Teen Spirit» se convirtió en un himno generacional y Cobain, a pesar suyo, asumió el papel de profeta de la Generación X.

TEMPLE OF THE DOG
Temple of the Dog
(A&M, 1991)

Grabado simultáneamente con *Ten*, de los Pearl Jam, fue un homenaje a la memoria de Andy Wood ideado por sus amigos Chris Cornell, Jeff Ament y Stone Gossard, a los que se unieron Matt Cameron, batería de los Soundgarden, Mike McCready y Eddie Vedder de los Pearl Jam.

PEARL JAM
Ten
(Epic, 1991)

El *best seller* de los Pearl Jam excede los estereotipos del grunge en una mezcla original de hard rock y psicodelia, sobre la que se recortan la guitarra hendrixiana de McCready y la voz perfecta de Vedder. Baladas atormentadas

«Me gusta explorar nuevos territorios: cambiar es mi credo artístico. Con los Primus lo hice hasta finales de los años noventa. Luego dejé de divertirme.»

LES CLAYPOOL (Primus)

como «Black» o cabalgatas épicas como «Alive» lo convierten en una de las cimas más altas del rock de los años noventa.

SOUNDGARDEN
Badmotorfinger
(A&M, 1991)

Cornell y sus socios construyeron un monolito sonoro que representaba la vertiente más heavy de la escena del noroeste de los Estados Unidos y demostraba hasta qué punto la lección de los Zeppelin había penetrado en sus capas freáticas.

RED HOT CHILI PEPPERS
Blood Sugar Sex Magik
(Warner, 1991)

Los «chiles picantes» fueron los artífices del *crossover*: ecos de funk, rock, hip–hop y punk (así como los espectros de la heroína y del amigo guitarrista Hillel Slovak, a cuyo recuerdo estaba dedicada «Under the Bridge»), trazan las coordenadas de una franja importante del rock de los años noventa.

RAGE AGAINST THE MACHINE
Rage Against the Machine
(Epic/Sony, 1992)

El *crossover* toma las barricadas: el compromiso político en primera persona de los miembros de la banda fue el elemento característico del proyecto. Desde el punto de vista musical, la guitarra extrema de Tom Morello y el estilo vocal hip hop de Zach De La Rocha garantizaría su éxito.

ALICE IN CHAINS
Dirt
(Columbia, 1992)

La guitarra heavy de Cantrell y la voz torturada y psicótica de Staley guían al oyente a un viaje sin retorno a los abismos de la toxicodependencia, del malestar existencial y de la soledad que precede a la muerte. Una obra maestra de la psicodelia tenebrosa.

SCREAMING TREES
Sweet Oblivion
(Epic, 1992)

Reescritura del hard rock de la década de 1970, actitud de orientación punk, vetas psicodélicas, sin olvidar la voz profunda de Mark Lanegan que daba a la banda un cariz ancestral. El álbum que sintetiza mejor su trayectoria.

BABES IN TOYLAND
Fontanelle
(Reprise, 1992)

A pesar de que constituyera su debut en *majors*, las «muñecas» no hicieron ninguna concesión comercial y confeccionaron un álbum extremo y primitivo de punk rock uterino, basado en guitarras rocosas, ritmos incesantes y el rugido feroz de la cantante Kat Bjelland.

MELVINS
Houdini
(Atlantic, 1993)

Según la leyenda, Kurt Cobain había decidido formar una banda después de haber visto a los Melvins tocando en un parking. Años más tarde les devolvió el favor, produciendo el debut en *major* de sus mentores.

SMASHING PUMPKINS
Siamese Dream
(Virgin, 1993)

Uno de los mejores discos alternativos de la década, en el que se incluyen himnos como «Cherub Rock», baladas electroacústicas como «Today» y digresiones psicodélicas como «Soma».

BIKINI KILL
Pussy Whipped
(Kill Rock Stars, 1994)

El mascarón de proa de un movimiento que conjugaba compromiso político y punk–rock abrasivo. Este episodio fue realmente el más potente y perturbador de su carrera, y «Rebel Girl» constituyó su manifiesto perfecto.

BECK
Mellow Gold
(Geffen, 1994)

Un talento y una cultura musical sin comparación, con folk, rap, rock y psicodelia. «Loser» se convirtió en cierto modo en un himno de toda una generación.

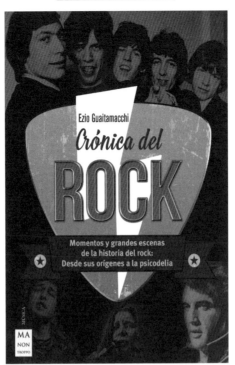

CRÓNICA DEL ROCK
Momentos y grandes escenas de la historia del rock:
Desde sus orígenes a la psicodelia

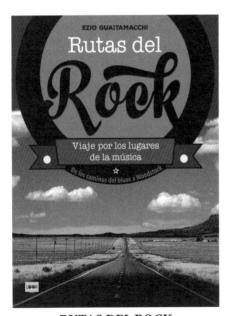

RUTAS DEL ROCK
De los caminos del blues a Woodstock.
Nashville, Nueva Orleans, Memphis, Chicago,
Nueva York...

NUEVAS RUTAS DEL ROCK
Del sueño californiano al latido irlandés
San Francisco, Seattle, Liverpool, Londre
Dublín…